学术前沿
THE FRONTIERS OF ACADEMIA

石器时代经济学

修订译本

［美］马歇尔·萨林斯 著

张经纬　郑少雄　张帆 译

*

生活·讀書·新知 三联书店

图书在版编目（CIP）数据

石器时代经济学：修订译本 /（美）马歇尔 · 萨林斯著；张经纬、郑少雄、张帆译. —2 版. —北京：生活 · 读书 · 新知三联书店，2019.3 （2025.3 重印）
（学术前沿）
ISBN 978－7－108－06395－3

Ⅰ. ①石… Ⅱ. ①萨… ②张… ③郑… ④张… Ⅲ. ①经济学－研究
Ⅳ. ① F0

中国版本图书馆 CIP 数据核字（2018）第 196323 号

责任编辑 王晨晨
装帧设计 薛 宇
责任校对 张 睿
责任印制 李思佳
出版发行 生活 · 讀書 · 新知 三联书店
（北京市东城区美术馆东街 22 号 100010）
网 址 www.sdxjpc.com
图 字 01-2018-4007
经 销 新华书店
制 作 北京金舵手世纪图文设计有限公司
印 刷 北京建宏印刷有限公司
版 次 2009 年 10 月北京第 1 版
2019 年 3 月北京第 2 版
2025 年 3 月北京第 3 次印刷
开 本 880 毫米 × 1230 毫米 1/32 印张 13.5
字 数 303 千字
印 数 11,001－12,000 册
定 价 52.00 元
（印装查询：01064002715；邮购查询：01084010542）

学术前沿

总序

生活·读书·新知三联书店素来重视国外学术思想的引介工作,以为颇有助于中国自身思想文化的发展。自80年代中期以来,幸赖著译界和读书界朋友鼎力襄助,我店陆续刊行综合性文库及专题性译丛若干套,在广大读者中产生了良好影响。

第二次世界大战结束后,随着世界格局的急速变化,学术思想的处境日趋复杂,各种既有的学术范式正遭受严重挑战,而学术研究与社会—文化变迁的相关性则日益凸显。中国社会自70年代末期起,进入了全面转型的急速变迁过程,中国的学术既是对这一变迁的体现,也参与了这一变迁。迄今为止,这一体现和参与都还有待拓宽和深化。由此,为丰富汉语学术思想资源,我们在整理近现代学术成就、大力推动国内学人新创性著述的同时,积极筹划绍介反映最新学术进展的国外著作。“学术前沿”丛书,旨在译介“二战”结束以来,尤其是本世纪60年代之后国外学术界的前沿性著作(亦含少量“二战”前即问世,但在战后才引起普遍重视的作品),以期促进中国的学科建设和学术反思,并回应当代学术前沿中的重大难题。

“学术前沿”丛书启动之时,正值世纪交替之际。而现代中国的思想文化历经百余年艰难曲折,正迎来一个有望获得创造性大发展的历史时期。我们愿一如既往,为推动中国学术文化的建设竭尽绵薄。谨序。

生活·读书·新知三联书店

1997年11月

目　录

新版前言

自 1972 年《石器时代经济学》问世以来，人类学的各个分支——政治人类学、法律人类学、医疗人类学等——都变得只关心文化序列的某个特殊部分，经济人类学也概莫能外，整个领域几乎都经历了翻天覆地的变化。其变化之大，以致需要再书新作，而非一篇前言来充作反思；所以，我在此仅对旧版中某些核心问题与重点讨论的社会稍作提及。当下经济人类学与其他人类学分支的隔阂，纵不致使之形毁骨销，其也不容乐观，因为事实可见，这门冠以“经济人类学”的大学公选课程已经渐入奇谈怪论，于是江河日下。“政治人类学”与“法律人类学”似乎也同病相怜，一同沉沦。这倒不是人们对各个社会中，各色各样的物质生活或政治生活变得漠不关心，而是曾经以“某经济”或“某政治体系”堂皇示人的东西，已被重新融为“这种文化”。经济活动不再决然独立，而被视为文化序列中一个不可分割的领域。因此，对经济活动的理解，离不开与其息息相关的生活领域：经济活动是具体生活形式中，价值体系与社会关系的物质表述。这里所说的“经济”是人类社会的功能，而非物质交换的结构——更不是与上层建筑相对的经济基础。于是，斯蒂芬·古德曼（Stephen Gudeman）、理查德·威尔克（Richard Wilk）以及其他传统学派的领军人物，便将我们带入了一个“文化经济学”的新时代。我认为《石器时代经济学》一书，恰是当初为这一令人期待的目标奠下的第一块基石。

虽然革命至今尚未成功，但自本书问世30年来，“物质实践由文化构成”这一观点，得到越来越多学者的支持，其影响也越来越大，这一点有目共睹。但这一美好的种子却不期结出了“文化”故步自封的苦果，经济发展专家苦心孤诣，制定了现代化规划，只因不符合“文化”而被束之高阁。俗话说得好，发展中国家有了美国的帮助，就不再发展了。人们几乎总在为地方“文化”提心吊胆。人们的文化反而成了社会发展最大的问题：它“妨碍”了（资本主义〔1〕）经济理性与经济进步——因此非西方社会的人们便不能像我们那样幸福安康。（另一种看法则将经济开发定义为，从物质上保障和提高当地人的生活方式，除了当地人，很少有人去反思这种看法。）一方面，经济人类学就这样陷入了民族中心主义的窠臼；另一方面，它也导致了一个结构矛盾，因为人类学家总是固执地想在没有经济的社会中分析出“经济”来。〔2〕在传统时代的斐济或者火地岛，并没有分化且自我规范的经济领域：不存在资本主

〔1〕原文为bourgeois，也有音译“布尔乔亚”，本文一律意译为“资本主义”或“资产阶级”，下同。——译者注

〔2〕该句意为：经济人类学一方面认为只有资本主义的生产方式和生活方式才是幸福安康的，这就对外表现为民族中心主义；另一方面，又将资本主义的经济标准套用到非西方社会，以判别非西方社会是否有“经济”领域的出现。——译者注

义—市场体系（理想型）模式下，纯粹的利益交换关系领域。但因为经济人类学在定义上就或多或少地假定利益交换关系的存在，所以它从一开始就犯了民族志分类上的错误。真正的帝国主义将我们的文化体系强加于斐济人和其他文化之上，这已糟糕透顶；人类学理论可不能一错再错。

斐济人有着自己的传统经济术语，但未被我们的经济科学承认。他们的经济术语包括“酋长”（贡物的接受者和礼物的分派人）、“姐妹的儿子”（享受特权的亲属）、“亲戚心肠好”（几近命令式的物质索取）、“船家”（专事打鱼和航海的氏族）、“鲸齿”（至尊宝物）、“边界联盟”（礼物契约）、“战神”（铺张敬献的对象）等。这些才是斐济人闻名遐迩的生产关系、分配关系、消费关系，这些关系组织了对自然的开发，并根据人的意义价值以及他们存在的目的来提供社会供给。斐济人通过这种文化实践，因地制宜，对当地开发产生了具体的效果。比如说，如何理解斐济群岛海岸地区的性别分工——也是生产关系的一个重要方面？首先，男女分工，可以象征为海陆之别、内外之分。在当地人头脑中，灌木耕种与深海捕鱼是男人的工作，村边采集（如拾柴）和湖上网鱼是女人的事情。如果不是篇幅有限，离题太远会浪费读者时间，我还可以阐明，这种组成生产活动的价值体系，在斐济文化中比比皆是，从宇宙起源神话到王权仪式，再到家户空间结构，无处不在。生产是人的根本，其地点的选择与产品生成是人们最基本的物质活动，它承载了整个文化结构。而不同岛屿上斐济人的生产组织形式不拘一格，并不唯一。但无论各个岛屿上的斐济人怎样发挥生产之能事，他们所处文化结构的价值体系——海洋的最高地位、酋长的神性、姐妹的儿子对舅舅享有的物质权利、提供和消费人性所得的物质利益——无疑最大限度地体现了斐济人物质经济生活的全貌。斐济人的理性运行于斐济这个相对的文化序列之中，其价值体系的每一部分，都有其相应的合理性。

即便在这个新自由主义意识形态全球遍地开花的时代，我们对“文化经济学”的理解，仍应该像理解文化之于人们的日常生活一样，必须对认为原始社会中弥散着金钱效用和市场理性的论调予以迎头痛击。因为一种新涂尔干主义（neo-Durkheimian）似乎正在学界慢慢滋长，它将传统的非西方经济理解为个体理性和社会—文化序列的混合体，这种观念甚至影响了许多卓有见识的人类学家。涂尔干认为，人性是双重而分裂的，既有天性赋予的自我中心的欲望，又有来自社会的道德约束。[社会对力比多主体（libidinous subject）的压抑无处不在：这就是福柯（Foucault）和弗洛伊德（Freud）的理论源头。] 于是，经济生活同样经常被理解为，自我满足和社会约束的制衡，换言之，则是在当地博弈规则的允许下，追求物质的有效利用。这种解释的优势在于，它大体上是无懈可击的，因为经济理性与文化非理性之间是矛盾的，所以两者的各种组合可以解释所有原始社会的经济生活。如果某个社会没有将物质效用发挥至最大，那么它一定是在追求其他纯粹社会价值的满足。然而，这一论述框架中的优势，在其反复的论证中，也暴露了本身的自相矛盾。

不过这是现代观念的必然结果，因为它已将文化与理性融为一体，对此它别无选择。实际上，文化序列被归入了实践理性（practical rationality），因为所有的文化实践都被化约为资产阶级那样，只为自我利益营营役役的主体——文化状况被贬为个人利益追求的结果。这种杂糅了文化与理性的论述框架，从其开端就疑窦丛生，因为它无非附和了古代思想中的唯我论（solipsism）。它试图将经济学的研究对象——经济的起源、物质形式和制度形式这些纯粹的社会现象，以及它们对应在个体层面上的表述——完全从资本主义的立场定义为：个体为了自身生存，获取和处置物质资料的方式。那么，在物质条件有限的时候，文化又是怎样决定着理性选择，使人们能获得最大的满足？问题是，理性与文化分属两个无法统协的讨论范畴：一个范畴是人们会算计个人行为实际的得失，另一个则指的是社会形式，比如母系氏族、仪式义务、统治等级关系、家庭关系、贡赋关系，以及其他有关社会供应分配的组织形式。唯一能将这二者一同用理性行动来描述的途径，是将文化状况解释为人们追求自我满足的欲望和表现。那么，人们在交纳给母系家系或酋长例份（chiefly dues）的贡赋时，其中所包含的文化就不复存在，而当母系亲属或酋长向个人提出财物要求时，文化又成了他们的动机。

这种解释模型本该在任何文化中都行之有效。特罗布里恩德岛民（Trobriander）把他一半的甘薯收成送给他姐妹的丈夫，然后指望收到他妻子的兄弟一半的粮食，他这么做的时候可谓乐此不疲，因为如果他不这么做，那么他的社会评价就会每况愈下；如果他这么做了，那么就可以不费吹灰之力地获得一定的道德声望。因此，我们能否说理性选择在特罗布里恩德岛特殊的母系交换形式中，再度表现出放之四海而皆准的普遍性。弗然，特罗布里恩德岛文化无法用经济理性来解释，但这种文化体现的经济原则，却同样适用于斐济、夏威夷和夸口特尔（Kwakiutl）的酋长们，斐济酋长纵容他的外甥去劫掠欧洲人的贸易货物，夏威夷酋长囤积洋货只为束之高阁，再有夸口特尔酋长分送各种货物慨而慷。所有这些行为从他们各自的文化背景来看，对他们自身都是有利的。他们唯一的不同，就是各自文化背景的差异——并导致了相应不同的经济结果。这些不同的文化背景本该用于解释造成各种经济结果的原因，但是却被当作理性行动者主观选择的结果。这就是经济人类学受经典经济主义（economism）所摆布的原因——这种经典经济主义总是认为文化只是一种“外在因素”，经济关系才是社会的本质。长期以来，经济科学一直都无视着经济的文化形式，将这些经济活动视之为“没有经济需要的”（noneconomic）。

诚然，经济理性与文化之间有着深刻的对立，但更糟糕的是，我们长期自负地认为，西方世界的运行完全建立在前者之上，而非西方则被后者所束缚——无可否认，西方的确建立在较高的文明与教育基础上——但这是盲目的乐观。这种盲目不仅因为非西方民族只是以他们自己的方式来对待他们的物质资源，而且因为我们的理性根本上讲也是相对的，追求的也是一种不讲求效用的文化价值。的确，特罗布里恩德岛甘薯种植者的交换循环圈，用我们的经济眼光来看，没有任何物质收益，只是浪费时间和精力的非理性行为。但除了所谓的社会价值回报不说，即使从非常功利的角度来看，特罗布里恩德岛民（与其他民族一样）在时间、精力付出与物质回报之间，显然是卓有成效的；因为如果他们的非理性文化使他们入不敷出，他们就不会成为这种文化方式的身体力行者了。

另一方面，我们（资本主义）生产方式中对所有物品的商品化，令我们将所有的行为和欲求都用金钱来衡量，但这只是遮蔽了物质本身的联系，这种物质理性事实上根植于一个庞大的文化体系，这一体系由事物的逻辑—意义属性与人们之间的关系所构成。文化序列在很多场合实际上是一种无意识的习惯：顾客在超市中对购买鸡、鸭、鱼、肉做出的（理性）选择，依据的标准只是需要和昨晚吃的有些“不同”——这个“不同”由主菜和备选菜式的复杂搭配决定；还可以再举，人们选择买大排而不买小排，或买羊里脊而不买碎牛肉饼，是因为今晚是个特殊场合，而不是去外面开烧烤会。这不是有没有营养的问题，也不是有的社交场合要吃牛肉，有的场合要吃猪肉。而由西方人理解的人与不同动物肉类供应关系的背后，是更大的（几乎没有意识到的）文化规则。同样，也不是时装款式不同的物质用途，划分了男人和女人、节日与普通日子、商人与警察、工作与休闲、非西方人与西方人、成年人与未成年人、社交舞会与迪厅之间的区别——思考一下服装的象征意义。再想一下生产商为了他们的利益，总在挖空心思搞些新花样；进一步的解释，是他们和消费者共享同一文化体系。

资本主义的金钱理性，与斐济人或特罗布里恩德岛民的物质实践虽然方式不同，但殊途同归，它只是更大文化价值体系的结果。无论西方与非西方，理性只是文化的一种表述，它表现为围绕物质使用的意义体系，理性与文化绝不是对立的。我们唯有像研究他者一样，凭借人类学的敏锐观察，才能了解我们本身的经济。其实我们也是无数的他者之一。

向经济人类学说再见吧。我们需要的是一种真正的人类学的经济学（anthropological economics）。

马歇尔·萨林斯

2003 年

致 谢

我在此特别感谢两所机构及其中出色的工作人员，他们在我研究、写作的关键时期，为我提供了帮助与便利。1963—1964 年，我在行为科学高级研究中心（帕洛阿尔托）从事研究工作，1967—1969 年，我在法兰西学院的社会人类学实验室（巴黎）得到一间办公室，并参与了实验室的研究工作。虽然我在该实验室没有正式职位，但主任克劳德·列维－斯特劳斯先生（Mr. Claude Lévi-Strauss）待我谦和而慷慨，即便他日我为东道主，对他昔日的款待也无以为报。

在巴黎的第一年，我受到约翰·西蒙·古根海姆（John Simon Guggenheim）研究基金（1967—1968）的资助，在本书论文的酝酿阶段，社会科学研究协会奖教金（1958—1961）也提供了重要的支持。

在我漫长的研究期间，无数的同事与学生给了我无比的收获，他们给我的学术启迪总在书中闪烁，但我无法一一道来。然而，有三位与我交往甚笃、探讨甚多，却不能不提：雷莫·古迪埃里（Remo Guidieri）、埃尔曼·塞维斯（Elman

Service)、埃里克·沃尔夫(Eric Wolf)。他们的观点和批评总是伴随着鼓励，始终对我和我的工作有着不可估量的价值。

本书部分论文在过去几年中，曾以或完整，或部分，或翻译的形式发表。“原初丰裕社会”曾以缩略形式以“丰裕的原始社会”(La Première Société d'abondance)为题，发表于《现代杂志》(*Les Temps Modernes*, No. 268, Oct. 1968, pp.641-680)。第四章上半部分最初以“礼物之灵”(The Spirit of the Gift)为题发表于《交换与交往》(*Echanges et communications*, Jean Pouillon and P. Maranda, eds., The Hague: Mouton, 1969)。第四章下半部分以“《论馈赠》的政治哲学”(Philosophie politique de *l'Essai sur le don*)为题发表于《人类》(*L'Homme*, vol. 8[4], 1968, pp.5-17)。《关于原始交换的社会学》最早发表于《社会人类学研究模型的关系》(*The Relevance of Models for Social Anthropology*, M. Banton, ed., London: Tavistock [ASA Monographs, 1], 1965)。我对上述出版机构允许我重印这些文章表示感谢。

《原始贸易中的社会交往》最初发表在《经济人类学论集》(*Essays in Economic Anthropology*, June Helm, ed., Seattle: American Ethnological Society, 1965)，收入本书时经过全面修订。

导　论

本书中的多篇论文写于过去10年之间。有些则专为本书的出版而作。我在这些论文中的构思，以及将其结集出版的原因，是希望能从中提出一种人类学的经济学，不再将原始经济和原始社会解释为商业运作（businesslike）。同时，本书也不可避免地卷入了当前人类学有关经济学理论的“形式论”（formalist）与“实质论”（substantivist）之争[1]当中。

尽管形式论—实质论的争论在经济科学中已经持续了一百多年，但它的历史却很贫乏，因为自从卡尔·马克思针对亚当·斯密提出的某些根本问题做了定义之后，好像再也没有发生过大的变化。（参见Althusser等，1966，vol.2）尽管如此，这一争论又转世为人类学的形状，改变了讨论重点，卷土重来。假若它当初只是经济学“天真的人类学”问题，那么今天

〔1〕“形式论”与“实质论”之争：“形式论”认为在人类晚近的“市场社会”实践中，与“生产交换”有关的市场关系可以超越广阔的社会制度，成为一切社会关系的中心原则；而“实质论”认为生产活动与社会制度密不可分，而不是抽象的物质结构。——译者注

它已成为人类学“天真的经济学”问题了。“形式论 vs. 实质论”变成了如下的理论选择：要么选用一个正统经济学的现成模型，尤其是“微观经济学”，这一模型大概能适用于原始社会，并行之有效；要么——假设形式论是站不住脚的——有必要提出一种新的分析方式，更能说明我们研究的这些历史上的社会，并对人类学学术史有所增益。大体来说，我们要在商业视角和文化研究中做一抉择，因为形式论将原始经济视为资本主义经济的原始版，而文化研究的原则给予每个不同的社会足够的重视。

我们眼下没有折中的方案，没有“答案就在两者之间”那种皆大欢喜的学术结论。本书是实质论的。因此它采用了传统实质论那种司空见惯的论述结构。前几篇论文涉及生产：“原初丰裕社会”和“家户生产模式”（为方便起见，后者被分成第二章和第三章两个部分，但这两章构成一个连贯的论点）。之后的章节转向分配和交换，即“礼物之灵”“关于原始交换的社会学”“交换价值与原始贸易中的社会交往”。既然本书既是阐述同时也是反驳，所以这种编排就隐含了一种辩论策略。首章就开始接受形式论术语的挑战。但“原初丰裕社会”一章没有向一般意义上为实现利益追求的“经济学”宣战；只是认为狩猎者并没有明确的生产目的和物质追求。而随后的章节则明确抛弃了那种强调利益追求、个体主义，把经济客体化的概念。“经济”作为一种文化范畴而非行为范畴，它与政治或宗教同属一类，而不再与理性和经营为伍：经济不再是满足个体需要的活动，而是社会的物质生命过程。最后一章则回到了正统经济学所提出的问题，但已不是正统经济学的论述结构。本书结尾试图从人类学的视角，审视有关交换价值的解释，这曾是微观经济学的传统工作之一。

总之，本书的意图非常简单：仅仅想用几个具体的实例，让人类学的经济学成为可能，并永远成为人类知识的一部分。前不久的一期《当代人类学》(*Current Anthropology*)上，一位形式论的鼓吹者迫不及待、毫不怜惜地宣告了实质论经济学的死亡：

> 在这场口诛笔伐中浪费笔墨没有半点学术意义。实质论者（例如波拉尼等人那些还算出名的作品）从一开始就杂乱无章，漏洞百出。那些文字不过是为经济人类学的成长歌功颂德而已，但我们早就可以发现，仅仅走过6年历程的经济人类学出了什么问题。库克（Cook，1966）还在研究生阶段时……就写了一篇论文，简洁地终结了这场争论。……虽然社会科学的事业（enterprise）[！] 向来如此，但它实际上却没办法驳倒一个浅薄、无用或混乱的假设，而且我想，还有下一批心怀异想的学者们，会以形形色色的面目来复活实质论的经济观。（Nash，1967，p.250）

本书既不像基督再度降临（second coming），能带来最终的学术结论，又没有任何迹象可证不朽，那么又如何定位呢？看来我只好指望出现阴差阳错了吧。或许，就像马克·吐温笔下的人物一样，[1] 认为有关实质论已死的报道只是夸大其词而已。

---

〔1〕 马克·吐温笔下的人物：这里作者没有说明借喻的对象，或许是指马克·吐温在《百万英镑》中塑造的人物亨利·亚当斯，他依靠一张“百万英镑”的空头支票，一月之后非但没有饿死或被捕，反倒成了富翁。——译者注

不管怎样，我并不打算再拿方法论来说事了，这到头来也只是头痛医头、脚痛医脚。最近关于“经济人类学”方法论的文献已经极尽泛滥。而且，尽管很多观点似乎冠冕堂皇，但收效甚微，每人原先的偏见依然。（“违心被说服 / 立场仍如故”。）[1]人们的理智毫无用武之地。与此同时，这场争论令观众们心生疲惫，人气锐减，以致论战的主将们现在也宣布要退出口水战，去把工作干。促使学界重返实际研究，也是本书的意图。我可以一本正经地说，作为人类学的一分子，我将其当作一门科学来看待，我相信在书中提到、举出的这些案例，可以不言自明，比起那些自相攻伐的理论模型，自然更胜一筹。此一举，传统悠久，有百利而无一弊：任那百花齐开放，花落果实自芳香。

不过坦白地讲，这一本正经之说，并非我最终的目标。对我而言，人类学这门自然科学却披着“社会科学”的面纱，对于某一理论，其经验案例之充足，解释模型之丰富，众说纷纭，使经验与解释孰难一致。正如霍布斯曾经说过，在数学学科中“真理与人的利益不相抵触”，而社会科学则不同，因为社会科学一向不认为什么是与生俱来的，它“探讨人们高下之别的原因，质疑权利和利益不均的理由”，所以“就像理性经常告诉人该怎么做，人也经常质疑理性是否真的理智”。如果人们要坚持的是立场而不在于真理，那么形式论与实质论的区别就只是意识形态的差异了。形式论经济学的体现，就是认为土著中也存在资本主义的物质追求，其在西方表现为意识形

〔1〕“He who’s convinced against his will/Is of the same opinion still.”语出英国诗人玛丽·沃尔斯考夫特（Mary Wollstonecraft，1759—1797）。——译者注

态，在非西方则表现为民族中心主义。形式论经济学与实质论的不同之处在于，它与资产阶级社会不谋而合，并从中获得了巨大的支持——这也就无可否认，它与实质论的冲突便成为（两种）意识形态的对垒。

早期物理学家和天文学家在教会的教条阴影下工作时，不忘赞颂上帝和君主，但他们知道自己在干什么。本书也像他们一样在夹缝中求生：不幻想教条会出现奇迹，而期待众神的正义。我在写作中，大可忽略形式论思想和人类学思想在政治—意识形态上的区别，但它们之间的鸿沟并非因此弥合。有人告诉我们，实质论已死。从政治上讲，在世界上某些地方大抵如此；不同文化经济的花朵才刚含苞，即遭资本主义经济的扼杀。但我们同样可以想象，资本主义经济学的命运，它与资本主义社会一样，在人类历史上自有其造化。同样，其决定权不在当代人类学。但我们至少已经从人类学中了解，是社会本身，是上天的智慧之神决定着经济学的观念。而现在，我们所要做的，是耕作好自己的园圃，等待众神的甘霖，或者像那些新几内亚部落那样，让我们溲溺遍淋。

第一章 原初丰裕社会[1]

如果说经济学是门沉闷的学科，那么对狩猎采集经济的研究，注定是它最沉闷枯燥的部分。几乎所有人类学的教科书，都会谈及石器时代生活的艰辛，使人难以想象当时的狩猎者何以维生，更要令人多虑，这算哪门子生活？满纸望去，唯有饥魂饿鬼如影随形。据此一说，石器时代的人们技术落后，劳作终日仅能维持生计，更无休歇与积余，遑论“闲暇”来“建立文化”。即便这样，狩猎者们倾注全力也只能获得数值最低的热力学单位——每人每年所获能量都少于其他的生产模式。而在经济发展的理论中，石器时代的狩猎者就注定成为反面教材：成了所谓的“糊口经济”（subsistence economy）。

成见总是根深蒂固的。要想通过辨析破除成见，亟须辩证地审视这一观点：当你重新发现石器时代的生活时，就会发现那实际上是个原初丰裕社会。令人困惑的是，这一重新发现却

---

〔1〕 本章译文参考丘延亮译，《原初丰裕社会》一文，载许宝强、汪晖选编，《发展的幻想》，北京：中央编译出版社，2001 年，第 56—77 页。——译者注

不期产生了另一个有益的结果。常识告诉我们，在一个丰裕社会中，所有人的物质需求都能轻易得到满足。我们肯定了狩猎者的丰裕，也就否定了石器时代人们悲惨的命运，他们便不致沦为艰辛劳作的囚徒，囿于无尽欲望和有限生计手段间的商参之隔中。

实现丰裕有两条可行的途径。要么生产多些，要么需求少些，欲求便能“轻易满足”。我们熟稔的加尔布雷思方式[1]（the Galbraithean way），恰是为市场经济所设想：人们的欲求纵然不是无限，其也巨大，而生产手段纵使可以开发，其也有限：因此，生产手段和欲求之间的鸿沟要靠工业生产力来弥合，至少可使“俏销物品”变得丰富。但还有一种禅宗的方式可以实现丰裕，这在前提上多少迥异于我们的方式：禅宗使人们在物质上变得寡欲无求，使得在技术手段不变的情况下，还能满足所需。应用禅宗的方式，人们可以尽享难以企及的物质丰富——代价就是生活在较低水平下。

我以为，后一种途径所描绘的就是狩猎者的状况。这有助于解释一些比较有趣的经济行为：比如他们的“挥霍”——他们倾向于立即耗尽手边所有积攒，而且确实身体力行。狩猎者可以摆脱市场稀缺性的桎梏，所以他们的经济目的与我们相比，更倾向吃光用光，一身清爽。虽然德斯杜特·德·特拉西（Destutt de Tracy）也是个“冷血的资产阶级空想家”，但他毕竟使马克思同意他的观察，“人们在穷国中活得滋润”，而在富

---

〔1〕加尔布雷思（John Kenneth Galbraith）：美国著名新制度经济学家，在肯尼迪政府时期对美国经济决策起到重要作用，著有《丰裕社会》（*The Affluent Society*，1958）等书。加尔布雷思方式与其在当时提出的经济政策有关。——译者注

国里“他们都差不多很穷”。

不可否认，前农业时代的经济确实深罹困乏之扰，但我仍要坚称，从现代狩猎采集者的证据来看，狩猎采集人群往往成功适应了他们所处的环境。在谈过这些证据之后，我会在文末重提狩猎—采集经济真正的困难，这些困难在当前对旧石器时代穷困状况的论述中，还没有被准确地认识。

错误观念的源头

“仅能糊口的经济”，“除特殊场合外有限的闲暇”，“对食物无尽的索求”，自然资源“匮乏且相对无依”，“没有经济剩余”，“耗尽资源所能维持最大人口所需的能量”——这些就是关于狩猎采集活动最常见的人类学观点。

> 澳洲原住民就是这种经济资源最匮乏的典型例子。虽然在北部地区并不很糟，但是他们的栖居地在许多方面，甚至比布须曼人（Bushman）更为严苛……中昆士兰地区西北部原住民，从栖居地获取食物资源的列表给人很大启发……表格中的各种食物来源令人印象深刻，但我们不会这样以为多样化就意味着丰富，因为每一来源所能提供的数量太少，以致只有最大限度地获取才能使生活得以为继。（Herskovits，1958，pp.68-69）

或者再参考一下南美的狩猎者：

> 游居的狩猎采集者仅能获得最少的生活资料以维持生活所需，即使这样也常常捉襟见肘。反映在人口上，就是每10或20平方英里只有1人。为了寻找食物，他们不断迁居，这显然使他们无暇从事任何生存之外有意义的活动，而且无力运输他们在空闲中制作的产品。对他们来说，足够的生产才意味着生命的延续，况且他们也很少拥有富余的产品或时间。（Steward与Faron，1959，p.60；参见Clark，1953，p.27f；Haury，1962，p.113；Hoebel，1958，p.188；Redfield，1953，p.5；White，1959）

窘境中的狩猎者这一传统的悲情观点在人类学诞生之前就已经出现，但从历史以及更大的经济背景来看，这也是人类学的范围。早在亚当·斯密的著作中就曾这样写过，不过该观点可能还要追溯到更远的时代。[1]这也许就是新石器时代对旧石器时代最明显的偏见之一，这种观念倾向认为狩猎者善于发现地上的资源，但其所处的历史阶段也使之无法占有这些资源。我们必定是从雅各身上继承了这些偏见，雅各因为在著名的一幕中巧取了他哥哥以扫的长子权，使其后裔"向西、向东、向北发展遍地"，哥哥以扫就是一位矫健的猎人。[2]

不过，眼下对狩猎—采集经济较低的评价，并不应归咎于新石器时代怀有的民族中心主义。资产阶级的民族中心主

〔1〕至少在卢克莱修（Lucretius）的时代，他曾表达过这样的观点。（Harris，1968，pp.26-27）

〔2〕事见《圣经·创世记》（第二十八章），以扫和雅各都是以撒的儿子，亚伯拉罕的孙子，以扫是猎人，雅各常住帐篷，不爱狩猎；雅各巧取以扫的长子权，并使他的后裔遍布东南西北。——译者注

义亦如此。现行的商业经济也因观念的局限，屡屡推动这一结论，渲染了暗淡的狩猎生活，这正是人类学的经济学所要避免的。

既认为狩猎者具有丰富的经济生活，又觉得他们绝对贫无立锥，这是否俨然悖论？就像现代资本主义社会不论多么富裕，总要让自己置于短缺之境。世界上最富裕民族的首要原则，就是检讨自身经济方式之不足。所以，一种经济表面的物质情况似乎并不能说明其实际的发展状况，因此我们必须对其经济组织模式加以讨论。（参见 Polanyi，1947，1957，1959；Dalton，1961）

伴随市场—工业体系产生的短缺状况，其形式为史上绝无仅有，其程度为世上所罕见。在这一体系中，生产和分配通过价格活动而变化，所有的生计平衡全赖收入与支出，人们无法实现所有的物质追求，就成了经济活动精准的起点。[1] 企业主在资本有限时选择性地投资，工人们则（希望）在雇佣的报酬上有所选择，消费者亦然。……而消费却是双重的悲剧：因不足而开始，最终受到物质剥夺。再看国际劳动分工，它使市场充斥各种琳琅满目的商品：所有这些好东西都是人们所需——但永远不能为人所攫取。更糟的是，在消费者自由选择的把戏中，每次获取的同时也会被剥夺，因为有得必有失，总之，有时收敛的只是小欲望，换来的却是大欲望的泛滥，如此反复。（这就好比你要买一辆车，选了普利茅斯，就不会再买福特——而我从现在电视上的销售情况来看，其中的取舍可能不

〔1〕 要非常精准地找到这些历史上的起点，见 Codere，1968，尤见 pp. 574-575。

仅是因为价格原因。)[1]

“一生劳碌”这句话专门是说我们的。我们的经济注定与稀缺性相伴——这也成了我们经济的公理：稀缺性的应用可以在一定程度下，从不同的结果中获得最大的收益。我们恰好就是怀着这种对稀缺性的焦虑心态来审视狩猎者的。但即使是装备了技术优势的现代人，仍因财力不支而无法随心所欲，更何况赤身裸体、弱弩轻弓的原始人呢？我们就是用资产阶级的欲望与旧石器时代的工具这不相称的标准，贸然判定石器时代的人们生活于无望的境遇。[2]

然而稀缺性不是技术手段造成的。它是由目标与实现能力间的差距造成的。我们要以常识性的态度来设想，狩猎者在工作的时候要顾及他们的健康状况这一客观条件，所以就这一目标来说，用弓箭来实现已经绰绰有余了。[3]

但这些人类学理论和民族志实践中应有的常识与理解，却因种种成见而被故意隐瞒了。

人类学理论显然是想通过与新石器时代经济的强烈对比，来夸大狩猎者的经济不足。罗维（Lowie）苍白地认定，狩猎者“必定要比农耕与游牧者生活得更为艰辛”。(1946，p.13）这一点与进化论派人类学尤为投契，甚至也是出于理论上的必

[1] 关于资本主义生产状况中“稀缺性”机制的补充，见 Gorz，1967，pp.37-38。

[2] 我们应该注意到当前欧洲—马克思主义理论，在原始的贫困这一观点上，经常与资产阶级经济学同气相求。参见 Boukharine，1967；Mandel，1962，vol.1；以及卢蒙巴大学（Lumumba Univ.）所用经济史手册（参考书目所列，“作者、日期不详”）。

[3] 埃尔曼·塞维斯（Elman Service）在很长一段时间内，几乎都是民族学家里，唯一独树一帜反对狩猎者贫穷这一传统观点的人。本文就受到他对阿蓝塔沙漠（Arunta）闲暇生活的论述（1963，p.9），以及与他个人交谈的极大鼓舞。

要，可以借此对狩猎者大行挞伐。民族学家与考古学家成了新石器时代的革命家，在热情讴歌新石器时代革命的同时，大肆贬低旧的（石器）时代。其中不乏陈年糗事。这也不是哲学家们第一次将人性的早期阶段，扫出文化的范畴，贬之为自然。[“一个终生追逐野兽，只为杀来吃肉，或是逐草丛浆果而居的人，简直生同禽兽。”（Braidwood，1959，p.122）] 于是狩猎者大大降级，人类学遂为新石器时代大跃进高唱赞歌：其最大的技术进步，是“把人们从纯粹食物采集的碌碌中解放了出来，带来了普遍的闲暇”。（Braidwood，1952，p.5；参见Boas，1940，p.285）

在《能量与文化的进化》这篇颇具影响的论文中，莱斯利·怀特（Leslie White）解释了新石器时代文化发展的原因，“由于工业与畜牧技术手段的提高，每人每年可用于实际利用的能量有了大幅提升，结果……导致了文化发展的巨大进步”。（1949，p.372）怀特进一步通过详细比较，对比了旧石器文化主要能量来源的**人的活动**（*human effort*），以及新石器文化中**驯化的动植物资源**，强调了进化的意义。这一能量来源的评定，草率地对狩猎者的热力学潜能做了极低的评估——狩猎者的身体能产生：正常人二十分之一功率的“平均能量来源”（1949，p.369）——甚至还把人的活动从新石器时代的文化组成中剔除了出去，于是人们似乎从这些劳动集约方式（驯养动植物）中解放了出来。但怀特的解释显然是种误解。提供给旧石器和新石器文化主要机械能量的都是人本身，这些能量都是通过人的活动从植物和动物资源中转换而来的，所以，除了极小的异例（偶尔直接借助非人力），旧石器时代和新石器时代经济中每人每年所利用的能量是相同的——这在人类历史上相当稳定，直至工业革命的到来。[1]

另一项人类学对旧石器时代的偏见，恰是来自人类学自身的田野，来自欧洲人对既存狩猎采集者观察的文本，诸如澳洲原住民、布须曼人、奥纳人（Ona）[2]或雅甘人（Yahgan）[3]。这些民族志文本可能在两方面，扭曲了我们对狩猎采集经济的理解。

首先，这些民族志为单纯的想法提供了土壤。遥远的异域是现代猎人生活的文化舞台，对欧洲人来说，对前者所处环境的评估，恰是他们最不擅长的。澳洲或卡拉哈里沙漠（Kalahari）边缘的农业地带，才是欧洲人熟悉的生活，这更让走马观花的观察者对沙漠生活萌生如是之想，“这地方教人如何活下去呢”。通过原住民变化极大的食谱，观察者进而推论，原住民借此仅以维生。（参见 Herskovits，1958，前引）这些食物通常包括了欧洲人以为恶心且不食的东西，这些当地食物坚定了欧洲人对他们饥不择食，几近饿殍的推想。当然，这样的结论更多出现在早期，而非晚近的叙述，多见探险家或传教士的日记，而非人类学家的专著；但也正由于探险家的报告更早且

---

〔1〕怀特的进化法则中明显的错误是使用“人均”计算。新石器时代社会主要利用了比前农业社会**更大的能量总量**，因为人类从驯养中获取了更大的能量输出。但是，劳动生产率的提高——怀特观点中也伴随着新石器时代革命，并没有全面导致社会产品的有效增长。今天我们掌握的民族学资料（见下文），提出这样的可能，单纯的农业制从热力学上看，并不见得比狩猎采集有更大的效用，即单位劳动所产生的能量效益。出于同样的理由，近年来一些考古学研究也倾向于用定居而非劳动生产率，来解释新石器时代的进步。（参见 Braidwood 与 Wiley，1962）

〔2〕奥纳人：南美印第安人一支，曾在火地岛居住，今已消亡。从事狩猎采集，主要以弓箭猎取小群美洲驼为生，也食用各种小动物，及贝壳类、鸬鹚和浆果等。——译者注

〔3〕雅甘人：亦称雅马纳人（Yamana），南美印第安人一支，人数极少，是火地岛南岸及其毗邻合恩角以南诸岛上的传统居民。从事狩猎采集，猎食诸如贝壳类、海豹、鲸、鸟类及浆果、菌类等。——译者注

更接近原生态，为我们了解原住民的生活留下了某种线索。

有些观点亟须给予重视。比如乔治·格雷爵士（Sir George Grey，1841）这样的人就需加倍关注，他在20世纪30年代的探险，涉及了包括澳洲西部较贫穷的地区，但他颇为关注当地人的生活细节，这使他对同侪以为当地人陷入经济灾难的臆想绝不苟同。格雷写到，这是种常见的误解，使人误以为澳洲原住民“求生乏术，甚或每日深陷对食物之渴望”。旅行者对此陋见丛生，“几近荒谬”：“他们在日记中悲叹，不幸的土著为免于饥饿，苟延残喘，竟要向这种蔓芜在泥屋边的食物低头；而且，在很多时候，这些文章还要提到土著人最推崇的品种，觉得那些既无芳香，也无营养。”格雷引了一段他的下属斯德特（Sturt）船长的话，斯德特船长偶遇一群土著，他们正忙着采集含羞草树脂，于是他推论“这群不幸的生灵，已经坠入命运的深渊，无法获得其他滋养，只有被迫收集这些黏液”，这个著名的例子表现出，“对原住民在原生态环境中习惯与习俗普遍的无知”。俟经格雷爵士考察发现，这种可疑的树脂竟是一种当地偏爱的食物，每当采集季节，众多群体齐集一地，扎营相聚，给他们提供了一个难得的社交机会。他总结道：

> 总而言之，土著们生活无虞；一年之中，某些地区在特定的季节里可能出现食物不足，不过，倘若不足真的发生，人们就会放弃这些土地。**而由旅行者，甚或外族人来品评一个地区的食物供应充足与否，是切切不可的**……但让土著自己来评价生活的土壤则全然不同；他完全知晓土地所出，知道符合时令的物产，以及获取它们最合宜的方式。照此审之，他便能有节律地造访不同的猎场；**所以我**

可以说，土著们的茅舍总是无比丰足的。（Grey，1841，vol.2，pp.259-262，粗体是作者特别强调的；参见 Eyre，1845，vol.2，p.244f）[1]

做此乐观评价的同时，格雷爵士特意排除了那些生活在欧洲人城镇中流浪破落（lumpen-proletariat）的土著（参见 Eyre，1845，vol.2，pp.250，254-255）。这个异例颇具启发。它提醒我们民族志中第二个错误观念的源头：关于狩猎者的人类学大都是时代错乱的前野蛮人（ex-savage）研究——格雷曾经说过，这是在一个民族控制下，对另一个民族进行的开棺验尸。

现存的食物采集者是一个阶层，他们是非定居者。他们是旧石器时代的孑遗，以非典型生产方式出没在现代社会的边缘：没有时代的桃花源，任凭主流文化中心的进步发展，以及稍后随之带动周边文化的进化，其所特有的贫困特征，使之游离于更先进经济形式的旨趣和视域之外。且不说北美西北海岸印第安人这类标准的食物采集者，他们的分类（相对来说）毫无争议。还有剩下的狩猎者，他们先是被农业，而后又被工业革命，拒之更适宜生活的环境之外，他们所安居的生态环境，都要稍逊于旧石器时代晚期的平均水平。[2]此外，在过去的两个世纪中，欧洲帝国主义对世界其他地区造成了极为严重的侵扰，其程度已使得人类学家资料库中囤积的民族志条目，成

〔1〕对传教士关于澳洲东部盛行的血疗（curing by blood）的误解，也有类似的评论，见 Hodgkinson，1845，p.227。

〔2〕正如卡尔·索尔（Carl Sauer）所指出的，原始狩猎民族的生活状况不能“从他们那些今天限于地球上最贫瘠地区，诸如澳洲、美国西南大盆地和北极冻土针叶林的现代幸存者来衡量。他们的早期栖居地曾经食物充沛”。（引自 Clark 与 Haswell，1964，p.23）

为不纯粹的文化标本。即使摒弃了探险家与传教士叙述中民族中心主义的曲解，也只是告诉我们土著惨淡的经济。（参见 Service，1962）我们从《耶稣会报告》（*Jesuit Relations*）[1] 中读到的加拿大东部狩猎者，他们在17世纪早期已经开始从事皮货贸易。关于原住民生产活动的可靠报告出现较晚，在此之前，他们的生活环境已被欧洲人选择性地破坏分化了：我们所知的爱斯基摩人不再捕猎鲸鱼，布须曼人被剥夺了狩猎，肖肖尼人[2]（Shoshoni）的矮松果树成为了板材，其猎场被牛群占据。[3] 这些人群今天所谓极度贫穷，资源"贫瘠无依"，这该归咎于他们的原初状况呢，还是殖民迫害的结果呢？

由于进化论解释在全球范围的萧条，其所蕴含的巨大意义（以及问题）最近才开始引起注意。（Lee 与 Devore，1968）这对现实的重要性在于：这不仅是对狩猎者生产能力的一次真实检验，他们当下的生存情况是对当前人类状况的一次考量。而下面就要对他们的状况做一次更彻底的考察。

"一种物质丰富"

如果只知道理论上所谓狩猎采集者生活的贫困，那么听到

〔1〕 此处是《耶稣会通讯报告》的简称。——译者注

〔2〕 肖肖尼人：北美印第安群体，此处所指应为居住在内华达州中部和东部的西肖肖尼人，其家庭组织分散，以野生植物种子、小型哺乳动物、鱼及昆虫为生。——译者注

〔3〕 亚历山大·亨利（Alexander Henry）作为一个密歇根北面的齐佩瓦印第安人（Chippewa），从他丰富的叙述中我们可以一窥，狩猎采集活动在一定的环境中，通过文化涵化所发生的变化。见 Quimby，1962。

生活在卡拉哈里沙漠的布须曼人，他们除了食物和饮水外，至少在日常生活用品上，享受着“一种物质丰富”时，或许会大吃一惊：

> 当昆布须曼人（Kung）和欧洲人接触得越多——这已经在发生了——他们就会明显地感到自己缺乏我们所有的东西，并将需要和想要的更多。当他们裸身站在衣冠的外人面前，就会感到无衣的自卑。但当他们在自己的环境中生活并使用着自己的器物时，**他们所感到的物质压力便相对弱化**。除了食物和水（重要的例外！），昆人奈奈部落（Nyae Nyae）享受着充足的生活——但仅是如此，平心而论，这些人们虽不致瘦弱，可也难称强壮——他们拥有自己想要的一切，或者可以制作任何想要的东西，每个男人可以并确实获得了每个男人所得，而每个女人也有每个女人所有……**他们生活在物质丰富之中**，因为他们使用的工具适应了他们身边取之不竭，并对每个人都可随意取得的资源（木头、芦秆，骨头制作武器和工具，纤维搓成绳索，茅草编织席子），即便没有多成这样，也至少足够人口所需……昆人总有更多的鸵鸟蛋壳来制作珠串或用于贸易，但即使这样，每个女人还能找到一打或更多的蛋壳来做储水器——就她所能携带——以及制作漂亮的珠串首饰。在游居的狩猎采集生活中，他们带着年幼的孩子和所有东西，随着时节从一个食物来源地迁移到另一处，总是在食物与水源之间往返迁徙。由于身边有着丰富的原料，取代了对物品的依赖，昆人便不曾发展出长期储存的方法，并使他们无须且免于剩余或应急物品的牵累。他们甚

至不想携带一物。他们借用自己所没有的东西。这样的生活使他们不必储藏，而物品的积累也不会和社会地位扯上关系。（Marshall，1961，pp.243-244，粗体为作者所加）

如 L. 马歇尔（L.Marshall）先生所为，他为了方便，把对狩猎采集者生产所做的分析都分成两个方面。食物与水肯定是“重要的例外”，这两样最好是各自保存并额外看护。至于其余非必需品，就是上文所说的布须曼人通常对待它们的方式，而具体说来都和古辛德（Gusinde）所报道的当地雅甘人一样，他们厌恶拥有任何一件和所有物重样的物品，要的只是“自信的表现”，这种观念从卡拉哈里沙漠到纽芬兰的拉布拉多（Labrador）——或直到智利的火地岛。“我们火地人，”他写道，“获得和制造东西起来，不费吹灰之力。”（1961，p.213）[1]

在维持温饱之外，人们的需求通常很容易获得满足。这种“物质丰富”部分依赖生产的简易，技术的单纯，以及财富的民主分配。生产是家庭式的：使用的是石头、骨头、木头、皮毛——这些“周围大量存在的”材料。结果就是，从原材料的取得，到劳作的投入，都不费太大的力气。他们可以非常直接地获取自然资源——“任人自取”——甚至获得必要的工具也异常方便，与所需技能有关的知识也颇为寻常。劳动分工同样简单，主要是性别间的分工。再加上狩猎者普遍分享这一相当出名的自由风气，所有的人都能加入这种长期的繁荣，共享“物质丰富”。

---

〔1〕特恩布尔（Turnbull）注意到刚果俾格米人也有相似的情况：“用于制造居所、衣服和所有其他物质文化必需品的材料，都随时随地有。”而他对这些物品也无须积储：“整整一年，那里猎物充足，作物丰茂，从无短缺。”（1965，p.18）

当然这种“物质丰富”：客观说来，所谓的“繁荣”也是建立在较低生活水平上的。重要的是，当地习惯的消费品数额（以及消费者数量），从文化上维持在适度的标准。许多人欣慰地认为，他们只有一些易得的物品实系他们的福分：不论气候变换，身仅数缕，屋无片瓦；[1]饰物若干，还有燧石及杂物，诸如“土著巫医从患者身上取出的数块碎石”（Grey，1841，vol.2，p.266）；而这些“澳洲原始人所有的财富”（p.266），最后都悉数装在妻子的皮袋中。

对于大多数狩猎者，除了非生存必需品，他们生活的丰裕是不辨自明的。更有趣的问题是，他们为什么满足于这么少的物品——因为正如古辛德所言（1961，p.2），“物质丰富”是种策略，而非不幸。

无欲则无求。但狩猎者对物质产品如此无念，是否因为他们耽于食物的追求，为了“耗尽资源所能维持最大人口所需的能量”，所以无暇他顾，无力追求其他的物质享受？一些民族志作者证实一切恰恰相反，狩猎者对食物的追求效率奇高，使得一半的时间都似乎在不知所为中度过。另一方面，**游动**是狩猎者成功的条件之一，在许多情况下游动超过其他的行为，而且游动的自由总让他们迅速放弃财富积累的满足。对狩猎者来说，财富的确是种累赘。正如古辛德所观察的，在狩猎者的生活环境中，物品竟是“难以忍受的重负”，而且东西越多，他就带得越久。某些食物采集者的确拥有独木舟，还有一些有着狗拉雪橇，但大多数都要自己携带所有的生活用具，所以他们

---

〔1〕我们很早以前就知道，某些食物采集者的筑屋技术在向欧洲人学习之前，似乎已能建造较完善的住所。见 Smythe，1871，vol.1，pp.125-128。

只保留那些能带着不累的东西。或者兴许只带着女人能带的东西：男人们常常空手在侧，以备突然而至的猎物，或是突如其来的袭击。正如欧文·拉铁摩尔（Owen Lattimore）在一篇异曲同工的文章中写道，“纯粹的游牧民是贫困的游牧者”。游动性和财富积累是截然对立的。

对不定居者来说，财富很快就不再是个好东西，显然成了拖累。当劳伦斯·凡·德·普司特（Laurens van der Post）即将告别他的土著布须曼朋友时，陷入了矛盾：

> 赠礼一事令我们颇不得解。当发现自己能送给布须曼人的东西几近于无时，我们羞赧万分。在他们的日常生活中加入哪怕一样再小、再轻的东西，都几乎要加重他们生活的负担。他们实际上毫无财产：一条狮皮带、一块皮垫和一个皮包。他们的东西在一分钟内就可以收完，打包在皮垫里，背在肩头，迈开千里的行程。他们绝无财产观念。（1958，p.276）

对于偶然来到的访客来说，不定居者的这种生活态度非常明显，已经成了他们的一种习性。这种对物质需求的节制俨然规约：它成为一种积极的文化要素，表现在经济的各个方面。比如，劳埃德·沃纳（Lloyd Warner）报道过在默宁人（Murngin）[1]的价值体系中，起决定性的是物品的可携带性。小物件通常要比

〔1〕默宁人：也称雍古人（Yolngu），后一名称现已基本取代前者，指生活在澳洲北部阿纳姆地（Arnhem Land）东北面的原住民。人类学家劳埃德·沃纳于20世纪30年代，首次用“默宁”一词指代这一地区，以及与该地区文化相近的人群。——译者注

大物品来得好。他最后分析认为，“物品运输的相对方便性”，超过其稀缺性或劳动价值，也决定了它的实际价值。至于“最终的价值”，沃纳写道，“就在于携带的自由度”。“携带物品的负担和责任会阻碍社会的游动，这种从负担与责任中解脱的欲望”，是沃纳认为默宁人“没有发展财富观念”，以及他们“缺乏发展技术手段”的原因所在。（1964，pp.136-137）

接着是这种经济的另一个“特殊之处”——我觉得这虽称不上普遍，但他们从来继承了无所谓物质积累的观念，或许可以用反常的如厕训练[1]来类比：至少有一部分狩猎者对他们财产的草率态度是显而易见的。他们对财物的冷淡，或许会令专司生产问题的专家欣喜不已，同样也会让某个欧洲人郁闷不已：

> 他们不知如何看管自己的东西。没人想要把它们排好、叠好、擦干，或是弄干净、挂起来，或是整齐地堆成一堆。如果他们要找某件东西，就从小皮垫裹着的大堆零碎中随意地翻弄起来。大一点的东西就堆在茅屋里，走起来拖得到处都是，想想那些东西得有多破。这些［雅甘］印第安人对他们的用具毫不在乎，完全忘记了制作时的辛劳，这给欧洲人留下深刻印象。[2]实际上，没人对自己那丁点儿东西和财产恋恋不舍，所以常常很快就搞丢了，但也很容易又补上了。……印第安人对待东西一点也不小心，

〔1〕反常的如厕训练：意为随捡随弃，没有固定积累的地点，好比随地便溺。——译者注

〔2〕除此之外，古辛德也说过：“我们火地人获取和制作器具时，毫不费力。”（1961，p.213）

> 即使只是举手之劳。每当看到这些人拉着簇新的东西，精美的华服，新鲜的食物与贵重的什物，拖过厚厚的泥浆，或是弃之孩童、家犬，任凭转眼间面目全非，也漠然视之，欧洲人也只有摇头惋惜。……无论多贵重的东西，一经转入他们之手，新奇的劲头一过，便不再当回事儿了；在那以后，无分贵贱，全部弃置泥沙。他们的东西越少，就越方便迁移，也方便不时替换。因此，他们对物质财产，全不在意。（Gusinde，1961，pp.86-87）

我们可以说狩猎者是“非经济人”（uneconomic man）。但至少在非必需品方面，狩猎者已经不是任何一本《经济学原理通论》扉页中那种标准而经久不变的漫画形象了。他们的索求不多，而满足需求的方式（相对）不少。于是，他们“相对免受物质压力的影响”，毫无“占有之心”，表达出“薄弱的财富观念”，“完全无视任何物质压力”，对于发展自身的技术能力表现得“漠不关心”。

狩猎者与现实财富之间，有一种微妙而重要的关系。从经济内部的视角来看，认为狩猎者的需要“受制”，欲求“被限”，甚至财富观念都“有限”，这样的观点似乎都是错误的。这些说辞预先设想了一位经济人，又提供了一幅狩猎者与其所处恶劣环境相互斗争的情景，而狩猎者由于文化本身的制约，最终注定了贫困的命运。这些话意味着对索取的放弃，对欲望的压制，而这种欲望事实上并不存在，也从未滋生。经济人，乃是资产阶级的构想——正如马歇尔·莫斯（Marcel Mauss）曾说：“原始状态先我们而在，好比道德人之谓，只是后人所称。”狩猎采集者并未刻意压制自身对物质的“追求”；他们只是未及形成此种欲念。“进一步说，我们的［蒙塔格奈人[1]（Montagnais）］野蛮人能适彼乐土，幸免一宗罪恶，全赖上帝保佑；有两个罪恶之源将许多欧洲人送入了炼狱和惩罚，却未染指这广袤的森林——这两个罪恶之薮便是欲望和贪婪……他们都安享简单的生活，没人为了获得财富而将自己出卖给恶灵。”（LeJeune，1897，p.231）

我们总认为狩猎采集者是**贫穷的**，因为他们两手空空；或许我们更应认为，他们的一无所有是出于对自由的追求。“他们极端有限的物质财产，使他们摆脱对日常琐碎的光顾，可以尽享人生。”（Gusinde，1961，p.1）

生存经济

赫斯科维茨（Herskovits）写作《经济人类学》（1958）的时候，把布须曼人或澳洲原住民作为“经济来源匮乏的典型代表”，认为他们的生活岌岌可危，“只有最集约的方式才能维持生计”，这样的观点在人类学研究中司空见惯。今天，关于这种“典型”的理解——已通过这两个群体的材料完全改变了。许多证据可以说明狩猎采集者活得没我们那么辛苦；而他们对食物的追求不但不是种辛劳，反而是间歇充裕的闲暇，他们每人每年白天睡觉的时间量要远远超过其他类型的社会。

---

〔1〕蒙塔格奈人：北美洲东北部游牧印第安人之一，传统上居住在与圣罗伦斯湾北部沿岸平行的大片森林地带，以桦皮棚屋为住所，以驼鹿、鲑鱼、鳗鱼及海豹为食。“蒙塔格奈”一词来自法语，意为山地居民。——译者注

虽然在早期的材料中，已有一些澳洲方面的证据，但通过1948年对阿纳姆地进行的美澳联合科学探险，使我们幸运地获得了大量的资料。这些令人惊讶的资料于1960年出版，引发了对一个世纪以来澳洲报道的反思，或许也应对更长时间来的人类学思想加以重新审视。麦卡锡（McCarthy）与麦克阿瑟（McArthur）对当地的狩猎采集活动进行了一次重要的阶段性研究（1960），对应了麦克阿瑟对当地营养摄入的分析。

图1.1和1.2概括了主要生产周期的研究。这一研究是对日常时期的短期观察，这段时间处于非仪式阶段。关于鱼溪（Fish Creek）群体的记录（14天）要比老人湾（Hemple Bay）的记录（7天）更长也更细致。据我了解，其中记录的只有成年人的劳动。民族志作者将狩猎、植物收集、食物备置和武器修理的数据全都包括进了图表。这两个群体都是可以自由移居的澳洲原住民，虽然他们当时并没有位于长期生活区域，或是原先的生活环境，但在研究时期，他们都远离传教点或其他定居点。[1]

单靠阿纳姆地的数据材料，我们很难充分地提出普遍的或

[1] 鱼溪群体是阿纳姆地西面的一个内陆营地，包括成年的6男4女。老人湾是格鲁特岛（Groote Eylandt）沿岸的一块地方；营地内有成年的4男4女，以及5个少年与婴孩。对鱼溪群体的调查始于旱季的末尾，但是植物性食物供应很低；虽然在不断的围捕中，动物逐渐变得警觉了起来，但捕猎袋鼠还是收获颇丰的。植物性食物在老人湾很丰富；虽然鱼类各异，但是总的来说要比探险队到访过的其他海岸营地来得多。老人湾的食物来源要比鱼溪充裕。那么老人湾在食物收集过程中花费更多的时间，反映的是对5个孩子的抚养。另一方面，鱼溪群体确实需要供养一个几乎脱产的手艺人，而在劳动时间上的不同，或许表示了沿海与内陆常见的区别。在内陆狩猎中，捕获的经常是很大一头猎物；因此，一天的生产可以维持两天的生活。而在捕鱼地区，若非不断往返拉网，则渔获寥寥，所以需要更长时间以及更频繁地努力工作。

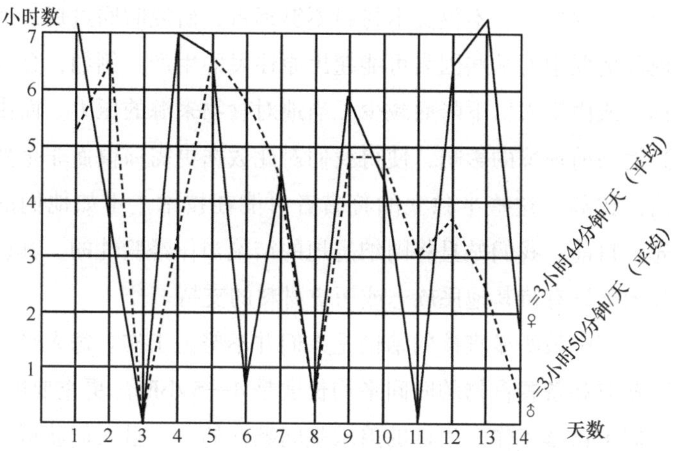

图 1.1　每天花在与食物有关活动上的时间：
鱼溪群体（McCarthy 与 McArthur，1960）

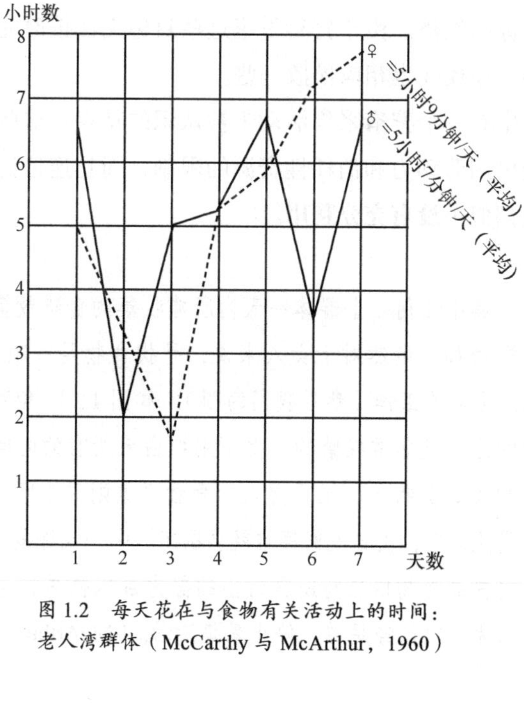

图 1.2　每天花在与食物有关活动上的时间：
老人湾群体（McCarthy 与 McArthur，1960）

历史性的推论。不仅文本材料不够远古，研究时间过短，而且现代情况中的某些因素可能超出原住民的生产：例如，金属工具，或由于人口下降而减少了当地对食物来源的压力。而由于其他当前环境的影响，使得我们对此数据更需谨慎而非全然确信：比如，这些半独立的狩猎者可能在技术上不如他们的祖先。目前，我们姑且将阿纳姆地的结论当作经验性的，其进一步的确证有待其他民族志或历史材料的支持。

其中最明显直接的结论是人们并不努力工作。每人每天用于获取和备置食物的时间平均长度是 4—5 小时。更重要的是，他们不连续工作。生计的追求是间歇性的。一旦人们获得了眼下足够的食物，就停止工作，留下充足的闲暇时间。他们的生计与其他社会的生产同样明确，我们面对的是一种具有特定而有限目标的经济。由于狩猎采集这些目标无法按时完成，所以他们的工作模式也相应松散一些。

其中有一个狩猎采集活动未被认识的特点：这些澳洲人不但未受可用劳动力和消耗性资源的限制，而且连他们客观的经济能力都似乎**没有充分利用**。

> 其中任何一个群体一天内所能收集的食物数量，都可以大幅增加。虽然对于女人来说，寻找食物是一项日复一日、无法逃避的工作（参见我们的图 1.1 和图 1.2），但可以发现她们的休息是非常频繁的，也不用把白天所有的时间都花在找寻和备置食物上。至于男人的食物采集则更为间断，如果某天猎获颇丰，次日他们经常就会歇工。……或许他们会无意识地将提高食物供应与所需付出的努力加以衡量，也许就会因此认为食物已经足够，停止采集活动。（McArthur, 1960, p.92）

接下来是第四个特点，这种经济对人们在体力上的要求并不大。调查者每日的田野日记指出，这些人都量力而行；只有一次记录到一个狩猎者是“真的累坏了”。（McCarthy 与 McArthur，1960，pp.150f）阿纳姆地的居民本身也不认为维持生计是一项重负。“他们显然既不认为这是件让人不爽的事，早完早好，也不觉得这是坏事，能逃则逃。”（McArthur，1960,p.62）[1] 由此看来，同样联想到他们对经济资源的低度利用，就可以发现阿纳姆地的狩猎者似乎并没有安于“贫困的生存状况”。他们和其他澳洲原住民一样（参见 Worsley，1961，p.173），只是不满足于固定的食谱；他们在很多时候为了追求食物的多样性，已经突破并超出了丰裕的范围。（McCarthy 与 McArthur，1960，p.192）

不管怎么说，阿纳姆地狩猎者的食物摄入是丰富的——按照美国民族研究委员会（National Research Council of America）的标准。在老人湾，每人每天平均消耗 2160 卡路里（只有 4 天的观察），而鱼溪是 2130 卡路里（11 天）。表 1.1 指出了各种营养每日的消耗，麦克阿瑟对照民研委（NRCA）推荐的摄食定量标准计算了百分率。

表 1.1　对照摄食定量标准计算的每日平均消耗百分率
（引自 McArthur，1960）

	卡路里	蛋白质	铁质	钙质	维生素 C
老人湾	116	440	80	128	394
鱼溪	104	544	33	355	47

〔1〕至少在一些澳洲原住民中，比如伊尔－伊龙特（Yir-Yiront）语里，工作与游戏就没有语言学上的区别。（Sharp，1958，p.6）

最后，阿纳姆地的研究对石器时代的闲暇这一著名问题提供了怎样的启迪呢？狩猎采集经济看起来能从日常经济营生中获得大大的解脱。鱼溪群体供养着一个几乎脱产的手艺人，这个人35岁到40岁年纪，但他最大的本事好像就是游手好闲：

> 他从来不和人们出去打猎，但有一天他特别卖力地去网鱼。他偶尔还会去丛林里收集野蜂巢。维利拉（*Wilira*）是个专家级的手艺人，他能熟练地修理长矛和掷矛杆，制作烟斗和簧管，并能（按照需要）给石斧上柄；除了这些技能，他把其他时间都花在扯淡、吃饭和困觉上。（McCarthy与McArthur，1960，p.148）

看来维利拉也概莫能外。阿纳姆地的狩猎者有很多自由支配的时间，都花在了休歇和睡觉上（见表1.2和表1.3）。工作之外最主要的交替就是睡觉：

表1.2　鱼溪群体白天休息和睡觉时间

（数据引自McCarthy与McArthur，1960）

天数	♂平均	♀平均
1	2小时15分钟	2小时45分钟
2	1小时30分钟	1小时
3	整天	
4	间歇	
5	间歇以及整个傍晚	
6	整天	
7	数小时	
8	2小时	2小时
9	50分钟	50分钟

续表

天数	♂平均	♀平均
10	下午	
11	下午	
12	间歇，下午	
13	—	—
14	3 小时 15 分钟	3 小时 15 分钟

表 1.3 老人湾群体白天休息和睡觉时间

（数据引自 McCarthy 与 McArthur，1960）

天数	♂平均	♀平均
1	—	45 分钟
2	整天	2 小时 45 分钟
3	1 小时	—
4	间歇	间歇
5	—	1 小时 30 分钟
6	间歇	间歇
7	间歇	间歇

除了花在一般社交、谈天、嚼舌等等之外的时间（大都在工作间隙和烹食的时候），白天的时候也都花在休息和睡觉上。一般来说，如果男人待在营地，那么他们在午饭后通常要睡一小时到一个半小时，或者更久。他们打鱼或狩猎回来通常也要小睡一下，要么一回来就睡，要么是在煮猎物的时候。在老人湾，如果男人们回来得早，他们就要睡一会儿，但如果下午 4 点以后回来就不睡了。如果整天待在营地里，他们睡觉的时间就很随意，并总在午饭后。女人在去林子里采集的时候，比男人休息得还要频繁。如果在营地待一整天，她们也是想睡就睡，有时还睡

得很久。（McCarthy 与 McArthur，1960，p.193）

阿纳姆地人没能“建立文化”的原因准确说来，并非因他们缺乏时间，而是游手好闲。

这就是阿纳姆地狩猎采集者的情况。而赫斯科维茨认为布须曼人的经济状况和澳洲狩猎者一样，理查德·李（Richard Lee）最近两份出色的报告也显示两者的状况确实类似。（Lee，1968，1969）李的研究应受特别重视，不仅因其与布须曼人有关，而且重点是他提到了昆布须曼人中的朵贝部落（Dobe），这个部落比邻奈奈部——他们生活在另一种“物质丰富”当中——马歇尔先生对此做了重要的保留。朵贝地区位于博茨瓦那（Botswana），昆布须曼人在那里至少已经居住了一百多年，但只是从最近开始经受动荡的压力。（然而，金属制品从19世纪80、90年代起就已在朵贝地区使用。）李对一个接近平均营地人数的群体（41人），进行了一项深入研究，关于他们在旱季的生计生产。这次观察超过4周，从1964年的7月到8月，正好是一种从丰裕到不甚丰裕季节过渡的时期，因此很具代表性，基本包括了一般在生计活动中遇到的困难。

尽管年降雨量较低（6到10英寸），李发现在朵贝地区还有着“惊人丰富的植物”。食物来源“多样而丰富”，尤其是能量极高的曼杰提栗子[1]（mangetti nut）——“如此丰富，每年

---

〔1〕曼杰提栗子：曼杰提树的果实，在某些地区又称芒各芒各栗子（mongomongo nut），曼杰提树（拉丁名：Ricinodendron Rautanenii，中文名：佛手木）为落叶乔木。分布在赞比亚南部，津巴布韦、博茨瓦那等地。每年4、5月间果实成熟，外有果肉，味同椰枣，含糖量高。果核（种子）即曼杰提栗子，富含油脂、蛋白质和矿物质。研究显示，成年人日食百颗，可满足一天营养所需。——译者注

成千上万地烂在地里，无人采食”。（皆参考 Lee,1969,p.59）[1]他当时的报告在食物获取方面非常接近阿纳姆地的观察。表 1.4 概括了李的数据。

表 1.4 朵贝布须曼人日常工作概览（引自 Lee，1969）

周数	群体平均规模＊	每日可供消费 †	每日工作投入	成人 / 周 / 工作天数	生计效用指数 ‡
1（7 月 6—12 日）	25.6（23—29）	179	37	2.3	0.21
2（7 月 13—19 日）	28.3（23—27）	198	22	1.2	0.11
3（7 月 20—26 日）	34.3（29—40）	240	42	1.9	0.18
4（7 月 27 日—8 月 2 日）	35.6（32—40）	249	77	3.2	0.31
4 周合计	30.9	866	178	2.2	0.21
修正后合计 §	31.8	668	156	2.5	0.23

＊ 群体大小平均保持在一定规模。布须曼营地中的人口在相当短期内有一定波动。

† 该值包括成人和儿童，由每日所需食物供应可知每周供应总额。

‡ 李建立了这一指数，表示消耗与生产所需工作量的关系：S = W/C，这里 W = 每日工作投入，而 C = 每日可供消费。反之，该公式可以显示一天的生计劳动可以供应多少人口所需。

§ 第二周排除在最后的总计外，因为有两天的食物是调查者提供的。

布须曼人的数值显示一个男人的狩猎采集活动，可以维持 4 或 5 人的所需。从表面价值来看，布须曼人的采集要比“二战”前的法国农业还要高效得多，那时的法国，20% 的人口养活了剩下的人们。诚然，这一比较有其误区，但是更重要的是这一结果给我们的震动。在李接触的全部自由移动的人口中，

〔1〕关于当地资源丰富的程度颇具可信度，因为李的民族志工作恰是在“南部非洲历史上最严重的饥荒”后两三年进行的。（1968，p.39；1969，p.73n.）

61.3%（248 人中的 152 人）都是有效的食物生产者；剩下的不是太小就是太老，无法做出重要贡献。他研究的这个营地中，65% 的人口是“有效劳力”。因此食物生产者与总人口的比例实际上是 3∶5 或 2∶3。但是，这 65% 的人里“只有 36% 的时间在工作，还有 35% 的人口一点工作都不用做”！（Lee，1969，p.67）

对于每个成年劳动力来说，这就意味着每周需要工作一天半到两天。（“换言之，每个生产者在养活他或她本人以及依附者之外，还有 3½ 到 5½ 天的时间可以用于其他活动。”）“一天的工作”大约 6 小时；因此朵贝人每周工作时间接近 15 小时，即平均每天 2 小时 9 分钟。甚至比阿纳姆地的标准还低，不过这个数字已经除去了烹饪和准备器具的时间。把这些考虑进来，那么布须曼人维持生计所需的劳动，就可能非常接近那些澳洲土著了。

布须曼人也和澳洲土著一样，在不为生计忙碌的时候，他们就在闲暇或休闲活动中度过。我们可以再次发现旧石器时代的节奏特点就是，干一两天活，歇一两天工——歇工的时候就在营地中坐看云卷云舒。虽然食物采集是首要的生产活动，但是李也写道，“人们主要的时间（每周 4 到 5 天）是花在其他追求上的，比如在营地闲居或造访其他营地”。（1969，p.74）

> 一个女性采集者工作一天，就足够一家吃上三天，剩下的时间都在营地闲待着，做点女红，访问其他营地，或者和其他营地来的访客找点乐子。她每天待在家里的日常工作就是下厨，比如做饭、剥栗子、捡柴火，还有提水，这些要花去她一到三个小时。稳定的工作与闲暇交替着，凑成了整年的节律。猎人们去做事的时间要比女人频繁一

> 些，不过他们的活动没有规律。男人们很有可能某个礼拜拼命打猎，然后两三个星期一根毛都不打。因为打猎是件没有准头的事情，冥冥中自有定数，猎人们有时走了背运，就会停猎一个月或更久。在这些时候，访客、找乐，特别跳舞是男人们最主要的活动。(1968，p.37)

朵贝布须曼人每人每日需2140卡路里。然而，参考身体重量、日常活动，以及朵贝人口中的年龄—性别组成，李估计每人只需1975卡路里。一些过剩的食物可能拿去喂狗，这些家狗吃掉了人们的剩饭。“我们可以得出这样的结论，布须曼人有着正常的食物摄入，并没有生活堪忧，处在饥饿的边缘。”(1968，p. 73)

单独来看，阿纳姆地和布须曼人的报告，即便没有对既成的理论基础造成完全的打击，但也动摇了它的地位。虽然由于观察者的参与，特别使得前一项研究的结果相对不够明确。但阿纳姆地考察的结果，从澳洲其他地方，以及世界上其他狩猎采集地区的观察中都得到了证实。许多来自澳洲的证据可以追溯到19世纪，当时那些非常敏锐的观察者仔细地做了记录，原住民的生活在与欧洲人产生联系后才出现变化，“他们的食物来源受到了制约，而且……他们在很多地方受到威胁，迫使他们远离了水域，而那些水域都是他们最好的采猎场”。(Spencer与Gillen，1899，p.50)

在澳洲东南部优质水域的例子更为明显。原住民在那里能轻松地获得充足的鱼类，以至于19世纪40年代一位维多利亚时期的垦荒者忍不住想，“在我们的教会让他们学会抽烟之前，真不知道这些野蛮人是怎么打发时间的”。(Curr，1965，p.109)

吸烟至少解决了他们的经济问题——无所事事："这一成果斐然……接着就出了这样的问题，他们的闲暇被分成了两半，一半时间把抽烟当作一件正经事来做，另一半时间就向我来讨烟丝。"接着这个垦荒者就有点认真过头了，他要估计一下菲利普港（Port Phillip）地区的原住民要花多少时间在狩猎采集活动上。女人们每天花6小时离开营地去远处采集，"有一半的时间是在树荫和火堆边虚度的"；男人在女人离开营地后不久也离开了，回来的时间差不多。（p.118）科尔（Curr）发现这样收集的食物虽然"随意拾取"，但"不影响质量"，一天6小时"完全可以满足"这一目标；事实上这块土地"可以养活比我们见到的多两倍的黑人"。（p.120）另一个老辈人克莱蒙特·霍金森（Clement Hodgkinson）也做了类似的评论，他记录了新南威尔士东北面一个类似的地方。在那里，一小会儿的渔获就足够填饱"整个部落"。（Hodgkinson，1845，p.223；参见 Hiatt，1965，pp.103-104）"实际上，在东海岸整块区域，当地的黑人从来没有如许多悲悯的作者笔下所描述的那样，深罹食物的匮乏。"（Hodgkinson，1845，p.227）

但这些生活在澳洲东南面，特别是更贫瘠土地上的人们，并没有变成今天那副原住民的刻板形象。他们很早就消亡了。[1]欧洲人与这些"澳洲土人"的关系，是一种围绕大陆富饶资源的冲突关系；欧洲人忙于摧毁土著文化，却没有时间或

〔1〕正如邦威克（Bonwick）记录的塔斯马尼亚人："虽然萨莫维尔女士（Mrs. Somerville）在她的'自然地理'中一厢情愿地认为他们'真实可怜地生活在一片土地上，那里可借以维生的手段屈指可数'；但这些原住民却从来不为食物烦心。"曾经的保护者简宁特博士（Dr. Jeannent）写道："他们的所得已经极其丰富了，他们的生活无须努力，或工业成果的援助。"（Bonwick，1870，p.14）

意愿停下来反思一下自己的所作。于是乎，民族志观念就只沿袭了这种刻板形象：阿纳姆地皆是闭塞的群体，皆是沙漠居民。实际上，不但阿纳姆地的居民生活得没那么差——一般说来，“他们的生活也并非悲惨或糟糕”。（Spencer 与 Gillen，1899，p.7）〔1〕而且即使中部沙漠的部落，也不应该因其人数和对环境的适应，就被当作困顿的土著澳洲人的典型。（参见 Meggitt，1964）约翰·爱德华·埃尔（John Edward Eyre）走过了南部海岸，越过了弗林德斯山脉（Flinders），还曾在富饶的默瑞河地区（Murray）流连，下面他对原住民经济所做的描摹，即便算不上有说服力，但至少也是一种代表性的看法：

> 在那新荷兰〔2〕（New Holland）更遥远的地方，那是欧洲定居者尚未履足的土地，常年流淌清清的河水，一捧入口，四季都有丰富的食物，人人获取，土著的生活无忧无虑。诚然，随着季节变换，他们的食物发生着变化，居址也要随之变迁；然而一年之中，一境之内，他们却很少需要为动物和植物的获取而烦忧……这些（主要的食物）种类，许多不但取之尽丰沛，而且在合宜的季节里其量之大矣，可以任凭成百的土著齐聚一地，随意取之，无时匮乏。……在海岸边，在内陆的大河，富饶的渔场提供大量的渔获。在维多利亚湖（Lake Victoria）……我曾见过六百个土著一起宿营，他们所依赖的就是此时湖中出产的

〔1〕这是通过与澳洲中部沙漠更深处的居民相比得出的结论，只要在“通常的情况下”，不是连绵的干旱，使“他们深陷饥困之境”的时候，他们的生活就还不错。（Spencer 与 Gillen，1899，p.7）

〔2〕新荷兰：航海殖民时代，澳洲旧称。——译者注

鱼类，可能还要补充以松叶菊的叶子。当我和他们待在一起时，丝毫不觉他们的营地有些许匮乏……在摩轮特（Moorunde），当默瑞河年度泛滥的时候，新鲜的河水把小龙虾带到了岸上……数量巨大，我见过四百个土著数个星期都没吃完，加上他们丢弃和浪费的，还能再养活四百多个……在12月初的时候，默瑞河还有无数的河鱼可供捕食……几个小时里捕获的……（河鱼）数量已经难以计数……在澳洲东部，一年特定的季节里，另一项同样数量巨大，深受土著喜爱的食物是蛾子，土著在特定地区的山洞和石穴中才能捉到它们。……相应的季节里，还有一种水芹的嫩尖、叶子和梗子……也是土著的偏爱，它可以为无数的土著提供源源不断的食物……土著的生活中还有很多其他的食材，数量之大，价值之高，不胜枚举。（Eyre，1845，vol.2，pp.250-254）

我们已经领略过埃尔和乔治·格雷爵士（“我可以说，土著们的茅舍总是无比丰足的”）对原住民经济的乐观态度，从中我们可以具体估算澳洲原住民每天用于生计劳动所花的时间。（这在格雷的情况中，还需包括他认为澳洲西部生活更不理想的居民。）这些先生和探险家所提供的证据，与麦卡锡和麦克阿瑟从阿纳姆地得出的平均结果非常接近。“在所有一般的季节里，”格雷写道，（就是说，只要他们没有被阴雨困于茅舍）“只需二**到三个小时**，他们就能获得足够一天所需的食物，但他们通常的习惯就是怠惰地从这儿晃到那儿，在闲逛的时候懒散地捡上一些。”（1841，vol.2，p.263；粗体为作者特别强调）埃尔同样提到：“几乎在我到过的澳洲大部分地区，只要欧洲人或他们的畜群，尚未制约或摧毁土著原有的生计方式，那么我眼中的土著通常只要花三**到四个小时**，无须劳碌，就能获取维持一天所需的食物。”（1845，pp.254-255；粗体为作者特别强调）

此外，麦卡锡和麦克阿瑟关于原住民生计劳动时断时歇的报告，也在整个大陆早期和晚近的观察中反复出现。（Eyre，1845，vol.2，pp.253-354；Bulmer，Smyth，1878，vol.1，p.142；Mathew，1910，p.84；Spencer 与 Gillen，1899，p.32；Hiatt，1965，pp.103-104）巴塞多（Basedow）将其视作原住民普遍的习俗：“只要他们的生活用品都制备好了，猎物藏好，水源充足，那么原住民的生活就无比轻松；而在外人看来确实有些懒惰。”（1925，p.116）[1]

与此同时，我们回到非洲，那里的哈扎人[2]也长期享受着可与布须曼人或澳洲原住民一较高下的清闲，他们每天完成活动所投诸的时间也与此二者不分伯仲。（Woodburn，1968）哈扎人生活在动物“极其丰富”，植物经常可获的地区（埃亚西湖附近），比起狩猎的机会，他们似乎更关心游戏的机会。尤其在漫长的旱季，他们终日与赌博为伴，或许这样只是为了输掉在其他季节用于猎捕大型猎物的金属箭镞。不管怎么说，许多男人“即使得到了必要的箭头，也不预备或无法捕获大型猎物”。伍德伯恩（Woodburn）写到，只有少数猎手才积极于大型猎物，而且女人即使总是更勤恳地收集植物，她们还是步调

〔1〕巴塞多用吃得太饱来解释土著的慵懒，接着又用土著忍受饥饿的时间太久来解释他们遇到食物就要大吃，最后进一步把澳洲干旱加剧的原因归结到白人对土地的开发上。

〔2〕哈扎人：非洲狩猎采集群体之一，生活在非洲东部，坦桑尼亚埃亚西湖东岸和南岸热带草原地区，与布须曼人同属科依桑语系。——译者注

轻松，无须劳碌。（参见 Woodburn，1966，p.51）虽然哈扎人无意劳作，在经济上只是有限的合作，“尽管如此，他们无须劳苦，就能获得足够的食物”。伍德伯恩对生计劳动所需做了“粗略的估计”：“在一整年里，用在获取食物上的时间，平均下来每天不足两小时。”（Woodburn，1968，p.54）

有趣的是，哈扎人接受生活的指引，而不是人类学的引诱，拒绝新石器时代革命，只为安享闲暇。虽然垦殖者环伺四周，他们直到最近还抗拒着农业，“主要是因为农耕需要太多艰苦的劳作”。[1]这一点上，他们和布须曼人别无二致，而布须曼人用另一句话回应了新石器时代的问题：“世界上有那么多芒各芒各栗子，我们为什么还要种地？”（Lee，1968，p.33）伍德伯恩虽未言明，但他给我们留下的印象中，哈扎人比起相邻的东非农耕者来说，花在谋生上的力气确实要小，时间可能也少。（1968，p.54）[2]越过大洋，但越不过人类的共性，南美狩猎者工作的时断时续，在外界的欧洲人看来，也是一种无可救药的“天性”：

---

〔1〕本段引文散见于伍德伯恩提交温那－格林（Wenner-Gren）研讨会论文，《作为狩猎者的人类》（“Man the Hunter”），不过在正式出版物中只有摘要提及。（1968，p.55）我谨希望本文引述不致唐突草率。

〔2〕“农业确实是人类史上首次奴隶劳动的实例。按照《圣经》的传说，人类第一个罪人，该隐，就是农民。”（Lafargue，1911[1883]，p.11n）[事见《圣经·创世记》（第四章），该隐和弟弟亚伯是亚当和夏娃的儿子，身为农人的该隐出于嫉妒，杀死了作为牧人的亚伯，于是上帝震怒，放逐罪人该隐。——译者注] 在受到干旱和饥荒威胁的时候，布须曼人和哈扎人农耕的邻人，很快转诸更可靠的狩猎采集生活，也是很明显的注脚。（Woodburn，1968，p.54；Lee，1968，pp.39-40）

> ……雅马纳人[1]不能胜任整日连续的辛苦劳作，这让雇用他们的欧洲农民和雇主大光其火。他们工作起来干干停停，在这些消停之间，他们倒能相当卖力地干上一会儿。不过，在那之后，他们就想要歇上好长一段时间，这时候他们就躺在那儿，啥都不干，看起来一点儿也不累。……这种反复的休歇让欧洲雇主极其失望，但印第安人自己也没有办法。这就是他们的天性。（Gusinde，1961，p.27）[2]

最后，狩猎者对于农业的态度，启发我们对他们在食物获取时的一些特殊之处有所了解。于是，我们再一次进入了狩猎经济的内部领域，这一区域常常因为一些主观臆断，而变得难以理解；此外，狩猎者倒似乎是故意要用奇风异俗，增广我们对经济的理解，要么承认他们是十足的笨蛋，要么相信他们是真的毫不在乎。以狩猎者窘迫的经济状况作为前提来看，他们对待经济的漠视态度，的确能推导出前一种结论。不过从另一方面来看，如果狩猎者的生活总是轻而易举，总是无忧无虑，那么他们对经济表现出来的没心没肺，就一点也不足为奇了。

---

〔1〕雅马纳人：即前文提到的雅甘人。——译者注

〔2〕近来在土著人受雇欧洲人的案例中，表现出雇主对土著磨洋工普遍不满，这种不满不仅针对前狩猎者（ex-hunters），而更应引起人类学注意的是其反映的事实，传统经济只为实现合宜的目标，只要目标可以实现，就极其宽松，从“仅为谋生的问题中大大地解脱出来”。

狩猎经济也常常受到低估，因为我们通常假设其无力支持生产分化。参见Sharp，1934—1935，p.37；Radcliffe-Brown，1948，p.43；Spencer，pp.155，196，251；Lothrup，1928，p.71；Steward，1934，p.44。如果说狩猎经济缺乏生产专门化，那不管怎么样，这也只是清楚地表明“市场”的缺乏，而不是缺少时间，无暇建立。

卡尔·波拉尼（Karl Polanyi）谈到市场经济的特殊发展方式时，认为市场经济将稀缺性制度化了，这“阻止了我们对食物的动物性依赖，而我们对饥饿的恐惧则完全暴露了出来。所有人类文化所追求的对物质的解脱，却因市场经济，反而变本加厉，使我们可耻地沦为物质的奴隶”。（1947，p.115）但这纯然是我们的问题，而不是狩猎采集者的问题。不但如此，狩猎者的经济方式渲染着原始丰裕的色彩，饱含着对丰富自然资源的信念，而不像我们一样积郁着对物质手段不足的伤怀。我觉得，这种自信来自人类理性的选择，他们选择了一种普遍行之有效的经济，只有透过这些人们的自信，我们才能理解他们怪异的生活方式。〔1〕

这些狩猎者会在营地间长年来回迁徙。这种游居通常被我们以烦恼视之，而对他们来说，却毫不在意。史密斯（Smyth）谈到，维多利亚州的原住民，都是标准的“懒惰旅行者（lazy travellers）。**他们一丁点儿加快速度的想法都没有**。他们开始动身的时候，通常已经是快偏中午了，而路上还总有许多羁绊”。（1878，vol.1，p.125；粗体为作者特别强调）好

---

〔1〕随着早期文化不可避免地走下神坛，资产阶级关于物质稀缺性的理念也同时受到动摇，于是乎，人们希冀从自然中找到可以效法的理想模式，借以证明人类（或至少是工作的人）可以痛并快乐地工作：那就是蚂蚁，勤劳的蚂蚁。这一观念所犯的错误，和我们对狩猎者所犯的是一样的。下文出自《安阿伯尔新闻》（*Ann Arbor News*，1月27日，1971），文章标题是，“两个科学家声称蚂蚁有点懒”：加州棕榈泉（观测站）——“蚂蚁的勤劳并不名副其实”，乔治（George）和珍娜·惠勒（Jeanette Wheeler）博士署名。

这对伉俪花费数年，研究这种童话寓言中辛勤劳作的英雄生物。

“无论何时，我们见到一座蚁冢，我们都会感叹其工程之巨大，但这只是因为那里的蚂蚁太多了，它们又长得一模一样。”惠勒总结道。

“勤劳的蚂蚁们把很多时间都用来闲逛。而且，更有甚者，全部由雄性组成的工蚁，居然把很多时间花在打扮上。”

神父彼雅荷（Biard）在其1616年的《耶稣会报告》（*Jesuit Relation*）中提到，那时正好赶上米克马克人[1]（Micmac）食物品种开始增多的季节（“所罗门王从来不会准时上殿，不会按时开饭”），于是他也沿用了同样的口吻：

> 我们的森林居民为充分享受他们生命的乐趣，在动身前往他们不同的栖居地时，把这一切当作一种快乐，好像一段漫步，或是一次远足；其擅舟楫之利，更乘独木舟之便……桨声阵阵，竟不费力，天气晴好，一日能行三四十节；其实不然，我很少见野蛮人照此速率前行，因为他们虚度整日。他们从不匆忙。与我们截然不同，若非匆匆与惶惶，我们便一事无成……（Biard，1897，pp.84-85）

当然，随着附近食物资源耗尽，狩猎者也会放弃营地。不过只把游牧当作对饥饿的逃避，是只知其一，不知其二；狩猎者希望在别处寻找更茂盛的草场并非坏事，只是我们忽略了这件事的积极意义。其实他们的游居，并非出自生活的焦虑，这与泰晤士河上的一次郊游并无不同。

在观察中，我们总是很伤脑筋地发现，狩猎采集者“缺乏先见之明”，这就提出了另一个更严重的问题。他们永远只看眼前，从来“没有想过或关心过明天，丁点儿都没有”。（Spencer与Gillen，1899，p.53）狩猎者似乎不愿勤俭持家，

〔1〕米克马克人：加拿大东部沿海最大的印第安部落，季节性游牧群体。冬季猎捕驯鹿、驼鹿及一些小动物；夏季捕鱼，捡拾贝壳动物并在沿海猎捕海豹。——译者注

面对自己的命运，毫无计划。他们选择漠不关心，这表现出两种相对的经济取向。

其一，慷慨至极：这一倾向，使他们吃光营地中的所有，即使身处困难时期，勒热纳（LeJeune）提到蒙塔格奈人时说，“他们对待打来的猎物，好像是养在自家圈子里，吃了还有一样”。巴塞多笔下澳洲土著的座右铭，“可以解释成，今朝有酒今朝醉。这样说来，原住民倾向于把他的食物一次吃掉，而不是今日一饭，明天一餐”。（1925，p.116）勒热纳甚至亲见蒙塔格奈人的挥霍，招致厄运临头：

> 在我们发生饥荒的时候，只要我的主家打到两只、三只或是四只海狸，不管白天黑夜，他马上大宴周围所有的野蛮人。如果那些人逮到什么，他们也会同时这样；所以，只要出现一次宴会，马上接二连三，有时甚至三个、四个。我告诉他们，这样不好，最好把这些大餐留给将来，这样他们就不致受饥饿的压迫了。他们哈哈大笑。“明天”，他们说，“我们逮到什么就拿什么来大吃。”诚然，不过更多的时候，他们逮到的只是严寒与北风。（LeJeune，1887，pp.281-283）

同情他们的作者试图替他们明显的胡为找到合理的解释。或许这些人们是被饿得头脑不清了：他们之所以狼吞虎咽，是因为久不识肉味了——而他们所知的，是以为自己很快又有猎获了。又或许把存粮尽飧，是对所受社会义务的回应，是对分享这一圣训的遵循。勒热纳的经历可以证实这两种解释，但也提供了第三种解释。或者说，这也是蒙塔格奈人自己的解释。

他们并不担心明天会捕到什么，因为他们只觉得，明天也会毫无悬念地获得“另一顿大餐”。不管别人怎么解释，这种自信带给了这些狩猎者大慷其慨的理由。此外，他们的慷慨也有一些现实基础，因为如果狩猎采集者真的热衷在经济大好的时候吃光喝光，他们也活不到现在，成为这一新宗教的预言者。[1]

第二种与之相对的取向，只是极度慷慨的消极一面：无法获得食物剩余，也无法实现食物储存。对于许多狩猎采集者来说，食物储存在技术上并非无法实现，而且肯定也不是因为他们没有意识到其潜在的价值。（参见 Woodburn，1968，p.53）我们要研究的，应该是什么情况使其杜绝了食物储存的可能。古辛德提出了这个问题，从雅甘人同样确凿的乐观中得到了答案。储存本来就是“多此一举”，

> 因为全年里，大海以近乎无限的慷慨，提供各种动物，给男人捕猎，让女人采拾。但一场暴风雨或其他意外将会让一个家庭几天内无法获得海产。通常，人们无须计算饥饿的威胁，因为几乎每个人都能在任何地方找到充足的所需。那么人们又为什么要担心未来的食物呢！……我们火地人基本上都知道自己不必担心明天，因此他们无须囤积给养。年复一年，他们都毫不担忧地期待着明天……（Gusinde，1961，pp.336，339）

〔1〕新宗教的预言者：或许是指在当前新自由主义经济状况下，对消费以及提前消费的倡导，恰好和狩猎采集者的“今朝有酒今朝醉”相映成彰，不谋而合；于是，狩猎采集者便成了“超前消费”的预言家。——译者注

古辛德的解释可能已经尽其所能了，但还有不足。其中似乎有一种更复杂而微妙的经济计算在起着作用——不过从社会成本来计算一下就相当简单了。食物储存固然有好处，但也要考虑到在有限区域采集会导致食物的减少。食物储存会带来一种必然的趋势，会降低一个地区的供应能力，这对狩猎者来说是**非常关键的**：这是他们生产的基本条件，也是他们游动的主要原因。储存食物的不利之处就在于，它在财产和移动性之间产生了矛盾。它将营地束缚在了一个区域，很快导致了自然资源的枯竭。因此人们从固定食物积累的收获，不及在别处狩猎采集的所得，所以说，自然已经替他们备下了相当的储备——自然的赠予要比他们自己的积累，无论从种类上，还是数量上都超乎想象。但这一纯粹的计算——在象征的层面上也被证明是不可行的（参见 Coder，1968）——会产生一种更简单的二元对立，滋长一种类似“爱”与“恨”的社会范畴。因为理查德·李曾发现，技术上中立的食物积累或储存，在道义上仍然是种“囤积”。（1969，p.75）善于储存的狩猎者在充实仓廪的同时，将失去他的名声，或者在散尽余粮的同时，白费了（积储的）力气。照此一来，积蓄食物的企图，只会减少狩猎群体的整体产出，因为没有积累的人将乐于留在营地，依靠积有所余者存储的食物为生。那么，食物储存即使在技术上可行，在经济上也无人响应，在社会关系上更是徒劳无功。

即使狩猎者的食物储存有限，但由于他们在日常生活中所有的愿望都容易满足，所以使他们保持了对经济持久的信念，使他们在艰苦的时候也能欢笑，不过这艰苦的时候却让耶稣会士的灵魂经受试炼，使他担心——印第安人也替他担心——会因此得病：

我看见他们在艰难和困苦中还带着快乐……我却觉得自己和他们在一起的时候，提心吊胆；他们告诉我，“我们有时可能两天、有时三天没有食物，一餐未进；鼓起勇气（*Chihiné*），让你的灵魂变得坚强，忍受这苦难与艰辛；让你远离惆怅，否则你将得病；看吧，虽然我们无所果腹，但我们从未停止欢笑”。（LeJeune，1897，p.283；参见 Needham，1954，p.230）

反思狩猎采集者

虽然长期忍受食物的压力，但通过游动，食物的压力就能轻松缓解，他们的生活毫无欣喜与快乐。（Symth，1878，vol.1，p.123）

很明显，我们需要从实际功用和局限两个方面，对狩猎采集经济加以重新评估。我们的常识存在一种习惯性思维，错误地把所处的物质环境想当然地和经济结构联系起来，从其生活之简单推导出生活之艰辛。但一种文化体系总是辩证地和自然环境联系在一起。如果不能跳出生态环境的局限，文化就无法给他们以丰裕，所以文化体系烙下了自然条件的印记，并使社会特征与之对应——体现为狩猎者的贫穷。[1]

狩猎采集实践（*praxis*）中，真正的障碍在哪里呢？

〔1〕 狩猎者的贫穷：该句意为，狩猎采集文化与自然环境适应，要从大自然那里获得极大的丰裕，就意味着狩猎者本身的贫穷。——译者注

从本文所举的实例中我们可以了解，问题并不是“劳动生产率偏低”，而在于此种经济受到**回报锐减**（*imminence of diminishing*）的严重困扰。狩猎采集从满足生计开始，继而扩大到其他生活所需，开始的应有尽有，只会逐步增大日后匮乏的可能，投入越多，效益越低。这描述了某一特定区域内，关于食物获取的典型曲线。某一数量的人群，迟早会用罄营地周边容易获取的食物来源。在那之后，继续的停留只会增加实际成本，或降低实际收益：如果人们选择去更远的地方采集，就会成本上升，如果他们满足更少的食物或易得的较差食物，就是回报下降。当然，解决之道就是另谋他处。所以，狩猎采集经济决定性的第一要务就是：通过游动来维持有利于自身的生产。

但是，这种游动无论或多或少，或近或远，进出各种不同环境，都只是将回报递减转入其他的生产地点，因这是其与生俱来的特点。工具、衣服、器具与饰物，无论多么易得，倘不再是享受而成为其担，便失去了意义。携带不便，用处锐减。倘若房屋须臾见弃，使之牢固耐久，便成荒唐。于是狩猎者对物质财富便有了淡定无欲的定义：偏爱最少的装备；若有选择，更小者为上；不爱同时携带两件或更多相同的物品；如此种种。当所有的家当都带在身上，他们对环境的压力就变得异常敏感。如果说他们的生产不及其他的经济，要怪的不是狩猎者的生产力，而是他们的游动性。

同样的道理，几乎也能解释狩猎采集者人口的限制。摆脱约束（*débarassment*）这一策略也适用于人口，其方法和理由，与摆脱物质束缚如出一辙。方法就是冷血无情：携带性下降回报锐减，维持最低的必要生产人口，去除重复，诸如此类——具体说来，就是溺婴、杀老、哺乳期禁止性行为，等等，都是食物采集者闻名遐迩的方式。这一假说认为所有此类措施，都缘于无力赡养，大抵是不错的——如果我们把“负担”理解成携带，而非喂养。这些被去除的人，正如狩猎者时常悲伤地提到的，恰是那些无法有效游动的人，他们会给家庭或营地的移动拖后腿。狩猎者被迫把人和东西做同样处理，这种严厉的人口政策和淡定无欲的经济一样，是生态环境在人们行为上的投影。进一步说，这种限制人口的策略，也是狩猎者在面对生计回报递减时的一种应对方式。地方群体对回报递减表现得非常脆弱——所以要么加快游动的速度，要么分裂——规模减小（其他部分也相应减少）。但凡人们想要保持地方性生产的优势，又想维持某种数量和社会性的稳定，马尔萨斯理论对他们的实践一贯是残酷的。[1]现代的狩猎采集者，整年以很小的群体，非常分散地生活在极其恶劣的环境中。这一人口模式，与其说是低度生产、贫穷的证明，不如说是为了生活得更好的代价。

狩猎采集经济，已经克服了自身的一切弱点。周期性的游居，对财产与人口的限制，既是经济实践的必要，也是对环境创造性的适应，只有在这样的背景下，游居与限制才成其为美德。恰在这样的结构中，丰裕才成为可能。游动与节制，使狩猎者的目标在技术手段的范围之内得以实现。于是，这样一种未发展的生产模式，才成其为高效。狩猎者的生活也不似外人看来那么艰苦。在某种意义上说，这种经济反映的是糟糕的生

〔1〕马尔萨斯式的实践：该句意为，按照马尔萨斯理论，人口增长与环境资源永远是矛盾的，所以生产的增长和人口稳定永远无法共存。——译者注

态环境，但环境也反映着经济。

当前民族学关于狩猎采集者的报告——尤其在那些边远的环境中——提到一个成年劳动者，平均每天用于食物生产的时间为3—5小时。狩猎者的工作时间和银行家一样，明显少于现代（公会中的）产业工人，产业工人们肯定会很乐意接受每周21—35的工时。最近关于新石器时代农耕者劳动成本的研究，也提出了这个有趣的比较。比如，哈鲁喏人[1]（Hanunoo）成年男女，平均每年花在刀耕火种上的时间是1200小时（Conklin，1957，p.151）；也就是说，平均下来每天3小时20分钟。而这一数字还不包括食物采集、动物豢养、烹煮和这些菲律宾部落民其他直接的生计活动。相应的数据，也出现在关于世界许多其他地方原始农业的报告中。这一结论即使从消极一面来看也很正常：狩猎采集者并不比原始农耕者劳作得更久。由民族志推之史前时代，我们说起新石器时代，就像约翰·穆勒（John Mill）说到完全省力的方法时说，从来没有人真的发明过什么可以节约劳力的东西。在每人进行生计生产所需的时间上，新石器时代比起旧石器时代也看不到特别的进步，而且随着农业的出现，人们还要更辛苦地劳作。

也没有任何条框规定狩猎采集者，为了维持纯粹的生存，便无法享受闲暇。虽然，这是传统上对旧石器时代不够先进的解释，而生活的闲适也是新石器时代击节相庆的理由。不过把传统的思维倒转过来可能更正确一些：（每人的）工作量随着文化的进化而增加，闲暇的时间减少。狩猎者生计劳动的

〔1〕哈鲁喏人：菲律宾民都洛岛内陆山地民族之一，生计类型以游耕为主。——译者注

特点就是断断续续，做一天歇一天，即使现代的狩猎者至少也会在白天歇工昼寝。在热带地区居住着许多现存的狩猎者，对他们来说，植物采集要比狩猎更靠得住。因此，从事采集的女人要比男人做更多的工作，在食物供应上占据更大的比重。而男人已经够闲了。另一方面，闲适还有益于更高的、更抽象的追求；如果人类缺乏闲暇，那么从启蒙主义的意义上说，缺的可就是思维创造的可能了。孔多塞（Condorcet）把狩猎者落后的状况归结为，亟须“思索的空闲，这样才能丰富对各种新观点的理解”，他也认识到经济循环是“人类终极活动和所有闲暇的保证”。显然，狩猎者需要给予贵族式的**思想家**（*philosophe*）**足够的**闲暇。

无论他们领略了怎样的艰辛，狩猎采集者还是对他们的经济状况抱以乐观的态度。有时也正因为他们对自身经济的乐观，才令他们尝尽艰辛。或许他们的自信只是助长了豪爽之风，使得营地因运筹不济，陷入青黄不接的窘境。因此，我在放言丰裕经济的同时，也不否认某些狩猎者也会常陷困顿。死于饥饿，或一两天以上忍饥挨饿，固然“几乎不可思议”。（Woodburn，1968，p.52）但也有其他那些，特别是以很小群体分散在极端恶劣环境中的狩猎者，他们周期性地曝于恶劣天气，时常无法行动或狩猎。他们的确忍受着艰难——但只是很小的方面，而且受到短缺影响的家庭也只是缺乏游动性的个体，而不是整个群体。（参见 Gusinde，1961，pp.306-307）

即便如此，我们姑且承认狩猎经济的脆弱性，以处境最差的现代狩猎者作为比较，那也很难证明贫穷就是狩猎采集者的特征。虽然其他生产方式各有特征，但食物短缺不是狩猎采集这一生产模式的标志；这也不足以将狩猎采集者归入一个阶级，或安入进化的序列等级中去。罗维质问道：

> 我们怎么理解在进化的图景中，那些深受周期性瘟疫危害的放牧者——比如19世纪，某些拉普人[1]（Lapp）游群又回到了渔猎？那么那些清理并开垦了土地，但不知施肥的原始农民，用尽了一处便迁往别处，为什么每次干旱来临都受到饥饿的威胁？他们比起狩猎采集者，能算得上征服自然、主宰命运了吗？（1938，p.286）

综上所述，今天的世界又是怎样呢？据说，三分之一到一半的人类，每夜在饥饿中入睡。在旧石器时代，这一比例可要小得多了。这才是空前饥饿的时代。在技术力量发展到顶峰的今天，饥饿变得司空见惯。我们要把另一个冠冕堂皇的公式倒转过来：饥饿人口总量相应并绝对地随文化进化而增长。

这一悖论便概括了我全部的观点。狩猎采集者的生活受环境影响，的确保持在较低的生活水平。但从他们的目标来看，他们掌握丰富的生产手段，可以轻松满足人们所有的物质需要。那么就我们所知，经济的进步有两个矛盾的方向：物质丰富但同时变得贫穷，享用自然资源但失去了个人财产。当然，进步的方面是技术。技术的进步表现在许多方面：满足需要的物品和功能增多，提供文化功能的能量增加，生产率提高，劳动分工加剧，人类对环境的自由度加大。从某种意义上讲，最后一

---

〔1〕拉普人：亦称萨米人（Sami），居住在拉普兰，以及挪威、瑞典和芬兰北部相邻地区，俄罗斯科拉半岛的游牧民族。饲养驯鹿是其经济基础，兼或狩猎采集。——译者注

点非常有助于理解技术进步的早期阶段。农业不但使社会分配凌驾于天然食物资源的分配之上，而且在人类生活逐渐摆脱自然秩序之时，让新石器时代社会维持了高度的社会秩序。在一年某些季节中收获的食物，足够使人们在食物匮乏的日子继续繁衍；社会生活的稳定继而成为社会增长的关键。文化一次又一次违背了生命法则的底线，走向一次又一次的胜利，直至证明可以使人类在外太空生存——那里甚至没有天然的重力与氧气。

而此时，在亚洲的市场中，有人死于饥饿。这既是文化结构也是技术的进化，从其他角度来看，这就像一条虚拟的道路，人类前进的每一步都使他双倍远离自己的目标。这些文化结构既是政治的也是经济的，既是权力的也是财富的。这些结构具备实际意义，是技术发展的必要组成，但它们在丰富社会的同时，也调整了财富的分配，区分了人们的生活方式。世界上最原始的人们拥有极少的财产，**但他们一点都不贫穷**。贫穷不是东西少，也不仅是无法实现目标；首先这是人与人的一种关系。贫穷是一种社会地位。它恰是文明的产物。它自文明诞生，马上就成了阶级之间可恶的划分，更重要的是表达了一种贡赋关系——使得种地的农民比冬季营地的阿拉斯加爱斯基摩人，更容易受到自然灾害的威胁。

上述所有的讨论，擅自将当代的狩猎者当作历史上狩猎采集者进化的类比。这种类推不可想当然而为之。诸如卡拉哈里的布须曼这种化外的狩猎者，和加利福尼亚或西北海岸的印第安人比起来，前者更能代表旧石器时代的状况吗？或许不然。也许连卡拉哈里的布须曼人都无法代表化外的狩猎者。绝大多数现存的狩猎采集者，和其他少数相比，过着一种毫无追求且极其懒散的生活。而剩下的小部分则截然不同。比如默宁人：

“任何陌生人来到东阿纳姆地，从一个全速运行的群体中获得的第一印象，就是勤奋。……他会惊讶于此，除了极小的孩子……没有一个人在偷懒。”（Thomson，1949a，pp.33-34）无须多言，这些人生存的问题可要比其他狩猎者多得多了。（参见 Thomson，1949b）他们长期勤奋的动力来自别处：在于“一套精心安排的复杂仪式生活”，特别是一种详尽的仪式交换圈，赋予了手工品制作和贸易活动特殊的地位。（Thomson，1949a，pp.26，28，34f，87 各处）其他的涉猎者就不管那么多了。他们的生存相对乏味，想吃就吃，吃饱了歇着消化，周而复始。正如朱利安·斯图尔德（Julian Steward）对肖肖尼人的评价，文化并非缘自狄奥尼索斯（Dionysian）或阿波罗（Apollonian）类型，而来自“胃口”。其次才是狄奥尼索斯，即酒神：“和原始人吃在一起，就好像和欧洲的酒鬼豪饮。这些嗜酒如命的家伙，恨不得醉死在白葡萄酒桶里，撑死在肉罐中；那边一堆只会闲侃喝酒，这边一群只知道大吃。”（LeJeune，1897，p.249）

仿佛这些社会的上层建筑已被腐蚀，只剩下赤裸裸的生存意义，既然生产可以轻易实现，那么人们便有充足的时间休歇与闲扯。我必须提请注意，关于狩猎采集者的民族志，在很大程度上只记录了不完整的文化。仪式圈和交换圈所连接的部落纽带，脆弱失考，随着殖民化的侵入与困扰，早已荡然无存，逝去在殖民主义的早期阶段。若是这般，这“原初”丰裕社会中所谓的原初性便要重新思考，而进化的结构也将重新搭建。不过，这段历史尚能从现存的狩猎者中辑出：旧石器时代的技术可以轻松解决他们的“经济问题”。不过随后，直到我们的文化发展接近其物质极限时，我们才想到立起神龛，警诫世人，不可逾越：**无限的欲望**。

第二章　家户生产模式：低度生产的结构

我在第一章里，费尽九牛二虎之力，方使原始“丰裕”说言之成理，不过这种观点显然与本章即将看到的状况有所矛盾：原始经济实际上只是维持在低度生产（underproduction）水平。不管是农业经济还是前农业经济，其产量似乎都没有达到它们各自的生产能力。开工不足，技术手段没有充分利用，自然资源也未尽其用。

但这不能简单地一言概之为，原始社会的生产低下：这其实是个复杂的问题，生产低下是相对当时存在的诸多可能性[1]而言的。这样理解的话，“低度生产”和原始“丰裕”就不一定矛盾了。即使经济运行低于实际生产力，所有人的物质需求仍可轻易得到满足。实际上，不如说后者是前者的前提：假设适度“满足”的观念在一地大行其道，该地的劳动力和资源都可不必过度开发。

---

〔1〕诸多可能性：指原始社会有多种解决生计问题的方式，一种不行，可以尝试别种方式，不必单靠提高生产来解决。——译者注

不管怎么说，在原始社会的许多方面都存在低度生产的迹象，本章的首要任务就是要对此给出一些证据。在我们开始解释之前，掌握原始经济的这种趋势——更确切地说，是一些相关的趋势——似乎更为重要。我认为，低度生产很可能就是我们所讨论的经济的本质；这些经济是由家户群体和亲属关系所组织起来的。

低度生产的各个维度

资源低度利用

我们关于生产资源低度利用的证据主要来自农业社会，特别是那些实行刀耕火种（slash-and-burn）的社会。这么做主要是出于研究步骤的考虑，而不是这种生计类型本身的特异之处。也曾有人对狩猎和游牧经济做过类似观察，但多半是为寻求闲闻逸事，缺乏实用的衡量标准。但是，对刀耕火种农业进行经济生产能力的量化评估，还未曾有过先例。从调查过的几乎所有案例来看，到目前为止，世界许多不同区域，尤其是当地人尚未被圈进“土著保留地”的区域，虽然为数不多，但实际生产量都是低于其生产能力的。

始于新石器时代的刀耕火种农业，今天仍然在热带雨林区域广泛实践。它的做法是在树林里开辟出一小片空地进行耕作。用刀斧将树木砍倒后，经过一段时间晒干，一把火烧了，因此就有了这个不太好听的名字——刀耕火种。土地耕作一到两季之后，很少超过两季，就被抛荒多年，目的是让它恢复植被，重新积聚肥力。然后，这块地方可能被重新开辟出来，进入新一轮耕作和休耕。由于休耕期的时间长度数倍于耕作期，因此耕作者组成的群体为了保持稳定，典型的做法就必须始终掌握有一定的土地储备，其数量通常数倍于当下耕作的土地。当我们对生产能力进行估算时，必须把这种特殊之处考虑进去；除此之外，土地耕作期、休耕期、人均维持生计所需的土地数量、每个群体控制范围内适于耕作的土地数量等，都必须被考虑在内。只要我们的估算充分顾及他们正常而习惯的做法，得到的结果就不会异想天开——只有在生产技术多样化的时候，那种乌托邦式的生产能力才能实现——就能认识到这种农业体制真正的生产能力。

不仅如此，我们对刀耕火种农业的评估，还存在各种无法避免的误差。任何这样估计出来的“生产能力”都是不完整的、推导性的：不完整，是因为这种调查一开始就被局限在食物生产方面，而对其他非食物的生产置之不理；推导性，是因为“生产能力”是以最大**人口数**来测算的。研究得出的结果，是现有生产手段可以供养的最佳人口数量。“生产能力”与一定人口规模或人口密度保持一致，如果农业模式或生计观念没有发生实质性的变化，人口数就不会改变。但除此之外，那些大胆的生态学家采纳了一个危险的推论依据，他们毫不犹豫地把最佳人口规模等同于“临界承载能力”或“临界人口密度”。“临界承载能力”是一种理论上的限制，在限制范围内，人口足以供养而不会降低土地肥力和破坏农业未来。但是，若要从现有的“最佳”人口推导出持续的“临界”状态，显然很困难；这是一个长期适应的问题，无法由短期数据确定。于是，我们便不得不满足于对农业体系有限的，甚至是有缺陷的认识：这个业已形成的农业体系到底是如何运行的。

阿兰（W. Allan，1949，1965）是首位设计并应用人口容量综合指数来评估刀耕火种农业的学者。在他之后，阿兰方程式[1]的众多版本和变体相继出现，其中较引人注目的是康克林（Conklin，1959）、卡内罗（Carneiro，1960）以及一套由布朗和布鲁克菲尔德（1963）针对新几内亚高地精心改良的复杂版本。这些方程式曾被应用于特定的民族志地区，也曾应用于刀耕火种农业占主导地位的广泛文化区域，当然在后者身上的应用，其精确程度要低一些。在保留地之外的传统农业体系里，这些方程式计算出来的结果虽然差异很大，但有一点是高度一致的：那就是实有人口数量总体来说低于理论计算出的最大值，而且往往差别明显。[2]

表 2.1 总结了一些来自世界多个地区关于人口容量的民族志研究，这些地区实行的是游耕（shifting agriculture）。其中有两个案例，分别来自钦布人[3]（Chimbu）和魁克儒人[4]（Kuikuru），值得我们加以特别评论。

---

〔1〕根据布朗和布鲁克菲尔德（Brown 与 Brookfield，1963）稍做调整后的解释，在阿兰方程式中："承载能力" ＝ 100CL/P，其中，P 指群体可耕地面积的比例，L 是正在耕作的人均土地面积，C 指的是一个完整的耕作周期所需的田地单位数量，其计算公式为（休耕期＋耕作期）/ 休耕期。100CL/P 的结果是永久地供养一个人所需的土地数量。这个数据接着被转化为每平方英里或平方公里上的人口密度。

〔2〕从全世界的角度考虑，这个结论只适用于实行某种特定农业形式的人群；它也不排除如下可能：地方性的亚群体（家庭、世系、村落），处于特定的人口补充和土地占有法则之下，将不会遭遇"人口压力"。这当然是一个结构性的问题，并不是由技术或资源引起的。

〔3〕钦布人：巴布亚新几内亚北部钦布地区的原住居民之一。——译者注

〔4〕魁克儒人：南美洲东北部加勒比地区印第安人的一支，主要生活在巴西境内。——译者注

表 2.1　烧垦种植者，实际与潜在人口关系

人群	地区	人口（规模或密度）		实际人口占潜在人口容量百分比	资料来源
		实际	潜在最大容量		
钦布的纳热古人	新几内亚	288/ 平方英里	453/ 平方英里	64	Brown 与 Brookfield，1960
僧巴加人 *（马陵人）	新几内亚	204（当地人口）	313—373	55—65	Rappaport，1967
哈那奥的雅高人	菲律宾	30/ 平方公里（可耕作面积）	48/ 平方公里（可耕作面积）	63	Conklin，1957
拉棉人 †	老挝	2.9/ 平方公里	11.7—14.4/ 平方公里	20—25	Izikowitz，1951
伊班人	婆罗洲	23/ 平方英里（索特河谷）		50—66（索特）	Freeman，1955
		14/ 平方英里（巴勒地区）	35—46/ 平方英里	30—40	
魁克儒人	巴西	145（村庄）	2041	7	Carneiro，1960
恩登布人（卡农盖沙酋长国）	北罗德西亚[1]	3.17/ 平方英里	17—38/ 平方英里	8—19	Turner，1957
W. Lala‡	北罗德西亚	<3/ 平方英里	4/ 平方英里	<75	Allan, 1965, p.114
Swaka‡	北罗德西亚	<4/ 平方英里	10+/ 平方英里	<40	Allan，1965，pp.122-123
Dogomba‡	加纳	25—50/ 平方英里	50—60/ 平方英里	42—100	Allan, 1965, p.240

* 此处标出的是平均人口承载能力，该值介于猪群最大及最小时所能供养的人口数之间。

† 拉棉人的数字是从伊兹科维茨粗略的估测中计算得出，通过进一步的推测，当地只有 50% 的土地被开垦成耕地。该结果与计算数字可能相去甚远。不过，我们从民族志学者的估测中可以确信，和需要（耕作）的面积相比，拉棉人村落中还有相当大一部分土地没有开垦（1951，p.43）。

‡ 阿兰提供的非洲人口数据中，有一些群体蜷居在保留地中，还有一些则慑服于殖民主义的统治，所以他们的人口比例要高于传统生计体系的承载能力。这些数据被排除在外。然而，塞仁吉拉拉地区（Serenji Lala）是个例外。（阿兰估测的数字中，实际人口与潜在人口容量之间，似乎要比上表其他研究更为接近。）

〔1〕北罗德西亚，即赞比亚。——译者注

钦布人的例子从理论贡献上说是至关重要的，不仅因为调查者发展出了一套极其精密的技术，还因为这些技术在调查中经受住了检验，其调查的经济体系具有原始世界里最大的人口密度，属于人口最密集的地区之一。布朗和布鲁克菲尔德研究的钦布人分支，纳热古（Naregu）部落显然提升了新几内亚高地在人口数量方面的声誉：平均人口密度达到每平方英里 288 人。然而，这个人口密度仅达到该地区总体农业生产能力的 64%。（这个结果，是纳热古 12 个氏族和亚氏族领地的平均数；其分布从 22% 到 97% 不等；表 2.2 给出了各氏族领地的详细分布。）布朗和布鲁克菲尔德也对钦布人整体做了更为广泛的估算，但相对没有那么精确，估算共包括 26 个部落和亚部落，得出了相同的结论：平均人口密度为农业生产能力的 60%。[1]

魁克儒人则展示了另外一种极端：潜在人口容量和实有人口之间，差距的幅度可以有多大。魁克儒村庄的 145 号人只占到最大人口容量的 7%（Carneiro，1960）。基于魁克儒人的农业实践，他们的 145 号人是靠耕作 947.25 英亩的土地供养的。实际上，这个群体拥有多达 13350 英亩的可耕地，足以支持 2041 人。

---

〔1〕26 个群体里，有 4 个的人口密度高于农业生产能力。然而，按照布朗和布鲁克菲尔德的分类，数据可靠性（data-reliability）分为四级，这 4 个群体的数据都属于可靠性最低的两级。只有纳热古部落的数据可靠性等级为最高。在可靠度排第二的数据等级中，实际人口和潜在人口容量的比例数据分别为：0.8（两个部落），0.6，0.5，0.4 和 0.3。

表 2.2 钦布的纳热古群体，实际人口与最大人口承载能力 *
（引自 Brown 与 Brookfield，1963，pp.117，119）

人群	全部人口		每平方英里人口密度		实际人口密度占最大人口密度比例
	实际	最大	实际	最大	
Kingun-Sumbai	279	561	300	603	0.49
Bindegu	262	289	542	578	0.94
Togl-Konda	250	304	373	454	0.82
Kamaniambugo	205	211	427	439	0.97
Mondu-Ninga	148	191	361	466	0.77
Sunggwakani	211	320	271	410	0.66
Domkani	130	223	220	378	0.58
Buruk-Maima	345	433	371	466	0.80
Damagu，Komu-Konda	111	140	347	438	0.79
Bau-Aundugu	346	618	262	468	0.56
Yonggomakani	73	183	166	416	0.40
Wugukani	83	370	77	343	0.22
	总数 2443	总计 3843	平均＝288	平均＝453	平均＝0.64

* 布朗和布鲁克菲尔德关于人口承载能力的报告中，包括了从咖啡这种经济作物中获得的少量补充（0.03 英亩 / 每人），也包括从露兜树获得的补充（0.02 英亩 / 每人）。0.25 英亩 / 每人所需的粮食作物中，也包括了猪饲料和用于出售所需。不过，供养最大人口数所需的畜群规模没有考虑猪群的消耗量。

虽然这样的研究目前仍少得可怜，但对于正在讨论的例子而言，它们呈现出的结果不应被视为特殊，或有限的案例。而且，严谨的学界大佬们也普遍从他们熟悉的广阔地理区域中得出相同的结果。比如卡内罗（他以魁克儒人为研究起点，但是假定他们异常富裕）认为，南美热带雨林区传统农业可以供养的村落人口在 450 人左右；然而，这个广大区域内的群体规模只在 51—150 人之间（1960）。根据阿兰的研究，非洲刚果雨林的广泛区域里，人烟稀少的情况也很类似——“对于传统的土地利用系统而言，当地人口显然远低于土地的承载能力”。（Allan，1965，p.223）阿兰指出，在西非的其他地方，特别是可可产业勃兴之前的加纳，“中央雨林区的人口密度远低于临界水平”。（p.228，参见pp.229，230，240）J. E. 斯宾塞（J. E. Spencer）也形成了一个关于东南亚游耕方式的类似观点。由于斯宾塞对新几内亚高地异常的高人口密度印象深刻，他笃信“就目前所知，绝大多数游耕社会的人口都低于他们农业体系最大的潜在容纳能力”。（1996，p.16）他的解释或有所指：

> 许多实行游耕的群体由于内在的社会体系，天然存在着较低的人口密度模式……这个文化传统不能用土地的承载能力来解释，所以，是这种社会现象对控制人口密度起到了主导作用，而不是表面上的土地承载能力在起作用。（Spencer，1996，pp.15-16）

让我们先把这点强调一下，将进一步的讨论留给后面的篇幅。斯宾塞指出，社会—文化组织不是为了克服生产技术的极限，实现产量最大化而设计出来，它的存在反而阻碍了生产手段的发展。虽然这一看法可能和某种生态观背道而驰，但这却被研究低度生产的民族志学者屡屡提及。根据特纳（Turner，1957）的观点，对于恩登布人[1]（Ndembu）来说，正是传统的居住模式和世系模式两者之间的矛盾，再加上中央化政治

〔1〕恩登布人：非洲赞比亚北部班图语族群体之一，生计方式以烧垦农业为主。——译者注

力量的缺失，导致了村落的分裂和人口分散，人口密度低于农业容纳能力。伊兹科维茨（Izikowitz，1951）谈到拉棉人[1]（Lamet），以及卡内罗（1968）谈到亚马逊印第安人时都一致认为，造成当地社会过度分散、裂变现象的原因是社会政治的脆弱。对土地利用的多寡具体反映了社会—政治组织的运作情况，这在部落农耕人群中相当普遍。

让我们回到他们的技术现状、分布状况中去：刀耕火种农业是今日尚存的原始社会里主要的生产形式，或许是主宰性的形式。[2]对世界上不同地区为数可观的群体进行探究之后，我们可以确认（土著保留地之外）这些农业体系的运行，都低于其技术能力所能达到的水平之下。更广泛的权威研究证明，非洲、东南亚以及南美洲实行烧垦农业的地区都处于低度开发的状态。我们能否就此得出结论，认为原始生产的主流形式就是低度生产呢？[3]

关于其他常见生产类型的情况，我们似乎无缘置喙。有

---

〔1〕拉棉人：老挝北部孟高棉语群体之一。——译者注

〔2〕根据最近的联合国粮农组织（FAO）报告，大约1400万平方英里土地上的2亿人，仍然实行着刀耕火种生产。（转引自Conklin，1961，p.27）当然，并非其中所有的地方都是原始区域。

〔3〕人口密度和农业产量之间向来不相吻合，即使在人口密度高达每平方英里200人以上的地区也是如此，这为我们提出了不少值得探讨的理论问题。当前流行的观点喜欢用人口对于资源的压力，来解释各种经济与政治发展的差异，这些差异表现在生产的强度、父系制度的建构以及国家的形成，这对我们又有怎样的启示呢？首先，没有证据表明古代经济可以通过生产手段，趋近可承受的人口密度，更不用说超越这一极限了。另一方面，眼下用人口原因所得出的机械解释——或者反过来说，从我们观察到的经济或政治“影响”，得出“人口压力”的推论——显然都太简单了。在任何文化组成中，“土地的压力”都不是引起技术和资源变化的第一变量，应该说生产者才是最关键的，他们为维持生计**使用的种种**方式，导致了技术和资源的变化。后一个解释提到的种种方式才显然是文化体系的重要特点——生产和财产的关系、土地占有法则、地方群体间

人曾经提出，狩猎采集经济的生产强度可能相当于或低于刀耕火种。但是，这类狩猎者中资源低度利用的解释不但苍白，而且也缺乏可行的检测手段。虽然他们在某一时段明显的低度生产只能供养一小部分人口，但这很难证明狩猎者的低度生产，是对灾年周期性物质缺乏长期适应的结果。在理查德·李对昆布须曼人进行田野观察的时期，正值卡拉哈里沙漠遭遇干旱的第三个年头，由于这场干旱旷日持久，即使在当地也极为罕见，所以他对昆人生计状况所做的评论，显然更为切合：

> 我们很难给资源“丰富”下个绝对的定义。然而，相对丰富的一个指标，是一群人是否把某特定区域所有可及的食物都消耗殆尽。以此为标准，则朵贝布须曼人聚居地的天然食物是丰富的。到目前为止他们最重要的食物是芒各芒各（曼杰提）栗子……虽然他们每年要收成并吃掉成千上万磅这种坚果，但还有更多由于无人采摘而烂在地里。（Lee，1968，p.33；也见 pp.33-35）

（接上页）关系等。除了那些在土地开发的传统方式和劳动力分配上都是最合理的社会，这些最佳方式在理论上都无法实现，一个社会即使在整体人口密度低于生产技术承载能力时，仍可能遭遇形式多样、程度不同的“人口压力”。因此，人口压力并不是生产方式变化的绝对决定因素，应该说，人口压力的出现与社会有关。不仅如此，社会组织承受人口压力的方式，社会体系受其影响的程度，**以及回应压力的特征**等，都取决于现有的制度。［凯利（Kelly，1968）关于新几内亚高地的研究，对此早有充分论述。］因此，人口压力的定义及其对社会的影响，都要在其所处的社会结构中加以理解。所以，如果忽略了社会结构，对历史事件或历史发展，比如战争、国家起源的任何解释，在理论上都不足采信。

伍德伯恩关于哈扎人狩猎活动的论述也隐含了同样的意思：

> 话说这个地区猎物之丰富让人意外。虽然，哈扎人也和所有其他人类社会一样，不会把他们能逮到的所有动物都吃掉——他们拒食香猫、巨蜥、蛇、龟鳖之类动物——但是他们的食物范围仍然异乎宽广……尽管他们能够捕获、也认为可食的动物如此之多，哈扎人却没有捕杀太重，而且，即使在1960年他们所居住的地区物质极端匮乏，每一个种群中都有更多的个体被人捕杀，但也断然不会威胁到任何一个物种的存活。（Woodburn，1968，p.52）

克拉克和哈斯韦尔（Clark和Haswell）在一部主要关注生计农业的著作里（1964，p. 31），提出了一个关于前农业社会资源利用的大胆论断，值得我们深思。他们根据佩里（Pirie,1962）提供的东非数据计算，[1]提出关于野生动物繁殖率的保守假设，克拉克和哈斯韦尔认为，对于人口密度为1人/20平方公里（1人/7.7平方英里），以肉类为唯一食物来源的狩猎群体而言，自然界每年的肉食生产量，高出维持群体生存所需的40倍——也就是说，肉食产量如果被充分利用的话，每平方英里的面积可以供养多达5人左右。而且这并不会

〔1〕佩里从阿鲁沙（Arusha）召开的“现代非洲国家自然和自然资源保护”（Conservation of Nature and Natural Resources in Modern African States，1961）研讨会资料中，亲自收集了这些数据。在我写作本文时，未见数据原件，此外，佩里的文章提出了关于肉食动物控制的问题（p.411），控制肉食动物的意义尚不清楚，但是这对于野生动物的产量可能会有关联。

减少自然界的产量。虽然克拉克和哈斯韦尔认为，猎人们需要这么一个安全储备（margin of safety），但实际情况是否如此，还是一个悬而未决的问题。

佩里的东非数据还有进一步的含义，那就是，每一块天然草场的野生动物出产量，要比相邻游牧人的畜产量高。（参见Worthington，1961）克拉克和哈斯韦尔进一步总结了牧场放牧的有趣论断：

> 我们本应提醒自己，生活在未被森林覆盖地区的那些原始游牧群体……其人口密度约为每平方公里2人。虽然他们对土地的需求不高，其所获得的资源却和原始狩猎人群相差无几，他们仍然远未充分开发土地的潜在生产能力，根据普莱斯（Price）估计，牧场的潜在产量是平均每年每公顷可以收获50公斤动物（也即每平方公里5吨）。即使我们像有些人一样，把这个数量减半，仍然可以清楚看到……原始游牧民族在每年的生产季节里，没能充分利用牧草的长势。（1964）

就像这两位作者承认的那样，由于没有储存牧草的技术手段，游牧者在枯草季节能够维持的牲畜数目，较之丰草季节当然大为削减。克拉克和哈斯韦尔的结论还可以得到阿兰进一步的支持。阿兰做过一个粗略的推测，他认为东非的游牧者了解并掌握“临界人口密度”，那就是每平方英里不得超过大约7人。但是，从一系列实际的个案中可知，“即使在他们聚居的条件比较优越的地区，现存游牧民族的人口密度看来也远低于

这个数字”。（Allan，1965，p.309）[1]

看来我们正接近跨学科研究的深渊，惶惶如履薄冰——所谓跨学科研究，其实就是与清晰的概念渐行渐远，某人对其他学科的一知半解，使他对自己研究对象的无知愈演愈烈。但至少可以说，我们对原始经济的资源利用率提出了疑问。

劳动力低度使用

我们要感谢此前民族志对原始经济给予的较大关注，使我们比较容易地找到了原始群体劳动力低度利用的证据。（此外，许多聪明人都注意到，原始低度生产观念其实就是欧洲人的偏见，从这一文化差异中得出的更准确推论，应该是欧洲人自己工作过头了，但人类学家却不在这些聪明人之中。）我们要牢记的一点是，劳动力在投入生产时都有保留，只是各地的表现不尽相同。其在各种文化中的形态千差万别：有的从文化上明确缩减个人工作年限，有的是对休闲颇为讲究——关于后者，换句更好理解的话说，对“充分工作”颇不为意。

玛丽·道格拉斯（Mary Douglas）对乐乐人（Lele）和布松人[2]（Bushong）的经济状况做过极其出色的比较，她得出的主要结论之一是，某些社会中人们一生工作的时间要比其他社会长得多。道格拉斯写道，“任何乐乐人拥有的东西，或是正在从事的事情，布松人都拥有更多，做得更好。和乐乐

---

〔1〕另一方面，阿兰也发现，在游牧者中间，有一些表现出积攒家畜的强烈愿望，其数量甚至有可能超过草场的承受能力，至少有两个群体，马赛人（Masai）和穆克戈多人（Mukogodo），相对于简单畜牧业的经济需要而言，他们占有的家畜数量显然已经过多。

〔2〕布松人和乐乐人：都是非洲刚果境内班图语族群体之一，活动范围接近。——译者注

人相比，他们生产的物品更多，日子过得更好，人烟也更稠密”。（1962，p. 211）布松人产出更多主要是因为他们工作的时间更长，道格拉斯所绘的示意图（图2.1）给人留下深刻印象，如图所示，两个社会里男性的工作年限是不一样的。布松人在20岁之前已经开始工作，60岁歇工，他们一生为生产所占据的时间几乎是乐乐人的两倍，乐乐人不但歇工早，而且是在身体发育成熟之后很长时间才开始生产活动的。我们不必刻意重复道格拉斯的详尽分析，也应当留意到下面这些因素，它们对当前的讨论颇具针对性。其一是乐乐人一夫多妻制的做法。一夫多妻是年长者的特权，这种做法使年轻人的婚姻大为延迟，因此也相应推迟了他们承担成年人责任的时间。[1]其二，道格拉斯从权力分配的层面上，对乐乐—布松人之间的悬殊差别做了概括解释，我们对此早已耳熟能详。但是道格拉斯的分析包含了一些新的方面。她不仅认为这两个社会在权力分配或婚姻体制上的差别，导致了经济效率的高低，而且认为是权力分配和生产过程之间的关系不同，造成了一高一低的经济效率。[2]

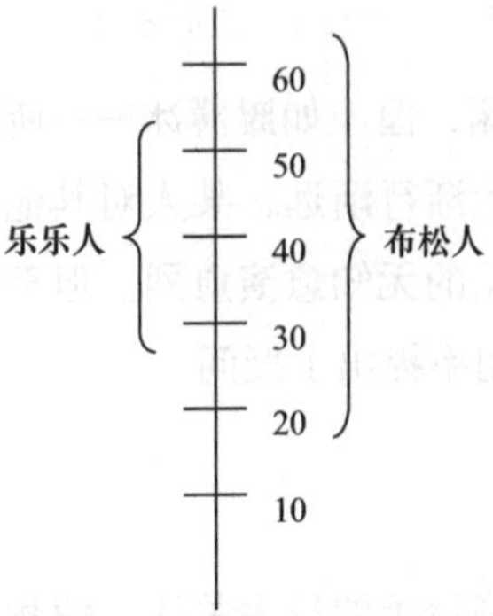

图2.1　男性工作年龄段：乐乐人与布松人

（摘自Douglas，1962，p.231）

---

〔1〕这无疑不是乐乐人独有的现象。对于一个性别比例多少不太平衡的社会而言，一夫多妻制都意味着，绝大多数男性的初婚年龄较晚。同时，他们对于生产的态度是漫不经心的，这个现象即使不是必然，至少也是一夫多妻制社会中经常遇到的。

〔2〕在这里我仍然只是提出观点，留待后面（第三章）更充分地讨论。

然而，对青年男性劳动力的利用不足，不是乐乐人独有的特征。这甚至也不是农业社会的独家特权。狩猎采集活动并不需要昆布须曼人“最多人尽最大的努力”。他们的社会即使没有青年人的通力合作也能运作得很好，这些青年人总是游手好闲，有时直到25岁：

> （昆布须曼人）劳动力构成中的另一个显著特征是，他们认为青少年可以晚一些承担成年人的责任。年轻人在结婚之前，不被期待为可靠的食物提供者。女性通常在15岁到20岁之间结婚，男性则晚5年左右，所以，不难看见健康有活力的青少年从一个营地蹿到另一个营地，而他们年长的亲戚还要管他们吃喝。（Lee，1968，p. 36）

青少年好逸恶劳与年长者勤劳之间的巨大反差，也会出现在较发达的社会体系中，例如本巴（Bemba）[1]这样的集权化非洲酋邦。现在一夫多妻现象在本巴人中已不多见了。然而奥德丽·理查兹（Audrey Richards）提出了另一种解释，这些个案在人类学思维中也有些另类：

> 在欧洲人到来之前的年代，年轻人和成年人……之间的人生抱负上会有一个彻底的转变。处于入赘婚制度［这种婚姻制度要求男方到妻子家庭服“新娘劳役”（bride-service）］下的年轻男子，没有田园劳作的个人责任。照道

〔1〕本巴人：非洲中南部主体民族，主要分布在赞比亚北部，18世纪末曾建立本巴王国，经济以农业为主。——译者注

理他应当伐木砍薪（目的是为了辟出园圃），但是他人生提升的主要方式，是使自己依附一位首领或显要，而不是耕作大园圃、积攒物质财产。他经常加入边界袭击或劫掠行动。只有人到中年，当他的孩子“饥饿号啕”时，他才消停下来，养家糊口。今天我们在具体的案例里依然可以看到，老年人和年轻人的工作规律实在大不相同。[1]这种现象部分缘于年轻人青春期的逆反心理，但肯定也来自旧传统的延续。粗略地说，在我们的社会里，年轻人和青少年贯穿整个青年时期和成年初期，都拥有一致的经济野心……但在整个本巴地区中，情况并非全部如此，在像东非马赛人这样有着正规年龄分组（age-sets）的武士人群中，情况更为突出。[2]每个人首先被认为应是一名战士，其后才是一名农夫和家庭里的父亲。（Richards，1961，p. 402）

总而言之，一生中的工作年限可能出于各种文化原因而严重缩减。实际上，人们承担的经济义务和他们的身体能力相较

〔1〕这个关于卡萨卡（Kasaka）村的个案描述详尽，细节极其丰富，理查兹替它进行的各项活动做了总体日程表，包括其中38个成年人23天里的工作日记，这一时段主要发生在1933年9月（Richards，1961，pp. 162-164，以及表格E）。只有“那些被政府认为年老力衰而不能纳税的”老年人才有节律地劳作。理查兹还观察到：“在20天时间里，5个老年人工作14天，7个年轻人却只工作7天……很显然，那些年轻有活力的男性工作量只达到老年人一半的群体中，都会遭遇食物生产不足。”（p. 164n）这些记录记下的是一个低于平均农业强度的季节，但不是本巴人著名的饥荒年份。

〔2〕“家畜饲养没有耗费（马赛人）全部人口的精力，并且从大约16岁到30岁的年轻人都在担任武士，他们离开家庭和氏族，不从事劳动。”（Forde，1963[1934]，p. 29f）

严重失衡，青年、壮年不事生产，反而把社会工作的重担留给了年老力衰之人。

这种不平衡在劳动性别分工里也同样存在。占社会一半的劳动力提供的产出低到不成比例。这种劳动性别分工的差异悬殊极为常见，至少在生计生产领域如此，正因为这种对两性劳动力占经济重要性的偏移，长期以来促成了唯物主义者关于传统世系继承法则中，或母系或父系的拙劣解释。[1]

我本人在民族志调查中，曾有机会观察过这种劳动性别分工的显著失衡。斐济莫奥拉岛（Moala）妇女被排除在农业生产之外，她们对主要生产活动的兴趣远远低于她们的男人。女人的确要照看家庭、做饭、定期打鱼，或是做一定的手工活，年轻女人更要如此。但是，和斐济其他地方下地耕作的女人相比，她们所享受的轻松舒适足以证明本地的一句俗语“农活让女人走开”（in this land，women rest）。一个莫奥拉朋友透露说，这些女人一天到晚干的事就是闲坐着“放屁”（这当然是乱讲；实际上传闲话才是她们更感兴趣的消遣）。但这反过来也说明，在原始社会里，女性从事繁重工作的现象可能更普遍（只有田园诗人看不到这些，在他们笔下，妇女——有时候许多男人也如此——通常不关心日常劳作）。[2]

有必要重温一个我们已经提过的例子，因为它也是关于狩猎者的，我们通常认为狩猎群体比其他任何人都更无法容忍，

---

〔1〕这段是指：母系或父系继承很重要的佐证来自劳动性别分工，但实际上母系或父系的说法只是一种假说，并没有确凿的证据。——译者注

〔2〕参见 Clark，1938，p. 9；Rivers，1906，pp. 566-567。然而，对中东的阿拉伯人来说，“阿拉伯男人相当满足于用吸烟、闲聊以及喝咖啡来消磨日子。饲养骆驼是他唯一的职责。诸如扎帐篷、照看羊群、背水，全都留给他的女人们”。（Awad，1962，p. 335）

半数性别人口在劳动力上的极度浪费。然而这恰是哈扎人的情况，男人们一年里有6个月（旱季）都在赌博——这使他们输光了金属箭镞，在剩下的半年里也完全别想捕到大型猎物了。（Woodburn，1968，p. 54）

我们无法从这区区几个例子简单推说，不同性别和年龄间存在某种程度的经济分工，更不消说归纳出多少普遍性了。我在此仍只提出一个问题，只想对一个共同的假设提出质疑。这个问题关注的是劳动力的构成。劳动力构成显然是一种文化的分类，而不简单是自然（体质）上的分类。同样清楚的是，文化和自然的分类并不相一致。个人工作生涯受习俗影响，明显缩短或减轻，而身强力壮，甚至是最强壮群体的经济义务被全部免除。结果，投入的劳动者大大少于可用的劳动力，多出来的部分或用或弃，也模棱两可。人力资源的分派调整或有必要，这点无可厚非，之于社会与经济的组织运行功不可没，必不可少。但是我们仍有一问：如此重要的社会中坚，为何有组织地弃经济生产过程而去？此犹不止，那些高效的生产者，又到底干了多少工作？

虽然今天的人类学家不会采信帝国主义的宣传，认为土著是天生的懒鬼，而且许多人类学家更在尝试证明，土著具有持续工作的能力，但绝大部分人类学家还是观察到，土著们工作的动力难以持久，所以他们的工作时间的确或长或短，很不规律。他们的工作过程极易受各色外界干扰影响，严肃之如仪式、琐碎之如休息，都能让他们暂停劳作。每日工作时间向来很短；万一需要延长，那必定是时常走神；若要时间长久且不懈怠，那就只能是季节性的迁移了。在群体内部，虽然有些人的劳作远多于他人，但就社会标准来看，大量劳动力都被闲置，更不用说参照斯达汉诺夫式（Stakhonovite）[1]的标准了。就如莫里斯·哥德利埃（Maurice Godelier）所写，在绝大部分原始社会中，劳动力都不是稀缺资源。（1969，p. 32）[2]

在生计生产中，一个男性的正常工作时间（生产季节）可能短至每天4小时，比如本巴人（Richards，1961，pp.398-399），夏威夷人（Steward，1828，p.111）或者魁克儒人（Carneiro，1968，p.134），也可能是6小时，比如昆布须曼人（Lee，1968，p.37）或卡帕库人[3]（Pospisil，1963，pp.144-145）。但是，工作一天可能磨磨蹭蹭，从早到黑：

> 且让我们随着一个蒂科皮亚[4]（Tikopian）劳动小组，在一个晴朗的早晨离家前往田里。他们要去挖姜黄，此时是8月，正是调制他们视若珍宝的神圣染料的好季节。这群人从马塔图村（Matautu）出发，沿着海滩散乱地行至罗法伊亚（Rofaea），接着偏离海岸，爬上一条小径，这条道直通山顶。姜黄树……长在山的那一侧，为了到达那里……必须攀过一段好几百尺的陡峭山坡……这群人由帕·努昆夫（Pa Nukunefu）、他的妻子、年轻的女儿和三个年纪较大的女孩组成，这三个女孩是从朋友或邻居家

[1] 斯达汉诺夫：原为乌克兰具有传奇色彩的煤矿工人，他以新的技术提高采煤速度，创造了历史纪录，成为苏联“工业化”的楷模，斯大林甚至以他的名字命名了社会主义竞赛。此处是指拼命工作的生产方式。——译者注

[2] 在提夫人（Tiv）中，“‘劳力’是最充裕的生产要素”。（Bohannan 与 Bohannan，1968，p. 76）

[3] 卡帕库人（Kapauku）：新几内亚高地原住民之一，居住在维塞尔湖群岸边，生计方式以农业为主，人口密度较高，身材矮小。——译者注

[4] 蒂科皮亚人：生活在南太平洋所罗门群岛蒂科皮亚岛的居民，生计方式以园圃农业为主。——译者注

增加进来的。到达不久，年轻人法特埃（Vaitere）也来加入他们，法特埃家的果园就在隔壁。他们的工作极其简单……帕·努昆夫和女人们分担各自的职责，他负责除去植被、挖掘，其他人负责部分挖掘和重新栽种，以及全部的清洗和分拣工作……工作的气氛很轻松，不时有人离开去歇会儿，嚼嚼槟榔。接近尾声的时候，一直都不积极参与劳动的法特埃，爬上附近的一棵树，采了一些槟榔树（*pita*）的叶子……大约近午时分，点心端上来了，盛在绿椰子壳里。为了弄这些椰子，又是法特埃负责上树……适时消遣而产生的轻松气氛是整个劳作的一部分……随着中午的临近，法特埃忙着用香蕉叶做帽子，这是他自己的发明，而且全无实际用处……就在工作和休闲之间，时间过去了，直到太阳偏西，这群人的工作完成，背着几筐姜黄根下山回家了。（Firth，1936，pp. 92-93）

另一方面，卡帕库人的日常劳作似乎更为持久。他们每天早上7点半开始工作，一直相当专注地进行到午饭时分。男人们下午刚开始不久就回村庄去了，女人则继续干活直到四五点钟。但是，卡帕库人"有自己的人生平衡观念"：如果他们紧张地工作了一天，第二天就要休息。

因为卡帕库人有自己的人生平衡观念，所以每隔一天才被认为是一个工作日。这样一个工作日总是紧随着一个休息日，目的是"恢复失去的力量和健康"。卡帕库人休闲和工作之间单调的循环，因为悠长假期的插入而变得妙趣横生（时间花在跳舞、探亲访友、钓鱼或打猎……）。

> 因此，我们通常发现只有一部分人早上出发去园圃干活，其他人则在“休假”。然而，许多人并没有严格遵守这个理想做法。比较尽责的农夫为了清理出一块地，整好篱笆，或是挖条水渠，经常连续辛苦工作几天。这样的工作完成后，他们就会休息很多天，补偿他们“错过”的休息日。（Pospisil，1963，p. 145）

卡帕库人长久以来奉行着这种凡事适度的生活态度，在农作上花费的时间并不太多。珀斯比西（Pospisil）根据自己对卡帕库人长达 8 个月（卡帕库人的耕作不是季节性的）的详细记录估计，每天的工作时间以 8 小时算的话，那么卡帕库男人花在田里的“工作时间”实际上只有四分之一，女人则是五分之一。更精确地说，男人每天是 2 小时 18 分钟，女人是 1 小时 42 分钟。珀斯比西写道：“土著实际劳动的时间如此之短，占正常工作日长度的比例如此之低，让我们还得正儿八经地怀疑一下，以前常说的土著种地，费力、费时、不经济，到底是不是这回事儿。”（1963，p.164）至于其他时候，除了消遣和“悠长假期”之外，卡帕库男人对政治角逐和物品交换的兴趣，远甚于其他生产领域（手工，狩猎和筑屋）。[1]

如果我们只看他们自觉实践的这种干一天、歇一天模式，或许会认为卡帕库人经济节奏的规律性也很难得，[2]但是他们

---

〔1〕然而，这是另一种社会，劳动者的义务在这个社会里，依性别和年龄进行分配，似乎并不平衡。尤其在男人外出三四个月进行贸易和远征时，卡帕库女人除田间劳作之外，还要维持家计，承担大量的捕鱼、养猪和其他家务，而未婚男性却依旧一如既往地对农事漠不关心。（Pospisil，1963，p.189）

〔2〕虽然提夫人也“偏爱大干，狠干，然后一两天里又啥事儿不干”。（Bohannan 与 Bohannan，1968，p. 72）

的歇工却是再平常不过了。第一章里记录了狩猎者类似的生产模式：澳洲原住民、布须曼人以及其他狩猎人群——他们的工作总是被数天的休歇打断，更别提睡大觉了。众所周知，同样的情况在许多季节性的农业人群中也一再发生，只是它们发生的频率和时间长度不一。农闲时节，他们花在娱乐消遣、休息、仪式以及探亲访友上的时间和干其他活计一样多。因此，推而广之，所有这些生计模式都是非密集型的：它们只需要可利用劳动力中的一小部分。

从民族志作者收集并记录的工作日记里，我们可以发现，对个人而言，他们也只是使用了自身的部分劳动力。如果从典型性的角度来看，这些日记只能解释极少数人在极短时间内的个人行为，但是，它们也有广泛的代表性，足以说明群体经济追求中重要的内部差别。在日记描述的六七个人里，最后证明至少有一个是村里的懒汉。（试比较 Provinse，1937；Titiev，1944，p.196）因此，这些日记试图表达，这些人所承担的生产义务是不平等的，也就是说，在所有人的工作责任心都不怎么强的情况下，仍然有些人出活更少。虽然不完全精确，但表 2.3 列出了这种模式的某些片段记录，该表复制自纳德尔（F. Nadel）关于三个努佩[1]（Nupe）农家的日记。（1942，pp.222-224）[2] 他所观察的两周处于年度周期里的不同阶段，第二周是农忙高峰季节。

---

〔1〕努佩人：非洲尼日利亚中部的三大族群之一，多数信奉伊斯兰教，生计以农业为主。——译者注

〔2〕当然，我们既可以质疑这样一个简单不起眼的记录是否能反映努佩人的经济状况，也可以质疑努佩人是否真的能代表原始经济。

表 2.3　三个努佩农家的日记（摘自 Nadel，1942，pp.222-224）

	N. 劳动群体：一父三子	M. 劳动群体：一父一子	L. 劳动群体：一人
1936.5.31	早上 8 点下地。在田里吃午饭，大约 4 点收工。	和 N. 的地靠得很近，所以和 N. 一起出工收工。	这天不在 Kuitigi；去邻村参加姐妹的葬礼。
1936.6.1	如昨。	如昨。	晚上返村。
1936.6.2	和儿子们待在家里。	待在家里，晚上造访了 N.。	早上 10 点下地，下午 4 点收工。
1936.6.3	父亲在家，儿子们早上下地，但下午 2 点就回来，要赶当日的集市。	父亲在家，整了屋子周围的边角田。儿子下田。	歇在家里；觉得自己走了一趟很累。
1936.6.4	早上 8 点下地，回来吃午饭；儿子们在田里干得久一点。	早上 8 点下地，午饭后收工。	早上 8 点下地，午饭后收工。
1936.6.5（周五）	和儿子们待在家里。下午去清真寺参加聚礼。	待在家里，晚上造访了 N.。	待在家里。他住在小村子里的兄弟过来看他。
1936.6.6	父亲称累在家。整理边角田，但明天会上工。儿子们下田。	早上 8 点下地，回来吃午饭。	早上 8 点下地，回来吃午饭。
1936.6.22	早上 8 点下地，下午 4 点收工。一个儿子去 Sakpe 参加朋友的婚礼。	早上 7 点下地，下午 4 点后收工。	早上 8 点下地，下午 4 点后收工。
1936.6.23	早上 8 点下地，回来吃午饭。父亲把手弄伤，不能很好地劳动。他的儿子接着干，去 Sakpe 的那个还没回来。	早上 8 点下地，回来吃午饭。	早上 8 点下地，下午 4 点后收工。
1936.6.24	早上 8 点下地，父亲手还伤着，很早回来。去 Sakpe 的儿子晚上回来。	早上 7 点下地，下午 4 点后收工。	觉得累，而且胃不舒服，就待在家里。
1936.6.25	父亲手还没好，歇在家里。儿子们下地干活。	早上 7 点下地，下午 4 点后收工。	早上 7 点下地，下午 5 点后收工。

续表

	N. 劳动群体：一父三子	M. 劳动群体：一父一子	L. 劳动群体：一人
1936.6.26（周五）	待在家里。	待在家里。	早上8点下地，下午4点后收工。
1936.6.27	早上8点下地，下午5点后收工。	早上8点下地，下午4点后收工。	早上7点下地，回来吃午饭。
1936.6.28	因为酋长的税收员召集所有成年人，所以父亲在家。儿子们下田。	父亲在家，和N.的原因相同。儿子下田。	早上7点下地，但很早就回来见税收员。

奥德丽·理查兹关于两个本巴村落的日记适于进行定量评估。第一篇，也是较长的一篇，是关于卡萨卡村的，其数据体现在表2.4中：这些数据涵盖了38个成年人在23天（1934年9月13日至10月5日）里的活动。虽然这段时间还不是饥荒季节，但本巴农业劳动量已经减少了。大约45%的日子里，男人们都不工作或几乎不工作。只有一半天数勉强可以视为生产或工作的，平均每人每天的工作时间是4.72小时（但是看一下以下内容，如果把所有日子都算上的话，每个工作日的工作时间显然只有2.75小时）。女人的工作日（30.3%），半工作日（35.1%）和不工作日（31.7%）分配得较为平均。但只要到了农忙季节，不管是男人还是女人，都会改变这种不太紧凑的工作安排。[1]表2.5反映的是1934年1月坎帕巴（Kampamba）村33个成年人在7到10天里的工作状况，证明了生产节奏的季节性增强。[2]

〔1〕理论上是指11月到3月，但是请参看Richards，1962，p.390。

〔2〕理查兹对白天工作时间长度的看法，增加了有关的信息："热天里本巴人清晨5点起床，但在冷天里总是8点或更晚才不情愿地走出小棚屋，他们的白天工作时间也就相应地调整了……在他们没有劳动分工的社会里，一个本巴人每天都

表 2.4 活动时间分布：本巴的卡萨卡村（摘自 Richards，1962，附录 E）*

	男人（人数＝19）	女人（人数＝19）
1. 全天工作日 †	农活、狩猎、打鱼、编织、筑屋、为欧洲人工作……220 人次（50%）	农作、捕鱼、替酋长工作、为欧洲人工作，等等……132 人次（30.3%）
全天工作日平均劳动时间	4.72 小时 / 天	4.42 小时 / 天
2. 散工日 ‡	“在村里”“外出”“在家”……22 人次（5%）	“在村里”“不干农活”“外出”……153 人次（35.1%）
3. 休工日	“休闲”、探亲访友 §，喝啤酒……196 人次（44.5%）	“休闲”、探亲访友，喝啤酒……138 人次（31.7%）
4. 生病日	染疾……2 人次（0.5%）	静养……13 人次（3%）

* 男女总人数＝38；表中调查天数＝23。

† 条目 1—4，以及日志的分类，都是按照我的意愿划分的。

‡ 理查兹特别提到，女人即使待在村里的时候，也做了许多家庭活计；所以，她很少用“休闲”来描述她们的日常活动，而更多地使用“不干农活”。“休闲”另一方面也意味着“闲坐、谈天、喝酒或做手艺活的一天”。所以，我把“不干农活”（也包括“在村里”“在家”，以及了解更多消息，“外出”）分到散工日，而“休闲”分到“休工日”一栏。“休闲”包括基督教的星期日。

§ 理查兹指出，她表格中的“散步”，如果不做特别说明，都表示“探亲访友”；所以我把“散步”都包括到里面去了。

如果将关于本巴人的这些表格扩展到一整年，那么我们就可能得到和吉拉德（Guillard，1958）类似的结果，吉拉德研究

（接上页）要做不同的工作，而且每天的工作量也不相同。关于男人和女人每日活动的日记显示，在坎帕巴，男人在这 10 天里……做了 5 项相当不同的活计，而在卡萨卡……各种各样的仪式活动，朋友或欧洲人的来访，经常打断每天的日常工作。家庭的需要把女人束缚在某些工作上……但是即使这样，她们每天的农活还是变化很大。本巴人的工作时间也变化很大，在我们看来毫无规律。实际上，我根本不觉得这些人能够清楚认识，月、周、天这样与工作规律有关的劳动周期……本巴人整体的身体节奏和西欧农民完全不同，更不必说和产业工人相比了。例如在卡萨卡的农闲季节，老年男性在 20 天里工作 14 天，而年轻人只有 7 天；在坎帕巴的农忙季节，所有年龄段的男性 9 天里平均工作 8 天（星期天不算在内）。卡萨卡人的例子里，男人平均每天工作 2.75 小时，而女人是 2 小时的农活加 4 小时的家务活，但实际的数字是，女人们可能干满 6 小时，也可能一分钟也不干。在坎帕巴的案例中，男人们每日的工作时间是 4 小时，女人是 6 小时，数字显示的每日变化幅度是一样的。”（1962，pp. 393-394）

的是喀麦隆北部的陶波利人（Toupouri），其结果如表 2.6。[1]

表 2.5　活动时间分布：本巴的坎帕巴村（摘自 Richards，1962，附录 E）*

	♂（人数 = 16，10 天）	♀（人数 = 17，7 天）
1. 全天工作日	114（70.8%）	66（62.9%）
2. 散工日	9（5.6%）	21（20%）
3. 休工日	29（18%）	17（16.2%）
4. 生病日	9（5.6%）	1（1%）

* 关于条目分类的解释，见表 2.4。

表 2.6　陶波利人全年活动时间分布（摘自 Guillard，1958）

	男人（人数 = 11）			女人（人数 = 18）		
	年平均工作日			年平均工作日		
	天数	占一年总天数百分比	天数浮动范围	天数	占一年总天数百分比	天数浮动范围
农业活动	105.5	28.7	66.5—155.5	82.1	22.5	42—116.5
其他工作	87.5	23.5	47—149	106.6	29.0	83—134.5
休息与非生产†	161.5	44.4	103.5—239	164.4	45.2	151—192
生病	9.5	2.6	0—30	3.0		0—40

* 男女总数 = 29 个工作人口。

† 该条目包括赶集和访友（经常无法区分），宴会和仪式，还有休息。男人的狩猎打鱼时间，还不完全清楚有没有从中剔除。女人在村子的时间，按照吉拉德的计算，是一半“其他工作”时间，加上一半休息的时间。

并且，如果画出本巴和陶波利全年的图表，很有可能和德施里珀（de Schlippe）为阿赞德人（Azande）[2]绘制的图表非常相似——图 2.2 就是其中之一。

我们应该理解这些工作日程表中，非洲人在节庆和休息时

〔1〕 试比较克拉克和哈斯韦尔（1964，p.117）引用的关于喀麦隆的相关报告。

〔2〕 阿赞德人：非洲中部族群之一，主要分布在扎伊尔东北部、苏丹西南部和中非东南部，生计方式以农业为主。——译者注

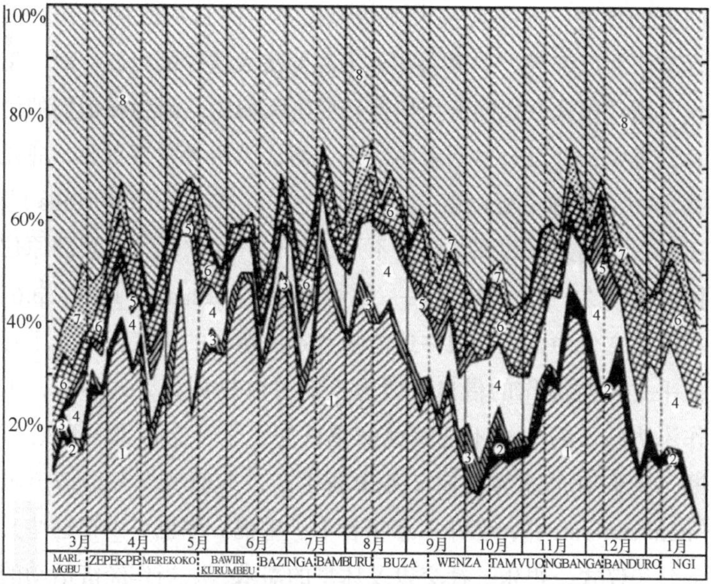

图 2.2 ［绿色地带］阿赞德人每年活动时间分布（摘自 de Schlippe，1956）

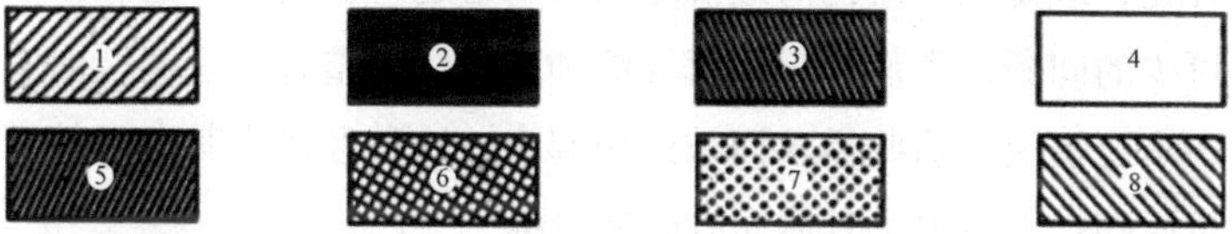

1. 农活。

2. 野生作物采集，包括蜂蜜、辣椒、蘑菇、蛆虫、浆果、块根、盐草和其他。

3. 狩猎和捕鱼。

4. 在家进行农业生产和采集生产，包括啤酒酿造、榨油和制盐等。以上四项可以称作居家或靠近家居的食物生产。

5. 赶集，包括去棉花市场，以及每周的食物市场买卖，按照需要去商店或别处购买所缺的工具、衣物和其他东西。

6. 其他在家时间，主要是盖房和手工品制作，但也进行修理、拾掇等。

7. 外出工作，包括去远处狩猎和捕鱼，为首长或地区工作，为政府或环境保护局（E. P. B.）工作，帮助邻居操办啤酒聚会。

8. 出于各种理由的歇工——包括首长召见、参加庆典和仪式、生病在家、住院或接受巫医治疗、生孩子、休息和闲着。

该图并未呈现人们花在各项事务上的时间，只是标出了某项活动出现的天数（即天数所占比例）。

间上的慷慨，而不应按着那些惶惶不可终日的欧洲工作狂的标准来加以解释。[1]蒂科皮亚人和斐济人这样的民族，对“工作”到“仪式”之间的周期性转变毫无偏倚，因为在他们的语言分类中，并没有对两者的区分，而认为两者同等重要，应该共享一个名称［所以就是“神的工作”（Work of the Gods）］。还有，我们怎么替那些区分不了“工作”和“玩”的澳洲原住民——伊尔－伊龙特人——做解释呢？（Sharp，1958，p.6）在许多文化中，人们或许还能随意定义糟糕的天气，天气不好似乎是不想劳作的借口，因为人们可以托词，天气不适，工作不力。不过，也不能就此简单认为，生产会因此被随意打断：人们有可能为其他义务中断生产，人们“没有经济追求（noneconomic）”，但并不意味着不予重视。你也可以把这些义务——仪式、娱乐、社交以及休息的需求——当作经济活动的补充，或是社会结构对经济方式的动态适应。离开了这些必不可少的间断，人们的需求就无法和经济活动整合在一起，而生产本身也因为这些需求而被组织起来。这种经济有其自身的满足原则：它只追求具体而有限的目标。

我们接下来看一下布干维尔岛（Bougainville）斯瓦伊人[2]（Siuai）的情况。道格拉斯·奥利弗（Douglas Oliver）用

〔1〕“在资本主义文明占统治地位的那些国度里，工人阶级为一种奇怪的错觉所支配。这种错觉导致的后果就是个体和社会的双重灾难，两个世纪以来都在拷问着悲哀的人性。这个错觉就是对工作的热爱，对工作狂热的激情。这些热爱和激情被推到极致，彻底耗竭了每个个体和他的后代的生命力。牧师、经济学家和道德家不但没有对这种精神失常大加挞伐，反而给工作赋予了一圈神圣的光环。”（Lafargue，1909，p.9）

〔2〕斯瓦伊人：巴布亚新几内亚北部所罗门群岛最大的布干维尔岛原住民之一，生计方式主要以农业为主。——译者注

我们刚才讨论的话语，描绘了各种文化阻碍影响田间工作的情景，使其实际产量远低于可能：

> 劳动产量不能提高当然不是出于**自然**的原因。没有严重土地短缺，劳动力“供应”理论上和实际上都有保证的。斯瓦伊女人在地里也努力劳作，但不如某些巴布亚女人那么刻苦；可以说，斯瓦伊女人实际上是可以工作更长时间、更拼命而不致伤身。也就是说，还可以采用**其他**工作尺度。影响斯瓦伊人“最大工作时间”标准的是文化因素而非身体因素。在男性族人或朋友去世后的很长时间内，下地干活是斯瓦伊人的一项禁忌。根据仪式的要求，婴儿是不能带入田间的，所以哺乳期的母亲每天可能只是在田间心不在焉地耗上寥寥几个小时。除了仪式对连续田间劳作的限制外，还有别的一些不为人注意的小麻烦。即使是下小雨，他们也往往就停止工作了；常见的情景是，只有太阳升得很高了，他们才开始田间活计，下午3点左右，他们就收工回家了。虽然已婚夫妻偶尔不回家，夜晚就宿在田边搭建的小草屋里，但是只有那些最有野心、最勤奋的夫妻才真的愿意吃这种苦。（Oliver，1949［3］，p.16）

但奥利弗在另一册中，就斯瓦伊人如此适可而止的工作标准，给出了更基本的解释——因为，除了有政治野心的人之外，这样的标准已经**足够**：

> 实际的情况是，土著对他们的两种本事都甚为自得，他们能够正确估计个人迫切的消费需求，也对生产刚刚够

> 吃的芋头拿捏得很好。我是经过周密考虑才写下“个人消费需求”的，因为几乎不存在芋头的商业或仪式交换。不仅如此，个人的消费需求是很不一样的：一个普通男人，养一两头猪，所消耗的芋头，和一个养十几二十头猪、野心勃勃地往上爬的人所消耗的芋头，存在着巨大的不同。后者不得不耕种越来越多的土地，为了填饱他越来越多的猪，也为了给来参加他宴会的宾客提供更多的菜蔬。（Oliver，1949［4］，p.89）

生产自有其限制。如果劳动力的节制只是有时挪作他用，那么通过分析至少还能发现蛛丝马迹。但是现在就是一点踪迹都无从发现：比如，我们拿某些狩猎者来说，他们又成了启发我们的例子，因为一旦有了足够的食物，狩猎者就会毫不犹豫地停止工作。[1] 所有这些换言之就是：站在这种生产模式的角度来看，可用劳动力中相当一部分是**多余的**。既然这一生产体系给“充裕”（sufficiency）下了如是定义，那么这套生产体系自然不会去追求盈余，尽管这对它是绰绰有余的：

> 毫无疑问，在完整的生产周期里，魁克儒人本来可以生产出富余的食物。当前，一个男性每天只花 3.5 小时的

〔1〕参看第一章里，麦卡锡和麦克阿瑟关于澳洲狩猎社会研究的参考文献。“每一天，每一群狩猎者，不论情况如何，都本该能弄到更多的食物……”伍德伯恩写到的哈扎人也是一个德行：“当一个男人带上弓箭进入树林，他的兴趣通常只是餍足饥肠而已。一旦他吃够了浆果，或是捕到了一些小动物来充饥，他就不太可能再花大力气去捕杀大的猎物了……除了肚子已经填饱外，男人们经常两手空空地从树林里回来。”（1968，p.53；参见 p.51）而女人们的行为完全没什么两样。

> 时间在生计上——2小时农活，1.5小时打鱼。剩下10到12小时醒着的时间，魁克儒男人大部分花在了跳舞、摔跤、一些非正式的娱乐或是晃荡上。实际上，魁克儒人多的时间本应用在农活上的。每天哪怕是多花半小时，魁克儒男人也可能实实在在地多打些树薯粉。然而，正如环境使然，没有任何理由可以让魁克儒人去这么做，也没有任何迹象显示他们将会这么做。（Carneiro，1968，p.134）

简单地说，在这种经济里，生产的目的是为了使用，为了满足生产者的生计所需。得出这样的结论之后，我们的讨论就和经济史里既定的理论发生了关联。也和人类学的经济学中一些长期形成的看法建立了关系。弗斯（Firth）1929年在评论毛利人（Maori）劳动的不连续性时，已经明确地指出了这一点，他当时将其与欧洲人生产的节奏和动机进行了比较（1959a，p.192f）。在40年代，格拉克曼（Gluckman）也以班图人（Bantu）为例写了一样数量的著作，主要以其中的洛兹人（Lozi）为研究对象。（1943，p.36；参见Leacock，1954，p.7）

下面还有许多理论探讨，都是关于家户生产模式的，这些家户生产只是为满足需要而进行的。眼下我只停留在描述性的叙述上：在原始社会中，现有劳动力资源里相当重要的一部分可能被其生产模式视为多余。

家户短缺

现在我们要思考原始低度生产的第三个维度，这最后一个方面可能也是最具戏剧性的；至少，对于相关的人们而言，它的后果是最严重的。相当比例的家户团体虽然有组织地进行生产，但仍然经常出现生产不足、难以维持生计的现象。家户产量从高到低存在着极大的差异，而那些生产不足的家户正处于最低的一端，这种巨大的差异表面上看来无理可循，但是在环境、传统和地点各不相同的原始社会中，得到了一致的观察结果。这个证据本身不具决定意义。但如果和它的内在逻辑联系起来，这便足以鼓舞我们提出下述理论看法：这种巨大差异，其中当然包括了相当程度的家户经济短缺，是原始经济的本质状况。[1]

我在斐济做田野工作的时候，在许多莫奥拉村庄里，从户主那儿收集了他们各自对食物生产的估算，家户之间生产的差别如此之大，使我最初被深深震撼。由于这些结果主要来自估算，所以我只是引用来充作逸闻旁证，就像许多专著也常干的那样：

> 任何一个村庄内部的生产差异甚至比村庄之间的差异更严重。至少没有一个莫奥拉村庄在闹饥荒，但是很显然有些男人没能生产出足以满足家庭需要的食物。与此同时，没有一个村庄（可能有一个例外）看起来像有暴饮暴食的迹象，但是有些家庭生产出的食物自己压根儿就吃不完……家庭间产出上的差异大到惊人的程度……在每个村庄都有发生，并且，实际上也涉及几乎所有重要、次要和不重要的粮食作物。（Sahlins，1962a，p.59）

〔1〕这与第一章里的“原初丰裕社会”也并不矛盾，“原初丰裕社会”是基于社会集体的层面上定义的，并且讨论的是消费而非生产层面。这里，家户生产的不足完全不排除家户间通过再分配带来的情况改善。相反，正是由于这种不足，才使家户间的再分配变得可以理解。

C. 达里尔·福德（C. Daryll Forde）在乌墨尔（Umor）的雅克人[1]（Yakö）村庄调查过 97 个家庭的甘薯（是他们的主食）产量，如图 2.3 所示，其结果更精确，当然也更清晰直观。福德观察到，虽然一个典型的雅克家庭有一个丈夫、一到两个妻子、三到四个孩子，每年耕种一英亩半的甘薯地，但是 97 户里的 10 户，每家只种不到半英亩；40% 的家庭介于半英亩到一英亩之间。同样的不足也出现在产量曲线上：平均每户产量是 2400—2500 个（中等大小的）甘薯，但是最常见的数字是 1900 个；大部分的家庭处于数值范围较低的一端。并且，照本地的标准来看，其中一部分家庭的甘薯产量甚至不足以果腹：

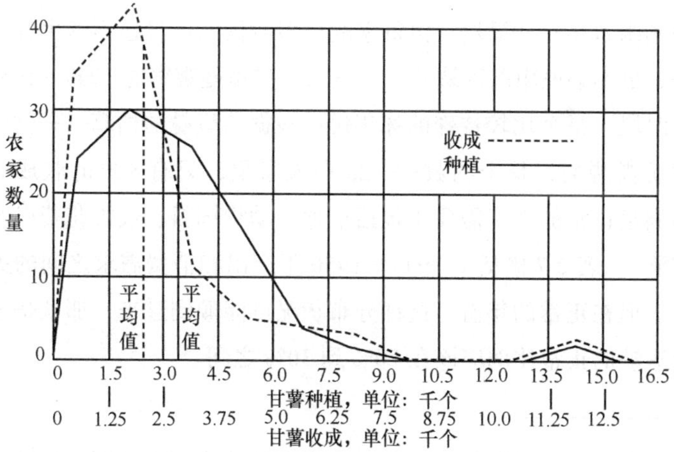

图 2.3　乌墨尔的雅克人村庄甘薯产量（摘自 Forde，1964）

〔1〕雅克人：尼日利亚东部群体之一，生计方式以农业为主，主要种植甘薯。——译者注

> 如果认为这些家庭在甘薯的消费上没有巨大差异，那肯定是……错误的。虽然总体上说，这项主食的供应或许不存在短缺，但在供应范围的两端，有一些家庭因为工作效率低、病痛或其他不幸，其所能确保的食物数量，远远不足当地的标准，另一些家庭则不同，他们的碗口总是堆得尖尖的。（Forde，1946，p.59；比较 p.64）

在德雷克·弗里曼（Derek Freeman）关于伊班人[1]（Iban）稻谷生产的经典研究里，他所描述的形势似乎更为严峻。（Freeman，1955）但是，这个包括鲁马尼亚拉村（Rumah Nyala）25 户家庭的例子，有两个重要的地方值得商榷。其一是伊班人和沙捞越（Sarawak）各个商业中心之间维持着大量的稻米贸易——虽然，伊班家庭许多时候的产量还不够生计之需，更不必说用以贸易了。[2]其二，弗里曼观察的 1949—1950 年时段，是个比较特殊的坏年份。根据弗里曼的估算——就像他所提醒的，是个约数——25 户人家里，只有 8 户的收成能够满足正常的消费需要（包括稻种、动物饲料、仪式花费以及啤酒）。表 2.7 概括了 1949—1950 年产出和消费需求之间的关系。但在正常的年份，这种分布状况可能颠倒过来，那就是家户短缺的正常比例应该在 20% 到 30% 之间。

---

〔1〕伊班人：即海达雅克人（Sea Dayak），与达雅克人另一支陆地达雅克人（Land Dayak）相对，马来西亚沙捞越州原住民之一，多数集居在河流两岸或沿海地带，以种植旱稻和打猎为生，居住长屋。——译者注

〔2〕伊兹科维茨通过比较，从对老挝拉棉人 6 个家庭生产情况的类似研究中（1951），也发现家户间产量的巨大差异，但是，所有家庭的产量都超过生计所需。（拉棉人和伊班人相比，显然更依赖稻米销售，而且时间也显然更久。）也可以参考格迪斯（Geddes，1954）关于陆地达雅克人的研究。

只有大约三分之一的长屋（*bilek*）家庭能满足正常的食物需求，乍一看这一事实叫人大吃一惊，但是，必须记住，1949—1950年是个极差的年头……不过，即使在正常年份，也有一小部分家庭生活在我们定义的基本生计水平以下，这种现象并不少见。在缺乏可靠数据的情况下，我们也只能做一个大致合理的猜测。根据我和伊班报道人的讨论认为，正常年份70%到80%的长屋家庭可以获得满足正常所需的收成，在好的年头可能所有家庭都能做到……几乎所有的伊班家庭可能都经历过这样的情况：日子过得如此拮据，尽管只求果腹，但谷子（*padi*）还是不够吃。（Freeman，1955，p.104）

表2.7 鲁马尼亚拉村25户家庭，
稻米产量与一般消费需求关系（1949—1950年）
（摘自Freeman，1955，p.104）

稻米产量占一般需求百分比	家户数	占整个群体家户百分比
超过100%	8	32
76%—100%	6	24
51%—75%	6	24
26%—50%	4	16
低于25%	1	4

另一个民族志个案来自塞耶·斯卡德（Thayer Scudder，1962），他研究了昆贝通加山谷[1]的马祖鲁村（Mazulu，Gwembe Tonga，北罗德西亚）25户家庭的谷类种植情况，其数据的精确性在一定程度上弥补了样本数量太小的不足。这

〔1〕昆贝通加：位于赞比亚中部，赞比亚河附近。——译者注

个地区受到饥荒的威胁，但这些数据并非马祖鲁农田当前的产量；那么我们首先要问的是，这些家户是否**种植**了足够的亩数，以确保生计。斯卡德提出，人均一英亩正常情况下一般是足够的。[1]但是，如表2.8所示，该表反映了斯卡德田野研究的结果，4个马祖鲁家庭远低于这个水平，20户家庭里，共有10户未能达到这个水平。家户间的差异分布看起来正好围绕这个基点形成一条标准曲线。

表2.8 通加山谷马祖鲁村家户人均生产变化（1956—1957年）

（摘自Scudder，1962，pp.258-261）*

家户	人均耕种亩数	与预估一般人均亩数偏离值
A	1.52	+0.52
B	0.86	−0.14
C	1.20	+0.20
D	1.13	+0.13
E	0.98	−0.02
F	1.01	+0.01
G	1.01	+0.01
H	0.98	−0.02
I	0.87	−0.13
J	0.59	−0.41
K	0.56	−0.44
L	0.78	−0.22

〔1〕然而，他提出人均一英亩这个数字，部分因为耕种面积数据分布都趋近这个比值——此外，邻近地区的证据也说明，这样的土地数量应该是足够的。而且，这个人均一英亩的标准，实际上没有考虑到男人、女人以及儿童不同的食物需求量，当我们评价某些家户经济上的成功时，考虑到这一差别显然尤为重要。在后面讨论家户劳动强度的部分（第三章），我们就对马祖鲁的数据做了调整。

续表

家户	人均耕种亩数	与预估一般人均亩数偏离值
M	1.05	+0.05
N	0.91	−0.09
O	1.71	+0.71
P	0.96	−0.04
Q	1.21	+0.21
R	1.05	+0.05
S	2.06	+1.06
T	0.69	−0.31

* 关于马祖鲁村生产与生计关系的进一步讨论，以及更详细的分析，见第三章。

列位，看烦了吧？再没有比这本书里“弥漫”的所谓人类学研究更无聊的了：阿蓝塔人是这样的，卡列拉人[1]（Kariera）又是那样的。没完没了的事例堆积，不能提供任何科学证明——只能证实人类学有多无趣。不过我看这最后一个命题，以及我们正在讨论的主题，就不用连篇累牍，精心例证了吧。许多生产形式，最明显的就是狩猎和捕鱼，都能获得不同程度的经济成功，这一点已经成为常识。除此之外，只要生产是以家户为单位组织起来的，那么普遍来说，就意味着它的基础极其脆弱，难以抵御各种风险。家庭劳动力通常较为单薄，因此极易受到各种因素的困扰。在任何一个“足够大的群体”中，家户之间在规模和成员组成上必然存在极大的差异，那些脆弱的家庭注定容易遇到灾难性的后果。有些家庭的构成很不合理，一个全劳力要供养多到不成比例的纯消耗者（主要是儿童

〔1〕卡列拉人：澳洲西部原住民群体之一，生计方式以狩猎、捕鱼、采集野生植物种子和块根为主。阿蓝塔人：澳洲北部原住民群体之一，和卡列拉人生活类似。——译者注

和老人)。而其他家庭则可能比较幸运，他们的成员比例比较合理，甚至过于合理，比如个个都是壮劳力。然而，从长远以及家庭生命周期来看，所有家庭都可能遭遇这种成员比例的重大变化，就像在任何特定的阶段，一些特定的家庭要遭遇经济困顿一样。这样就形成了原始社会低度生产的第三个方面：相当比例的家户长期无法维持自己的生计。

家户生产模式的基本要素

前述内容构成了我们对原始经济低度生产趋势的初步印象，从中我们了解了低度生产的三种趋势，它们分布广泛且影响深远。接下来的内容首先将比照同样广泛而深远的经济结构，也就是我们一直讨论的家户生产模式，对这些趋势进行初步的理论阐释。鉴于这些经济现象分布广泛，表述各异，所以，很有必要使我们的分析具有普遍性(generalized)，最重要的第一步，就是要对下文所使用的研究方法加以说明。

为普遍性说明

我们在面对一个低度生产的具体民族志个案时，只有弄清参与其中的各种因素，才能对其有全面了解，否则任何抽象的解释都难以令人满意，这些因素包括：现有的社会和政治关系、财产权、仪式活动对劳动力利用的妨碍，等等。[1]但是，

---

〔1〕例如，玛丽·道格拉斯关于乐乐人所做的精彩分析(1960)，比我这里的任何讨论都要高妙。

因为我们之前提到的低度生产的几个维度在原始经济中都普遍存在，所以仅某个维度进行单独分析是无法令人满意的。因为它们都属于原始经济的本质表现，所以，为了分析低度生产的意义，我们必须把原始经济组织放入一种同样普遍化的状况中加以理解。下文的分析就是要将普遍性进行到底。

然而普遍性只在特定的情况下才能存在。[1] 所以一位著名的社会人类学家，对人类学方法论提出了著名的思考，他的意见倒很中肯：他问道，你没有先彻底理解一个社会，那这样拿来比较有什么用呢？后来，当我和一位同事一道走在学院里一条昏暗的走廊时，他对此的回答是："如果你不先进行比较，你怎么可以理解一个社会呢？"要通过比较，呈现文化的实质真是件让人闹心的事儿，这就好像把人类学置于康涅狄格州一位铁路工程师的位置上，（我听说）该州有一条法律明文，大意是两列火车沿着平行的铁路迎面对开，当它们相遇、彻底停下来后，除非一列火车已经驶离视线，否则另一列火车都不得重新启动。[2] 勇敢无畏的人类学家们采取了狡猾的方法来打破僵局：比如，通过"理想类型"（ideal type）来实现普遍化。"理想类型"是一种逻辑结构，首先建立在假设的思想框架上，同时假设现实世界中的文化多样性都忽略不计——任何个案的特殊之处在这股神奇的力量面前，都变得迎刃而解。于是乎，从问题到解答，都俨然振振有词。或许本章就能祭起这把普遍

〔1〕该句是指：只有在设定诸多条件，排除所有例外之后，在所有条件都满足的"特定情况中"，普遍性才成其为"普遍性"。——译者注

〔2〕这个关于列车的类比实际是个悖论：如果没有一辆列车先行发动，则另一辆永远无法"重新启动"，颇有揶揄"那位著名社会人类学家"的味道；不比较，永远无法了解另一文化的真谛。——译者注

性的尚方宝剑，接下来要上几个套路。

但是如何证明其他的方法就不那么好使呢？我们接下来的讨论将不时与“现实”（reality）划清界限，忽略掉那些表面事实，目的是找到“终极事实”（the permanent fact）。我们的讨论将穿越亲属关系、仪式以及头人政治等——这些都是原始社会的主要制度——在家户体系中找到经济运行的第一真谛。然而家户经济在孤立的情况下是无法“洞察”的，家户经济不可能不受家户所存在的更大组织和制度的影响。与这种分析方法的偏执、武断相比，更应当受到谴责的做法是，本文可耻地企图从原始经济与自然状态（the state of nature）的联系中寻找灵感，虽然这种方式无可避免——但确实和最新的人类学方法背道而驰。卢梭（Rousseau）曾说：所有分析过社会基础的哲学家都认为，有必要回到自然状态，但是没有一个人曾经实现过。卢梭大师于是继续努力，但也重书失败，不过这次失败对我们至关重要，它让我们远离对自然状态的执着，终于可以宣称自然状态“不再存在，可能从未存在过，或许将永远不会存在，但是为了更好地判断我们当前的状态，我们完全有必要正确理解它”。[1]

不过即使这样，我们在下文中把“**这种**经济”（*the* economy）[2]投诸原始社会，也是不切实际的。从社会结构的角度说，“这种经济”并不存在。“经济”不是一个边界清晰、

[1] 本段所谓“自然状态”是指卢梭等启蒙思想家，在《论人类不平等的起源和基础》等一系列著作中，试图塑造“纯粹原始/野蛮人”形象的做法。此处是指，这种“自然状态”只是学者的臆想，其真实存在没有得到证实，但作者也会借现存的土著来理解“石器时代经济”的原型。——译者注

[2] 这种经济，指的是“自然状态”下，不牵涉任何社会互动的纯粹交换行为。——译者注

专门具体的组织，而是普遍的社会群体和社会关系，对应本文主要就是亲属群体和亲属关系。经济与其说是种社会结构，不如说是社会的功能，因为参与经济过程的，恰是那些典型的“没有经济需求”（noneconomic）的群体。在原始经济中，生产由家户群体组织运转，而这些家户群体就是通常所谓各式各样的家庭。家户之于部落经济，就如庄园之于中世纪经济、企业之于现代资本主义：它们都是各自时代占主导性的生产组织。而且，每一种经济代表了一种决定性的生产模式，拥有相应的技术和劳动分工、特征明显的经济目标或结果、独特的财产形式、生产单位间明确的社会和交换关系——也代表了各自独有的矛盾。[1]简而言之，为了解释原始经济趋于低度生产的这种特征，我将重新构建卡尔·毕歇尔（Karl Bücher）和早期作者们的“自给家户经济”概念——不过今天，他们似乎被重新定位成马克思的同伙，在时髦的民族志里旧瓶装新酒，重新登场。

由于原始社会的家户群体还没有像今天一样退化成纯粹的消费角色[2]，所以他们的劳动力还没有从家庭圈子分离出去，

---

〔1〕“生产模式”在这里的用法和特雷［Terray，他的思想上追阿尔都塞（Althusser）和巴里巴尔（Balibar）］在他重要的著作《马克思主义与原始社会》（*La Marxisme devant les sociétés primitives*，1969）中的用法不同。除了对超结构“事例”（superstructural “instances”）的关心程度有明显不同外，我们之间主要的差别是，我们对各种形式的合作性团体，有不同的理论认识。这些所谓的合作性团体，组成了非家庭的、掌握生产力的社会合作组织。我不认为这些团体有特别重要的意义，在这个分歧的基础上又滋生了许多其他分歧。然而，不管这些分歧有多大，我在此处的看法显然借鉴了特雷的观点，也源于梅拉索克斯（Meillassoux，1960，1964），因为梅拉索克斯的思想正是特雷著作的基础。

〔2〕纯粹的消费角色：指的是原始家户群体要从事包括生产、交换以及消费在内的全部生计过程，而现代社会的成员由于社会分化，只涉及其中的一个或几个部分，甚至完全放弃了除消费外的其他环节。——译者注

受雇于外界区域，尚未受制于外来的组织和目的。所以家户全身心地投入了生产，完全掌握劳动力的配置和使用，全权决定经济目标。家户本身的内部关系，比如夫妻关系、父母和子女的关系，构成了社会生产的主要关系。在这里，亲属身份的固有礼节、家庭生活的支配与从属、互惠与协作，使“经济”成了亲人之间的一种属性。家庭需要做出的主要决定，包括劳动力如何使用、生产活动的条件和产出的安排。至于怎样做出这些决定，则主要取决于家庭需要的满足。家户调整生产以适应家庭通常所需。生产的目的是为满足生产者的利益。

下面我再提出两点意见，也是为普遍化所做的最后两点说明。

第一，我为了方便讨论，把“家户群体”（domestic group）和“家庭”（family）直接等同起来，这难免宽泛，也不够准确。在原始社会中，家户群体通常都是家庭体系，但不尽如此，“家庭”一词在原始社会中必然涵盖了各种具体形式。从形态学的角度看，一个群体中的家户有时是异质的（heterogenous）：家户与家庭不同，它包括了其他类型的家庭单位，比如由特定年龄组成员组成的单位。另外，虽然情况很少见，但家户群体可能因为只有一个世系，所以在规模和结构上完全等同于家庭。家户群体如果是一种家庭体系，那么它的形式从核心家庭到扩大家庭都有可能，而在扩大家庭的范畴里，仍可能存在从一夫多妻制到随妻居、随夫居以及其他各种形式。最后，家户群体内部整合的方式和程度也不一样，这可以根据日常居住、饮食以及协作的不同模式来判断。虽然生产的这些基本特征——劳动力分工以性别为主、生产的目的是满足各自需要、自主选择生产手段、生产单位之间各自独立——

在各种家户群体间是一致的，但家户生产模式的提法仍然只能说是种高度理想类型。如果我们仍要使用家户生产模式一说，那就一定，也只能是对许多不同家户生产模式的统称。

第二，我并没有认为每个地方的家户都是排他（exclusive）的工作群体，也没有认为生产仅属于家庭活动。各地的技术水平或多或少需要协作，所以生产可能存在于不同的社会形式，有时在高于家户的层次上进行。家庭成员可能经常以个体为单位，和其他家庭的亲戚朋友合作生产；由诸如世系或村庄这样的既定群体，集体承担某些项目。但是，这里讨论的并不是工作的社会组成。大体上说，形成更大的工作群体，只是为实现家户生产模式开辟了更多途径。从本质上看，集体化工作组织的社会属性也很简单，只是由于参与人数众多而看似复杂。一群人或一个小团队并肩工作，但实际上他们干的是类似或完全相同的活儿，或者他们共同劳动，然后每个参与者轮流享受劳动成果。集体工作只是把生产的各部分组成临时合并到一起，而没有永久根本地改变各部分的结构。更重要的是，群体协作并不会形成独特的生产结构，因为其不具备终极目标，与家户生产模式并无不同也不占优势，不会在社会生产过程中占据支配地位。协作生产在很大程度上，始终只是一种技术事实，其生产模式并没有真正实现对社会经济的控制。在整个社会生产活动中，协作生产并没有影响到家户经济的独立地位，没有影响到家户对劳动力的管理，也没有影响到家户独立生产目标的支配性地位。

我在以下对家户生产模式（DMP）各要素的描述中，将贯穿上述这些说明，并紧密关注该模式的所有内涵，以此揭示这种经济运行的特征。

劳动力分工

就其构成而言，家户组成了一种小（*petite*）经济。为了适应不同的技术水平以及生产的多样性，家户甚至可能扩张到某一种程度：在某种形式的扩大家庭里结合了核心家庭的多个要素，使这种家户甫一出现，便成为具有经济复杂性的社会组织。尽管如此，家庭对生产的控制主要依赖于家户构成的其他方面，规模并非最重要的。家庭内部就包含了劳动力分工，这也是社会的主要分工方式。家庭——最初，最少由一个男人和他的妻子，也即一个成年男性和一个成年女性组成。因此，家庭从一开始就结合了生产的两个最基本社会元素。虽然，劳动力的性别分工不是原始社会唯一的分工形式。但性别分工是最具**支配性**的形式，从某种意义上说，超越了所有其他的分工：任何一个成年男性与一个成年女性的正常活动结合起来，实际上已经穷尽了社会的一切活动。因此，在所有行为之中，唯有婚姻建立了一个具有普遍意义的经济群体，由此产生了地方生计活动的概念。

人和工具的原始关系

这第二对关系，也是家户生产模式的一个要素：存在于原子化、小规模的家户模式和原子化、小规模的生产技术之间。家户群体能够操作使用那些基本工具；甚至个人都能独自挥动里头的大部分玩意儿。原始工具的这些特征和家户经济的统治性地位是相匹配的：工具都很粗陋——和绝大部分劳动技能一样——极其简易，唾手可得；生产过程很单一，无须精细的劳动力分工，所以同一个团队可以独自完成从原料提取到成品制作的一整套工序。

然而，技术不能仅从它的自然属性来理解。在使用过程中，工具和使用者形成了特别的关系。从广泛的观察来看，技术最决定性的历史属性正是这种关系而非工具本身。蜘蛛的圈套和那些（人类）狩猎者的陷阱之间，蜂巢和班图人的巢穴之间纯粹物质性的差别，绝对没有工具—使用者关系的差别那样具有历史意义。不同的工具在原理上，甚至在效用上是没有差别的。人类学家只会同意这种“超技术”（extratechnological）的观察，人类对工具的发明和使用体现了一种“自觉的创造”（抽象能力），昆虫的工具则纯属生理遗传（“本能”）——马克思谓之“建筑师在一幢建筑物造好之前，在想象中已经有了它的形状，正是这一点使最糟糕的建筑师区别于最出色的工蜂”。（Marx，1967a，vol.1，p.178）工具，甚至好的工具，都是先于人类而存在的。人类与动物在进化上最大的分野，体现在这一关系上：工具—人。

人的创造力一旦开启，创造性也就相应地完成了它的历史使命，不再成为区分历史阶段的标志。[1]世界上最原始的人群——这是以整体文化的复杂程度来判断的——创造了空前的技术杰作。布须曼人的捕兽器被拆卸装运到伦敦、纽约之后，只能躺在上百家博物馆的地下室里蒙尘，它们甚至无法拿出来展览，因为没有人知道如何重新安装回去。从文化进化的广泛视野来看，如果沿着人 / 工具关系的轴线来衡量，则技术发展带来的人类创造力的增长并不明显。这是一个关于能量、技巧和智力在人与工具两者间如何分配的问题。原始社会的人 / 工具关系中，这三者的分配是有利于人的；随着所谓“机器时

〔1〕 该句意为：创造力划分了人与动物的区别，在实现了这一质的飞跃后，“不再成为区分历史阶段的标志”。——译者注

代”的来临，优势地位明确地摆向了机器一边。[1]

原始社会中，人与工具的关系是家户生产模式的一个条件。最典型的是，工具并非简单地为了个体使用而设计，而是人类身体的人工延伸，是身体的附属物，用以提高身体的体力优势（例如弯钻或掷矛器）；或用以完成人类徒手难以实现的最后工序（例如割或挖）。在这里，工具传递出来的是人的能量和技巧，而非工具自身的。但是，最新的技术发展颠倒了人与工具之间的这种关系。谁才是工具已经变得真假莫辨了：

> 在机器时代，随从、助手是操作工承担的（典型）工作，他的任务就是跟上机器的进度，以及在机器力不能及的地方助以手工操作。他的工作只是机器的补充，而非使用机器，机器生产的过程利用了工人。（Veblen，1914，pp.306-307）[2]

---

〔1〕现代机器的发展和维持当然也需要大量的知识；所以这个命题只应局限于生产过程中，人与工具的关系上。

〔2〕马克思对机器革命的评价，虽然早于凡勃伦（Veblen），但两人在措辞上其实甚为相近：“工具过渡到了机器，工人操作工具的技能也一起过渡到了机器身上……在手工业和制造业时代，工人使用工具，在工厂里，则是机器使用工人。在那里，工人启动劳动工具的运转，在这里，工人必须紧随机器的运转。在（前工厂时代的）制造业里，工人是活生生的机制的一部分。在工厂里，我们则拥有一套完全独立于工人之外、毫无生气的机制，工人成了机器唯一有生命的附属物……每一种资本主义生产，因为它既是一个生产过程，也是一个创造剩余价值的过程，就不可避免地存在这种共同现象，不是工人使用工具，而是劳动工具使用工人。”（1967a，vol.1，pp.420-423）要理解马克思，我们就应当认识到，人与工具关系的关键转折点不是机器力量对人力的替代，而是工具已经成为传动装置和动力机制的一部分了；尽管最后的步骤也许还是需要人力来完成，但不可否认的是，工人和劳动工具已经被彻底隔离开来，工人操作工具的技能已经转移到了机器身上。这是衡量何为机器的明确标准，也是产业革命开始的真正标志。

现代进化论人类学赋予技术如此这般的理论价值，是有历史偶然性的。现代人类依赖机器，并且文化进化的未来，似乎也取决于技术的继续进步。与此同时，史前时代大体上说只是一个关于工具的时代——正如一位著名的考古学家曾经说过，“这些人，他们都死了”。我认为这些陈词滥调有助于解释原始技术在分析中受到如此特殊重视的原因，其根深蒂固的错误，或许就在于夸大了工具相对技能的重要性，把人类从猿人到古代帝国的进步过程视为一系列的小型工业革命，它的每一次进步都来自新技术或新能源的发展。实际上，在人类历史的大部分时期，劳动力总是比工具来得重要，生产者智慧上的努力比他们简单的工具更具有决定意义。直至相当晚近，整部劳动史都还是关于技能型劳动的历史。只有工业体系才可能在拥有大量非熟练工人的情况下仍能运转，今天也是如此；而在同样的情况下，旧石器时代却慢慢消亡了。[1]原始社会那些最重要的“革命”，特别是新石器时代对主要食物来源的驯化，无不是人类技能的胜利：建立了对现有食物来源（植物和动物）新的利用方式，而非发明了新工具，或是发现了新资源（参见第一章）。从旧石器时代过渡到新石器时代，操纵生产工具的水平却可能明显下降了——尽管产量上升了。对于阿拉斯加爱斯基摩人猎捕海豹的工具而言，美拉尼西亚人的掘棍算得了什么呢？[2]直到真正的工业革命之前，因为劳动者技能提高而带来

[1] 该句是指：旧石器时代的成就依赖的是人们的能力，而不依赖技术发展，所以被新石器时代取代；但工业时代的人们成为机器的助手，同样无须熟练技术，却能继续下去。——译者注

[2] 该句是指：美拉尼西亚人在技术上可能不及爱斯基摩人，但生存能力和生活质量却相差无几，作者意在强调技术在历史上并非决定生产最主要的因素。——译者注

的产量上升，远远大于因为工具改进而带来的产量变化。

对人类技能重要性的讨论，必须和关于家户生产模式的分析联系起来才有实际意义。这个讨论有助于推动我们提出的一个重要理论假设：在古代社会中，往往是社会—政治压力用最可行的措施推动了经济发展。原始社会人与工具关系中，人是最具有可塑性同时也是最重要的一环。除此之外，让我们把民族志里关于资源开发利用不足的证据都考虑进来：对资源的利用不充分，意味着在实际生产水平和最大可能性之间，留有足够的空间供人发挥。对于提高劳动强度巨大的挑战是：让人们更勤奋地工作，或者让更多的人加入劳动。也就是说，这个社会的经济命运由其生产关系，尤其是统治权力对家户经济施加的压力决定。

但是，我们应当采取辩证的态度，来看待劳动强度的提高，因为，家户生产模式自身的特性马上会做出反应，使劳动强度的提高不会完全膺命于政治权力的运作和扩大生产的要求。最为重要的是，家户经济先要满足自身所设定的目标：生计需要。家户生产模式就本质而言，是和剩余经济背道而驰的。

以生计为目标的生产

“为使用而生产”（production for use）（其意是，为生产者的使用）和“为交换而生产”（production for exchange）两者之间本来存在重大的区别，但自从经济人类学出现以来，至少在盎格鲁—撒克逊人的国家里，这些区别就已被彻底抛诸脑后了。虽然特恩瓦尔德（Thurnwald）为了区分原始经济和现代货币经济，采用过这些概念（1932）。而且这些概念的变体，在各种民族志文本中也一再出现（参见以上“劳动力低度使用”一节）。但是，当马林诺斯基（1921）定义的“部落经济”（Tribal Economy）与毕歇尔的“自给家户经济”（1911）概念（部分地）唱起反调时，为使用而生产的观念的理论价值尚未充分开发利用，便被束之高阁了。

问题或许在于，“为使用而生产”或“自给家户经济”有两种不同的解释，其中一种经证明无法成立——以致另一种也被普遍忽略了。这些措辞暗示了一种家户自给自足的状态，但对于现实社会中的任何生产单位而言，都是不实之词。原始社会里的家户并不总能自给自足，家庭所需未必全部自己生产，出产的东西也未必全部需要。交换于是呼之欲出。家户间的礼物收受，出于无法逃避的社会义务，但除此之外，人们也为纯功利性交换的目的而生产，也因此间接获得他们的所需。

为了获得“他们的所需”：这种交换，以及为交换而进行的生产，是以满足生计为目标的，而不是为了利润。这是上述两种交换的第二个典型区别，也是更基本的一个；“为了使用”而交换与“为交换”而交换相比，其**最基本的不同在于生产者和生产过程的关系不同**。人们不仅仅是“为使用而生产”，生产的目的是为了实现**使用价值**（use value），要实现使用价值，就必须通过交换行为来完成，但与追求交换价值（exchange value）是背道而驰的。[1] 基于这种理解，家户生产模式就能在经济学史上的分类体系中找到一席之地。恰是因为带有交换，家户生产模式和马克思的“简单商品流通”就沾上了亲缘关系，于是

〔1〕 该句是指：原始人们不但为自己使用而生产，也为换取其他用品而生产，但最终的目的都是为了自己的使用，所以作者认为他们没有在追求“剩余价值”。——译者注

也和著名的 C → M → C′ 公式有了相似之处：这个公式意为，市场上为销售而生产商品 C（commodities），其目的是获得资金 M（money），利用这些资金再去购买其他特定的商品 C′。当然，“简单商品流通”和农民关系更密切些，与原始经济则还有一段距离。但是，原始人也和农民一样，始终不懈地追求使用价值，追求使用价值就必须交换，交换就离不开产品的消费，为了有产品可供消费，就必须生产。但是这里的生产和交换，和资产阶级企业家为追求交换价值的生产和交换**都是**截然不同的。

资本主义经济过程拥有不同的起点和另一套计算方法。按照“资本总公式”，既定数额的资金通过商品方式转化成更多的资金：M → C → M′，由于劳动力和物质手段的投入，制造出新产品，通过产品销售实现资本回报最大化。因此，生计和获利，也就是“为使用而生产”和“为交换而生产”，产生了截然相反的生产结果——而且相应地造成了截然相反的生产强度。

这两种经济体系，一个目标明确有限，而另一个却追求“无限可能”。这是质和量的双重差异：首先是质的差异。为生计而进行的生产，对优质产品的数量要求有限，而且这些优质产品还应符合生产者习俗需求的**具体用途**。然而，与家户经济只是不断重复再生产不同，为交换（价值）而进行的生产却始终寻求突破自身：表现为普遍“财富”的不断积累。它不是在生产特定物品，而是在生产抽象的“财富”。而且，“它的追求是无止境的”。若要清晰界定的话，M′ ≤ M 意味着 M → C → M′ 实践的失败；从不断进取的角度来说，M′ → ∞ 是一个成功的公式。马克思写到，远古的观念是多么庄严，在古代观念里，人是生产的目的，相形之下，在现代世界里，人的目的是生产——而生产的目的是财富。（1967b，vol.1，p.450）

再深入思考一下——这点我们已经有了民族志的证据：在为使用而生产的体系中，工作期限没有一定之规，各个家户尽可随心所欲地作息。没有任何力量迫使生产必须达到物质或利润最大化，相反，生产不断下降，当生计暂时获得保障，生产也随之暂时停顿。为使用而进行的生产断断续续，毫无规矩，同时也是惜力如金的。然而，在为实现交换价值而组织起来的生产中：

> 既然劳动的目的不在于与个人具体要求有关的具体产品，而在于货币，即具有一般财富形式的财富，那么个人的勤勉便没有止境了：勤勉可以无所谓目标，只要对目的有用，采取任何形式都可。是这种勤勉，创造和发明了新的社会需要……（Marx，1967b，vol.1，p.165）[1]

经济人类学在很大程度上，忽略了为使用而生产和为交换而生产之间的差别，真是令人扼腕。而承认两者在生产率上的差别，对于经济史的研究曾经产生了巨大而实际的帮助。亨利·皮朗（Henri Pirenne）在一个著名的案例中，解释了欧洲中世纪早期的农业衰退，当地中海地区为阿拉伯人所占，欧洲经济失去市场出路，因此很快从商业交换滑落到地方自给自足的状态，生产率也瞬间由高转低：

> ……农业生产手段的退化是显而易见的。提高土地产量，使之超出耕作者所需毫无用处，因为多出来的部分无

〔1〕原引文为法文，译文参考刘潇然译，《政治经济学批判大纲》（1857—1858，手稿），第一分册，北京：人民出版社，1975年，第177页，译文有改动。——译者注

法出口，那就无法改善农民们的生活状况，也不能提高土地的租赁价值。因此，农民们也就满足于最低限度的精耕细作，农业技术也被彻底抛诸脑后，直至有一天农作物又得以销售，土地的主人们才有动力改善技术，采用些更挣钱的耕作方法。但是，到了那时候，土地就会被视为有价值的东西，而非生计手段。（Pirenne，1955，p.99）

今天，这个经典对立，又表现为"欠发达"国家的"二元经济"。[1]这一原则的创始人柏克（Boeke）曾经这样描述两者表现上的差异：

事实上，东方社会区别于西方社会的另一个方面，是东方社会的**极其有限的需求**。这是因为他们的交换不发达，实际上绝大部分人口必须自己管自己，绝大部分家庭也只能安于自己生产所得，所以，他们的需求不得不维持适度，取之中庸。需求有限所带来的另一个后果，是他们缺乏恒久的经济动力。因此……他们的经济活动就总是断断续续的。西方经济则趋向于另一个完全相反的方向……（Boeke，1953，p. 39）

不过，人类学家作为这两种经济殖民遭遇的见证者，曾有幸亲历过这些民族志状况形成的不同历史过程。因此，人类学家注意到，土著冥顽不化的生产模式和对价格变化"非理性"

[1] "二元经济"：指发展中国家在"为使用而生产"和"为交换而生产"之间徘徊，其差别就是下文"东方社会"与"西方社会"对待经济的态度。——译者注

的反应，本质上是由于为使用而生产的模式正在遭遇危机。即使面临市场冲击和控制，这种目标有限的经济仍在竭力维护自身的生存。这或许有助于解释，两种对“土著”生产能力自相矛盾的偏见，能在理性的西方长时间存在的原因。一方面，庸俗的人类学主张，鉴于土著技术上的缺陷，他们必须终身辛勤工作才能生存下去；另一方面，有太多证据使他们认为“土著天生是懒骨头”。如果前者是一套殖民主义的基本理论，那么后者无疑表明这套殖民主义意识形态是多么无稽：他们不知何故，居然想要迫使土著去努力减轻白人的负担。于是，土著被招募到种植园里工作，但是他们经常表现出对持续稳定工作的不情不愿。他们被引导去种植经济作物，但是对于市场变化总是做出“不合适”的反应：由于他们的主要兴趣只在于获得特定的消费物品，所以，当一种经济作物的价格上升时，他们的产量却不够多，而当价格下降时，他们的生产却多得很。新工具或新株苗的引入，本可提高当地劳动率，却被他们用来缩短必要的劳动时间，增加的休暇时间抵消了他们本应提高的生产所得。（参见 Sharp，1952；Sahlins，1962a）所有这些以及其他类似的反应，表明了传统家户生产模式不变的属性：它是追求使用价值的生产，目标明确，工作随性。

简言之，我们通过家户生产模式的这个特征——它是一种使用价值的生产——回到低度生产上来，经验观察是研究低度生产的第一步。家户生产体系满足于有限的经济目标，从经济目标的性质来看，这种生产体系追求的是生活的途径，而非量化的抽象财富。因而，工作强度也就相应较低：从重要的仪式到一场细雨，各种各样的文化活动和文化限制造成的干扰，都可使劳动轻易中断，或变得无足轻重。经济只是原始社会的一项兼职，或者只是社会中一部分人的活动。

换言之，家户生产模式秉持着反剩余（antisurplus）的原则。家户生产模式专为生计经济所设，它的天赋是恰在即将产生剩余的那个节点上戛然停止劳作。因此，如果“剩余”被定义为超出生产者需求的那部分产出，那么家户生产就绝不是为了获得剩余。为使用而生产的经济结构中，毫无动力激发它去超越自身。因此，建立在这种固执的经济基础之上的社会是矛盾的，因为除非外力使家户经济超越自身的范围，否则社会就不能生存发展。[1]原始社会的经济基础是反社会的（antisociety）。

恰亚诺夫定律[2]（Chayanov's Rule）

我们还可以用一个更精确的方式，来理解生产力利用强度低的现象。我会用一系列理论和数据兼顾的想法，来提出这么一个结论：家户体系设定了有关生计的标准，其目标不但是绝对有限的，而且这种限制也和社会的潜力相关；实际上，在由家户生产群体组成的社会群体中，家户相对生产能力越强，其成员工作时间越短。后者是恰亚诺夫（A.V. Chayanov）的重要发现，这里我称之为“恰亚诺夫定律”以示敬意。

到目前为止，我们已经确定了家户生产模式的三个要素——以性别进行基本分工的小规模劳动力、简单技术以及有

〔1〕所谓“矛盾”：是指社会发展必然有不断增长的经济基础与之对应，原始社会既要生存，又不追求“剩余”的产出，所以无法实现增长，也是其维持小型群体（不能生存发展）的原因。——译者注

〔2〕恰亚诺夫：1888—1939年，年轻时作为地方自治局土地调查员，在非黑土地带的沃洛格达、莫斯科等省农村从事统计分析工作，作为当时俄国农学研究中心彼得罗夫—拉祖莫夫科学院教授，对土地问题有非常深入的研究，著作颇丰。——译者注

限的生产目标——这三者位于同一整体，且彼此相关。三者之间不但首尾相顾，而且每个要素的有限尺度也与其他要素的属性自相匹配。假使任何一个要素发展异常突出，那么其他要素就会渐生抵牾，不相适应。生产体系为缓解紧张，平常的解决办法就是令其各归原位［“负反馈”（negative feedback）］。只有当额外的外部矛盾［“多种因素”（overdetermination）］在历史中同时出现时，这个危机才可能打破三要素的结构，并使之发生相应转变。但很明显的是，家户生计经济的性质是不活泼的。除非家户劳动力的生产能力真正得到提升，或导致产量提高的先进技术出现，否则家户经济不可能提升到一个新的高度。如果不考虑现有的家庭组织，那么生计经济的标准不可能得到实质性的提高。家户所能提供的足够劳动力和它建立的生产关系，决定了家户经济的最高限度。因此，只要家户生产模式占据主导地位，那么传统的生计观念就受到相应的束缚。

此外，如果三要素标准提高导致经济体系的内部矛盾，完全限制了社会生产力的提高，那么外部矛盾将与之妥协，这与社会的经济能力没有太大关系。〔1〕

因为，无论家户间社会关系的本质是什么，不管是自然的散居状态还是睦邻友好关系，关于幸福（welfare）的传统标准必须设定在一个大多数家户可以达到的水平上，而不应该把少数效率最高家户的生产能力视为参考依据。一个群体中各户人家在人均产量上有很大的差别，因为这些家庭往往处于家庭生命周期的

〔1〕该句是指：社会内部生产要素的调适情况决定社会生产，哪怕外界需求增长，原始社会兀自不顾。例如，到种植园工作（外部矛盾）的土著，依旧效率低下，生产力没有提高（内部矛盾），所以外部矛盾只能向内部矛盾平衡妥协。——译者注

不同阶段，所以家庭中全劳动力和老人孩子之间的比例也就不同。但是让我们设想一下，按照生产能力最强的那些家庭的程度来设定幸福的标准。那么，社会将产生一种叫人无法接受的局面，这取决于现有家户之间关系是接近散居的一极，还是接近团结无间的一极。如果家户之间互不相干（或者处于敌对关系），那么，一小撮家庭的成功以及大部分家庭的破产，必然导致暴力状态。或者，假设亲属关系极其密切，那么，少数富庶的家庭必然会接济占多数的贫穷家庭，这也将造成一种永久性、总体性的矛盾状态，幸福的理想这样高尚，而现实却那般残酷。

让我们把这些抽象而初步的推理归纳一下：为了避免内部和外部矛盾的产生，避免革命和战争，或至少避免持续的骚乱，家户生产模式的传统经济目标必须有所设定，该目标应低于社会整体的生产能力，特别对于那些生产率较高的家户而言，应该闲置一部分劳动力。

恰亚诺夫写道："在家庭农庄，实际的劳动生产率远低于劳动力充分利用时所能达到的生产率。在调查过的所有地区，农户家庭的闲暇时间真是不可胜数。"（1966，pp.75-76）他从对"十月革命"前夕俄罗斯农业的广泛研究基础上，得出了这一观察结果，恰亚诺夫的研究巨细靡遗，即使分属不同时空，依旧能继续我们的讨论。诚然，恰亚诺夫和他的合作者们是在有简单商品流通的具体语境中，发展出了他们的前资本主义家户经济理论。[1]但令人困惑的是，零散的农民经济在经验的层面上，

---

〔1〕虽然恰亚诺夫长期不为盎格鲁—撒克逊世界所知，但对于研究前资本主义经济的学者来说，他的著作（1966）收集了大量的统计资料，也包含了对他所倾心事业睿智的学术思考。（尽管本书的理论观点明显反对他在该书末尾的琐碎诠释，我对他的推崇并不因此有任何减少。）

比原始社会更清楚地反映出家户生产模式的某些深远趋势。在原始社会中，这些趋势由于一般的社会团结和权威关系，更容易遁迹或变形。但在农民家户经济中，家庭通过交换和市场结成一体，而不是因为亲属之间的合作与其他家庭发生联系，因此能毫无虚饰地显示出家户生产模式的深层结构。恰亚诺夫的研究尤其显示出，农民家户经济对劳动力的使用很不充分，他的很多表格都证明了这一点。表 2.9 是其中的典型。

表 2.9　沙俄三个地区农民劳动支出时间分布 *
（摘自 Chayanov，1966，p.74）†

<table>
<tr><th rowspan="2">地区</th><th colspan="6">工作时间分布比例</th></tr>
<tr><th>农活</th><th>手工和贸易</th><th>全部"生产性劳动"</th><th>家务</th><th>未使用时间</th><th>节庆 ‡</th></tr>
<tr><td>沃洛格达县（沃洛格达省）</td><td>24.7</td><td>18.1</td><td>42.8</td><td>4.4</td><td>33.8</td><td>19.8</td></tr>
<tr><td>瓦勒克拉姆斯克县（莫斯科省）</td><td>28.6</td><td>8.2</td><td>36.8</td><td colspan="2">43.2</td><td>20.0</td></tr>
<tr><td>斯塔罗贝斯克县（哈尔科夫省）</td><td>23.6</td><td>4.4</td><td>28.0</td><td>3.0</td><td>42.0</td><td>27.0</td></tr>
</table>

* 数值单位不详。

† 恰亚诺夫的统计表基本按照沙俄土地调查员报表的格式完成，但其缺乏现代研究必不可少的精确性，特别是关于样本的特征，以及分类标准的可操作性等方面有所欠缺，这是其颇令人遗憾的地方。

‡ 表中的数据使我们再度想起拉法格（Lafargue）对资产阶级革命的批判："在古代，教堂的规定保证了劳动者 90 天的休息，其中 52 个周末和 38 个节假日，人们是严格禁止劳动的。在工商业资产阶级那里，这就是天主教的一宗大罪，也是他们反对宗教的主要理由：在革命的高潮时期，所有的节日被废除，一周 7 天被改作 10 天，就为了使人们 10 天才休息一次。革命将劳动者从教堂的支配中解放出来，却是为了使他们服从工作的支配。"（1909，p.32n）

恰亚诺夫的工作，已经超出了对劳动力总体使用不充分的粗略观察，详细调查了家户间劳动强度的变化。他调查了 25 个位于瓦勒克拉姆斯克县（Volokolamsk）的农庄家庭，并以此建立自己的研究。他指出，首先，家户间劳动强度的差别是极其可观的：最懒散的家庭人均每年工作时间为 78.8 天，最勤劳的家庭这一数字则达到 216 天，差距几乎是两倍。[1]其次，最有启发的是，恰亚诺夫把家户间生产强度的差别和每个家庭成员构成情况的差别结合起来考察。家庭总人口除以有效劳动力就构成了一个比值（供养比率），这个比率正是显示家庭经济实力最重要的指数，因为它已经考虑到了维持整个家庭生计所必须完成的劳动量。当这个指数朝向“1”不断下降，[2]可以理解为家户的相对生产能力在逐步提升。恰亚诺夫表示（表 2.10），指数下降，则劳动者的工作强度也相应下降。

表 2.10　劳动强度与家户人口组成关系：25 户瓦勒克拉姆斯克县的家庭（摘自 Chayanov，1966，p.74）*

消费者与劳动者比值指数	1.01－1.20	1.21－1.40	1.41－1.60	1.61＋
每个劳动者每年工作天数（家户平均）	98.8	102.3	157.2	161.3

* 生产强度与家户群体效率之间的关系见下表，包括几个农业地区，并且用每个劳动者的卢布支出而不是劳动天数来衡量劳动强度。（p.78）摘录时有节选：

消费者与劳动者比率	每个劳动者的（卢布）支出		
	斯塔罗贝斯克县	沃洛格达县	弗尔斯克县
1.00－1.15	68.1	63.9	59.2
1.16－1.30	99.0	106.95	61.2
1.31－1.45	118.3	122.64	76.1
1.46－1.60	128.9	91.7	79.5
1.61＋	156.4	117.9	95.5

〔1〕恰亚诺夫提供了关于这 25 个家庭的完整表格。（1966，p.77）每个劳动者每年平均工作时间为 131.8 天；中间值则是 125.8 天。

〔2〕当家庭总人口数等于有效劳动力人数时，该指数为“1”，有效劳动力越少，指数值越大，生产能力越低。——译者注

如果我们本来就认为家户经济的目标应该是有限的，那么恰亚诺夫的论证很明显就过于精细了。其实我们凭借他所提供的数据，从逻辑上就能想象得到；也即是说，一个家庭里，劳动力的比例越低，为了家庭的幸福，他们就必须工作得越辛苦，劳动力比例越大，他们的工作也就越轻松。然而，恰亚诺夫定律的表达更具普遍性，而且，除了将家户生产模式与其他类型的经济进行比较以外，并不对其最终命运做任何评论，最重要的是，恰亚诺夫定律一下子夯实了我们的理论根基：**在为使用而生产的家户经济体系中，劳动强度变化方向，与生产单位相对生产能力的变化相反**。

劳动强度与生产能力呈负相关。恰亚诺夫定律巧妙地总结并支持了我们一直以来所提出的多项命题。它证实了我们的推论，生计的标准并非以生产效率最高家户的程度为依据，而是以大部分家户所能达到的程度为依据，所以，生产效率高的家庭自然就必须浪费一部分生产潜力。与此同时，这也意味着家户生产模式中，不存在生产盈余产品的动力和欲望。那么，生产效率最低，甚至是无法满足自己生活所需的那些家户，其困境看起来就越发严重。因为生产能力较强的家庭，并不会为了穷人家的利益，自动扩大自己的生产。生产组织本身没有任何机制，可以弥补自身的系统缺陷。

财　产

与此相反，对财产明确无误的自主权，激发了每个家户对自身利益的热爱之情，为他人需要进行生产的急公好义，对此却无能为力。

虽然人类学家习惯纠缠于命名，但我们不必过多关心财产的“名称”，与其过分热衷于“所有权”的抽象名分，不如多关心使用和处分财产的真正权利。一个美国电话电报公司（ATT.）的股票持有者以为凭着他的一点点股份，就可以砍掉栽在他家落地窗前闹心的电线杆吗？人类学家根据自己的经验，已经学会把财产的不同权利——获益、使用以及控制——区分开，这和股份公司的情形是一样的，因为在股份公司里，这些权利也是由不同的拥有者各自拥有的。我们已经花费足够的耐心来说明，各项权利从性质上来说都不是独家的，主要的不同在于，某个拥有者可能具有足够的力量来推翻别人的决定：比如等级性的权利压制（ranked overrights），存在于首领和追随者之间；再比如分支性的权利压制（segmentary overrights），存在于世系团体和组成它的家户之间。人类学走过的道路上杂陈着各种已经弃之不用的术语，我们最好能避过那些阴魂不散的陈词。不管财产占有的情况如何，当下应该关心的主题是家户群体的优先地位。

因为财产占有的典型状态，迭生（superpose）在家庭之上，而非插入（interpose）家庭及其生产方式之间。这样，原始社会的高级“所有者”——酋长、世系以及氏族——间接地和生产发生了联系，而与生产直接联系，位于高级“所有者”和生产之间的则是家户群体。酋长所有权——用斐济人的话说，包括“土地、海洋以及人民”——就是一个特别有启发的例子。这种“所有权”更侧重包含性而非独占性，更多的是政治的而非经济的：酋长们凭借相对生产者而言天赋的高贵和优越，声明了他们对产品和生产手段的权利。这和资产阶级的所有权恰好相反，因为后者是通过对生产方式的所有权，从而获得对生产者的控制权。不管关于“所有权”的认识观念有什么类同之处，两套财产体系的工作原理是不一样的，一种（酋长制）是通过对人的拥有，进而实现对物的权利，而另一种（资产阶级）则通过对物的权利，实现对人的控制。[1]

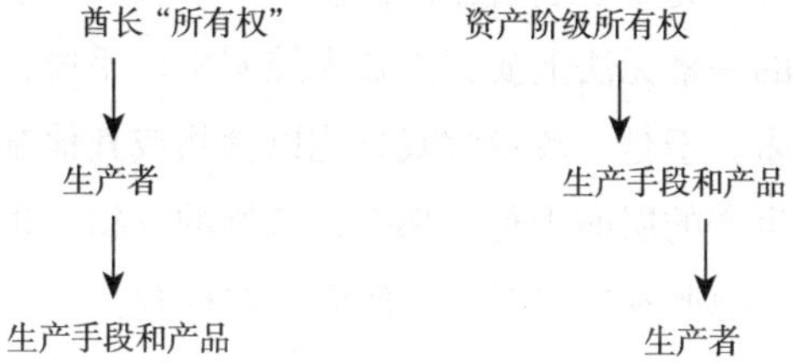

部落社会里的家户通常不能独占所有资源：农田、牧场以及渔猎区域。但是，家户可以越过比自身更大群体或更高权威的所有权，实现自己的所有权，维持和生产资源的直接关系。如果资源尚未分割，家户群体就可以完全占用；假若土地已经分配，那么他们就领有相应的份额。家庭享受**收益权**，也就是**使用权**，但所有这种赋予的权利没有什么严格的规定。生产者决定土地如何使用，但没有什么长远规划，而是过一天算一天。家户享有占有和处置产品的权利；嗣后也不会有其他群体或权威机构，有权夺走家庭的生计。这些权利不可否定，也是不可化约的：更大的群体或社会固然拥有所有权，但是作为其中的成员，家庭为了自身的生存，有权直接、独立地开发利用社会资源里自己应得的部分。

原始社会有一个**经济**法则，那里没有无地的赤贫阶层。如

〔1〕“首先，在古老的部落和村落社会中，财富绝不可能是人的主宰。其次，直到即将进入阶级对立的社会中，由于财富包含了对人的支配手段，财富**凭借**对物的支配，并且以对物的支配为**媒介**，从而成为对人主要的，并且是唯一的支配。”（Engels，1966，p.205）

果出现土地侵占的现象，那么对于生产模式自身而言，绝对只是个特例，比如因战争造成的不幸，而不是经济组织的惯有状态。原始人群可以有许多方式来推举一个人成为头领。但是，由于生产者可以充分控制自己的经济生产手段，这使那历史上最引人注目的一幕无法上演：少数人控制生产手段，迫使大多数人沦为附庸。于是，政治游戏只能以食物或其他制成品为象征，在高于生产的层面进行；那么，最妙的一招，也是最让人垂涎的，便是把所有这些财产一散而尽的权利。[1]

汇集（pooling）

家户产品在家户内部的流通方式，最终形成了家户间在生产和财产拥有上相互隔绝的状态。虽然，家户经济可以巩固自身团结，但按性别来分工，以集体需要为目标的原始生产，不可避免地产生了物资内向流动的结果，使家户经济迥异于世界其他经济方式。家户内部一同吃饭的分配形式，进一步增加了这种差异的影响，共餐的日常仪式使该群体获得成为一个**群体**的神圣感。在这种情况下，家户通常是一个消费单位。但是，要形成家户必然要求一定物资和劳务的**汇集**，并根据家庭成员的个人需求，将必需品进行分派。那么，一方面，这种分配超越了社会功能的互惠，比如男女之间的互惠，而家户正是建立在这种分配之上的。汇集活动消除了家庭各部分的差异，促使家庭内部趋向一致；而汇集也促成了群体的形成。另一方面，家户也就因此和其他类似的家户彻底区分了开来。一个家户可

〔1〕 一散而尽的权利：是指原始社会中，积累的财富最终以散发作为目的，成为权力与声望的体现。——译者注

能最终会和其他的家户形成互惠关系。但是，互惠始终是“两者之间”的关系：不管多么团结，只要是以互惠形式进行交换，就是在不断地强调交换各方独立的经济身份。

路易斯·亨利·摩尔根把这种家户经济称作“共产主义生活”（communism in living）。这个称呼听上去名副其实，因为家户的形成，正体现了经济服务于社会性的最高形式：“各尽所能，按需分配”——成年人根据分工负有劳动义务；成年人，还有老人、小孩以及残疾人，不管他们的贡献如何，都可以获得生活所需。从社会学的角度归纳，家户群体的利益和命运有别于外部的其他群体，对群体内部的情感和资源则拥有优先权利。汇集活动闭合了家庭圈子；其圆周则是一条区分内外的社会、经济界线。社会学家称之为“初级群体”；普通人则称之为“家”。

无序与离散的状态

家户生产模式作为一种生产结构，从其自身情况来看，处于一种无秩序的状态。

家户生产模式并不期待家户间的社会和物质关系，他们只和同样状况的家户有所往来。社会无法组织，家户以无数“颗粒”的形式存在，它们之间维持了机械团结状态。社会经济碎化为成千上万的微型实体，每个都脱离其他家户独立运转，各自也只盯着自己的“一亩三分地”。劳动分工的情况呢？在家户之外，不存在有机的生产力。生产群体只强调家户内部的生产，无视社会化的统一，甚至通过性别分工，加强了生产群体的自主性。家户控制生产资源，只是令经济优先权在家户内部汇集，并没有造就任何更高的经济追求。从政治的角度观察，家户生产模式是一种自然状态。在这种基本生产结构中，没有任何力量可使家户群体间形成契约关系，或者使他们放弃部分自主权利。因为家户经济实际上是部落经济的缩微版，所以，从政治上看，它延续了原始社会的状态——没有统治者的社会。每个家户基本上保留了它们需要的所有利益和权利。因此，以家户模式进行的生产被分割成许许多多的自主单位，整体功能上缺乏协调，可以说，家户模式的生产组织就像一盘散沙。

这就是原始生产结构的本质。当然它表面上并非如此。表面上看，原始社会可不像松散无序的原生态。其实，家户生产形成的小规模无序状态，在所有地方都受到更大的力量和组织的制约，这些社会—经济机制使每家每户联合起来，追求共同的利益。尽管如此，这些巨大的整合力量并未控制直接主导的生产关系。恰恰相反，正是这种散乱无序，给了整合力量大部分存在的意义，因之有无序，才有与之对立的整合。即使无序状态在表面上最终被消除了，它也不是真的消失了。只要家户仍在控制生产活动，永久的无序就仍在继续，与家户生产结构的背景融为一体。

那么，我认为，要解开表面的事实（apparent fact），必须求诸永恒的事实（permanent fact）。组成“家户生产结构背景”的经济体系，实际是一种权力和利益分离的机制，这进一步导致了人的分散状态。自然状态正是家户经济运转的真正背景。

有趣的是，几乎所有主张回归自然状态的哲学家——必须承认，没有人曾经实现过——都注意到，在自然状态下特有的人口分布状况。几乎所有的人都感觉到分离的趋势。霍布斯（Hobbes）追溯了民族志报告中，人类的生活呈现出的孤独、贫穷、肮脏、野蛮并且短命。请（再次）注意“孤独”一词。

这是一种相互隔绝的生活。而且，从希罗多德（Herodotus）到毕歇尔，这种观念一次次地出现，如此一来，又有多少人胆敢怀疑人类在原初自然状态中的茕茕孑立呢？卢梭的许多观点中，尤以《论语言的起源》（*Essai sur l'origine des langues*）一书与我们眼下的讨论关系最密切。[1]他认为，在最初的时代，家庭是唯一的社会，唯一的自然法，人类和外部力量之间唯一的中介——换言之，就是类似于家户生产模式的结构。并且对于卢梭而言，这个“野蛮”时代是人类的黄金时代：

> （所谓黄金时代）并非因为人类团结在一起，而因为人类彼此隔绝。据说，每个人都认为自己是万物的主人；但是情况可能是这样的：人们既不知道拥有，也不垂涎自己所没有的东西；他的需要不但不会使他和伙伴们靠得更近，相反，会驱使他远离伙伴。人类一旦相遇必定互相攻击，但人们甚少相遇。到处都笼罩着战争状态，但大地上却一片和平（作者自己的翻译）。

人们在自然状态下的居住模式，是最大限度地分散居住。要理解这一观念对我们当前分析所包含的重要意义——倘若我

[1]《论人类不平等的起源》（*Discourse on the Origin of Inequality among Men*）的主题更为复杂。的确，人类在最初，因为缺乏合群的特性，是相互隔离的。到了卢梭认为存在潜在冲突的时代，某些类似于社会的结构已经出现，而且土地已经被充分占有了，在其他人（如霍布斯）的分析里，这种潜在冲突被认为是人类分散状态的功能性结果。然而清楚的是，卢梭对私有力量和分散状态之间关系的理解，和其他人是一样的，因为他也不得不在脚注里解释说，为什么晚些时期，人类不是分散式分布的，那是因为，土地已经被完全占有了。（1964，vol.3，pp.221-222）

们的读者还在费心寻找——就有必要提出一问，为什么政治哲学家们把自然人描写成这样一种相聚遥遥、离群索居的状态。答案是显而易见的，这些圣贤们简单地把自然和文化对立起来，把任何人为的东西都从自然那里剥离了出去，这些被剥离的其实就是社会。所剩下的也就只能是隔绝状态下的人——或者也可能是家庭中的人，这样就和霍布斯所说的自然欲望相一致了——即使这些人在今天社会中也只是极其普通的粗人，但霍布斯却要坚称其是自然的产物。(“离开了社会的资产阶级，就是回到了自然状态。”[1]) 除了这个显见的答案外，哲人们的这种观念其实也是一种逻辑的、功能主义的推断，他们认为分散居住是人类的天性，而不是出于政治的选择。因为自然状态中，每个人都要选择自己的命运，而不用听从少数人的指挥，所以谨慎是勇气的基础，距离是安全的保障。人与人分离的状态才能保护自己和财产，这样才能将因资源、财产和女人引发的冲突降到最低。换句话说，哲学家们首先想出一幅权力分散的情形，这又令他们继续想象人们之间彼此分离的景象，人人之间相距甚远，似乎是为防范潜在的社会冲突。

我的想象也算得上虚无缥缈，不着边际，简单说来，就是天马行空：家户生产模式的深层结构就像自然状态，但是又避免了后者那些最具特征的趋势。按照家户生产模式的结构，这种模式有一种很强的倾向，把不同的家户分得越散越好，因为彻底分开，就没有了互相依赖，也就失去了公共权威，而家户生产恰恰是在这种条件下进行的。如果在家庭内部，决定性的运动方向是向心的（centripetal），那么家庭之间的运动方向就

〔1〕该句原文为法文：l'état de nature, c'est le bourgeois sans société。——译者注

是离心的（centrifugal）；这种离心运动飞速旋转，家户的分布就越来越分散——这一过程愈演愈烈，从某种程度上说，家户之上的社会机制和平衡力量也将无法阻止这种趋势。

此一说，大有危言耸听之意，我须引用一些相关民族志材料以资证明，不怕再要老生常谈，就怕日后争论再起。前面提到，卡内罗曾小心指出，在亚马逊热带雨林里，现有的农业生产条件可以确保每个村庄供养1000至2000人而无匮乏之虞，但其实际人口却远低于此。此前的通常解释，是把这一现象直接归咎于游耕，卡内罗反对这样的解释：

> 我认为，影响人口更为重要的因素，是村庄很容易发生分裂，而且非常频繁。但是，分裂的原因与生计无关［也就是，和生计技术水平无关］。……村庄分裂的现象经常发生，无疑在暗示我们，村庄的人口几乎不可能增加到了不得的程度，也就是说，绝不至于多到对土地的承载能力产生重大压力的程度。在村庄分裂之前，导致分裂的离心力量就已经达到一种临界状态。这些导致分裂的力量到底是什么，已经超出了我们当前的讨论范围。我们完全可以说，在一个群体内，许多原因都可能导致派系争斗，而群体越大，发生争斗的频率就可能越高。在热带雨林里，当一个村庄的人口达到500到600人时，群体内部的压力和紧张状态就可能达到相当的程度，公开的派系斗争马上出现，导致持不同意见者愤然出走，另觅他处居住。如果内部政治控制力量足够强大，巨大的群体也仍然可能保持稳定和完整，无须担心派别斗争的影响。但是，在绝大部分的亚马逊村庄里，酋长的权威简直不值一提，以至于在面临越

来越强大的分裂力量时，缺乏有效的政治机制，能将一个逐渐壮大的群体紧密团结起来。（Carneiro，1968，p.136）

我认为，原始社会的经济基础参差不齐，造成其内部碎化而弱化的联系，这是其内部纷争的具体原因，由于缺乏“有效的政治机制，能将一个逐渐壮大的群体紧密团结起来”，原始社会便通过社会分裂，化解了这个危机。我们已经知道，家户生产在时间上是时断时续的；我们还发现家户生产在空间上也是不均衡的。前者说明了劳动力利用不充分的原因，后者则解释了自然资源低度利用的缘由。这样说来，我们之前对家户生产模式转弯抹角，满是理论的探讨，终于可以回到经验观察的起点上来了。总之，由于家户追求的物质目标有限，对劳动力的使用十分吝惜，家家户户之间老死不相往来，所以，建立在这一基础之上的家户生产模式，其所取得的经济成就自然也不会多么光彩夺目了。

第三章　家户生产模式之二：高度的生产

通过上一章，我们已经弄清，家户生产模式始终只能在“生产结构的背景中潜滋暗长”，从未使原始社会的生产真正变得支离破碎。其原因在于，仅凭一己之力来展开经济活动，实际上是对生产的束缚，只会最终导致社会寿终正寝。几乎每个自谋生路的家庭，迟早都会发现这样的生活独力难支。而且因为家户式生产会周期性地陷入举步维艰的窘境，所以这也使它们无法为公共经济做出贡献（盈余）：例如，襄助家庭之外的社会事业或集体活动，如战争、仪式，再或者大型技术设施的建设——这些事业和活动对于社会的生存而言，或许就像食物供应对人一样迫切。此外，由于家户生产模式与生俱来的生产不足与人口不足，极易在政治竞技场中把所属的群体推向绝境。若不克服家户生产模式的经济缺陷，社会就将分崩离析。

那么，整个生产的实际过程就变成了一个综合体，它是一系列矛盾的社会等级制度。家户生产体系的基础和内涵，就是原始社会中“关系”（the relations）和“力量”（the forces）之间的对立：家户对生产的控制阻碍了生产方式的进步。但随着另一对矛盾的引入，家户生产本身的对立得到缓解：这对新的矛盾来自个体家户经济和庞大的社会之间在生产目标上的差距，也就是家户体系与其所在社会制度之间的矛盾。在原始社会中，不论亲属关系、首领权威还是仪式规则，它们不但是社会体系的一部分，更是决定经济的力量。这些力量依托家庭之上的社会结构，以及生产过程之外的文化结构，控制着社会经济的张弛。于是乎，这种社会等级制度的最终物质产品，便高于家户模式的产出水平，即使家户在技术上还倾向低度生产。[1]

前面的讨论宣布了我们研究的总体理论思路，我们的观点将通过对家户生产模式的分析逐步展开。与此同时，这也指出了我们进一步讨论的方向：亲属关系和社会权力等级的运作对生产的影响。但是，为了确保研究的实用性和有效性，避免啰唆的夸夸其谈，有必要对具体社会体系对家户生产的影响，先做一番考量。

研究家户生产受社会体系影响而调整的方法

现有的理论认为，在一个为使用而生产的家户体系里，

〔1〕马克思主义理论认为，经济基础决定上层建筑，但在原始社会中，主导的经济关系实际就是上层建筑，例如，亲属关系就是经济关系，所以，原始社会中的主要生产组织是建立在基本亲属关系层面上的，只有认识到这点的决定性意义，或许才能解决马克思主义理论分析的困境。（见 Godelier，1966；Terray，1969）上面这段话的大意可以理解为，我们可以把不同的制度基础（经济，亲属关系）和亲属关系不同的顺序（家户对世系、氏族），对应的基础结构—上层建筑加以调换［生产组织建立在基本亲属关系层面上，于是（既是经济基础，又是上层建筑的）亲属关系，决定了原始社会的经济。——括号内为译者所加］。然而，眼下讨论的问题并不能直接解决这个困境。

每个劳动力的工作强度将直接随家户中消费者和生产者之间比例的上升而上升（恰亚诺夫定律）。[1]消费者的相对数量越大，每个生产者（平均而言）将不得不更辛勤地劳作，来为整个家庭的所有成员提供适量的供给。然而，事实却给出了与恰亚诺夫定律相反的答案，因为劳动者相对较少的家户群体其实生产很不稳定。在这些家户里，劳动强度往往比理论的预期低。然而更为重要的是——因为它揭示了家户体系的某些缺陷，或者至少表明家户体系的合理性——一个社会群体中的整体社会结构不会像其中某一些家户那样，遵照一条恰亚诺夫劳动强度斜线，因为家户之间存在亲属和权力等级关系，这就导致存在关系的家户间对彼此福利的关心，那么，处于这种位置的家户必然需要扩大生产，超过正常的标准。这也就是说，社会体系有一套具体结构和办法，来调整家户劳动强度，这使得恰亚诺夫标准强度曲线发生偏离，并呈现一种特定的走势。

我将用两个延伸案例，来说明恰亚诺夫曲线偏离，这两个案例来自完全不同的社会，说明过程既可以用图表、也可以用数字计算来表示。基本上，只要有些统计数据——这些数据在田野里并不难收集到——就有可能为家户组成的群体绘制一幅劳动强度曲线图，这条曲线将清楚表明盈余劳动的数量和分配。换句话说，通过家户生产内部情况的变化，就有可能确定一个特定社会体系中的经济系数。

第一个例子仍然是塞耶·斯卡德关于通加山谷马祖鲁村谷

[1] 我们也可以反过来说，消费者对劳动者的比例越低，他们的工作强度也就越低。我们在前面的章节已经使用过这个公式，眼下需要让它重新发挥作用。

类生产的研究。先前我在讨论家户生计生产的区别时，已经讨论过这个研究（第二章）。表 3.1 提供了马祖鲁村较为详尽的数据，其排列方式也不尽相同，现在包括了每户消费者和生产者的数目、家户劳力构成的指数（消费者 / 生产者）以及劳动强度（面积 / 生产者）。马祖鲁的数据没能提供劳动强度的直接衡量标准，比如人们确切的工作时间；因此，我们只能通过每个劳动者耕种的面积来间接了解他们的劳动强度。由于不同耕作者花费在单位面积上的精力可能并不一样，尽管错误的程度还不得而知，但立即会使我们的评估出现错误。此外，因为缺乏详尽的人口普查资料，斯卡德关于生产的表格（1962，附录 B）里人口分类也不够明确，但为了说明不同性别和年龄组成员的饮食要求和劳动贡献不一样，我们还得做一些估计。只要可能，我将采用这个虽然粗略，但显然比较合理的公式来估算消费需求：以成年男性为标准（1.00），青春期前的孩子计算为 0.50，成年女性为 0.80。[1]（这就是为什么消费者列的数字加起来比家庭的人口数少，而且不是整数的原因。）最后，为了计算家户的劳动力，我们还必须做些调整。斯卡德的表格里出现了一些面积非常小的地块，这些显然是孩子们的杰作；这可能是由孩子们负责用于练习种地的。因此，我把斯卡德表格里列出的那些耕作面积在 0.50 英亩以下，以及属于家庭里最小一代的耕作者的土地，都算为 0.50。

〔1〕 在斯卡德的表格里，所有被标明为“主妇须为他们煮饭的未婚者”以及那些没有被列为耕种者的人，都被算成青春期前的孩子。部分被供养的老人可能也因此被计算成 0.50 个消费者。

表 3.1　家户劳动强度差异：通加山谷的马祖鲁村（1956—1957 年）
（摘自 Scudder，1962，pp.258-261）

家户	成员数	消费者人数	劳动者人数	耕种总面积数	消费者 / 劳动者比率	耕种面积 / 劳动人数
O	1	1.0	1.0	1.71	1.00	1.71
Q	5	4.3	4.0	6.06	1.08	1.52
B	3	2.3	2.0	2.58	1.15	1.29
S	3	2.3	2.0	6.18	1.15	3.09
A	8	6.6	5.5	12.17	1.20	2.21
D*	2	1.3	1.0	2.26	1.30	2.26
C	6	4.1	3.0	7.21	1.37	2.40
M	6	4.1	3.0	6.30	1.37	2.10
H	6	4.3	3.0	5.87	1.43	1.96
R	7	5.1	3.5	7.33	1.46	2.09
G	10	7.6	5.0	10.11	1.52	2.02
K†	14	9.4	6.0	7.88	1.57	1.31
I	5	3.3	2.0	4.33	1.65	2.17
N	5	3.3	2.0	4.55	1.65	2.28
P	5	3.3	2.0	4.81	1.65	2.41
E	8	5.8	3.5	7.80	1.66	2.23
F	9	5.6	3.0	9.11	1.87	3.04
T	9	6.1	3.0	6.19	2.03	2.06
L*	7	4.1	2.0	5.46	2.05	2.73
J	4	2.3	1.0	2.36	2.30	2.36

* D 和 L 家庭的一家之主在调查期间，都被欧洲人雇用，不在家中。虽然他寄回家的钱大概被算进了家庭生计，但他本人没有被计入家户人数。

† K 家庭的一家之主为欧洲人做兼差。他被计入了家户人口，也参与了耕作。

很显然，我是支持马祖鲁个案中的直观性特征的。虽然由于个人的处理方式不同，许多错误在所难免，再加上调查样本数量太少——这个群体只有 20 户人家——使我们对其统计有效性缺乏信心。但我们的目的只是提出一种研究方案，而非证明一个论点，所以这些缺陷固然令人遗憾，可也绝不致命。[1]

那么，马祖鲁的材料说明了什么？首先，总体上说——支持了恰亚诺夫定律。恰亚诺夫定律虽然比较概括，在细节方面未必令人满意，但是只要我们检验表 3.1 的最后一列，就知道该定律显然是有据为证的。虽然只是粗略而言，但人均耕作面积（耕作面积 / 劳动人数）还是随着人均供养指数（消费人数 / 劳动人数）的上升而上升。如果我们按照恰亚诺夫的步骤来做，将得出完全一样的结果，但是精确度高一些。表 3.2 把人均耕作面积的诸多数值按照人均供养指数的区间段分组。

表 3.2　家户人均耕作面积变化：马祖鲁 *

消费人数 / 劳动人数	1.00—1.24	1.25—1.49	1.50—1.74	1.75—1.99	2.00＋
人均耕作面积 / 劳动人数	1.96	2.16	2.07	3.04	2. 38
（样本数）	（5）	（5）	（6）	（1）	（3）

* 马祖鲁数据进一步说明：在能给外来工提供啤酒的富裕家户中，一部分劳动力支出并没有很快在调查的家户群体中显现出来。那么一方面，人均耕作面积 / 劳动人数的数字没有符合恰亚诺夫原则的实际走势分布——富裕的家庭劳动得比预期少，贫困家庭劳作多。但另一方面，提供啤酒的比例显示，这些家庭还有一部分隐现的劳动力，所以从长期来看，报告中的数据再次接近了劳动强度 / 劳动者斜线。一些微妙的修正显然是难免的，要不然对每个劳动者工作时间的直接估计——时间和工作量就都超出了当前数据的给定范围。

[1] 除了数据的不确定性外，还有一些复杂的外部因素，在表 3.1 的脚注中已经有所指出。然而，有一点还需要更为细致的考察。马祖鲁人种植一定数量的经济作物，主要是烟草，其收益主要用以投入家畜饲养。总体上家户谷类产量如何还不清楚，但是现有的数据应该不会因农作物销售而严重变形。农产品销售的总量其实相当有限；生计作物的销售更可以忽略不计。在当地研究期间，斯卡德写道："绝大部分通加山谷居民耕作的对象基本都是生计作物，每年他们几乎不会销售哪怕一个几尼（guinea）的农产品。"（1962，p.89）经济作物种植也不能替代生计作物种植，因为谷物耕种作为一项食物优势，更易于按自己的意愿直接控制。最后，在这些简单商品生产的个案中，我们还必须考虑到，是否那些可供交换的食物盈余，确实因贸易的缘故而流出了群体内部循环。这里正好就有一个例子，那些卖掉农产品获得收入，并将收益用于家畜饲养的通加农民，在亲戚们遇到食物短缺时，恰恰最有义务满足他们的迫切需求——因为家畜作为一种储备，正好可以卖掉换粮食以赈济亲戚们。（pp.89f，179-180；Colson，1960，p.38f）

我们可以将表中数据得出的结果，与恰亚诺夫及其合作者在俄罗斯农民社会的发现，很好地比较一下。然而，马祖鲁表格也背叛了恰亚诺夫定律。我们可以清楚地看到，从完整的数据分布来看，劳动强度和家户内部劳动者的比例之间既不一致，也不构成比例。个体家户的情况或多或少偏离了总体趋势，而且综合来看这些偏离并非随机发生。不仅如此，总体趋势本身也不是光滑平整的：它产生了一个不规则的弯曲，呈现出不规则的起伏模式。

只需一幅图就足以表现这个趋势及变量范围。图 3.1 上那些圆点，代表了不同家户劳动强度的分布。每个家户根据消费者数 / 耕种者数的比率对应于横（*X*）轴，根据耕种面积 / 耕作者数的比率对应于竖（*Y*）轴（见表 3.1）。这些变量的中点，也即所谓的中等家庭，可以确定为 $X = 1.52$（c/w），$Y = 2.16$（a/w）。[1]家户劳动强度差异形成的整体平均趋势，可以根据各变量偏离这个中点（平均数）的幅度来计算，也就是，根据标准公式[2]计算出来的线性回归。马祖鲁的结果是，群体劳动强度真实的回归系数等于：消费者数 / 劳动者数的比率（*X*）每增加 1.00，耕种面积 / 劳动者数（*Y*）即相应增加 0.52。但是这种结果是人为的。图 3.1 里的虚线（*D*）选择了一条更

〔1〕 c 代表消费者数；w 代表耕种者数；a 代表耕种面积。斜线 *I*，即为过中点 *M*（1.52，2.16），回归系数为 0.52 的直线。点 *M* 的坐标各为表 3.1 最后两列 20 个数据的平均数。——译者注

〔2〕 $b_{xy}=\sum(xy)/\sum(x^2)$，这里 x＝每一个变量偏离 *X* 轴平均数（c/w）的数值，y＝偏离 *Y* 轴平均数（a/w）的数值。要强调的是，由于家户差异值的分布有限而且分散，所以马祖鲁案例（以及后面一些其他案例）的回归曲线几乎没有归纳价值，也不具备预测性。我们在这里采用马祖鲁案例，只是为了描述变量的主要趋势。

可靠的变量运动轨迹，偏离了劳动强度和家户人口构成之间的直线关系。这条**真正的强度曲线**，是以消费者 / 耕种者比率为标准，区间段数值设定为 0.20，根据其平均强度值（柱状平均数）绘制出来的。[1] 请注意，如果根据表 3.2 里的数值来画的话，这条曲线的轨迹将会有些微不同。但是由于现成的数据太少，仅 20 户家庭，所以很难说哪一条曲线更可靠。统计的直觉告诉我们如果标本数量更大的话，这条马祖鲁曲线可能会是 “S” 形的（∽曲线），或者是一直向右上升的凹形曲线，就像指数曲线一样。这两种模式，还有别的一些模式，都在恰亚诺夫自己的表格里出现过。然而，劳动强度的变量值朝着 c/w 比率的极大值、极小值方向都呈上升趋势，这就打乱了，甚至彻底颠倒了中央截口（the medial section）较有规律的倾斜，这一点看起来更为重要，也和我们已经形成的理解相一致。在家户成员构成的两个极端值上，恰亚诺夫定律显得如此自相矛盾。一方面，劳动力资源不足的家户有时面临着严重厄运的威胁。（在马祖鲁的序列中，J 家庭——在图 3.1 里是最右边的那个点，就是这么一个案例：一个母亲在生产季节即将开始时失去丈夫，不得不独立抚养三个未成年的孩子。）另一方面，劳动强度曲线向左边方向朝下倾斜，在某一刻戛然而止，因为劳动力资源充足的某些特定家庭，他们的劳作已经不仅仅是满足自己的需要。从这个角度来看，他们的工作应该属于剩余强度（surplus intensity）了。

〔1〕曲线 *D* 按 d_1（1.10—1.29），d_2（1.30—1.49），……，d_6（2.10—2.30）分六段，按柱状平均数绘制曲线。——译者注

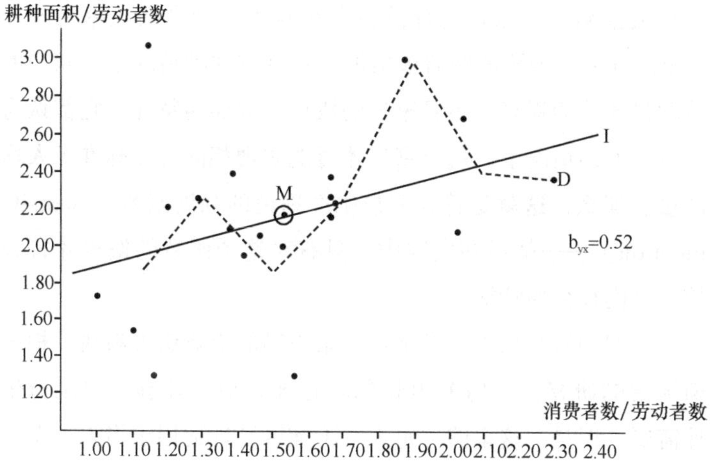

图 3.1　马祖鲁：家户生产强度趋势与变化

但是剩余产量在前述的过程中没有得到明确指出，所以有必要画出一条**标准强度斜线**，这条斜线除了充分考虑到实际情况，还必须体现理论的要求：我们假设每个家户都必须自力更生，为满足生计需要，他们各自需要付出相应的劳动，那么这条斜线就必须体现各家户的劳动量。换句话说，这条斜线所描述的家户生产模式，就好像没有受到较大社会结构的任何影响。于是，这条充分体现家户生产模式特征的标准强度曲线，也可以当作一条真正的恰亚诺夫斜线，因为它体现了恰亚诺夫定律最严格的状态。只要认为生产的目标是明确且遵循传统习俗的约定，恰亚诺夫曲线就不承认劳动强度和相对生产能力可能成正比例关系。[1]大体上，它严格规定了这样

〔1〕该句意为：劳动强度与相对生产能力无关（人们不用将所有的生产能力都发挥出来），只和下句中提到的消费者与劳动者的比率相关，这也支持了恰亚诺夫定律的原则。——译者注

一种关系斜线：家户内部消费者相对于劳动者的比率每增加1.00，将引起传统消费需求增加，只有在这种情况下，家户的劳动强度才会提高。不管家户的成员构成如何特殊，它都认为只有在上述情况下，每个家户才可能实现相同的（标准）人均产量。那么，这就是符合家户生产理论的强度函数（intensity function）——就像在实践中，只有对这个函数的偏离才符合较大规模社会的特征。

我们如何替马祖鲁人确定一条正确的恰亚诺夫斜线？根据斯卡德的研究，人均1.00亩的耕作面积应该能够大致维持生计需要。但是，这里的“每人”不加区别地适用于男人、女人和儿童。根据我们早先的计算，这个村庄123号人只相当于86.20个完全消费者（成年男性标准），耕作1.43英亩地才能满足一个完全消费者的生计需要。因此，准确的恰亚诺夫斜线就是一条从两轴的交叉点出发的直线，当家户消费者数/生产者数的比率每增加1.00，耕种面积/劳动者数的值就应该相应地提高1.43。

在我们计算对这条斜线的偏离程度之前，首先必须对恰亚诺夫定律的各替代公式做个选择，因为这对于表现标准强度具有现实意义。前面的大部分讨论都满足于把生产强度提高归结为消费者的相对数量。而恰亚诺夫定律一样可以表述为家户生产强度和相对生产者数目之间的反比关系；也就是说，生产者相对于消费者的比例越低，他们的人均工作量就越大。逻辑上说，这两个命题是相符的。但是，从社会学的角度看，则未必如此。前者看来更清晰地表达了现实的制约——也就是被供养者施加在壮劳力身上的负担。这可能就是恰亚诺夫实际上偏好直接公式的原因，我也将一以贯之。[1]

在图 3.2 中，恰亚诺夫斜线（*C*）向右上升，c/w 每增加 1.00，则 a/w 相应提高 1.43。这条线从那些散布的点之间穿过。这些点仍然代表不同家户**实际上**的劳动强度值。但是，当这些点和标准恰亚诺夫斜线并置在一起时，其意义发生了转换：现在它们表达的含义是，由于较大社会组织的存在，家户生产模式已经产生了一些修正。这些修正可以归纳为真实的强度斜线（*I*）对于恰亚诺夫斜线的偏离——斜线 *I* 从中点[2]开始，c/w 每增加 1.00，a/w 则相应提高 0.52——对于原来的趋势而言，家户的生产强度变化幅度降低了。这两条线的相互位置，它们在众多家户生产变量中交叉的方式，为那些家户生产模式发生社会变化的群体勾勒出了清晰的轮廓（图 3.2）。

马祖鲁的数据分布情况可以呈现并确定其内部生产状况。实际的生产斜线（*I*）在交叉点左侧位于恰亚诺夫斜线（*C*）的上方，很大程度上，是因为某些拥有强大人力资源的特定家户，他们当中大部分的生产已经超过了自己所需。他们在按照剩余强度生产，而不仅仅为了满足自身使用，因为他们已经被包含在一套社会生产体系中，不再是完全的家户生产制度了。他们向较大的社会贡献了自己的剩余家户劳动（surplus domestic labor）。

正如表 3.3 所示，20 个马祖鲁生产群体里，就有 8 个卷入了这样的额外劳动。他们的平均消费者数 / 劳动者数比值是

---

〔1〕如果想看到恰亚诺夫定律的反比关系图表，参见克拉克和哈斯韦尔关于印度农庄家庭的有趣分析，他们认为家户生产力和劳动强度取向之间存在共变现象。（1964，p.116）

〔2〕中点同时代表了劳动强度和家户成员构成两者的平均数。——译者注

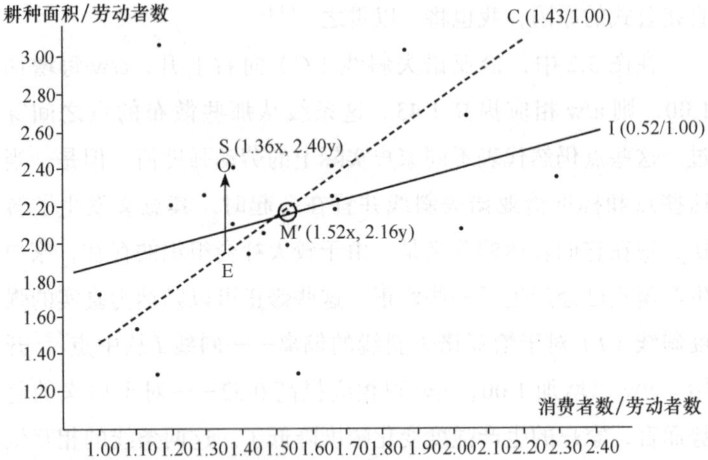

图 3.2　马祖鲁：实际生产强度斜线与恰亚诺夫斜线

1.36，而人均耕作面积为 2.40。我们且把这一平均劳动强度标为 *S* 点（图 3.2）。它的坐标值反映了马祖鲁人经济强化的策略。从 *S* 点到标准强度斜线之间的坐标距离（即 *ES* 线段），正是家庭从事剩余劳动的动力，他们向家户之外提供：人均 0.46 亩或 23.60% 的额外劳动（标准强度斜线在 1.36c/w 位置上的 a/w 值是 1.94）。这 8 个家庭拥有 20.50 的有效劳动力，占全村劳动力总量的 35.60%。也就是说，共 40%（8/20）的家户生产群体，包括 35.60% 的劳动力在从事剩余生产，他们的平均生产强度高于标准劳动强度 23.60%。这就是 *ES* 线段的含义。[1]

---

[1] *ES* 线段的含义及计算方法：由于恰亚诺夫斜线的回归系数为 1.43，所以在消费者数 / 劳动者数比值为 1.36 时，恰亚诺夫斜线的（理论预估）人均耕作面积为 1.36 × 1.43=1.94 英亩，低于 8 户强度较高家庭平均值 2.40－1.94=0.46 英亩，占预估值的 23.60%（0.46/1.94）。说明他们的生产强度高于标准 23.60%。——译者注

表 3.3 家户劳动强度标准值与实际值变化：马祖鲁

家户	消费者 / 劳动者比率（X）	耕种面积 / 劳动人数（Y）	恰亚诺夫标准耕种面积 / 劳动人数（C_y）	与真实恰亚诺夫斜线偏离值（Y-C_y）
O	1.00	1.71	1.43	+0.28
Q	1.08	1.52	1.54	−0.02
B	1.15	1.29	1.65	−0.36
S	1.15	3.09	1.65	+1.44
A	1.20	2.21	1.72	+0.49
D	1.30	2.26	1.86	+0.40
C	1.37	2.40	1.96	+0.44
M	1.37	2.10	1.96	+0.14
H	1.43	1.96	2.04	−0.08
R	1.46	2.09	2.09	0
G	1.52	2.02	2.17	−0.15
K	1.57	1.31	2.25	−0.94
I	1.65	2.17	2.36	−0.19
N	1.65	2.28	2.35	−0.08
P	1.65	2.41	2.36	+0.05
E	1.66	2.23	2.37	−0.14
F	1.87	3.04	2.67	+0.37
T	2.03	2.06	2.90	−0.84
L	2.05	2.73	2.93	−0.20
J	2.30	2.36	3.29	−0.93

剩余劳动强度冲量（S）与家户成员构成平均值（M）的 X 坐标距离，体现了生产强化趋势在整个群体的分布（图 3.2）。S 点的 X 坐标值位于 M 点（$X = 1.52$c/w）的越左方，向外提供的剩余劳动量就越大，这是那些内部劳动力比例较高的家户群体的一项功能。不过，如果 S 点的位置越靠近中点

M，表明越多的家户参与到剩余生产的行列中来：而万一 *S* 点进一步移到了 *M* 点的右侧，那就说明那些生产能力较低的家户在进行不同寻常的经济活动。[1]对于马祖鲁人来说，*S* 点显然是位于 *M* 点的左侧。这 8 户人家里有 6 户的消费者数 / 劳动者数比率低于平均值。而所有 8 户人家的平均数则比整个群体的平均数低 0.16c/w，即低 10.50%。

最后，利用现有的资料（表 3.1 和表 3.3）我们可以计算出剩余（家户）劳动占村庄总产量的份额。这首先要计算那些生产超出标准强度的家户耕种的剩余（盈余）面积总数（8 个家庭的剩余劳动比例乘以生产人口数）。得出的结果也就是剩余劳动量是 9.21 英亩。而马祖鲁村耕种的总面积是 120.24 英亩，因此，全村总产量的 7.67% 属于剩余劳动产品。

必须强调的是，“剩余劳动”只能严格适用于家户群体，并且，“剩余”是对应于他们自己正常的消费额度而言的。马祖鲁村整体上并没有对劳动力的剩余使用。更确切地说，总耕作面积其实还稍稍低于整个村庄的实际需要，这恰恰就是现有社会策略的特征，并证明了这种特征的相对无效率性［因此，在 1.52c/w 的中点位置上，标准强度曲线（*I*）的位置还处于恰亚诺夫曲线（*C*）之下］。不事生产的阶层看来是不能仰赖马祖鲁村民的生产而存活下去的——实际的矛盾与潜在的冲突至少无法避免。

关于村庄低度生产的数学原因是显而易见的。如果有些家户群体的生产超过标准强度，那么其他家庭就会低一些，其程

〔1〕 也就是说：内部劳动力比例低于社区平均值的家户竟然在提供剩余劳动。——译者注

度就是使整个村庄的最终产量稍低于正常标准。这种分布状态并非偶发性的。相反，我们应该把整体的生产框架**理解成一套完整的社会体系**，它既体现了标准家户生产强度，也反映了实际劳动斜线，既有家户低度生产的一面，也有家户剩余生产的一面。某些家庭的低产量与其他家庭的剩余劳动密切相关。的确（就我们所掌握的信息而言），家庭经济的破产似乎可以归结为生产组织的外部环境：疾病、死亡、欧洲人的影响。然而，如果把经济失败的家户和成功的家户隔绝开来思考，把他们的失败完全当作自身原因所致，则必然误入歧途。有些家庭没有达到经济成功，恰是因为他们事先已经清楚地知道，有其他家户可以依赖。既然这些脆弱的家庭可以容忍无法预料的遭际，那么社会甚至也能接受外部环境导致的低度生产，因为别的家庭还在从事剩余劳动，某种意义上说，社会机制已经预见到了某些家庭遭遇灾难的社会概率。在一个像图 3.3 这样的劳

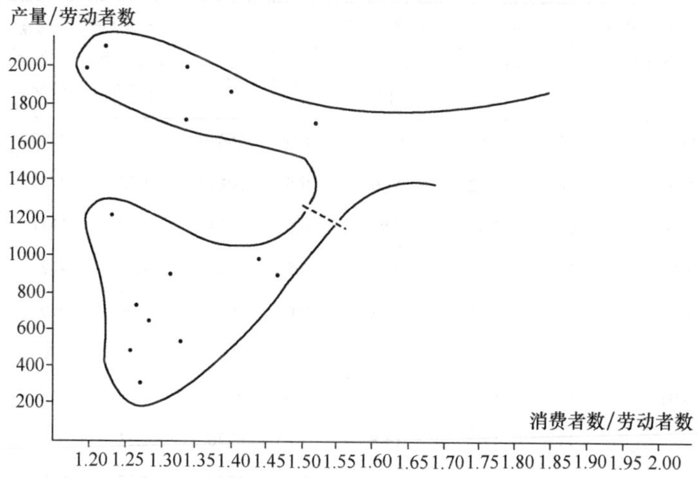

图 3.3　卡帕库人波特克波村：影响劳动强度的家庭变量（1955 年）

动强度图中，我们必须处理彼此关联的家户经济变量分布——也就是，位于社会体系中的家户生产。

新几内亚西部的卡帕库人拥有另一套体系，一种完全相异的生产模式，其强化生产的策略要比马祖鲁人明确得多。但卡帕库人也有另一套相应的政治制度，足以控制家户的经济行为，使他们努力积累可供交换的产品，主要是生猪和甘薯，对生猪、甘薯等物的出售和分配，是他们进行公开身份竞争的主要策略。（Pospisil，1963）

甘薯种植在生产中占据关键地位。卡帕库人在很大的程度上靠甘薯过活，他们的猪也几乎离不开甘薯。甘薯种植占用了超过 90% 的田地和八分之七的农业劳动力。然而各家户的甘薯产量极端不均衡：珀斯比西记录了超过 8 个月时间，波特克波村（Botukebo）16 户人家的产量，相差高达 10 倍（表 3.4）。

表 3.4　甘薯种植的家户变化：卡帕库人（新几内亚）的波特克波村（1955 年）（摘自 Pospisil，1963）

家户（民族志作者给定的代码）	成员数量	消费者数量的调整值*		劳动者人数†	公斤 / 家户	消费者 / 劳动者比率（修正值）	强度（公斤 / 劳动者）
		珀斯比西数据	修正后数据				
IV	13	8.5	9.5	8.0	16000	1.19	2000
VII	16	10.2	11.6	9.5	20462	1.22	2154
XIV	9	7.3	7.9	6.5	7654	1.22	1177
XV	7	4.8	5.6	4.5	2124	1.25	472
VI	16	10.1	11.3	9.0	6920	1.26	769
XIII	12	8.9	9.5	7.5	2069	1.27	276
VIII	6	5.1	5.1	4.0	2607	1.28	652
I	17	12.2	13.8	10.5	9976	1.31	950
XVI	5	3.2	4.0	3.0	1557	1.33	519

续表

家户（民族志作者给定的代码）	成员数量	消费者数量的调整值*		劳动者人数†	公斤/家户	消费者/劳动者比率（修正值）	强度（公斤/劳动者）
		珀斯比西数据	修正后数据				
III	7	4.8	5.4	4.0	8000	1.35	2000
V	9	6.4	7.4	5.5	9482	1.35	1724
II	18	12.4	14.6	10.5	20049	1.39	1909
XII	15	9.5	10.7	7.5	7267	1.44	969
IX	12	8.9	9.5	6.5	5878	1.46	904
X	5	3.6	3.8	2.5	4224	1.52	1690
XI	14	8.7	9.1	4.5	8898	2.02	1978

* 关于消费者数量的“修正值”，请见相关讨论。

† 成年人（♀和♂）都算作= 1.00 个劳动者，未成年与老年男女都算作 0.50 个劳动者。

我们在这里仍然只能通过产量了解卡帕库人的劳动强度。表 3.4“强度”一栏的单位是公斤 / 劳动者——这可能导致和马祖鲁人案例里类似的错误，因为每个生产者为单位产量所花费的劳动可能是不同的。而且，我为使数字更为准确，按照其他美拉尼西亚社会的习惯，自作主张地修改了作者关于家庭消费者数量的计算方式，我把成年女性的消费需求估定为成年男性的 0.80，而非珀斯比西根据简单的饮食情况研究得出的 0.60（家户的其他成员则是，儿童 0.50，青少年 1.00，老年人不分男女都是 0.80）。遵从民族志作者的算法，青少年算作 0.50 个生产者。

卡帕库人家户劳动强度的不同数值构成了一个相当与众不同的生产模式。检视表 3.4 显然看不出清晰的恰亚诺夫趋势。其中显示出极端的不规律现象，或者毋宁说，如果用曲线图（图 3.3）来表现家户生产变量的话，它们分解成了两套规则。一切看似都在表明，卡帕库村庄被分成两类人，各行其是，一类人显示出恰亚诺夫趋势的某些特征，他们的劳动强度随着相对消费者数量的上升而上升，而另“一群人”则完全相反。后一类家庭不但各尽其能，而且这些家户作为一个整体，和前一类家庭相比也代表了绝对高的生产水平。但是另一方面，卡帕库人拥有一套典型的美拉尼西亚风格的大人物（big-man）体系（参见下文“政治体制下的经济强度”），这种政治组织的特征就是使人们和生产过程的关系发生两极分化：一边是头人或准头人及其追随者，头人们善于激励他们的追随者努力生产，另一边是那些情愿赞美他人，活在他人野心之下的人。[1]看来我们有足够的理由预言：这种分叉的“鱼尾”状的家户劳动强度分布将在美拉尼西亚大人物体系中普遍存在。

虽然特征并不明显，但实际上，我们在生产强度变量的分布中，还是可以依稀辨认出恰亚诺夫趋势的痕迹。这仍需依靠数学的手段（也就是线性回归，通过计算相对于平均值的偏离可得）。总而言之，家户劳动强度斜线向右上升，消费者数/耕作者数的比例（以平均数为起点）每提高 1.00 单位，甘薯产量/耕种者的比例就增长 1007 公斤。然而，如果考虑它们各自的标准偏差的话，卡帕库人的偏离程度要比马祖鲁人的实际经验斜线平坦。（在 Z 标准化单位中，马祖鲁的 $b_{y'x'}=0.62$，波特克波的是 0.28。[2]）然而，更有趣的是，卡帕库人的真正偏离幅

---

〔1〕但我要提请注意，事实上，在波特克波的案例中，头人的产量并不高，因为一个已经成功地积累了相当声望的头人和他的追随者，可能最终松懈对自己的要求。

〔2〕Z 标准化单位：即将原数据转化为标准正态分布后（原始数据减去该组变量的平均数后，再除以该变量的标准差），最后求得回归系数 $b_{y'x'}$。由于马祖鲁和波特克波个案中，计算各自回归系数的坐标单位不同，所以要处理成标准化回归系数后才能比较。（特别感谢中国政法大学社会学院毕向阳老师，给予统计学方面的相关帮助。）——译者注

度代表了与它的标准强度斜线完全不同的一种关系（图 3.4）。

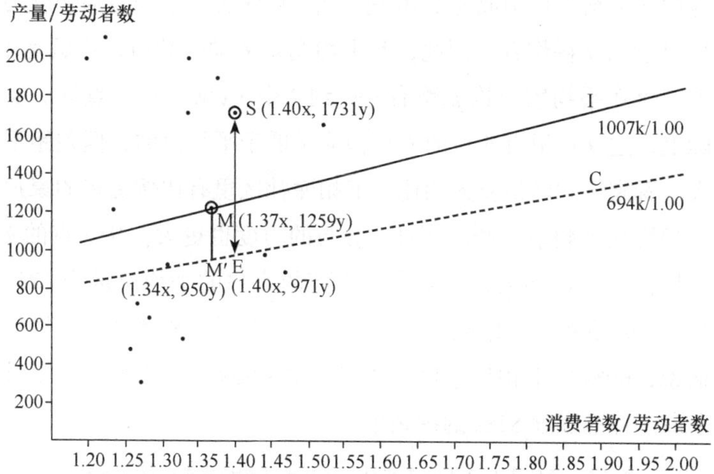

图 3.4　卡帕库人的波特克波村：劳动强度与恰亚诺夫斜线的社会偏离

我前面根据珀斯比西关于 20 个人在 6 天内的饮食情况的研究，绘制过标准强度斜线（真正的恰亚诺夫斜线）。成年男性的平均口粮是每天 2.89 公斤甘薯，那么 8 个月就需要 693.60 公斤，8 个月正好是珀斯比西进行生产研究的时间段。那么，c/w 的比率每上升 1.00，人均产量就必须提高 694 公斤，这条偏离斜线就完全居于经验强度斜线（empirical intensity slope）之下，也就是说，它在家户生产的整个变量值范围内，和后者都不相交。整个斜线轮廓和马祖鲁人的完全不同，在衡量标准上也是如此。[1]

16 个波特克波家户里有 9 户是在按剩余强度生产（表

〔1〕我们可以对家户消费定额所包含的内容，提出一点不同的理论看法，在标准强度斜线上，应当体现出额外的甘薯数量，这个数量应等于家户为满足每个成员的猪肉消费定额、养猪所耗费的甘薯饲料数量。不过即使抛开这点来讨论，也可能提出相反的结论，但已经出版的数据都没有充分考虑到这一点。

3.5）。这 9 个家庭拥有 61.5 个劳动力，占全部劳动力的 59%。他们的平均家户构成为 1.40 消费者 / 耕作者，平均劳动强度为 1731 公斤 / 耕作者。因此，其平均剩余劳动的数值，也就是 *S* 点，落在平均家户构成略右——约 2 个（c/w）百分点处。实际上，这 9 户里有 6 户的家户构成是低于平均值的，但差距不大。看来，和马祖鲁人相比，卡帕库社区里有比例更多的家户在积极从事剩余生产，而且，参与的力度也更大。从 *S* 点的 *Y* 坐标值就可以知道，从事剩余生产的家户的平均产量为 1731 公斤 / 劳动者，比标准强度值高了 971 公斤（*SE* 线段）。换句话说，69% 的卡帕库家庭，以其占总量 59% 的劳动力，提供了高于标准强度 82% 的剩余生产。

表 3.5　卡帕库人的波特克波村：家户生产与标准劳动强度关系

家户	消费者 / 劳动者比率	公斤 / 劳动者	标准劳动强度 *Y*	与标准强度偏离值
IV	1.19	2000	825	+1175
VII	1.22	2154	846	+1308
XIV	1.22	1177	846	+331
XV	1.25	472	867	−395
VI	1.26	769	874	−105
XIII	1.27	276	881	−605
VIII	1.28	652	888	−236
I	1.31	950	909	+41
XVI	1.33	519	922	−403
III	1.35	2000	936	+1064
V	1.35	1724	936	+788
II	1.39	1909	964	+945
XII	1.44	969	999	−30
IX	1.46	904	1013	−109
X	1.52	1690	1054	+636
XI	2.02	1978	1401	+577

这些卡帕库家庭的剩余劳动总量达到 47109 公斤甘薯。而整个波特克波村的总产量为 133172 公斤。因此，家户剩余劳动贡献了 35.37% 的社会总产量。和马祖鲁的数据（7.67%）相比，这个数字使我们意识到，某些到现在一直被彻底忽略掉的东西：传统的家户结构其实也是社会生产强化策略的一部分。波特克波相对于马祖鲁人的优势，不仅仅在于他们的家庭单位投入了更大精力，或是有更多的家庭积极参加到剩余生产中来。波特克波家庭平均拥有的劳动力人数，超过马祖鲁人的两倍，这使得他们的优势更得以倍增。

最后，如卡帕库人生产强度曲线所示，剩余劳动的成果将会取代真实的家户产出，其超过标准（强度）的数量相当可观。在平均家户构成这一数值上，我们实际观察到的斜线偏离值，要比恰亚诺夫斜线高出 309 公斤 / 劳动者（29%）（图 3.4 的 *M—M′* 线段）。就人们自己的消费需求（猪不包括在内）而言，波特克波村整体上也是有剩余的。[1]

表 3.6 概括了马祖鲁和波特克波生产强度上的差别。这些差别可以用来衡量两种家户生产所在的不同社会组织。

表 3.6　家户生产指数：马祖鲁与波特克波

	家户剩余产量（提高生产的策略）*			家户平均较标准恰亚诺夫斜线偏离	剩余劳动对群体总产出的贡献率
	剩余强度提高的家庭比例	剩余强度劳力占劳动力总量比例	平均剩余生产强度与标准强度关系		
马祖鲁	40	35.6	123.6	+2.2%	7.67
波特克波	69	59.4	182.0	+32.9%	35.37

* 与家户生产剩余强度有关的方面。

〔1〕即使养猪的需求也被考虑进去，村庄的生产水平也仍然超过了集体生计需求。（Pospisil，1963，p.394f）

但毫无疑问，不能因为画出了强度曲线图就宣布大功告成；这只能算是刚提出了研究目的。一份艰巨而复杂的工作正摆在我们的眼前，一点不亚于如何实现人类学的经济学，其艰巨与复杂，不仅在于收集各种生产图表，还在于如何以社会术语进行诠释。对于马祖鲁与波特克波的诠释，主要落脚在它们政治制度的差异上——卡帕库人实行的是一套头人制度，而根据研究通加山谷的民族志作者描述，马祖鲁则奉行一套“萌芽期的”、“几乎平均主义的”、闲散地从事家户劳动的传统政治体系。（Colson，1960，pp.161f）我们还需具体分析，政治模式和生产强化之间有怎样的关联；以及亲属制度对经济活动的影响，虽然亲属制度对经济活动的影响程度看似较低，亲属制度本身平淡无奇，司空见惯，几乎难以察觉，但其对日常生产的决定作用却并不因此减弱。

亲属关系与经济强度

盛行于家户群体间的亲属制度势必影响经济行为。各群体共属同一世系，不同结构的联姻，甚至不同模式的人际亲属网络，都会以各自的方式催动家户剩余劳动。并且，它们也不同程度上遏制了家户生产模式固有的离心运动，使得家户多少加强了对地方资源开发利用的程度。那么这里就引出了一个既老套又特别的观点，但不管怎样都表明这一个问题值得深入研究：夏威夷型和爱斯基摩型亲属制度在其他方面都大致相似，只是在经济生产强度上，夏威夷型要更胜一筹。原因很简单，因为夏威夷型拥有一套更为深入的摩尔根意义上的分类体系：

更为广泛的旁系与直系亲属都被一视同仁。

爱斯基摩体系认为直系家庭属一种类别，其他亲属为另一类，两者之间有着不可逾越的鸿沟，而夏威夷型则无限地把旁系亲属的成员纳入家庭关系。夏威夷型的家户经济因而也面临着类似的危机，那就是有可能会被纳入群体的统一经济。所有活动都取决于亲属体系整合功能的力度与广度。正是在上述意义上说，夏威夷型亲属制度高于爱斯基摩型。由于规定了亲属之间的广泛合作，夏威夷型亲属制度显然给那些劳动力资源丰富的家户，尤其是给劳动者比率最高的家户施加了更大的社会压力。那么，在其他条件相同的情况下，夏威夷型亲属制度将比爱斯基摩型产生更显著的剩余生产趋势。对整个群体而言，也使家户福利标准维持在较高的水平上。最后，这同样意味着，夏威夷型亲属制度内部，家户人均产量的差异增大，而每个劳动者的生产强度差异却在缩小。

除此之外，夏威夷型亲属制度对特定区域内资源的开发利用程度可能达到了一个较高的水平，非常接近他们技术水平所允许的最大可能。因为亲属关系下的生产是以另一种方式反对家户生产模式的低度生产，它并不与家户关心内部生计的向心力量有所抵触，却坚决反对家户间关系的离心趋势，因此，亲属关系不仅要抵制家户内部的劳动力利用不足，也要抵制社会集体对土地资源的利用不足。亲属制度抵消了家户生产模式固有的各行其是，一定程度上创造了和平状态；使家户集合起来，也相应地促进了资源的开发利用。正如我们所知，斐济人把非亲属都视为陌生人，外人因此就成了潜在的敌人和牺牲品，但他们却深谙通过“变为熟人”（*veikilai*）的步骤来“结成亲属”（*veiweikani*）的重要意义；他们认为“和平”就意味着“像族人一样生活在一起”（*tiko vakaveiweikani*）。斐济人的分类就是家户生产模式缺乏契约关系的若干原始表现之一，权力的碎化与生产的分散只能满足这样的权宜之计（*modus vivendi*）。不过，毕竟亲属制度之不同，造成社会整合能力的不同，则家户间在空间上的内聚也有程度的差异。亲属制度用不同的方式克服了家户生产的分散，并根据家户聚合的程度，确定了社会群体对土地开发利用的能力。

但是，鉴于家户生产模式固有的分裂作用，原始社会亲属关系所起到的团结作用也不可能万无一失。甚至夏威夷型亲属制度也只是促成了家户间形式上的亲密关系；而实际上，社会疏离造成的个体差异始终如影随形。家户从未彻底融入更大的群体之中，尽管家户之间存在相互联系，但始终没有从与亲属关系体系的冲突中解脱出来。这是原始社会与原始经济的永恒矛盾。但这个矛盾并不容易察觉。它常常若隐若现，被人们对社交的渴望，不断扩充的亲属范围所抑制，被混为一谈的互惠观念所迷惑，以及还被从家庭到更大群体的连续社会原则所掩盖，这是一种社会组织的和谐原则，令世系成为家庭的扩大版，酋长成为人们共同的父亲。因此，对原始社会中这一普遍矛盾的发现，可以说是民族志研究的一项重要成果。不过想要揭示这一结构性的对立关系，而不致误读，可要冒些风险（*crise révélatrice*）。当我们无法近观“互惠”（参见第五章）的微妙之处时——这样的机会本来就很少——民族志学者首选民间谚语来满足好奇之心，谚语中隐藏的智慧展现出这种结构上的对立，也就揭示了这广泛的原始社会交往。

本巴人把亲戚定义成必须匀点东西给他吃的人，而他们也把巫婆定义成“不请自来的人，会大言不惭地说，‘我想你们快要做饭了吧？今天你们的肉可真不少'，或是'我希望今天下午你们的啤酒就全酿好了'以及诸如此类的话"。（Richards，1939，p.202）理查兹还向我们展现了本巴主妇们为逃避分享食物的义务而施的诡计：当年长的亲戚来访时，她们飞快地藏好啤酒，然后假惺惺地说："哎呀，他伯，我们穷得叮当响。啥也没得吃啦。"（同上）[1]

毛利人的谚语中，家户和更大群体间的利益冲突表现得"直白对立"，弗斯在早期关于毛利人谚语的一篇文章里写道，"毛利人的格言，既有教导人们慷慨和好客的，也有完全反过来的，两者之间针锋相对，毫无回旋的余地"。（1962，p.252）一方面，好客"是土著最崇尚的美德之一……被灌输给了所有人，并且也受到所有人的一致认可。一个人的声誉威望全都仰赖是否真正好客"。（p.247）但是，弗斯马上又注意到，毛利人还有另一套完全相反的流行说辞。以下的格言就不断教导人们说，利己第一，利人第二，食物要藏好，不可轻易让人讨。古谚云："生的还留在家边，熟在别人肚里面"——意思就是说，食物烧一小会儿就得赶紧吃了，免得夜长梦多。或是"带毛老鼠赶紧烤（烤老鼠肉是毛利人的一道美食），免得人人都来找"。还有一条谚语形象地描绘了毛利人和别人分享食物之后巨大的愤懑之情：

---

〔1〕在伊图里俾格米人（Ituri Pygmy）中间，情况也是如此："当猎人回到营地的时候，那些留在营地的人马上就一阵兴奋骚动，他们跟在人群后面，打听猎手们的英勇表现，当然顺带也希望分一杯羹。在混乱中，男人和女人一样，特别是女人，都会偷偷把部分猎物藏到自家屋檐的茅草下，或是附近的某个空篓子里。虽然在现场会把一些猎物分给大家，但是弄回自己家的还是占大头。对家庭的忠诚其实是高于对集体的忠诚的，对集体（band）的忠诚总是带着些欺瞒。"（Turnbull，1965，p.120；试比较 Marshall，1961，p.231）

快乐与食物一同离去（*Haere ana a Manawa yeka*）
我心里懊恼两眼发绿（*Noho ana a Manawa kuwa*）

另一句讲述的是，亲戚来讨饭吃是多么的烦人：

冬天的亲眷儿（*He huanga ki Matiti*）
秋天的儿　　（*He tama ki Tokerau*）

——意思就是说，冬天耕种季节的时候，他只不过是个远亲，一到秋天打粮食了，他就变成儿子来吃我们的了。

谚语中体现出的毛利智慧，就是这么充满着矛盾，这至少反映了一种真实的社会冲突——“两套直接对立的社会行为规则在共同起作用……”。然而，弗斯并没有对这些矛盾的现象进行充分的分析，也就是说，这些现象其实就构成了社会事实，但他彻底忽略了。相反，他接受了所谓“天真人类学”[1]的解释，其实，这一做法对于经济科学来说，实在是有点小儿科，他认为：这是人类本性和文化之间本质上的对立，也就是“个体寻求自身利益的本能”与“社会群体道德表达的需要”两者之间的对立。或许列维-斯特劳斯会认为，这种模式归根结底还是毛利人所独有，因为这些谚语传达出来的意思是，生相对于熟，正如占有之于分享——也就是，自然相对于文化，正如拒绝分享之于互惠关系。不管如何，弗斯后来对毛利人经济的详尽分析（1959a）清楚地解释了，为什么这种原则对立

〔1〕这一说法是阿尔都塞提出来的。参见他在《〈资本论〉的对象》（*L'objet du Capital*）一文中的讨论。（Althusser，Ranciere 等；1966，vol.2）

要以远亲/儿子这样一对关系来表达。这是扩大的亲属关系和家户利己主义之间的冲突，家户（*whanau*）是“毛利人经济的基本单位”：

> 家户对特定类别的财产实行集体所有权（group-ownership），并且以团体的形式行使对土地和农产品的各项权利。有些工作任务只需要小规模的工作团体来完成，协作的过程也并不复杂，那么这些事儿就都交给了家户。对食物的分配也主要是在家户内部完成的。因此，每一个家庭群体都是具有强大内部凝聚力的自足单位，在不影响村庄或者部落政策的前提下，管理各自所有的社会和经济事务。家户的成员全部吃住在一起，形成一个边界截然的群体。（Firth，1959a，p.139）[1]

---

〔1〕弗斯的解释是，社会利益冲突的实质就是个体和社会之间的对立，然而，他的这一解释其实导致了今日在比较经济学里普遍存在的困惑，对此人类学家和经济学家必须共同承担责任，他们携手证明了，野蛮人都是些自私自利之徒，所追逐的也无非是些蝇头小利，而今天的商人（企业家）则追求更高的目标：因此，每个地方人们的行为动机里既有“经济的”因素，也混杂了“非经济的”因素，并且，典型的经济化行为（economizing behavior）其原理在任何地方都是一样的，故而将之作为分析概念也是普遍有效的，实际上这些都是想当然的。一方面，当“土著”从事互惠交换时，即使不能实现物质增添，但他们仍然是在追求切实的效用，今天他们把负担得起的礼物给出去，是为了明天最需要的时候可以得到别的回报。另一方面，众所周知，资产阶级经常热心于慈善事业，或通过其他途径来以物质利益换取精神价值。这样通过先付出，再换回对资源的利用，不论是为了最大限度的财富增加还是别的一些用途，混淆了我们对经济目的与实现过程关系的认识。两者都可以称为“效用”或“目标”。既然实际的回报与交换主体自身的满足，交换的动机与交换行为本身都是混合在一起的，那么我们完全有理由忽略两者的区别，因为它们都是把物品给出去，换回相应的满足而已。“形式论学派”（formalist school）试图用从资本主义语境中剥离出的个体最大化原则，来解释全世界的经济制度，其致命的错误就在于陷入了这个混淆的陷阱。（参见 Burling，1962；Cook，1966；Robbins，1935；Sahlins，1969）

在这些原始社会中，家户始终处于左右为难的位置，处于拉锯战的状态，一边是家户的福利，另一边则是对于亲属的广泛义务，它既希望满足后者，又不想伤害前者的利益。除了从各类谚语反映出来的自相矛盾外，我们也可以发现，这种拉锯状态其实也体现在“互惠”一词的微妙之处。尽管互惠的言下之意是等价；但实际上，通常的互惠交换在严格的物质层面上往往是不平等的。回报只能说约略等价于最初的赠礼，期限上也只是比较及时而已。而且，随着亲属关系的远近不同，回报的数量和时间也会相应发生变化。远亲之间的物质交换比较对等；而关系越近，交换变得越无私；耽搁延期，甚至彻底不回报都是可以容许的。如果我们考虑到家户类型多样性的话，那么就会发现，认为在社会压力之下，亲属关系就必定起作用，或者说由于社会距离存在，亲属关系就无所作为，这两个说法都不够全面，或者说不完全合逻辑。更准确的说法是，家户的经济利益发生了部分分化。由于家庭才是其成员获取福利保障的最基本场所，这消耗了亲属关系的团结及其功能，也使得我们意识到“亲眷儿”/“儿子”的不同之处。“亲属关系距离”（kinship distance）的首要前提就是家户生产模式。这样，第五章里关于互惠策略性表现的全部讨论，就可以作为这一论点的例证。

尽管家户和更大的亲属团体间有着内在的矛盾，但我们却很少有原始社会的例证，来进行结构性分析，以揭示这一矛盾。那么，弗斯对蒂科皮亚人的后续研究，特别是1953—1954年的再研究［和斯比利斯（Spillius）一起］则显得更有价值，当时，弗斯恰巧遇到蒂科皮亚人名声大噪的时刻，他们在面临饥荒考验的时候表现出了过人的慷慨与好客。（Firth，

1959b）自然对蒂科皮亚人造成了双重打击：飓风于1952年1月和1953年3月连续来袭，给房屋、树木和庄稼造成巨大破坏。接踵而至的是，不同地区在不同阶段相继发生严重的食物短缺，最糟糕的一次发生在1953年9月到11月间，弗斯和斯比利斯将之称为“饥荒”。蒂科皮亚人整体上幸存下来了，他们的社会体系也在继续维持。然而，蒂科皮亚人得以幸存并非完全社会体系的功劳。亲属关系表面上仍在维持，但在社会体系上却出现了裂缝，所以，当蒂科皮亚社会极力维护其自身道义上的一致性时，恰恰显示出它的基础是分化和不连续的。这个危机确实富有启发意义。弗斯和斯比利斯专门用“原子化”（atomization）一词，来指代亲属群体中的各组成部分，也就是家户的“亲密结合”状态。“饥荒带来的后果是，”弗斯写道，“**揭示**了初级家庭的内部团结状态。”（1959b，p.84；粗体为作者所加）

经济解体出现在多个领域，财产和分配方面尤为显著。即使在飓风过后筹划经济恢复的阶段，每个家庭也都是只顾自己（除了酋长）：“所有家庭动用各种资源来确保自身的利益。……各家一概打着自己的盘算。”（p.64）家庭的土地原来是由更大的亲属群体统一管理耕作的，但现在家家都急于收回这项特权。（p.70）原来近亲属共同持有土地，现在成了各家争执的原因，甚至导致兄弟反目、父子分家。（Firth，1959b；Spillius，1957，p.13）

食物分配方面的变化趋势就更复杂了。交换行为发生了一次波动，这似乎在我们的预料之内：饥荒刚开始时，曾经激发了互助友爱和慷慨仗义，但当饥荒恶化为巨大的灾难时，家户又退缩到各自为政、相互隔绝的状态。[1]在开始的时候，在食物短缺不太严重的一些地方，家户经济甚至放下樊篱：亲属关系比较密切的家庭暂时放弃独立地位，凑出各自的家当，在一个锅里吃饭。但是危机加剧时，出现了两种与之相反的现象，这两种现象相生相伴：分享不见了，偷盗增加了。[2]弗斯估计，与他25年前第一次访问时相比，盗窃行为增加了5倍，此犹不止，那时候偷盗的主要对象是“半奢侈品”，而现在则以生活必需品为主——不但为仪式准备的农作物不能幸免，就连酋长家的人也加入了偷盗的行列。“几乎每个人都在伺机偷窃，几乎每个人都被抢过。”（Spillius，1957，p.12）与此同时，最初的友爱互助之后，分享的频率和范围都急剧下降了。来访的客人得到的不是食物，而是道歉，甚至是虚伪的道歉。日常所需被藏在亲戚看不见的地方，甚至上了锁，家里还要留人严加看管。弗斯于是描述这些“不蒂科皮亚”的行为：

> 有些情况下，来访的亲戚们怀疑主人家里其实藏有吃的，他们于是坐下来，边聊边等，希望主人最终屈服，拿出吃的。但是，主人从来不曾轻易就范，他们一定会坚持到客人离去，才开箱取出食物来。（Firth，1959b，p.83）

这不是每个家庭对每个家庭的战争。蒂科皮亚人仍然是有

---

〔1〕关于这一波动，在第五章有进一步的讨论。有两个因素导致了这种波动，一方面，当群体出现财富不平等时，慷慨好义就会扩大其覆盖范围，另一方面，由于社会体系的团结作用，会支持特殊情况下的慷慨，但当困难程度普遍加深时，社会体系对慷慨的支持就随之下降。

〔2〕根据第五章所采用的术语，社会范围内的汇集和慷慨互惠（generalized reciprocity）这时显著减少，消极互惠（negative reciprocity）则扩大了范围。

教养的。就像弗斯写的，即使道德退化，风度永存。但是，危机的确检验了社会结构的承受能力。它对每个家户的冲击，暴露了著名的“**我们**，蒂科皮亚人”（*We*, the Tikopia）其实多么脆弱。一旦危机来临，家户就筑起自利的堡垒，断绝社会交往，纷纷收起通往社会的吊桥——因为现在不是去亲戚朋友家的花园喝茶游乐的时候了。

我们必须打破并超越家户生产模式。这不仅是出于协作需要的技术原因，还因为家户生产模式表面上多么有效，它就有多么靠不住，于私它讨人嫌，于公它是个祸害。打破家户生产模式的一条重要途径是建立一套更可靠的亲属制度。但是家户经济仍然掌握着支配力量，继续对整个社会施加影响：亲属制度的基础结构和上层建筑之间的矛盾从未彻底消除，而是以微妙的方式继续影响日常食物分配，而且在压力之下，这个矛盾还可能浮出水面，导致整体经济陷于逐个破产的境地。

政治体制下的经济强度

> ［在萨阿人（Sa'a）中间］有两个字被用以指代宴会，分别是 ***ngäuhe*** 和 ***houlaa***：前者的意思是“吃”，后者的意思则是“名声”。（Ivens，1927，p.60）

> 一个沃吉沃（Wogeo）男人说：“如果不举办宴会的话，我们就不必打下所有的栗子，也不需要种这么多树。东西也许都够吃了，但是我们也永远没有大吃几顿的机会。”（Hogbin，1938—1939，p.324）

在原始社会进化的过程中，支配家户经济的主要力量似乎发生了改变，也就是从亲属结构表面上的团结转移到了它的政治方面。随着亲属结构的政治化，特别是其对生产的权力逐渐转移到中央化的统治者酋长身上，家户经济为了更宏大的社会事业被动员了起来。大量的民族志研究证明，生产的动力是由政治权力传送出来的。虽然原始社会头人，或酋长的所作所为或许是受个人野心驱使，但他就是集体命运的化身；在他身上体现的，正是和家户经济的蝇头小利、一己之私对立的公共经济原则。现有的和潜在的部落力量在逐步侵入家户制度的支配范围，削弱它的自主权，约束它的自由放任，最终释放它的生产力。“在一个特定的马努斯[1]（Manus）村庄，”玛格丽特·米德注意到，“生活的节奏，物资流通的数量，以及现有的物资总量，这一切都取决于村庄里首领的人数。首领们从事的事业，他们的聪明才智，进取心，以及服膺他们领导的亲属数量，都会影响村庄里头领的数目。”（1937a，pp.216-217）

但是，照同样的标准来衡量，玛丽·道格拉斯却给出了相反的说法，她对卡塞河（Kasai）地区乐乐人的研究专著，描绘了权威失效的例子。她也马上注意到因其导致的经济后果：“和乐乐人稍有点关系的所有人都知道，这里没有人敢指望别人服从自己发号施令。……乐乐人为什么一贫如洗？因为缺少强有力的权威。”（1963，p.1）此前我们已经见过这一类消极效果了，特别是关于生计资源利用不足的例子。比如卡内罗对

---

〔1〕马努斯人：巴布亚新几内亚，阿德米勒尔蒂群岛最大岛的原住居民。美国人类学家玛格丽特·米德在“二战”前曾在该岛对马努斯人进行田野调查。——译者注

魁克儒人的研究，伊兹科维茨对拉棉人的研究，他们所持的看法与此如出一辙，这里存在一种对立，一边是使群体分裂、消解的长期趋势，另一边则是政治控制手段的发展，遏制这种分裂，并激发群体的经济动力，做到人尽其能、物尽其用。

下面我将对原始社会的政治经济（political economy）做一些简短的纲要性讨论。

所有的一切，都取决于政治制度对家户生产模式天然离心倾向的遏制。或者我们可以这么说（在其他因素都相同的情况下），一个社会能否实现全部生产能力，或者接近于实现，受制于两个互相对立的政治原则：一、家户生产模式固有的离心弥散趋势——这已经成为一种自发的和平机制；二、在普遍的等级制度和联合机制下建立起来的社会和谐状态，其衡量标志就是人口的聚集密度。当然，我们所讨论的不应局限于部落权威，也不应局限于他们对原始社会分裂趋势的干预。各地的人口居住密度还取决于群体之间的关系，这些关系很可能是婚姻和世系继承等因素的结果，而不仅是社会结构下的权力关系。不过，我这里只是为了表明我的问题意识：每一种政治组织都与特定的人口密度系数相互匹配，这种政治组织又和自身所处的生态环境结合起来，最终确定一个与自身吻合的土地利用强度。

下面我将详细讨论这个大问题的第二部分，就是政治组织对家户劳动的影响。我能详细讨论的部分原因，是因为这方面的民族志材料更为完善。材料之详尽，甚至能让我们区别领导结构（leadership structure）的许多不同形式特征，不同的特征意味着不同的家户生产率，这样就可以用强度结构图的形式对它们逐一分析。不过，在实现这一类型学的飞跃前，我们首先应当考虑，权力结构及其观念是如何控制原始社会生产过程的。

政治体系和亲属制度对家户生产的影响并无不同。而且，政治权威的组织形式和亲属制度也无区分，所以，我们最好将政治权威的经济后果理解为，亲属制度经济功能的极端化。即使许多非洲最伟大的酋长，所有波利尼西亚大酋长，都处于亲属关系的牵绊之中，也正是这一点，使我们可以理解他们关于政治行动的经济学——也可说是关于经济行为的政治学。因此，在本书的讨论中，我刻意摒除了那些真正的君主与国家，只专注于讨论这样的社会，亲属关系就是君主，而"君主"也就是高贵的族人。充其量我们只讨论所谓的"酋长"，而酋长制就是亲属制度的政治变异——就好像王权也不过是政治制度（国家）的亲属变异一样。不仅如此，酋长制作为原始社会体制的最高级阶段，与之相配的，也必定适用于其他种类的部落头人体制：因为这些部落头人也肯定属于某一亲属关系网络。所以，不管是权力结构，对于权力的观念，还是在实践中，头人的经济角色其实只不过延伸了他们在亲属关系中的道德使命而已，当然略有变异。在这里，领导关系只是亲属关系的高级形式，因此也是互惠和慷慨的高级形式。这一点，在关于原始社会的民族志文献里屡见不鲜，而且民族志也不吝笔墨地呈现了酋长履行慷慨义务时的困境：

> 南比克瓦拉人[1]（Nambikwara）的酋长不能只是表现

〔1〕南比克瓦拉人：南美印第安人一支，生活在巴西与玻利维亚交界的干旱大草原，生计以狩猎采集为主。——译者注

良好：他必须做好，他的追随者也希望他努力做得比别人更好。这位酋长如何履行他的责任呢？他提升自己权力首要以及最主要的工具就是慷慨。在绝大部分原始人群中，尤其在美洲，慷慨是权力最基本的保证。甚至在那些十分蒙昧的文化里，他们关于财产的观念还只是停留在几样极其粗陋的东西上，慷慨已经扮演了重要的角色。从物质的角度看，虽然酋长并没有占有特权地位，但他仍然必须在自己的名下拥有多余的食物、工具、武器以及饰物，这些玩意儿，不管多么不起眼，相对于普遍的赤贫状态来说，仍然相当可观。当一个个体、一个家庭，或者整个游群，如果需要某样东西，他（们）必须向酋长请求。因此，慷慨是一位新酋长应该具备的首要品性。如果把慷慨比作一个音符，那么这个音符必须不断地弹奏，才能成就一个酋长；音乐的和谐与否，酋长的连续慷慨令人满意与否，将判定一个酋长是否能得到下属的支持。他的"臣民"也始终乐此不疲地进行这种判决……这些酋长们是我最好的报道人；因为我深知他们身居此位的艰难，所以我乐于大方地回报他们。然而，我的礼物很少会在他们的手里停留超过一两天的。和任何一个游群共度几星期之后，当我离开的时候，这些游群的成员们总是为从我的商店里得到斧头、砍刀、珍珠等物而兴高采烈。然而，酋长们完全相反，从物质的角度说，他们还是那么穷，和我刚来时一模一样。他得到的份额，实际上远远多于大家，早已经被他的臣民们敲诈勒索殆尽。（Lévi-Strauss，1961，p.304）

同样的情况也出现在塔希提岛（Tahiti），祭师—酋长汉阿玛尼玛尼（Ha'amanimani）向达夫群岛（Duff）的传教士们有过如下抱怨：

> 他说，"你们教给我许多话（parow）和向上帝（Eatora）做的祷告，却从没给我们斧子、刀子、剪子或衣服"。每当他拿到这些东西，马上分给他的朋友和追随者；因此尽管他收到数不清的礼物，但是没一件可以拿出来炫耀，他仅有的是一顶光溜溜的帽子、一条马裤和一件旧的黑外套，他在上面插满了红羽毛。他挥霍的理由就是，若不如此就不可能成为国王（原文如此），甚至连酋长都当不上。（达夫群岛传教士记录，1799，pp.224-225）

头人在大派送过程中表现出乐善好施的品德，并由此积累起来相当的政治能量，其生成机制其实都来源于亲属关系，他就是在这一套亲属关系中长袖善舞，左右逢源。这事关声望。只要这个社会是按亲属关系组织起来的，在道义上它就服膺于慷慨原则；因此，任何人只要足够大方，就应当得到相应的尊重。酋长，恰恰就是一众亲戚里的慷慨模范。但是，耐人寻味的是，他的慷慨其实是一种对他人的约束。正如爱斯基摩人说："礼物造就奴隶（gifts make slaves），就像鞭子叫狗听话（whips make dogs）。"在任何亲属关系的各种规范大行其道的社会中，这种约束力量不断加强。因为亲属关系是一种**互惠**，也就是**互相**帮助的社会关系；所以，慷慨显然就是一种强加的债务，在礼物未得到偿还的全部时间里，把收礼者置于一个惴惴不安的敏感位置。赠礼者—收礼者之间的经济关系就构成了领导者—追随者之间的政治关系。[1]这就是其工作原理。或者更确切地说，这是一套令生产运行的权力观念。

这套“权力观念”通过互惠组成了更大的统治基础，但这两者从一开始就已经暴露出了矛盾。在等级关系中，为了使人们忠于社会，不离不弃，对人们的补偿必不可少。它通过平衡原则，也就是“相互帮助”（mutual helpfulness）、“连续互惠”（continual reciprocity）[2]实现这一构想。但从严格的物质角度来说，这种关系不可能既“互惠”又“慷慨”，也就是，交换不可能同时既是对等的又是有差别的。“权力观念”赋予“酋长式慷慨”的要旨，必须拒绝物资从人民向酋长的反向流动——或许这就是享受酋长权威应当付出的代价——否则何谈慷慨；反之，或进一步说，这种关系掩盖了物质交换的不对等——或许酋长以其他方式得到补偿——否则无所谓互惠。我们会发现，物质交换的不对等事实存在；依照这一交换体系，不对等的结果由某一方承担，或者酋长，或者人民。然而，原始社会中原则上的互惠和事实上的剥削并存，这并不能把原始政治经济和其他类型的政治经济区分开来：因为这个世界上，

---

〔1〕我们很快就将看到这一原则构成的多种形式。但在一些例子中，比如在布萨马人（Busama）那儿，只要随意表现出慷慨的做派，就能达到效果。“债权人和债务人的关系奠定了领导与被领导关系的基础。”（Hogbin，1951，p.122）

〔2〕“相互帮助”（Mead，1934，p.335），“酋长和人民之间的连续互惠”（Firth，1959a，p.133），“相互依赖”（mutually dependent，Ivens，1927，p.255）。其他的例子参见 Richards，1939，pp.147-150，214；Oliver，1955，p.342；Drucker，1937，p.245。也参见本书第五章。当说到“互惠”，我这里指的是头人和下层民众之间思想观念上的经济关系，而非实际的形态。从技术的角度说，实际的形态很可能是“再分配”。但即使如此，“再分配”也是按照互惠的模式构思和建立起来的，在形式上表现为一种中心化的互惠。

所有地方的剥削类型都自我标榜为“互惠”。[1]

从抽象层面上进一步思考，酋长的职责既要慷慨又要互惠，这种观念上的模棱两可，完美体现了原始社会对高贵（nobility）这一品性的矛盾看法：一边是权力，一边是亲属关系，体现了和睦社会里的不平等现象。当然，唯一的调和还是不平等的物质交换，它总是有利于某一方的，只是可以辩称为公共利益；实际从经济上看，酋长向人民分配物资，虽说是抵消了人民对酋长的依赖，但同时也加剧了这种依赖——却对人民向酋长交纳物资的行为避而不谈，而只是简单地将之归结为互惠循环里的一环。这种观念上的模棱两可其实功能丰富。一方面，酋长的慷慨风范反令不对等的交换蔚然成风，另一方面，互惠的理想又否认了这种交换造成的差异。[2]

不管头人政治的权力观念最终如何实现，它始终拒绝家户生产模式的经济内向性（introversion）。即使在酋长自己的家庭里，酋长的“慷慨”本质势必激励着他，使得生产目标超越满足自家生计的狭隘目的；而不同阶层间的互惠交换也将起到完全相同的作用，只是规模大小罢了。对于家户经济而言，资源有节制地利用已经足够，但对政治经济体系而言，对资源的有限利用却可能令经济难以为继。

---

〔1〕这一理由（或原理）正好解释，西方社会科学对“剥削”如此难以容忍，是因为它接受并高度推崇土著的模式。但另一方面，可不可以说，正因为西方社会科学不能容忍“剥削”，所以如此推崇土著的模式？

〔2〕要是这种权力观念越出了原始社会的范围，或许它还可以用来证明马克思的名言：在当代经济里看不见的现象，在原始经济里往往清晰可辨——阿尔都塞在这个基础上又加了一句，在原始经济可以看清，当代经济无法直接看清的东西。（l'économique n'est pas directment visible en clair）（Althusser 等，1966a，vol.2，p.154）

这样我们就回到了原点：政治活动是生产的刺激因素。但是刺激的程度却千差万别。以下的段落将追溯一些不同的政治组织形式，它们影响下的家户生产率也各不相同，首先从美拉尼西亚的大人物制度开始。

盛行于美拉尼西亚的公开身份竞争制度，对经济生产产生影响，首先是源于大人物的抱负和野心。不但他们自己更努力地工作，他们的家庭也投入了更多的劳动力。霍格宾（Hogbin）报道说，新几内亚布萨马人的会所领袖（clubhouse leader）就是这样：

> 为了维持食物储存，他必须比所有的人都更辛劳。这个追逐荣誉的有志者不能躺在已有的成就上睡大觉，他必须继续举行大型的宴会，继续积累声望。众所周知，他不得不早晚苦干——“他的双手从未离开土地，额头总是大汗淋漓。”（Hogbin，1951，p.131）[1]

为了物品的积累和慷慨的需要，美拉尼西亚大人物的典型做法是扩大他的家庭劳动力，甚至可能通过一夫多妻来

---

〔1〕参见 Hogbin，1939，p.35；Oliver，1949，p.89；1955，p.446，提供了类似的细节，也可参看 Sahlins，1963，有更概括的介绍。在美拉尼西亚的范围以外，我们也可以轻易收集到相同的观察报告。例如：“一个人可以负担得起所有这些祭祀祖先用的贵重物品，并且在仪式中出手豪阔，他必定是个特别聪明的家伙，而且他的声誉和名望也随着一次又一次宴会而上升。在这一点上说，社会名望扮演了极其重要的角色，我甚至认为，在拉棉人的社会中，为崇拜祖先而举行宴会，以及与此相关的其他仪式，简直就是整个社会和经济生活的动力。**它迫使有野心有抱负的人进行更多的生产，而不仅是满足自身生活需要**……为声望而奋斗的观念在拉棉人的经济生活中有着极其重要的位置，**推动他们进行剩余生产**。”（Izikowitz，1951，pp.332，341，粗体为作者所加）

实现："一个女人下地干活，一个女人捡柴火，一个女人去抓鱼，一个女人给他——丈夫做饭，他则喊上一群人来吃饭（Kaikai）。"（Landtman，1927，p.168）恰亚诺夫斜线在这里由于权力统治的原因，很明显出现偏离；与恰亚诺夫定律相反，这儿最有效率的家户群体劳动最卖力。但是，大人物很快就要超越目光短浅的自散其财（autoexploitation）阶段。通过精心组织的各项资源，这位新兴的领导人运用财富把他人变为自己的债务人。大人物还会在家户之外，吸引一批追随者，这些追随者的生产也将被用于实现他的抱负。这样，生产强化的过程就和互惠交换联系了起来。所以，为了举办纪念节庆，希望成功加入外部贸易，拉卡莱（Lakalai）大人物，

> 展示个人的勤奋是远远不够的，他还必须有能耐号召其他人来为他勤奋工作。他必须有追随者。如果他有幸拥有很多年轻力壮的男性族人，并且他可以指挥他们劳动，那就能减轻他成功建立一支追随者队伍的压力。如果不幸没有这个便利条件，那么他就得尝试从远亲里募集追随者。但条件是，他必须承担起他们所有的生活福利需要，展示一个负责领导者必备的所有品性，尽责地以儿女的名义举办节庆宴会，随时付出财物来履行对女婿儿媳的义务，出资为儿女们举办巫术和舞蹈，承担他负担得起的任何责任，他把自己变成一个老少皆宜的人……族中年轻的男性为了博取他的支持，就会自告奋勇来帮助他的事业，积极踊跃听从他的工作召唤，挖空心思迎合他的愿望。他们比老年亲戚更热衷将自己财富的希望全部寄托在他身上。（Chowning 与 Goodenough，1965—1966，p.457）

那么，借助于那些参与到自己经济事业的追随者的力量，大人物开启了自己最具决定性的人生阶段，也是其社会影响力最大的阶段。他举办，或主办盛大的公开宴会和财富分配，受益的人群超过了他的圈子，在广大的社会范围里树立自己的崇高地位，用美拉尼西亚的话说，“扬名立万”。

> 拥有猪和以猪为计算单位的财富（pig-wealth），不是为了囤积或者反复拿来夸示，而是要使用它们。结果，猪、羽毛和贝壳共同形成了规模庞大的循环流动。这一物品流动发生的原动力，是人们大张旗鼓地参与交换，就能不断积攒良好的声望……这些库马（Kuma）“大人物”，或“有势力的人”……掌握大量财富，通过向不同的氏族展示新奇物品，以及自主选择是否转让这些物品，大人物们控制了氏族间贵重物资的流动，在这个意义上，他们简直就是些大老板。但是，他们在交易中赚取的利润并非财富，而是声誉日隆。他们的目的不仅是财富增加，甚至也不是为了能像有钱人那般作为，他们的目的是希望大家都**知道**他们富有。（Reay，1959，p.96）

大人物的个人生涯在社会运行中具有普遍的重要性。大人物及其强烈的抱负是弥合社会裂缝的重要手段，使那些群龙无首、原子化小群体组成的分散化社会，至少暂时构筑了一个较大的关系领域，形成了较高的协作水平。美拉尼西亚的大人物关心的只是各自的名声，不料却把自己变成了部落社会结构里的联结点。

我们不可轻易认为美拉尼西亚式的大人物制度，就是分散化社会存在的一个必要条件。北美西北海岸印第安村庄的酋长们，也同样起到了社会联结的作用。如果说，印第安酋长在“夸富宴”（potlatch）上，通过对外大宴宾客，追逐声望和威信的行为与美拉尼西亚大人物没什么两样的话，那么，印第安酋长与其内部经济的关系却和美拉尼西亚大相径庭。印第安酋长首先是世系头领，由于身居这个职位，他自然就被赋予掌控世系群体各项资源的相应权力。他无须通过自散其财的机制——把自己的财产不断赠予他人——来建立个人的各项权利。更重要的差别是，一个分散社会只要保持各组成部分之间，最低限度的联系就可以存在；或者就像努尔人（Nuer）著名的个案一样，各个分散的群体主要源于血缘关系，没有东西可使人群发生分化，表现社会差异。

努尔人为个人权力与声望建立的分散社会制度提供了另一项选择：大音希声的统治方式。在典型的分散世系体系中，头人至多能满足在当地的重要地位，这种重要性或许是通过个人品行而非慷慨来证明的。有趣的是，这种分散世系体系的生产强度系数，要比美拉尼西亚的低一些。

美拉尼西亚的政治体系则要我们费上另一番揣度。在上述的差异之外，美拉尼西亚政治制度还表明，不管部落有无君长，也不管部落首领是慷慨地自散其财，还是通过互惠交换积累财物，美拉尼西亚大人物们的一生其实就是两个阶段间的过渡[1]，这两个阶段意味着两种不同的经济组织形式，其在别地以两种形式各自独立存在，具有不同的经济潜力。自散其财深

〔1〕该句意为：大人物起步的时候，社会还处在第一阶段；当他成功变成大人物时，社会已经进入第二阶段。——译者注

受人类学家的关注，它是一种不发达的原初经济。在部落社会那些各自为政的群体中，经常可以发现——南比克瓦拉的“酋长”就是这样一个例子——这在狩猎采集群体中尤其普遍：

> 布须曼人对于经济成功是不关心的，但是托马（Toma）做得更彻底；他几乎没有任何财产，他把到手的一切东西都送了出去。他其实长于外交，以自甘赤贫为代价，获得了那里所有人的尊敬和追随。（Thomas，1959，p.183）

这种权威无论在经济方面还是政治方面，显然都是有局限性的——而且每一方面的局限又加剧了另一方面的局限。只有头人直接控制下的家户生产才被用于政治目的。虽然头人自己家庭的各项生产资源可以扩张到一定的程度，比如娶数个老婆，但不管是通过社会体制的手段还是情感的手段，他都没有获得对其他家庭生产成果的支配权。一个家庭的剩余生产惠及其他家庭，这种**做法**最接近高贵的慷慨（noble liberality）这一理想——但也是头人政治下最不堪的一项经济成就。它只是一种吸引力而非推动力，而且力所能及的范围仅限和头人有直接个人关系的人群。在简单且往往多变的技术条件下，只有可数的几个人为他提供劳动，头人的“权力资本”（fund of power，马林诺斯基的说法）实在太薄弱，转眼就被消耗殆尽。而且，由于社会空间的覆盖面较窄，头人依靠分配自己家庭劳动成果带来的政治影响力，也随之削弱。那么，这种行为带给头人的回报，是只有周围的一小撮人对他表示敬意，而且他的慷慨很快就会无以为继。但在这个过程中，没有人被置于依附的地位，而且对头人的敬意，在面对面的熟人社会中，很快会被其他的服从关系所冲淡。因此，在较简单的社会里，这种松散的经济关系根本不能为权威的形成提供坚实的基础：反倒是代际间身份地位的差异、个人的品性，以及从通灵到口才的能力，更有可能树立起真正的权威，而经济重要性在这里可能是微不足道的。

而我们姑且称之的酋长统治（chieftainship）却走向了另一个极端，这一类的例子出现在波利尼西亚高地，亚洲内陆的游牧人群，以及非洲中部和南部的许多族群。酋长制与头人制之间政治和经济形式完全对立：从自散其财——首领亲自挥汗如雨地辛勤劳作——到朝贡（tribute，朝贡有时候甚至还伴随着这样的观念，臣民们即使努力肩负重担，也是在酋长神圣光辉的指引之下：酋长的神圣注定了他有权要求臣民们拥护支持他）；从人们自发的恭敬，到神圣结构的赋予；从互惠多于慷慨，到慷慨胜于互惠。自散其财与朝贡之间的差异是由社会结构决定的。这是因为在朝贡体系下，各群体内部、各群体之间已经建立起等级性的关系；这种等级性的区域权力框架，就是依靠酋长体系来维持的，这些大大小小的酋长，在大大小小的政治体制中各领一方，并且共同臣服于一个至高无上者。虽然对于狩猎人群来说，美拉尼西亚大人物成就了无法想象的功业，但大人物们对分散群体的整合，其实势单力薄，这只有在"金字塔"式的酋长社会中，才能真正实现。美拉尼西亚社会仍然是原始的。它的权力中枢仍旧是由亲属关系提供的。但在这些社会中，正式权威已经成了社会必不可少的组成。现在，人们已经不必亲手去建立凌驾他人的权力，他们从社会结构中直接获得权力。权力来源于所处的职位，来源于人们对酋长特权的默许，也来源于实现这些特权的社会组织形式。这些特权包括，对臣民们的物资和劳动的支配。人们的劳作与出产天生地属于酋长。由于拥有如此庞大的权力资本，从个人资助、集体庆典到兴办经济事业，酋长们得以尽情夸耀他的慷慨。酋长和人民之间的物资流动因此是循环式，源源不断的：

> 一个（毛利）酋长的声望主要来自大方地付出财富，特别是食物。这反过来使得他可以获得更多的回报，因为他的追随者和亲戚们给他带来了上佳的礼物，凭着这些收入他就能更充分地展示自己的好客……除了给陌生人和客人提供奢侈的招待，酋长还要大方地向自己的追随者们赠送财物。通过这个方式，确保他们继续向自己效忠，同时也回报他们曾经为自己付出的物品和劳务……在酋长和民众之间形成了持续不断的互惠交换……正是通过积累财富，拥有财富，并奢侈地分配财富，酋长们得以推动……部落各项重要事业的进行。酋长就是财富流动的重要渠道，集中财富只是为了最终更彻底地倾泻出去。（Firth，1959a，p.133）

虽然在酋长政治的高级形式中，毛利个案算不上是其典型代表，但上面这种再分配却可以为酋长带来物质利益。如果我能做一个历史总结的话，我认为：一个人想要成为酋长，他必定广施恩惠，但最后，一定程度上说，是百姓的财富流进酋长的腰包。

最终，想当然的互惠和酋长式慷慨，掩盖了民众处于依附地位的现实。慷慨，只是酋长把取之于民的还之于民而已。互惠？酋长可能没全还回去呢。这个循环恰恰就像儿童在圣诞节给父亲送礼物，用的是父亲给他的钱。家庭内部的交换足以体现社会交往规则，酋长的再分配也是如此。但是，如果把物资分配的时间差异和物资的丰富性考虑在内的话，[1]百姓还是认为他们得到了实际的好处，如果没有酋长的再分配，这种实际利益也就不存在了。无论如何，尽管有些许物资最终会落到酋长的手里，但这实在不是酋长分配制度关心的重点所在。重点是酋长因控制财富，而握有分发给人民的权力。其实酋长职位更大的优势在于，通过赞助公共福利、组织公共活动，酋长为集体创造了巨大的利益，而这是以家庭为基本单位，各自独立进行生产时难以企及的。他创建的公共经济，规模比家户生产独自进行的总和还要大。

当然，创造集体利益也是以牺牲家户劳动为代价的。人类学家经常机械地认为，剩余生产的出现导致了酋长政治的产生。（比如 Sahlins，1958）然而，从历史的过程来看，剩余生产和酋长政治之间的关系至少是相互的，而从原始社会的运行看来，不如反过来说，酋长政治不断地创造出家户剩余生产。阶级和酋长政治的发展，共同导致了生产力的进步。

简而言之，由于出现了酋长政治的先进理念，这一特定政治制度显示出对于扩大生产，提高生产多元化的巨大能量。我仍将以波利尼西亚为例，一是因为在早几年的时候，我通过与美拉尼西亚的比较，已经指出这种政治制度下异乎寻常的高生产率（Sahlins，1963）；再者因为，尤其在夏威夷这样的波利

〔1〕该句意为：酋长的分配可以起到以丰时济饥时、以多样补单一的作用。——译者注

尼西亚社会，家户生产和公共经济之间的矛盾已经到了不可调和的地步——这不但表明两者之间的抵牾，还反映出亲属社会的经济与政治局限性。

我拿美拉尼西亚做比较，不只是为了表扬波利尼西亚在生产上所取得的整体成就，而是因为这两个遥远的地区都曾在酋长的治下欣欣向荣。在酋长的统治下，两个相邻酋邦间的长期竞争往往可以导致对生产的决定影响。可能恰是出于竞争的需要，这个地区有一个明显的趋势，那就是以文化来改变自然生态：波利尼西亚高地许多比较贫穷地区的开发程度反而更高。塔希提东南半岛和富饶的西北部之间的悬殊差别，引起了库克船长的一个军官——安德森（Anderson）的高度关注，他用完全是汤因比式的口吻说道："这表明，即使自然条件的缺陷……也自有其用处，它能促使人们更勤奋，更善于开发技能。"（转引自 Lewthwaite，1964，p.33）塔希提人更为人所知的，是他们的陆地酋邦都积极联合近海珊瑚礁上的部落。这种经济体之间的政治联合非常不一，以至于它们在整个美拉尼西亚，甚至波利尼西亚的其他地区，形成了完全不同的文化体系基础。特提阿罗阿（Tetiaroa）是最出名的范例：这个"南海的棕榈滩"位于塔希提北部 26 英里处，由 13 个小珊瑚礁组成，被帕坞（Pau）酋长的手下抢来作为海洋渔业生产和椰子树种植基地，同时也是塔希提贵族的玩乐去处。除了椰子和芋头，帕坞酋长禁止在特提阿罗阿群岛上种植任何别的作物，其目的是为了确保该地和塔希提之间稳定的交换关系。在一次针对帕坞酋长的惩罚性行动中，库克船长缴获了 25 只正在驶离特提阿罗阿的独木舟，每条船都装满了咸鱼干。"即使在暴风雨天气，达夫群岛的传教士们仍可以看到 100 只独木舟泊在特提阿罗阿海滩上，因为贵族们在那里举行宴会和养膘，他们的船队回航时，阵容庞大。”（Lewthwaite，1964，p.49）

这时可能有人又要想起夏威夷群岛野芋种植的例子了，野芋在夏威夷的发展如此迅猛，它的分布范围之广，密集程度之高，种植品种之多都给人留下了深刻的印象：共有250—350个不同品种在夏威夷地区种植，每个品种都是为适应各自的微观环境而精心挑选出来的；灌溉网络规模庞大［例如，夏威夷岛的威比奥（Waipio）山谷，就有着长达3英里的灌溉设施，占整个山谷长度的四分之三］；灌溉渠挖掘和堤坝建设的复杂程度也令人叹为观止［考埃岛（Kauai）威米阿（Waimea）村的人工渠绕过一座悬崖，长度400英尺，高于海平面达20英尺；而克拉劳山谷（Kalalau Valley）的海堤用巨石筑成，庇护着沿岸的广阔田畴］；令人称道之处还在于，灌溉系统使得火山岩之间星罗棋布的小块土地都能被充分利用，使得幽深狭长的山间峡谷都可以开辟出梯田来，“连最不可利用的空间都开发了出来”。除此之外，我们还须了解，夏威夷人的农业技术已经充分考虑到了生态要求的多样性，这里既保留了多种不同的森林植被，开发了芋田灌溉网络，还尝试在沼泽地种草——湿地种植（muddyback）技术。〔1〕

我们可以站在历史的高度来看波利尼西亚酋长政治与生产

〔1〕对于夏威夷人灌溉体系的上述情况以及其他细节，参见Handy，1940。W. 贝内特（W. Bennett）是这样报道考埃人的：“叫人印象深刻的是，他们的梯田开发分布范围极其广泛。山谷里面，特别是那帕里（Napali）这一段，技术上已经没有麻烦，所有可耕作的土地都已经充分利用了。山谷的两侧，梯田几乎一直延伸至巨型悬崖的底部，只要那里的岩石还不是太多。虽然这些梯田无法灌溉，但是山谷里的大部分土地还是可以的，而且灌溉工程的精巧程度真是无以复加。”（1931，p.21）

强度提高之间的关系。至少在夏威夷，那些边远地区的变迁具有浓厚的传奇色彩，这一切都源于一位酋长：他运用自己的威力从岩石中挤出水来。在基尼（Keanae）山谷的西侧，毛伊（Maui）半岛突出陆地约一英里，但是从生态环境的角度看，和腹地相差何止一英里：地表没有土壤，基本上是以岩石为主的不毛之地。但是，就是在这里却种植了大面积的野芋。传说将奇迹与一位老酋长联系在一起，但他的名字却已经被忘记。

> ……他们一直和威鲁阿人（Wailua）处于战争状态，老酋长认定，他必须拥有更多良田，更多食物，更多人口。所以他遣发所有的人去劳动（那时候他们都住在山谷里，下到毛伊半岛只是为了打鱼），用篮子从山谷里背运泥土到半岛上。平整地表，筑起围堤，经过多年的不懈努力，终于在半岛上成功开辟出了大量的田地。基尼的水田就这样出现了。（Handy，1940，p.110）

夏威夷的经验不一定具有重要历史意义。却是波利尼西亚历史上真实发生过的，并且构成了一种范式，苏格斯（Suggs）关于马克萨斯群岛（Marquesas）的所有考古结果，只不过是这一经验的另一版本而已[1]。马克萨斯所有的史前史复述了与夏威夷同样的故事：山谷之间的竞争，酋长权力的运作，以及对边远地区的占领和开发。（Suggs，1961）

在夏威夷和塔希提，是否也存在政治危机的迹象，可与弗斯和斯比利斯所描述的蒂科皮亚人的危机相提并论呢？也就是

---

〔1〕另一版本：也即证明了夏威夷经验的真实性。——译者注

说，我们是否发现类似的危机意识：家户经济和酋长政治之间可能存在一种纵向矛盾，就好像蒂科皮亚人的情况表明，家户经济和亲属关系之间存在横向矛盾呢？蒂科皮亚人饥荒季节发生的情况，其实就足以回答第一个问题：1953年和1954年的飓风动摇了亲属体系，但是，同样这两次飓风也几乎把所有的酋长拉下马来。随着食物供应减少，酋长和百姓的经济关系随之恶化。民众按照习俗对首领应尽的义务已被抛诸脑后，这还不止；人们"几乎公然地"去首领家的地里偷庄稼。帕纳鲁米阿（Pa Ngarumea）说："土地出产稳定的时候，人们对酋长的东西表现出足够的尊重，但是当饥荒来临，百姓可不管这么多了，酋长的东西偷点拿点也没什么了不得。"（Firth，1959b，p.92）虽然物品互惠交换只是蒂科皮亚政治运作的一种具体形式；但是，互惠的破坏则意味着整个政治沟通体系都出了问题。蒂科皮亚政治体系开始摇摇欲坠。酋长和人民之间出现了不寻常的裂缝。忧伤的传说再度兴起——斯比利斯称之为"神话"——在食物供应难以为继的时候，退位的老酋长们打算驱赶全体百姓离开岛上。对于现在的酋长们来说，这个主意真是再好不过了，但几个地方名人的私下会晤，无意中在法伊（Faea）地区煽起了一场大规模的群众运动，法伊地区早有灵媒预先通风报信，人们也早已武装起来准备对付酋长驱逐的阴谋。（Firth，1959b，p.93；Spillius，1957，pp.16-17）这场对抗其实是不对等的，百姓的政治觉悟仍处于落后状态，酋长们却曾经指挥一切。战斗最终没有打响。实际上，即使在这种典型的反对权贵的大众起义中，蒂科皮亚人也从来就没有想过和酋长进行战争。相反，是酋长给百姓们带来了战争的威胁。最终，所有人都认可，不管是谁必须饿死——也不管酋长们被偷了多少食物，一直延续下来的酋长优先生存权利必须继续得到保证。蒂科皮亚的政治危机由此得以化解。[1]

现在让我们讨论夏威夷的情况，如果在夏威夷出现与蒂科皮亚相同总体类型的冲突，必然会成功导致叛乱。何谓“相同总体类型”表明两者都导致了酋长政治和家户利益之间的对立，但它们的差异也很重要。在蒂科皮亚，政治压力是由外界引起的，而不是在正常社会运行中出现的，政治紧张通常只是在巨大的自然灾难后尾随而至。它可能出现在任何结构性的时刻，在制度发展过程的任何阶段。蒂科皮亚的政治动荡是外因引发的、反常的，从历史的过程看是不可预测的。但是，夏威夷的传统历史上如此迷醉于叛乱，夏威夷的历史制造了这些叛乱。这些叛乱是在夏威夷正常的社会过程中出现的，它们不但是内因引发的，也是周期性发生的。此外，这些状况不会发生在任何其他历史阶段，只属于此时的波利尼西亚。确切地说，这些动乱标志着波利尼西亚政治制度的高度成熟，标志着制度内部的矛盾已经完成它的历史使命，即将走向终结。它们揭示了政治结构的局限性。

旧时的夏威夷，每一个至高无上的酋长或者独立统治一个小岛，或者控制大岛的一部分，或者统治相邻岛屿组成的一个区域。统治范围不一样，这种局面本身已经成问题了：就像口传历史已经大量吟唱过的一样，一旦酋长是通过征服来扩张自己的领地，那么结果必然是叛乱蜂起，领土重又陷入四分五裂的状态。分裂又必然导致新的征服扩张，如此循环往复。酋长

〔1〕或许，殖民力量和民族志学者的介入也是危机平息的部分原因。民族志学者经常自不量力地扮演类似政府调停者的角色。（Spillius，1957）

们都有一个特点："政治占有欲极度膨胀"；也就是，在经济上压迫人民；当统治领域变大的时候，他们发现自己正在情不自禁地这么做，才不在乎自己作为族人、酋长，本应关心人民的福祉，而当统治领域缩小时，他们才会觉得，照顾人民的福利也是非常不易。

酋长仅仅掌管一块不大不小的领土，也将使普通百姓付出巨大的劳务和物质的代价。人口如此分散，交通和通信手段如此落后。此外首领也未能垄断权力。那么，为了有组织地解决事关统治的各类问题，酋长就不得不求助于特定的行政架构：迅速膨胀他的政治机关，为了对付激增的各项事务，他必须不断加雇人手；节约利用他本就不甚强大的实力，通过令人畏惧的挥霍性消费展示，起到威慑人民的目的，同时给自己以荣耀。但是，酋长扈从的物质开支，以及被消减的公共支出，无疑都落到了普通人身上。特别是落到了那些和至高无上者最近的人身上，因为他们的距离不能分散太开，这样输入物资与实现威慑的范围才不会太远。看来，夏威夷的酋长们已经充分意识到了后勤负担的问题，这些负担无法摆脱，他们设想出许多手段来缓解压力，最出名的就是通过征服来扩大朝贡的基础。即使酋长的如意算盘打得不错，但随着疆土扩大，以及紧随而至的腹地开发，所带来的官僚成本上升显然会超过收入增加，这么一来，酋长看似功成名就，但其实只不过是外部树敌无数，内部动荡不安的局势又越发恶化。酋长对外扩张，对内勒索的伟业，至此已经达到了最高潮。

这时，根据夏威夷的传统，追随者们针对酋长的阴谋诡计该出台了，有时候，他们甚至还与远方的被征服者勾结起来。[1]叛乱总是由重要的酋长发动，毫无疑问他们各有各的叛乱理由，但总是把自己打扮成某种普遍不满情绪的代言人，以此来积聚挑战的力量。叛变的形式，有宫廷暗杀、武装斗争，或者两者皆备。那么，就像一位爱写诗的民族学家说的，夏威夷人盘腿坐在地上，开始悲伤地讲述国王之死：

> 许多国王被人民杀死，因为他们压迫百姓（makaainana）。这些国王都是因为残酷压榨百姓丧命的：Koihala在Kau被杀死，因此Kau地区被称作Wier；Koka-i-ka-lani是一位酋长（alii），他横死在Kau……Enu-nui-kai-malino是一位酋长，他在Kona的Keahuolu被渔夫秘密干掉了……国王

〔1〕这里有一个例子是关于叛乱的统治与区域关系的：大夏威夷岛的最高酋长卡拉尼奥普乌（Kalaniopu'u）——他同样也是卡梅哈梅哈一世（Kamehameha I）的叔叔兼前任——曾经把宫廷设在西南部的科纳（Kona）地区。但是，民间故事说："过了一段时间，由于食物短缺，迫使卡拉尼奥普乌把宫廷搬到了克哈拉地区（Kohala，在西北部），在那里，他的总部被固定在卡帕奥（Kapaau）。"（Fornander，1878—1885，vol.2，p.200）曾经导致科纳地区食物短缺的情景在克哈拉地区再次出现："这里同样骄奢淫逸，吃喝寻乐的风气仍在继续，它是在科纳地区那里养成的，当地的酋长、农民们已经开始不满和反感了。"（同上）这里的抱怨得到了边远的普纳（Puna）地区的热烈呼应，呼声跨越全岛直到东南部。这两个小集团显然是联合起来了，接下来的故事就开始带有奥林匹亚（Olympian）色彩，主题是大酋长之间的战斗。首乱分子是普纳的伊马卡卡罗阿（Imakakaloa）和奴乌阿努（Nu'uanu），后者是卡拉尼奥普乌手下的一个酋长，曾经住在普纳，但是现在在卡拉尼奥普乌的宫廷里当值。这两个人，就像弗南德（Fornander）写的，是这场叛乱的"头子和精神领袖"。在遥远的普纳，伊马卡卡罗阿"公然反抗卡拉尼奥普乌的命令，对他索取所有财物的过分行为嗤之以鼻"。奴乌阿努，虽然曾经在最高统治者身边，"却被认为强烈支持民间正在高涨的不满情绪"（同上）。然而这一次，众神站在了卡拉尼奥普乌一边。奴乌阿努被鲨鱼咬死，经过一连串的战斗，伊马卡卡罗阿陷入圈套被捕，并被迅速处死。

Hakau 在 Hamakua 的 Waipio 山谷被 Umi 人杀死；[1] Lono-i-ka-makahiki 是个国王，他被 Kona 人赶走了……正是由于这个原因，有些古代国王害怕他们的人民。（Malo，1951，p.195）

最重要的一点是，真正应该为暴君之死负责的，正是那些掌握权力的人，那些酋长们自己。那么，叛乱就不能视为一场革命；酋长的统治被推翻，那也只是被另一个酋长所取代。政治权力摆脱掉某一个压迫性的统治者，并不代表它也就摆脱了基本矛盾，不代表它超越、改变了自身，相反，政治体系仍在现有制度的约束下继续循环。叛乱的目的是以一个好的（慷慨的）酋长取代另一个坏的（苛刻的）酋长，因此就有可能取得成功。而它的后果是，扩张的政治版图将陷入分裂，因为一直顽抗的边远地区重新获得了独立。酋长政治因此去集权化（decentralized），它的经济负担也就得以减轻。权力和压迫回到最低点——但这只是暂时的。

夏威夷口述传统史诗般的特性掩盖了一个较为世俗的因果关系。很显然，政治循环拥有它的经济基础。大酋长之间，他们各自的地区之间的伟大战争，其真正的核心是更为基本的争夺家户劳动的斗争，只不过改变了形式而已：到底劳动力应该适度地投入到满足家庭生计需要的生产中，还是应该根据政治组织的需要进行高强度配置。酋长有权对家户经济进行派捐，这是无可非议的。问题在于，一方面，现有家户生产结构对酋

〔1〕哈考（Hakau）被另一位口传历史收集人描述为“贪婪，性好敲诈勒索，不管是酋长还是百姓都对他恨之入骨”。（Fornander，1878—1885，vol.2，p.76）

长的这一权力设置了限制，另一方面，结构性的紧急状态经常滥用这一权力。夏威夷的酋长政治把自己和人民疏远开来，但是却从未最终切断亲属关系。统治者和被统治者之间的原始联结，以及由此带来的互惠交换和酋长式慷慨的伦理始终在起作用。[1]马勒（Malo）曾经提到酋长始终维持着的巨大仓库，因为这些仓库是“确保人民满意的好办法，这样他们就不会抛弃国王了”——在另一段话里，则充满了政治讥讽：“就像老鼠不会逃离橱柜……它知道吃的在那里；人民也不会抛弃国王，如果他们知道国王的仓库里有食物。”（Malo，1951，p.195）

换句话说，酋长对家户经济的征收存在着道义的约束，这符合社会由亲属关系构成的特征。到某一程度时，可以说是酋长应有的权力；但如果超过这个限度，则无疑就是横征暴敛。社会组织设定了一个可以接受的比例，即多少劳动应该交由酋长管理，多少应该留给家户。它同样也设定了一个物资分配的比例，那就是多少留下给酋长支配，多少再分配给民众。在这些方面，社会组织只能够容忍一定程度上的不平衡。适度始终是应当遵从的原则。以暴力强索绝非合宜的索礼，酋长的份额也不应是掠夺。酋长拥有自己的土地，已经足够供养自身，还定期从百姓那里得到许多礼物。当酋长的手下抢夺百姓的猪，劫掠他们的庄稼，“百姓对这样的行为极度不满，矛头就指向了酋长本人”——这是“暴政”“滥用权力”。（Malo，1951，p.196）酋长总是过于热衷迫使百姓劳动：“真是疲惫不堪的日子……他们不消停地被驱使到这里、到那里，为地主干这个、干那个。”（p.64）那么，就让首领们当心吧：“旧时候人民对

---

〔1〕关于谱系关系的特有用语参见 Malo，1951，p.52。

坏国王发动战争。”这样，整个体系就通过政治手段设定并维持了家户劳动强度的上限，并确保劳动的目的是实现公共目标。

马勒、卡马卡乌（Kamakau）以及其他夏威夷传统的守护者，习惯性地把至高无上的酋长称为“国王”。但是麻烦恰恰在于他们不是国王。普遍的现象是，他们没有彻底摆脱和人民的原始关系，所以一旦他们不遵从亲属关系的道德规范，将会遭到大众的怨恨。由于酋长未能垄断权力，所以大众的怨恨可能会导致对酋长的严厉惩罚。从比较的角度看，夏威夷社会组织的重大缺陷在于它的原始性：它不是一个国家（state）。只有朝着国家这个方向进化，才能确保它的进步。夏威夷地区扩大劳动生产，提升政治体制的能力受到限制，原因正是原始社会本身，夏威夷社会曾经抵达这个阈限，但始终无法逾越。

第四章　礼物之灵

《论馈赠》[1]这本闻名遐迩的著作，是马歇尔·莫斯献给时代的赠礼。该书论述清晰，纵是门外汉也能畅读无阻。对于职业人类学者来说，它一直是促发思考的不竭源泉，就好像被物中之灵 *hau* 不断敦促，一次又一次返回这个主题，或许是要发现一个全新而确凿的观点，又或许是要进入一次对话，似乎要告诉读者些什么，但实际上只是让我们回到了知识的源头。本章便是后种企图的一次独特冒险，而且其中涉及对毛利人和哲学家们（尤其是霍布斯和卢梭）的研究，也都未经任何具体研究之检验。不过，毛利人独特的 *hau* 观念与社会契约论的主题在《论馈赠》回荡，使人冥想，眼前一亮，这或许就是原始社会政治与经济的基本特质，既然如此，希望读者能谅解下文中冗繁的长篇大论。

---

〔1〕莫斯法文原著《论馈赠——传统社会的交换形式及其功能》（“L’Essai sur le don：Forme et raison de l’échange dans les sociétés archaiques”）一文收录在其《社会学与人类学》（*Sociologie et anthropologie*）一书中。作者在本书中参照法文名直接译为 *Essay on the Gift*，但在文中分别出现 *The Essay* 与 *The Gift*，对应译为《论馈赠》和《礼物》。本文出现《论馈赠》英语及法语引文，皆参考卢汇译，《论馈赠》，北京：中央民族大学出版社，2002 年。——译者注

“文本的解释”

《论馈赠》的核心概念是毛利原住民的 *hau* 观念，莫斯将其界定为“物之灵，尤其蕴含在森林与猎物之中……”（1966，p.158）[1] 古代社会千千万，相似的观念万万千，莫斯却独独挑出了毛利人关于 *hau* 的想法，来回应《论馈赠》的中心问题，这是莫斯在文中唯一提出要“深入”讨论的问题：“**是什么样的权力和利益原则，使原始或古代社会奉行收礼必还？在礼物中究竟存在何种魔力促使接收者必要回赠礼物？**”（p.148）*hau* 正是这种魔力。它不只是礼物蕴含（*foyer*）之灵，而且是礼物赠予者之灵；所以在交换过程中，它总是试图回到原来的地方，同时它赋予赠予者控制受赠者的力量，这种力量神秘而危险。

从逻辑上讲，*hau* 只解释了受赠礼物缘何需要偿还。但是按照莫斯对互惠过程的分解，*hau* 自身无法解释其他两个过程展开的驱动力：作为起点的赠予义务和接受赠礼的义务。莫斯只是参照了回礼的义务，粗略地解释了赠予和受赠的意义，然而这种解释依然离不开 *hau*：“一旦我们了解这一系列关系中，最首要的是物与物的精神联系后，就会理解这种权利和义务的对应并不矛盾，因为这些物从某种程度上讲也具有灵和精神，只不过被人及其群体在一定程度上看作了物。”（p.163）

---

〔1〕英文版《论馈赠》（*L'Essai sur le don*）由伊恩·康尼申（Ian Cunnison）译，以《礼物》（*The Gift*）为名出版（London：Cohen and West，1954）。

同时，毛利的 *hau* 被提升为一个普遍的解释：在美拉尼西亚、波利尼西亚以及北美西北沿岸互惠原则的原型，罗马人给予（*traditio*）时伴随的仪式特征，古印度以牛作为礼物的关键所在——“你是什么，我也就是什么；今日起我便是你，你我合二为一；我把你送给别人，等于送了我自己。”[1]（p.248）

莫斯关于 *hau* 的理解，都来自伊尔斯登·贝斯特（Elsdon Best）从纳提-劳卡瓦（Ngati-Raukawa）部落的塔麦提·拉纳皮里（Tamati Ranapiri）这位毛利哲人那儿收集的“文本材料”。（1909）*hau* 在《礼物》中扮演的伟大角色——以及此后在人类学的经济学中所享有的蜚声——几乎完全源自这一篇章。以下就是拉纳皮里对于 *taonga* 中 *hau* 的解释，即较高层面，贵重之物的交换。我把贝斯特对毛利文（毛利原文也已出版）的翻译，以及莫斯的法语译文放在一起。

贝斯特译文，1909，p.439	莫斯译文，1966，pp.158-159
我现在将讲述 *hau*，以及 *whangai hau* 仪式。所谓的 *hau* 并非吹动的 *hau*（风）——根本不是。我会仔细向你解	我将向你讲述 *hau*。……*hau* 并非吹动的风。完全不是。假如你拥有一件贵重物品（*taonga*）并将此物赠予

[1] 这段话在《论馈赠》原文中是印度史诗中“赠牛转让仪式”之后的一段说辞，意为赠送者与赠送物同时送出，确切为“身为把你送出去的人，我也是送出自己的人”。——译者注

释。假如你拥有某一物品，你将其赠予我，并未索价。我们也没有为此讨价还价。现在，我把这件礼物给了另外一个人，过了一段时间之后，他决定回赠于我，所以他给了我另一件物品作为礼物。现在，他赠予我之物就是我从你那儿转赠于他那件物品的 *hau*。我必须将从那件物品中获得的好处返还于你。对我来说，不论这些好处是否是我想要的，我私藏它都是不对的。我必须将它归还于你，因为它是你赠于我之物的 *hau*。如果我私藏了它，某些严重的惩罚就会降临于我，甚至死亡。这就是 *hau*，个人财产的 *hau*，森林的 *hau*。说完了。

我；你赠予我时并未谈价钱。我们也没有讨价还价。然后，我把这件物品赠予另外一个人，一段时间之后，他决定回赠（*utu*），所以他给了我一些东西（*taonga*）。因此，我所得到的回赠就是我受赠于你并转赠于他的礼物之灵（*hau*）。我所得到的正是来自于你的，所以我应该归还于你。我自己留下这些礼物是不对的，无论是我所欲（*tika*）或非我所欲（*kino*）。我应该归还于你因为这些是你赠予我的礼物的 *hau*。如果我保留这些礼物，会致使我生病，非常严重，甚至死亡。这就是 *hau*，个人财产的 *hau*，礼物的 *hau*，森林的 *hau*。*Kati ena*。（这一主题结束。）

莫斯对贝斯特关于毛利原文的某些省略颇有微词。为了确保这些关键材料不致遗漏，同时也希望从中发现进一步的意义，我请一位出色的毛利学者，布鲁斯·毕盖斯（Bruce Biggas）教授重新翻译，但保留了原文中的 *hau*。他欣然领

命，在没有参考贝斯特翻译的情况下，做了如下译文：[1]

Na, mo te hau o te ngaaherehere. Taua mea te hau, ehara
现在，牵涉到森林的 *hau*。　　这个 *hau* 并
I te meako te hau e pupuhi nei. Kaaore. Maaku e aata whaka
不是吹动（风）的 *hau*。　　不是。 我会仔细地
maarama ki a koe. Na, he taonga toou ka hoomai e koe mooku.
跟你解释。　　现在，你有一些贵重物品给了我。
Kaaore aa taaua whakaritenga uto mo too taonga. Na, ka hoatu
我们并没有关于支付的协议。　　现在，我
hoki e ahau mo teetehi atu tangata, aa, ka roa pea te waa, aa,
把它给了其他人，在很长时间之后，
ka mahara taua tangata kei a ia raa taug taonga kia hoomai
那个人认为他有一些贵重物品，他应该偿还于我，
he utu ki a au, aa, ka hoomai e ia. Na, ko taua taonga I hoomai
所以他就这样做了。　　现在，给我的那些
nei ki a au, ko te hau teenaa o te taonga I hoomai ra a ki au I
贵重物品就是我之前得到的贵重物品的 *hau*。
mua. Ko taua taonga me hoatu e ahau ki a koe. E kore rawa e
我必须将它给你。　　如果我私自
tika kia kaiponutia e ahau mooku；ahakoa taonga pai rawa,
保留它那是不对的；不论它是很好的或者很坏的，

---

〔1〕从这里开始，除在讨论莫斯的解释必须引自其文献时，我都会采用毕盖斯的译文。我也借此感谢毕盖斯教授的无私帮助。

taonga kino raanei, me tae rawa taua taonga I a au ki a koe.
这些贵重物品必须偿还与你。
No te mea he hau no te taonga teenaa taonga na. Ki te mea kai
因为这些贵重之物是其他贵重之物的 *hau*。 如果我
kaiponutia e ahau taua taonga mooku, ka mate ahau. Koina
私自扣留了它们，我就会死亡。 这就是
te hau, hau taonga hau ngaaherehere. Kaata eenaa.
hau——贵重之物的 *hau*，森林之 *hau*。这些已经足够了。

莫斯参照贝斯特记录的文本，评论道：虽然这标出了毛利人“不甚清晰的神学和法学精神”特质，“但它也带来一个难解之谜：第三方的引入”。尽管存在这一难题，他用一个评注进一步阐述道：

> 为了正确理解这位毛利法律专家的说法，我们可以这样说：“礼物（*taonga*）以及所有严格意义上的私有财产都具有 *hau* 这种精神力量。你给我一件礼物（*taonga*），我将其赠予第三方，他回赠我另一件礼物，因为他被礼物中的 *hau* 推动，必得回礼；而且我也有义务将此礼物回赠于你，因为它事实上是你礼物中的 *hau* 所创造之物。”（1966，p.159）

按照莫斯的理解，礼物自身使回礼成为义务，这体现在礼物的赠予者和森林之 *hau* 中。赠予者控制了受赠者的灵魂；即使在一系列的互动中不断转手，礼物之灵也总是无情地试图返回故乡。最初的受赠者将增殖后的回礼，还给最初

的赠予者，并从他那儿重获力量；因此，这就是萨摩亚和新西兰地区，“财富和贡品交流，以及馈赠义务的原动力”。总的说来：

> ……在毛利人的习俗中，法律、权力与物的关系，显然也就是灵魂的关系，因为物本身拥有灵魂或就是灵魂。从这一点看，赠物予人就是赠送自己的一部分。……在这种逻辑观念中，受礼显然应该还礼，确实有必要将别人本质和主体的一部分归还他人；因为，接受别人的东西，就是得到其精神实质和灵魂的一部分；保留这些是危险而且致命的，不仅因为这是违法的，而且因为它在道德以及形体与精神上都是来自他人的——精神、食品、商品、动产或者不动产，女人或者子女，仪式或宗教团体——这些对受礼者都具有一种魔力和宗教束缚。最终，这些赠予之物绝不是无生命的。它们生机勃勃，甚至是人性化的，试图要返回赫兹（Hertz）所谓的“起源地”，或为生长出自己的氏族和土地换回与自己价值相等的回赠物。（1966，p.161）

列维－斯特劳斯、弗斯以及乔汉森的评论

莫斯对于 *hau* 的解释受到三个权威学者的抨击，他们中两位是毛利研究专家，另一位是莫斯研究专家。他们的批评自然有其学术价值，但是我认为他们都没有切中拉纳皮里文本和 *hau* 的意义之肯綮。

列维－斯特劳斯抨击了该文的主旨。他并没有批判莫斯的毛利民族志。但他质疑了当地人理性的可靠性："难道我们没有面临过民族学家受当地人迷惑的时刻（并不鲜见）吗？"（Lévi-Strauss，1966，p.38）*hau* 并非交换的原因，也许碰巧当地有个人相信原因在此，而对毛利人自身而言，另有他们也尚未意识到的必要之处。列维－斯特劳斯认为，除了莫斯注意到的 *hau*，他在《论馈赠》一文中将交换活动的结构完美地勾画了出来，但一个基本的概念性错误使这位富有想象力的前辈，缺少了对于交换活动结构主义式的完整理解，"正如摩西带领其人民到达应许之地却从不居功"。（p.37）莫斯堪称民族学史上第一个超越了经验而抵达深层现实，放弃了感性而建构抽象关系体系的人；某种程度上，他已经从纷繁复杂的现象中抽离出互惠的关系结构。嗟夫，莫斯却无法完全脱离实证主义。他依然从经验表述的角度把交换理解成碎片化的活动，即将其肢解为给予、接收和回馈这三个独立的行为。因此，莫斯的交换是分散碎化的，而非统一、整合一体的，使其不得不退而求其次，用"神话拼凑"出一种交换理论，也就是 *hau*。

弗斯对互惠也有着自己的见解，他在建构自己观点的过程中，不断批评莫斯的毛利民族志。（1959a，pp.418-421）弗斯认为，莫斯仅仅误解了 *hau*，这是一个不断变化、难以定义的概念，事实上 *hau* 没有莫斯认为的那种主动精神。拉纳皮里文本事实上并无法证明 *hau* 在积极地试图回到源头。毛利人也并非依靠 *hau* 本身来惩治经济失序。在一个没有互惠的事件中，巫术（*makutu*）提供了偷盗，法定的报复机制：由被欺骗的人施展巫术，如果要通过被扣留的物品来施展巫术的话，通常由“巫师”（*tohunga*）提供巫术服务。[1]而且，弗斯认为，莫斯混淆了在毛利人看来完全不同的几种 *hau* 的观念——人的 *hau*，陆地和森林的 *hau*，礼物的 *hau*——在此基础上莫斯犯了一系列的错误。莫斯没有理由认为礼物之 *hau* 就是赠予人之 *hau*。由此推论出的，物品交换就是人的交换这一观念，成为一个基本的错误命题。拉纳皮里只不过说有第三方赠予第二方的物品是第二方从第一方获赠的物品的 *hau*。[2]人的 *hau* 并不在交换之中。而莫斯却用自己的聪明才智，对毛利巫术做了精妙的推测。[3]换言之，列维－斯特劳斯也犯了同样的错误，这根本不是当地人的理性；而是法国人的。但是正如毛利谚语所说，“别的土地上的麻烦只有他们自己知道”。（Best，1922，p.30）

对于弗斯来说，他更愿意从世俗而非灵性的角度出发来解

---

〔1〕弗斯似乎认为，对于窃贼和没有回赠的人应用的是同样的机制。这里我请教了毛利权威来进一步澄清。从我自己有限的文本阅读经验中了解，受损失一方的物品专门被用于巫术中惩治盗窃者。盗窃者常常不为人知，失窃物品中剩余部分——或者存放失窃物品的地方其他物品中——会有一部分被拿来作为指认与惩罚盗窃的载体。（例如，Best，1924，vol.1，p.311）但是惩罚一个已知者的巫术，要通过一些与之相关联的物品来施展；因此，在一个没有回赠的案件中，不是用赠予者的物品，而是用没有回赠者的物品作为巫术的载体。为了进一步的讨论和避免混淆，这里巫术施展的对象就是毛利人所谓的 *hau*。在《H. 威廉姆斯字典》中关于 *hau* 的解释里有这样一个词条：“和某人相关的用以实施巫术的物品；例如其头发、唾液或者任何一样触碰过他的物品，等等，仪式专家（*tohunga*）用这些物品联结咒符和这些物品所代表的人。”（Williams，1982）

〔2〕对于弗斯来说，第三方的引入不再神秘。第三方与第二方的交换是必要的，因为在交换中第二方能够得到与第一方赠予物，或者说第一方的 *hau* 等值的物品。（参见 Firth，1959a，p.420n）

〔3〕“当莫斯将礼物的交换视为人格的交换时，他所谓的‘灵魂的联结’已经不是当地人的信仰，而是他自己头脑中的解释。”（Firth，1959a，p.420）

释互惠。他更愿意强调其他保证回赠的机制，莫斯在《论馈赠》的讨论过程中也提到了这种机制：

> 通过物品之*hau*施加的惩罚，的确使人们畏惧这种超自然的机制，而一件贵重物品，更加强了对于礼物的回赠。但认为这种谨慎的回礼义务，是因为相信礼物中蕴含着赠礼者的一部分人格，这部分人格积极地想要回归赠礼者和报复不回礼者，则完全是不同的事情。这是一种没有当地事实依据的凭空想象。正如莫斯作品中所暗示的，应该强调社会机制对回礼义务的作用——人们有继续维持有益经济关系、维持尊严和权力的愿望——根本无须求助先验的深奥信仰。（1959a，p.421）[1]

J. 普瑞特兹·乔汉森（J. Prytz Johansen）是最后一个试图一窥毛利人“知识殿堂”的人（1954），他在解读拉纳皮里文本方面取得了比前人明显的进步。至少他是第一个怀疑拉纳皮里这位毛利老人在谈论礼物的*hau*时，脑海中是否会浮现某些独特精神产物的人。不幸的是，他的讨论甚至比塔麦提·拉纳皮里的更加复杂难懂，在极为接近重点的地方却戛然而止，他试图为著名的三方交换寻找一个神话的而非逻辑的解释，而最终以学者的悲观收场。

---

〔1〕在弗斯最近对此问题的讨论中，他继续否认莫斯关于毛利人*hau*的解释具有民族志意义，并且指出在蒂科皮亚人的礼物交换中没有这种精神性信仰。（1967）但是，他也对莫斯关于赠礼、接收、回馈义务的讨论，有所保留。而且在某一层面上他也同意莫斯的观点。礼物不是真实的精神实体，但在一种更普遍的社会与心理层面上，礼物确实是精神实体的延伸，是赠予者的一部分。（1967，pp.10-11，15-16）

乔汉森在论证并支持了弗斯对于莫斯的批判后，他发现 *hau* 这个词有着丰富的语义学意义。有着同音却不同义的多种解释。在这一系列通常被理解为“生活原则”的解释中，乔汉森更偏爱一个普遍的定义，“生活的一部分（比如，一样物品），常常用于仪式来影响整体”，作为 *hau* 的物品随着仪式语境的不同而变化。于是，他的这一发现超越了前人——我认为连贝斯特都没有发现。塔麦提·拉纳皮里是在介绍并解释某个仪式时，提到了对礼物的论述，这个仪式是毛利猎人在捕鸟之后对森林的献祭仪式。[1]在这段说明性文字中报道人的目的只是为了确立互惠性原则，这里的 *hau* 只是意味着“回礼”——“毫无疑问被问到的毛利人认为 *hau* 就是回礼，简单说来也可以称为 *utu*”。（Johansen，1954，p.118）

我们暂且认为“等值回馈”（*utu*）是对于 *hau* 的不充分解释；而且，拉纳皮里所提出的交换已超越了互惠。乔汉森在对于三方互动的讨论中，并没有就取得的进展乘胜追击。他无缘无故地接受了普遍的理解，认为最初的赠予人施给第二个人，当第二个人从第三个人那里获得了礼物，这时礼物就由于最初赠予者的魔法变成了 *hau*。但乔汉森觉得这种解释“并不明显”，所以他只得诉诸某种未知的传统，“就影响来说，当三个人交换礼物时，第二个人没有进行下去，那么停在他手中的回礼就是 *hau*，这样的 *hau* 就会蛊惑他”。他继而悲观地下了结论：“交换过程的每一步骤都飘忽不定，我们能否获得 *hau* 的

〔1〕在贝斯特出版的毛利原文中，论述礼物的那段文字，实际上是夹在两段仪式描述之中的注释。然而，后来的英文翻译，删去了贝斯特在前一页引用过的第一段描述的主要部分。（1909，p.438）而且，英文本和毛利文本都以对巫术的讨论开始，并没有明显地将仪式与礼物交换联系起来，只是在后面有所论及。

真正意义犹未可知。”（同上，p.118）

贵重之物的 *hau* 的真正意义

我不是语言学家，也非原始宗教学者，更不是毛利研究专家，甚至连《塔木德经》[1]（Talmudic）学者都算不上。我认为在所有学者都对塔麦提·拉纳皮里文本各执一词的时候，我们更应对其中的“确定性”有所保留。当然，拿当前结构主义者的万能模板来说，“发生的一切似乎都是”毛利人试图用一个经济学原则来解释一个宗教概念，莫斯却马上反过来借助一个宗教概念来理解与阐述经济原则。*hau* 确实意味着“偿还”或者“获益”的律令，而这一原则在礼物传递文本中的表述，就是任何由最初礼物产生的收益，必须交还原初赠礼者。

我们无疑应该将这个众说纷纭的文本，放回到它原来那个献祭仪式的注释位置上。[2] 塔麦提·拉纳皮里试图通过礼物交换这个例子——一个任何人（或任何一个毛利人）都能够一下明白的普通例子——来让贝斯特理解，为什么某些被捕获的鸟儿要仪式般地归还森林的 *hau*，回到鸟儿大量繁殖的源头。换言之，他通过一个人们之间的互动，来类比他要解释的仪式互动，以使前者成为后者的范例。事实上，我们并不能从这种世

---

〔1〕《塔木德经》：犹太人法典。——译者注

〔2〕在贝斯特、莫斯和塔麦提·拉纳皮里的不同版本间存在一个令人费解的差异。莫斯好像有意要删除贝斯特在开头几段中对于仪式的论述。贝斯特引述“‘我现在将讲述 *hau*，以及 *whangai hau* 仪式’”，而在此莫斯的引文只是，“‘我将向你讲述 *hau*……’”（省略号是莫斯加上的）。有趣之处在于，毕盖斯无疑最权威的译本反而更接近莫斯，好像并没有提及 *whangai hau* 仪式：“‘现在，解释一下森林的 *hau*。’”即使这样，原始文本还是把礼物和 *whangai hau* 仪式，“‘培育’或者‘滋养’ *hau*”仪式联系在了一起，因为森林的 *hau* 并不是下一段探讨礼物篇幅的主题，而是探讨仪式段落的结论和最终描述。

俗的互动中，对交换过程产生直观的认识，最好的方法是回到仪式交换的逻辑上来理解。

正如塔麦提·拉纳皮里所表述的，这种逻辑是非常直观的。我们只需要观察一下原始人对“*mauri*”的使用，“*mauri*”作为森林之 *hau* 的化身，具有增殖的力量——从贝斯特其他的文章我们可以了解，他认为形成 *mauri* 的东西其实根本就没有特殊之处。巫师（*tohunga*）只是将 *hau* 的载体 *mauri*，放入森林以使鸟儿繁殖。以下的文字紧接着礼物交换的文字之后出现——在报道人看来，这就像黑夜紧随白昼而至一样：[1]

> 我将向你解释森林的 *hau*。巫师（*tohunga*）将 *mauri* 放在森林中。正是 *mauri* 引起森林中鸟儿的繁殖，而这些鸟儿又将被人们猎捕。这些鸟是，或者说属于 *mauri*、巫师以及森林的财产：也就是说，它们是重要神器 *mauri* 的等价物。因此人们要向森林的 *hau* 献祭。巫师、祭师也分享祭品，因为 *mauri* 属于他们：是他们将 *mauri* 放到了森林中而导致鸟类繁殖。这也就是为什么有些猎捕到的鸟要单另拿出，用圣火烹煮献给巫师享用，因为这样可以使森林生殖力的 *hau* 以及 *mauri* 重返森林——返回 *mauri*。这些已经足够了。（Best，1909，p.439）

换言之，或者从本质上说：容纳着增殖力（*hau*）的 *mauri* 被巫师（*tohunga*）放入森林；*mauri* 导致鸟类繁殖；因

〔1〕我用的是贝斯特的译本，也是莫斯用的那个本子。我手头还有毕盖斯的版本；不过和贝斯特的相去不远。

此，被捕获的鸟应该仪式性地返还给放置 *mauri* 的巫师；巫师通过享用这些鸟使森林恢复了生殖力（*hau*）（因此这个仪式的名字是 *whangai hau*，“滋养 *hau*”）。[1]仪式性的互动立即呈现出熟悉的形式：三方游戏，巫师作为第一个赠礼者最终要收到其赠出礼物带来的回礼。交换之环见图 4.1。

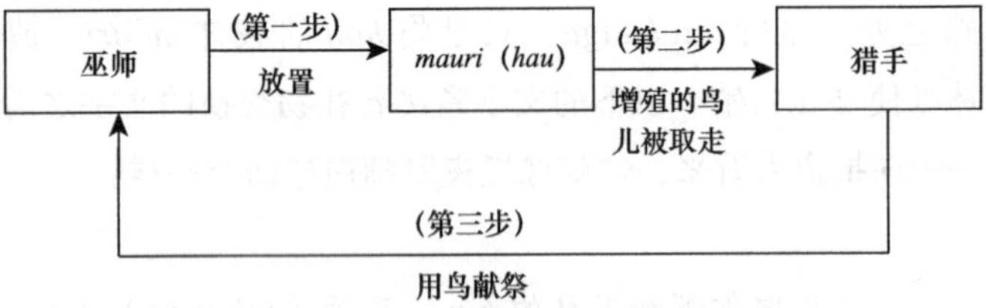

图 4.1　礼物交换之环

现在，我们在图表所展示交换过程的启发下，再来思考一下刚才的文本，假想一下人们之间的礼物交换，一切就一目了然了。在对于 *taonga* 的世俗交换和对于鸟的仪式性献祭之间，只在形式上有细微的差别，而在实质上完全相同——在拉纳皮里的话中，二者具有相同的道德价值。*A* 赠予 *B* 礼物，*B* 以此

〔1〕 先前关于这个仪式的讨论，在毛利原文中是对礼物探讨的延伸，实质上是对两个相关仪式的评论：其中一个刚才已经描述过了，另外一个发生在狩猎季节之前，人们进入森林观察猎物状态之时。我从毕盖斯的版本中引用关于这个描述的主要部分：“森林的 *hau* 有两个‘样子’。1. 当人们到森林里查看的时候，如果看到有鸟并捕杀了鸟，那么第一只被杀的鸟要献给 *mauri*，只要简单地将其扔回灌木丛同时说一句‘这是给 *mauri* 的’就行了，原因是为了防止今后什么也得不到。2. 狩猎结束之后，（猎手们）走出灌木丛开始烹制鸟肉保存油脂。有些鸟被单另拿出，在第二个火堆上烹制，来滋养森林的 *hau*。只有巫师能够享用第二堆火烹制出来的鸟，还有一些鸟用 *tapairu* 烹制专供女人食用。大部分的鸟用 *puuraakau* 烹制供大家食用……”（参见 Best，1909，pp.438，440-441，449f；仪式的其他细节见 1942，pp.13，184f，316-317。）

礼物与 *C* 交换，但是 *C* 交换给 *B* 的物品是由 *A* 送 *B* 的物品之灵（*hau*）带来的，因此 *B* 从 *C* 处的获益要归还给 *A*。这个循环见图 4.2。

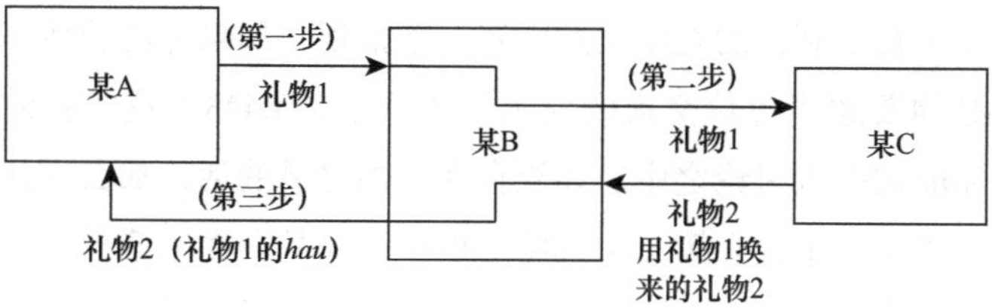

图 4.2　礼物循环之环

taonga 交换所展现的 *hau* 的意义和交换本身一样世俗。如果第二件礼物是第一件礼物的 *hau*，那么一件商品的 *hau* 就是其利润，正如森林的 *hau* 就是其生产力。实际上，如果假设塔麦提·拉纳皮里所指的礼物之灵是一种要求回报的力量，那么我们就低估了这位老绅士的智慧。否则的话，要解释这样一种礼物之灵只需要用两个人的交换就足够了：你给我一些东西，这些东西中的 *hau* 使我有了回馈的义务。就这样简单。而第三方的加入只会使解释更加复杂晦涩。但是如果不做如此精神性或互惠性的解释，而是把一个人的赠予当作受赠人的资本，那么借由此礼物所带来的收益就应当反馈赠予人，这样的话第三方的介入就是必要的了。必要之处正是在于有第三方才能实现**逆转**：礼物赠出去，受赠人借此而获益。为了揭示这一点，拉纳皮里在一开始就排除了等价交换，[1]就像 *A* 必须给 *B* 免费的

〔1〕　而且在贝斯特的翻译中，甚至重申了这一点："假设你有一件物品，你就无偿赠我。我们不做交易。"

礼物。而且，他还通过强调在礼物的接受和回馈之间，存在时间上的延迟来暗示这一点——“很久之后，那个人觉得他有了贵重的物品，他应该回礼给我”。正如弗斯观察到的，在毛利人中，延迟的回礼通常都比赠予的礼物贵重（1959a, p.422）；事实上在毛利人的礼物交换中有一条常规“如果可能的话，回报必须要超出等价交换的要求”。（同上，p.423）最终我们发现 *hau* 被引入讨论之中。如果存在礼物之灵的话，那么它并不存在于第一个人和第二个人的交换中，而是存在于第二个人和第三个人的交换中，从逻辑上讲，它就是礼物的利润。[1]“利润”包含的经济学意味和历史阶段对于毛利人来讲实难吻合，但对 *hau* 来说，则是一个比“灵”更好的翻译。

贝斯特提供了另外一个有 *hau* 出现的例子。重要的是，这一幕仍然是一个三方交易：

> 我委托 Rua-tahuna 当地的一个妇女帮我制作一件亚麻披肩。有个士兵想从这个妇女手中买走披肩，却被她一口回绝，因其害怕 *hau whitia* 所带来的灾难会降临于她。*hau whitia* 的意思是“*hau* 的转换被阻止”。（1900—1901, p.198）

这则趣闻和塔麦提·拉纳皮里的解释模型大同小异，理解起来毫无困难。贝斯特已经事先声明，这个披肩是他委托那个

---

〔1〕 弗斯引用了哥杰（Gudgeon）的讨论来说明这一点：“如果一个人收到了礼物并将其送给了另一个人，那么这种行为是得体的；如果他收到了回礼并将其回赠给最初赠礼给他的人，这就是 *hau ngaro*（被消耗的 *hau*）。”（弗斯，1959a, p.418）在这种情况下，第一个人没有即时收到回礼，这同样反驳了莫斯认为 *hau* 会怀念故里，拼命返回最初拥有者的观点。

妇女编织的，如果妇女接受了士兵的交易，她就会从披肩中获益，而贝斯特则一无所有。如果她挪用了属于贝斯特的物品；屈从了不正当获利这个魔鬼，就会感到“*hau* 的转换被阻止而带来的恐慌”。[1] 换言之，她就会为侵吞了 *hau* 而负罪——*kai hau*——在讲述这则事例时，贝斯特解释道。

> 如果我接受别人的物品，这件物品获益颇丰，而不回报这件物品的赠予者，这就是 *hau whitia*，我的行为就是 *kai hau*。于是我将面临死亡，因为巫术（*makutu*）致命的魔力将会降临于我。（1900—1901，pp.197-198）[2]

正如弗斯所观察到的，*hau*（即使解释为灵）自身并不带来伤害；巫术程序（*makutu*）必须由行动来实现。这则事例甚至也没有暗示，巫术是借助 *hau* 这个被动的媒介来实现的。因为贝斯特作为可能的受骗方，显然没有在这个交易圈中投入任何实物。总而言之，关于礼物之灵的不同文本有着完全不同的意味：拥有获益的物品并不危险，而是**不道德的**——因此在欺诈者可能受到道德谴责这个意义上才是危险的。“我自己保有获益的物品是**不正确的**，”拉纳皮里说道，“我将会**死亡**（生病

---

〔1〕 *Whitia* 是 *whiti* 的过去式。依据《H. 威廉姆斯字典》，*whiti* 的意思是：（1）横渡，到达对岸；（2）变化，转变，逆转，反向；（3）通过；（4）翻转，撬动（利用杠杆）；（5）变动。（Williams，1921，p.584）

〔2〕 贝斯特进一步的解释则步了莫斯的后尘：“好像你的物品侵染了一部分你的 *hau*，因此这一部分 *hau* 在交换中被传递到你接受的礼物之中，但如果我将第二件礼物赠给别人，*hau* 的传递就被阻止了。”（1900—1901，p.198）这样“好像似是而非”。从贝斯特的解释中，我们就像加入到一种民族志的民俗语言学游戏中，发现这很可能成了一个四方游戏。

或者死亡）。”

在我们面对的毛利社会中，人们能够自由借助他人的投资而获利，而无须经过我们认为的交易关系和交换形式。这里就包含了拉纳皮里经济寓言中的道德性。在他的故事中，人们之间的交换不仅是互惠的：礼物不但需要合适地偿还，而且必须被正确地偿还。[1]这种解释与《H. 威廉姆斯字典》（1921）这本毛利语字典中罗列的，*hau* 的若干解释不谋而合。*hau* 作为动词，意思是“超越、富余”，例如句子 *kei te hau te wharika nei*（“这条垫子比所需要的长”）；同样，*hau* 作为名词，意思是“富余，测量外的部分”。*hau* 还意味着“财产，战利品”。还有一个词 *haumi*，是个衍生词，意思是“加入”，“通过追加而延长”，“接受或者储蓄”；作为名词则意味着“用于延长独木舟的那一部分木材”。

以下是塔麦提·拉纳皮里那一段著名而费解的关于 *taonga* 之 *hau* 的真正含义：

> 我将仔细解释给你听。现在，你将所拥有的一些贵重物品赠给了我，我们不谈论报酬。然后，我又将你的礼物转赠给他人，很久之后，接受我礼物的人认为他有了贵重之物应当偿还于我，于是给了我。接着，我所接受的贵重之物是之前（你）赠予我的贵重之物（的 *hau*）的产物，我必须还给你。我自己保有贵重之物是不正确的，无论好坏与否，贵重之物必须从我手中转移给你。因为这件贵重

---

〔1〕该句意为：毛利社会的礼物交换不但需要互惠（一般理解的等价交换），归还中更要加入增殖的部分，这样才是正确的偿还。——译者注

之物是另外一件贵重之物的 *hau*，如果我扣留，我就会生病［甚至死亡］。

宕开一笔：毛利巫师的学徒

但是，我对物体之灵的这般理解，仍然难逃诟病——挂一漏万，忽略了总体语境。关于礼物以及献祭的篇幅，也只是更大主题的一部分，要完全理解清楚，还需要对贝斯特从拉纳皮里口中得到的 *mauri*（1909，pp.440-441）做进一步的研究。的确，把 *mauri* 这个特殊的前提放到现在来讲是有一定原因的。因为它极其晦涩、秘不示人，并且主要与死亡咒语的本质和传授相关，表面上看，它和交换完全无关：

mauri 是一种咒语，借助某一物体，例如石头、树木或是其他被巫师（*tohunga*）认定为 *mauri* 的"附身之处""安身之所""栖身之地"来施咒。诸如此类的物体被用于"导致破碎"（cause-to-be-split）仪式，然后被放置在森林中某个隐秘之所。*mauri* 相当于一种禁忌。但并非整个森林都如 *mauri* 附身之处一样成为一种禁忌。导致破碎的咒语能够带来碎裂。如果一个人从巫师那里学会了某些咒语，例如魔咒，或者放置 *mauri* 的咒语，或者其他的一些毛利咒语。当他学会了之后，巫师就会对这个人说："现在，朝着那里，施加'导致破碎'咒语！"即朝着石头施咒使其碎裂，就会导致他人死亡或者其他的结果。如果石头碎裂了，而且有人死亡，那么这位学徒所施的咒语就是玛那（*mana*）。如果在"导致破碎"咒语之后石头没有碎裂，或者没有人死亡，这时的咒语就不是玛那。咒语

> 的魔力将会折返从而杀死学徒。如果巫师年纪很大濒临死亡，巫师就会对其徒弟说，将“导致破碎”的咒语施与自己，即巫师本身。如果巫师死亡，其所教授的咒语就是灵验的，并成为玛那。学徒死里逃生，在预期的时间，将会希望放置*mauri*，并且他也有能力在森林中、水中或者鱼坝的柱子上等被称为*pou-reinga*的地方放置*mauri*。魔咒没有灵验于外物对于学徒来讲是不利的，不论破碎是由自然力引起的还是由魔力导致的，只要石头完全破碎就很好。这就是“导致破碎”。（毕盖斯的译文）

先前对于礼物交换和仪式性交换的解释，无疑使我们难以理解这部分的深刻含义。这段文字所叙述的交换，常常会被肤浅的研究解释为，类似*taonga*交换和“滋养*hau*”的行为。巫师传授给学徒的咒语，最终借助另外一样物体施于巫师本身，并且由此加强了咒语的魔力。拉纳皮里的三段叙述，很清楚都是同一个主题的不同变奏，最终不是在内容上，而是在相同交换结构上实现了三者的统一。[1]

这一段话显然得到了贝斯特先前所提供资料（1959a，pp.1101-1104）的支持，也经弗斯得以详细解说（1959，pp.272-273）。弗斯比较了毛利人传播巫术的习俗和美拉尼西亚的普遍做法，令他诧异的是，毛利人没有回报老师的道德和义务。在毛利人看来，给老师的报酬将会削弱咒语的魔力，甚至会使其完全失效——只有一种情况例外。能够施展最高禁忌黑色巫术

〔1〕当然，在三段叙事的转换中也有一个过渡来衔接，在巫术和仪式的叙述中，对于巫术的描述以*mauri*作结，它同时又是仪式交换叙述过程中的主要元素。

的巫师能够得到报酬——但是需要一个**替罪羊**！他的学徒必须杀掉一个亲属，将其献祭给掌管咒语的神明，这一行为恢复了礼物系统的平衡。（Best，1925a，p.1063）或者还有一种可能，随着巫师逐渐老去，这种导致死亡的知识将会反作用于他——任何知识性的仪式都如此。贝斯特对这些风俗习惯的描述与其对礼物的叙述异曲同工，开始时都提到不需报偿这一点：

> Tuhoe 和 Awa 部的老人们这样解释：巫师在教授学徒的时候是不能索取报酬的。否则的话，学徒学到的巫术将会毫无效力。他无法通过巫术将人杀死。但是，如果你跟我学艺，那么我会告诉你如何恢复你的法力。需要付出什么样的代价才能够学到法术，比如——“要学会法术，激发魔力，必须杀死你的父亲”，或者你的母亲以及其他的亲属。如此一来，你的法力就会显灵。巫师会像这样提醒学徒将付出的代价。巫师会选择学徒的一位亲属作为其最大的牺牲。这位亲属，很可能是学徒的母亲，将会被带到学徒的面前，由他通过法力杀死她。在某些情况下，巫师会让学徒杀死巫师自己，因为他已经濒临死亡。……“学徒的代价是损失一位亲属，正如购买商品所付出的支出——二者有相同的目的。*Hai aha*!”（Best，1925a，p.1103）

了解了这些细节，拉纳皮里文本中三段叙述的形似之处就已一目了然了。巫术的传授过程，正如贵重之物的交换过程以及鸟的献祭，已经排除了对礼物的直接偿还。在每个例子中，互惠都要借助第三方进行。所有个案里的中转，都会为最初的礼物增加一些东西：从第二个人转给第三个人的过程中，第一个人送给第二个人的礼物被赋予了新的价值和效力。无论如何，如果这个交换的循环不完整，第一个受赠者（中间阶段）会受到伤亡的威胁（*mate*）。确切地讲，在对于巫术的叙述中：巫师教授学徒咒语，而学徒作法于一个替罪羊，如果学徒成功的话，他的法力就会被加强——“学徒的咒语成为玛那”——如果失败的话，他自己将会死亡；这个替罪羊作为巫师的报酬属于巫师所有。另一种可能是学徒将其强大的咒语施于年老的巫师，即是学徒杀死巫师。这个循环见图 4.3。

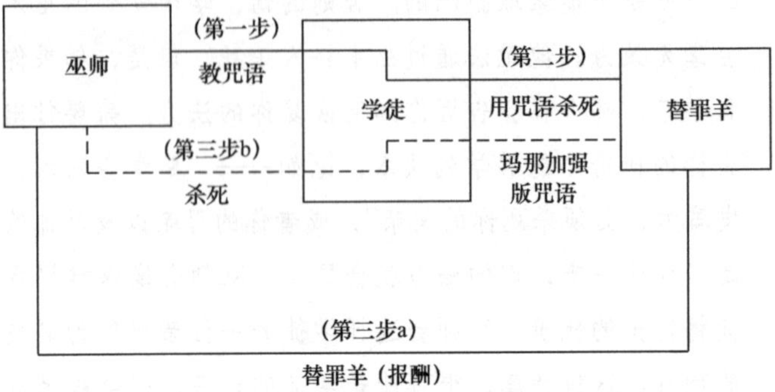

图 4.3　咒语循环之环

hau 更重要的意义

现在回到 *hau*，我们显然不能仅从世俗意义上来理解这个词。如果我们把交换循环中贵重物品的 *hau* 理解成不断增长的价值，由一件具体物品带来的具体产出，那么还有这些具有精神意志的森林之 *hau*、人之 *hau*，又做何解？又何谓精神意志？对此，贝斯特的很多评论表明，作为灵力的 *hau* 和作为物质回报的 *hau* 之间，并不是毫无瓜葛的。将二者放在一起，才能对神秘的 *hau* 有更深入的理解。

从一般万物有灵论的角度一望而知，*hau* 并不是灵力。贝斯特对此解释得很清楚。一个人的 *hau* 完全不同于他有感应能力的灵 *wairua*——一般人类学意义上的“灵魂”。我援引贝斯特对 *wairua* 最易于理解的讨论之一：

> 毛利人所用的术语 *wairua*（灵魂）正是人类学家所用的术语灵魂，即死亡时离开人体的鬼魂，或者回到鬼魂的世界，或者流连于人世间曾经的家园。*wairua* 一词意味着影子，或者是实际不存在的影像；偶尔也用于指倒影，因此也被用来命名人类有生气的灵魂……*wairua* 可以在人生前离开其寓居的身体；人们在梦中来到远方或者见到来自远方的人就是灵魂出窍的缘故……*wairua* 是一个有感应能力的灵；在人们睡觉时离开人体，在危险或者恶兆来临前以梦的形式警告人们，高级土著巫师会告诉人们 *wairua* 存在于一切事物中，甚至存在于树或者石头这样所谓的无生命体中。（Best，1924，vol.1，pp.199-301）[1]

另一方面，*hau* 更多属于交感论（animatism）而非泛灵论（animism）[2]。例如它常常和 *mauri* 相互呼应，而且在民族志学

---

〔1〕莫斯简单地将 *hau* 翻译为灵，并认为交换只是一种朋友间的联系，这至少是不精确的。与之相反，贝斯特反复强调 *hau*（以及 *mauri*）与 *wairua* 之间的区别，因为前者会随着死亡而消逝，不像 *wairua* 一样，能超脱肉体死亡的痛苦。但贝斯特此时觉得，人之 *hau* 在巫术中的物质表现孰难辨认，所以他选择性地认为一部分在巫术中出现的 *hau* 是可以离开躯体的，而这些不是“真的” *hau*。

〔2〕通常二者都被翻译为万物有灵论，但在英文中二者有细微的差别：前者指万物，生物以及非生物，都有共同的精神品质因而能够沟通；后者指万物，生物以及非生物，都存在灵魂因而能够沟通。——译者注

者的文本中二者也很难区分。弗斯也不奢望用准确的定义，将贝斯特重叠交织的概念区分开来——“最杰出的民族志专家定义的 *hau* 和 *mauri* 边界模糊，使我们只得认为，二者在非物质层面上几乎是同义词”。（Firth，1959a，p.281）但弗斯也提醒我们，其中的差异时常出现。当 *mauri* 与人有关时，更具有能动性，它“随我们而动”。对于土地和森林来说，“*mauri*”常常被用作无形之 *hau* 的有形化身。然而“*mauri*”显然也能指代土地的纯粹精神存在；另一方面，人的 *hau* 也可能有实在形式——例如在巫术中使用的头发、指甲等。我并不要厘清这些语言和宗教的谜团，这些谜团充满了毛利人的“神话精神和不精确的判断”。而我所要强调的是，在 *hau* 和 *mauri* 这一对词，与 *wairua* 之间，存在着明显而深刻的区别，这就能让我们分清塔麦提·拉纳皮里叙述中提到的这些词。

hau 和 *mauri* 作为一种精神意志只和生殖力相关。贝斯特在谈起此二者时，常常将其视为“生命原则”。在他许多观察中发现，生殖力和生产力是“生命力”的基本要素。比如（下面引文中的粗体是作者要强调的）：

> 土地的 *hau* 是其生命力、**繁殖力**等，还有一个品质我们只能够用威望来表达。（Best，1900—1901，p.193）

> *ahi taitai* 是一种圣火，围绕圣火展演仪式，借助此来保佑生命要素，以及人、土地、森林、鸟等的**生殖力**。这据说就是 *mauri* 或家的 *hau*。（p.194）

> ……当哈贝（Hape）踏上去南方的路途时，他随身

带上甘薯（*kumara*）的 *hau*，或者，有人说他随身带着甘薯的 *mauri*。*mauri* 的可见部分是甘薯的茎，这也代表 *hau*，也就是甘薯的生命力和**生殖力**。（p.196；参见 Best，1925b，pp.106-107）

我们已经注意到森林的 *mauri*。我们已经知道它的功能是保护森林的**生产力**。（p.6）

实际的 *mauri* 用于农业；它们被放置在庄稼生长的田野中，人们都坚定不移地认为，这会给生长中的农作物带来有利影响。（1922，p.38）

现在，*hau* 和 *mauri* 不仅存在于人类中，同时也存在于动物、土地、森林甚至村落家庭中。因此，森林的 *hau*，或者说生命力、**生产力**，需要借助某些特殊仪式小心呵护……因为没有 *hau* 就没有**生殖力**。（1909，p.436）

任何生物和非生物都拥有生命要素（*mauri*）：没有生命要素就没有东西能够**滋生**。（1924，vol.1，p.306）

因此，事实上我们已经假设了，森林的 *hau* 就是其生殖力，正如礼物的 *hau* 就是其物质生产力。就像在世俗交换的语境中，*hau* 是还礼，而作为精神意志的 *hau*，就是生殖力。在前者和在后者中一样，最初的投入就被视为源头，而获取的利益需要返还投入者。这就是塔麦提·拉纳皮里的全部智慧。

毛利人用他们已知的观念来理解“万物的发生”，一切就好像他们生产的原则 *hau* 一样。*hau* 无法分类，既不属于“精神性”领域，也不属于“物质性”领域，但同时可以适用于这两个领域。当毛利人谈到贵重之物，就认为 *hau* 是具体的交换产物。当毛利人谈到森林，*hau* 就是导致鸟被捕获的力量，虽然无形却被人膜拜。但毛利人在任何情况下都会对 *hau* 做出如此“精神性”和“物质性”的区分吗？难道不正是 *hau* 这样一个“不精确”的词语完美契合了这个“经济”“社会”“政治”“宗教”都毫无分化，融为一体，牵一发而动全身的社会吗？如果是这样的话，我们岂不应该再度反思莫斯的阐释？他很有可能把 *hau* 的精神意志理解错了。但在更深层次上他是对的。“万物的发生”都好像 *hau* 的观念一样。本段主题结束（*Kaata eenaa*）。

关于《论馈赠》的政治哲学

莫斯用人与人之间的交换，替代了人与人之间的斗争。作为礼物赠予者之灵的 *hau*，只是毛利社会历史背景下一个特殊的观念，并不能为人们之间的互惠提供最终的解释。下面我们要谈到的是社会无序和有序约定这样两种状态，讨论的范围会从政治社会的解读，一直到分散社会的调和。对原始社会来讲，《论馈赠》就像是一种社会契约。

像许多著名的哲学前辈一样，莫斯的讨论也始于原初的无序状态，在某种程度上，这个社会天然而质朴，但辩证看来，这种说辞有些言过其实。这个社会用交换来对抗战争。物的交换在某种程度上就是人的交换，而人的交换又常常被视为物来对待，而这正是有组织社会形成的基础。礼物意味着联合、团结和结盟——简言之，和平，这正是早期哲学家，著名的霍布斯在国家中发现的伟大道德。但是莫斯的原创性和说服力，在于他拒绝使用政治术语。人们之间第一次达成一致，并不是来自权威的力量或是统一的需要。用陈旧的契约理论来阐释论证初级酋长制度，未免显得刻板。社会契约的原始类比并非国家，而是礼物。

礼物是原始社会达成和平的方式，而在文明社会，和平需要国家来保证。传统的观点认为，契约是一种政治交换形式，而莫斯认为交换是一种政治契约形式。他著名的“全面给予”（total prestation）[1]观点就是一个“全面契约”，其在《民族志手册》（*Manuel d'Ethnographie*）中就被描述具有这样的效果：

> 我们要区分两种契约，一种是全面**给予**，而另一种契约只有部分**给予**。前者就是澳洲已经发现的那种；在波利尼西亚的大部分地区……以及在北美也有发现。对两个氏族来说，全面给予表现在一个永恒的契约中，即每个人的一切都归于氏族的其他成员，以及相对另一个氏族的所有人。这个契约的永久性和集体性使其成为一个有效的契约，并通过与另外一方比拼式的财富炫耀而加强。给予延伸到一切物、一切人以及所有时期……（1967，p.188）

〔1〕全面给予：莫斯在《论馈赠》的导论部分就已提出了这一概念，提到“这一现象表面上看去具有自愿性、自由性和无偿性，而事实上，并非如此，其常见的表现形式为慷慨馈赠”。同时还是物品与赠予者，及其所在群体的等同。——译者注

社会契约除了礼物交换，随之而来的还有一项全新的政治意图，这是孕育社会契约的政治哲学未曾想到，也未曾预见的，对社会与国家而言，也是完全陌生的。对于卢梭、洛克、斯宾诺莎、霍布斯来说，社会契约首先是社会的公约。契约是一个团体的共识：立于团体中所有个体之上的超人，将分裂和敌对的小群体整合成团体，这样才能实施个体交付的权利，从而保证全体的最大利益。不过这样的话，就需要制定某种形式的政治结构。社会的统一，终结了个体间各行其是的争斗。于是，就算统治者和被统治者间建立的公约，只是像在中世纪或者更早时代的约定，而非一种政府契约，就算地方统治者与哲人们的设想有很大差距，所有人都要遵从哲人们提到的社会契约，这就是国家制度。也就是说，所有人都被契约异化，因为契约意味着一个特殊的权利：私人权利。尽管所有的哲学家都在论述其包容性，但这个追加条款才是契约的核心：私人权利的交付是为了保证公共权益。

然而，礼物的意义不在于组织社会之为团体，而在于联系分散的群体。互惠是一种“彼此间”的关系。它并不会将分散的群体，熔融于较大的社会整体，相反，在彼此间联系的同时加强了分离。同样，礼物交换强调约定双方的利益，不会为较大社会整体的利益所动。更重要的是，礼物不会削弱各自的权利，因为礼物只随人们的愿望而来，而不具权力企图。因此，莫斯所理解的和平状态——也是原始社会实际存在的状态——在政治意义上不同于古典契约论所预想的和平状态，那种和平有时甚至是因恐惧而产生的服从关系。赠礼的慷慨除了带来荣耀，并没有牺牲人们的平等和自由。群体之间因交换而结盟，相安无事，而非惴惴终日。

虽然我一开始就提到霍布斯（我在讨论《礼物》时，尤其是拿《利维坦》[1]做对比），但很明显莫斯在情感上更接近卢梭。莫斯在讨论分散群体形式时，他的原始社会回归了《论人类不平等的起源》的第三阶段，而非霍布斯式自然状态下激进的个人主义。（参见Cazaneuvc，1968）同时，莫斯和卢梭都看到了社会性（social）的反面，他们的解决方式都是群体性（sociable）。对莫斯来说，交换“延伸到一切物、一切人以及所有时期”。而且，在赠予的同时，个体赠出了自己（*hau*），每个人在精神上都属于其他人。换言之，谜一样的礼物更接近下面引文中那个著名的契约，“我们每个人都以其自身及其全部的力量共同置于公意的最高指导之下；并且我们在共同体中接纳每一个成员作为全体之不可分割的一部分”。[2]

但是，如果说莫斯是卢梭在精神气质上的传人，那么作为政治哲学家，他更像霍布斯。当然不用说他和这位英国人的历史渊源，仅仅是从二者分析中惊人的一致性就可一窥堂奥：二者都认为自然政治状态是一种权力的广泛分散，只有借助理性才能摆脱这种状态，也都认为只有通过文化进步才能推动人类发展。通过与霍布斯的比较，《礼物》一书所隐藏的主题似乎显露了出来。而且，讨论的“意义”恰好就在于二者都对原始整体提出了基本的认识，不同之处在于，莫斯对社会进化的认识有了巨大的进步，这使得下面的讨论变得饶有生趣。

---

〔1〕《利维坦》的引文全部来源于埃弗里曼（Everyman）的版本（New York: Dutton，1950），因为他的译本保留了古典拼写，胜过通常引用的摩斯沃斯（Molesworth）编辑的《英文著作》（*English Works*，1839）。

〔2〕该句引自卢梭的《社会契约论》（第一卷·第六章），原书未标注引文出处。——译者注

《礼物》和《利维坦》[1]的政治视角

从莫斯的角度来看，社会的深层结构是战争，霍布斯也是这么认为。这从某种特别的意义上讲，是非常社会学的说法。

“每个人反对每个人的战争”，这个宏大的表述遮盖了其模糊的一面；至少在坚持人类天性的作用时，霍布斯忽视了同样重要的社会结构。霍布斯所描述的自然状态，同时也是一种政治秩序。他预设了人类的权力欲望和暴力倾向，但是同时也描写了人类对于权力的分离和使用权力的自由。《利维坦》的叙述从人类心理状态过渡到原初状态，因此既是连续的也是断裂的。它告诉我们自然状态只是人类天性的**衍生物**，但同时也告诉我们，事实上，从人类心理来推导人类政治是无法至详极备的。每个人反对每个人的战争，并非由于人们对力量使用不当，而是**权力**的本质使然，不仅是某种倾向所致，更是权力**关系**俨然，不仅是对至高权力的向往，更是一种社会控制的选择，不仅是人们具有竞争的本性，更是人们注定对抗。自然状态已然是一种社会类型。[2]

到底是何种社会类型？依据霍布斯的观点，这是一个没人统治的社会，没有“使所有人产生敬畏的公共权力”。从积极的方面讲，这个社会中发起战争的权力，被每个成员分头占有

---

〔1〕本章所引《利维坦》相关段落译文，参考黎思复、黎廷弼译，《利维坦》，北京：商务印书馆，2002年。——译者注

〔2〕从麦克内利（McNeilly）最近的分析中可以看出，尤其与早期的《自然法的要素》（*Elements of Law*）以及《论公民》（*De Cive*）相比，《利维坦》中的这一观点相当睿智，按照其逻辑，在《利维坦》的论述中，霍布斯逐渐抛弃了其早期强调的人类冲动的满足机制这一论调，完成了向（统治缺失的情况下）人际关系理性化探讨的转变。“霍布斯试图从某些人类个体的天性中（非常令人疑惑地）得出政治性的结论……而在《利维坦》中，就表现为对个人**关系**之**形式**结构的分析。”（McNeilly，1968，p. 5）

而约束。但这点需要强调：是权力被约束，而非战争被约束。霍布斯自己就已强调，他在一篇重要的文章中，把战争的本质提升到政治结构的高度，战争已经不是人们的暴力争斗，而是**一段时间**无法改变的状态，战斗的意图在这段时间被人们普遍相信：

> 因为战争（Warre），不仅存在于战役，或战斗行为中；而且也存在于战斗意图被人们普遍相信的时候：因此，时间的概念也要考虑到战争的性质中去；就像考虑天气状况一样。因为恶劣的天气不是下一两次雨；而是多日来的一直会下雨的总态势；因此战争并非实际的战斗，而是一种趋势，是长期无法改变的战斗的意图。其余的时段里是和平时期。（Part I，Chapter 13）

霍布斯很频繁地使用一个古老的拼法，“Warre”（战争），这使我很乐意拿它来发挥一下，把它当作一个固定的政治形式。再次强调，战争的关键特征是暴力的自由使用：每个人都能够借助暴力来实现其更大的追求和荣耀，同时借此防范其人身和财产安全。霍布斯认为，除非将这种个体的暴力束缚于公共权威，否则将永无和平；尽管莫斯发现了礼物，一个可以维护和平的机制，但是两者都认为原始秩序是没有法律的；也就是说每个人都可以将法律玩弄于股掌之中，因此人类与社会将永远处于以暴力收场的危险之中。

当然，霍布斯并没有将自然状态严格视为一种经验事实，一个真实存在的历史阶段——尽管今天仍有些人“生活于丛林法则之中”，例如，美国很多地方的原始人，只为了满足小家庭的欲望而忽视了政府。但是如果自然状态不是历史，它又是如何被建构出来的呢？

依据伽利略的逻辑：一个思想在复杂表象中，如果没有受到外界因素影响，就会像不受外力的物体一样一直移动。这个比喻很贴切，但是忽视了复杂表象之下的张力和层次，同样对于霍布斯或者莫斯而言，这个判断可能有失公允。如果人们“紧锁大门，防范他人”，如果王公们“永远都在妒火中烧”，那么“战争”状态确实可能存在。但是即使“战争”状态曾经存在，也需要依靠想象来复原，因为人们会**制造**出各种表象来抑制、遮蔽、否认真相，就像对待一种无法忍受的威胁一样。因此这种分析不是实际对隐藏结构的探求，而是以一种近似心理分析的方式来想象：把外在的行为伪装、变形为事实的反面。〔1〕因此，对于原初状态的推演并不是经验事实的直接推论，但仍然与经验事实相符，因为它是经验事实在不可观察的层面上的投射。这里的真实和经验事实是相反的，所以我们不得不将事物的表象，理解为对于真相的否定而非准确的表述。〔2〕

对我而言，莫斯就是这样，将其关于礼物的普遍理论，奠

---

〔1〕事实的反面：比如霍布斯提到的“战争”状态，就可能是“事实的反面”，但在分析过程中，可以（如后文）假设“战争”一旦出现，会出现若干不利结果，所以人类不会放任“战争”肆虐，于是推导出人们遵循“自然法”，而“战争”没有实际出现的结论。实际上，这只是早期政治学者常用的说明、推演方式之一。——译者注

〔2〕该句意为：霍布斯之类的早期作家，都惯常使用“反之（若不然），则……”这样的反正法推导；他笔下的“（真实的）自然状态”则是将不可能的情况演绎至极致，这样才突出现实之可贵，所以和“经验事实是相反的”。本章是全书唯一缺少经验民族志支撑的部分，所以作者对其中所涉及的逻辑演绎尤为谨慎。——译者注

基在原始社会某种并不可靠的本质上——但也正是因为，这种本质与礼物机制恰好相反。此外，它还有一个相同的社会本质：战争。原始秩序是一个精心设计的契约，它依据利益关系和强弱对比来划分群体，掩盖了其内在的脆弱性，“像美国很多地方原始人一样”的氏族群体，要么卷入纷争，要么逃避纷争。当然，莫斯的讨论并非以霍布斯式的心理学原则开端。他对于人类本性的定义当然与“永不停歇、至死方休的权力欲望”[1]有所不同。他对社会本质的定义，是一群乌合之众与另一群体之间借助战争来满足竞争本性，而且永无宁日。在这样的语境下，*hau* 只是一个附属性的命题。这似乎想让民族学家接受，土著的理性是礼物赠予的原因，但是依照《礼物》的理论框架，带来互惠这个深层需要的理性源于战争的威胁。*hau* 所蕴含还礼的迫切，恰好对应、弥补了社会群体间的排斥。物的吸引主导、推动了人们之间的吸引。

与 *hau* 相比，《礼物》中对于战争的论述并不引人入胜，也不够明确有力，但是战争这个字眼却反复出现。战争被包含在前提预设之中，即莫斯自己创造的概念“全面给予”：那些交换，“似乎披着自愿的外衣……但实际上是一种严格的义务，**建立在私人或者公开的战争创痛上**”。（1966，p. 151；粗体是作者要强调的）同样：“拒绝赠予或者错过邀请，和拒绝接受一样，是一种宣战；因为这是拒绝结盟与联合。”（pp. 162-163）

---

〔1〕莫斯确实留意到，在某些礼物交换的时期，“人类行为的根本动力：同性个体之间的比拼，男人‘根深蒂固的控制欲’本性，部分缘于社会性，部分动物性，部分则是心理意义上的……”（1966，pp.258-259）但另一方面，正如麦克弗森（Macpherson，1965）所说，霍布斯对于人类本性的定义来自于他惯有的资产阶级意识，莫斯却恰恰相反。（1966，pp.271-272）

也许这样扭曲了莫斯对于夸富宴的赞赏，认为夸富宴是对于战争的升华。让我们直接进入《论馈赠》的总结部分，战争与交换之间的对立阐述得充分而清晰，首先体现在松山歌舞会[1]（Pine Mountain Corroboree）的隐喻中，最终在总结中再次表现出来……

> 我们以上描述的所有社会，除了欧洲社会，都是分散社会。即使是印欧语系社会，包括“十二铜表法”确立前的罗马，近晚才出现的日耳曼民族社会——俟古老的《埃塔》出现——直到有古典文献的爱尔兰语社会，所有的社会都是建立在氏族，或者至少是大家族的基础上，对内基本不可再分，对外相对孤立。所以这些社会现在或者曾经，都与我们所谓的统一相去甚远，也与那些半吊子历史研究所谓的统一体截然不同。（1966，p. 277）

从下面这一段论述中可以看到，夸大的恐惧和敌意，以及夸张的慷慨同时出现：

> 在部落庆典中，或者在对立氏族或家族的联姻或者成人仪式上，不同的群体相互拜访；在某些更高级的社会——有明文规定的“好客”之礼——为友谊而结约和与神缔约保障了“市场”与市镇的“和平”；在很长时期与很多社会中，人们面对彼此时都会怀着一种怪异的心理，

〔1〕松山歌舞会：澳洲昆士兰中东部松山地区土著，为庆祝部落胜利等活动，于夜间举行的歌舞庆典。——译者注

夸大的恐惧和敌意混合着夸张的慷慨，人皆谓之疯狂，而自己却浑然不知。（p. 277）

于是，人们“达成协议”（*traiter*），这个令人振奋的字眼，既意味着和平也意味着交换，乃是原始契约的完美典型：

所有社会，无论是比我们先进的社会，还是和我们水平相同的社会，甚至是在我们自己社会的公共道德中，没有折中之路：要么完全信任，要么完全不信。一个人放下武器，弃绝巫术，慷慨款待，送出一切甚至女儿和商品。只有在这种情况下，人才能放下自我，学会赠予和回赠。如此之后他们就别无选择。两队人马相遇只能撤退——或者也可能相互怀疑甚至抵抗，战斗——或者就是达成协议。（p. 277）

在文章的结尾，莫斯已经离波利尼西亚神秘的森林越来越远，*hau* 隐晦不明的力量已被遗忘，取而代之的是对于互惠性的解释，并以一个普遍理论作结，这是一切神秘性和独特性的反面：理性。礼物是一种理性。是人类的理性对愚蠢战争的胜利——

通过理性和感性的对立，通过对和平的向往与突发的暴行对立，人们成功地用结盟、礼物、贸易替代了战争、孤立和故步自封。（p. 278）

我不仅强调“理性”，同时也强调“孤立”和“故步自封”。在组织社会的过程中，礼物机制是文化的解放力量。分散社会永远在对抗和解体之间波动，因此是野蛮和静止的。但是礼物是一种进步，以下是礼物最大的优点——这也是莫斯的终极诉求：

> 任何社会的进步在于这个社会本身，其亚群体以及个体成员能否用赠予、接受和还礼来稳定彼此间的关系。为了交易，需要放下武器。然后人们就能进行物品和人的交换，交换不仅发生在氏族之间，也发生在部落之间，国家之间，最重要的是，发生在个体之间。只有这样，人们才能创造，互惠互利，最终不再需要借助武器来防范。正是如此，氏族、部落和人们才学会了——明天的现代社会所谓文明的阶层、国家以及个体必须学会的——相互对立，并不意味屠杀，彼此给予，也不必牺牲自己的利益。（pp. 278-279）

霍布斯所谓自然状态下的“种种不便”也同样缺乏进步。社会亦然静止不前。霍布斯非常明智地预见了另一种民族志。他认为，没有国度（国家），缺少整合和控制机制，文化就只能停留在简单的原始阶段——就像在生物界，直到中枢神经系统出现，有机体才能分化发展。在某种程度上，霍布斯甚至超越了现代民族志，虽然不是有意为之，他也没有试图对其结论给予严密论证，但“原始”到“文明”的进化痕迹，依然能从他论述的国家形成过程中发现，同时，霍布斯著名的进化过程揭示了进化之利，否则人类将是危险、野蛮而粗俗的。霍布斯至少对不进化的坏处，给出了一个功能性的论证，并且证明量变将会引起质变：

> **战争带来种种不便**。因此每个人反对每个人的战争时期的后果；也会出现在人们没有安全保障，只能靠自己的力量和发明来保障自己的时期。在这种情况下，没有产业的立足之地；因为其成果无法保证：因此土地无法耕种，海洋无法航行，海洋带来的货物也无法输入；没有宏伟的建筑；没有交通工具，因此移动一件物体需要付出很大的力气；没有地貌的认识；没有计时系统；没有艺术；没有文字；没有社会；最糟糕的是，持续不断的恐惧和暴力死亡的威胁；人的生命将变得孤独、贫困、卑贱、野蛮而且短暂。（Part I，Chapter 13）

霍布斯和莫斯的相似之处在于，人们试图逃避危险与贫困：依据霍布斯所说，人们固然是感性居多，但行动之中却颇为**理性**。人们深罹财物剥削的威胁，暴力死亡的惊吓，自然倾向使用理性，"在和平所带来的种种便利下，人们会达成协议"。因此霍布斯著名的自然法（Law of Nature）就是为自我保存，而对理性进行的探讨，其首要而根本的就是"**寻求并维持和平**"。

> 因为人类处在（在先前的章节中已经阐明）每个人反对每个人的战争中；每个人都被自己的理性所驱使；为了保护自己的生命不受敌人威胁，没有一样东西不可利用。但同时，在这种状况下，每个人对于每件物，甚至彼此的身体都享有权力。因此，只要这种蔓延至一切物的自然权

力存在，对于人类来讲就没有安全（不论他多么强壮和聪慧），人类就无法生存，尽管自然是允许人类生存的。因此，这就是理性律令，或者说普遍的理性法则，**每个人都应该努力追求和平，直到最终能够保有和平；否则，他将会找寻并利用战争所能带来的帮助和优势**。自然法首要而根本的法则是，寻求并维持和平。（Part I，Chapter 14）

霍布斯甚至预见到，由礼物所带来的和平的重要性。而且在第一自然法之后还有其他十八条自然法，所有这些自然法都是为了实现找寻和平这一律令，从第二自然法到第五自然法，都是建立在同样的和谐原则上，其中礼物也是其最具体可行的表达——同样建立在互惠的基础上。因此其在结构上与莫斯异曲同工。霍布斯至少在这一点上认为，要结束战争既不是通过一个人的胜利，也非所有人的投降，而是**相互让步**。（道德的重要性很明显，莫斯也会强调这点，但是从理论上讲，这与后来的进化论——霍布斯也曾对此做出过贡献——所强调的社会权力与组织活动背道而驰。）

我们可以将礼物交换和霍布斯的第二自然法放在一起，对互惠进行深层类比，“**如果一个人愿意，而别人也愿意，为了生存，为了和平，为了自我保存，会自愿放弃这种对一切事物的权力；并满足于他人所给的自由，同时也给予他人同样的自由**”；第三自然法，“**人们必须履行所订信约**”；第五自然法，“**每个人都竭尽全力使自己适应他人**”。然而在所有自然法之中，第四自然法最接近礼物的本质：

第四自然法，感恩。正义取决于事先存在的契约；**感**

恩则取决于事先存在的恩惠，取决于前人的大方，也就是先前的纯馈赠：这就是第四自然法。可以如此想象其形式：**确保当别人接受其慷慨施舍后，施主不会因任何原因而后悔自己的慈善**。因为没有人在赠予的同时怀着盈利的目的；因为礼物是自愿赠予的；在所有的自愿行动中，赠予的物品都是自己的，如果一个人因为不能收到回礼而愤恨，就永远不会有善良和信任；因此也不会有互惠互助；也不会有人与人之间的和谐；结果人们就只能依旧生存在战争状态下；这恰与第一自然法相悖，那条首要而根本的法则，就是要求人们寻求和平。（Part I, Chapter 15）

这两个哲学家之间有着密切的关联：即使不特别提到礼物，也至少都将互惠视为原始的和平模式；即使这种观点更像霍布斯而不是莫斯的，二者都对人们的理性目的卓有共识。此外，他们的相似之处还表现在消极意义上。霍布斯和莫斯都没有完全相信纯粹理性的效力。二者都同意，以理性来对抗深刻的敌对状态，不足以保证契约的确立，这在霍布斯的观点中更为明显。因为霍布斯曾坦言，即使自然法是理性本身的化身，其也与人类内在的欲望相左，除非被迫执行，否则人类无法不懈地遵守。另一方面，只有自己遵守而不能确保他人遵从，也是于理不合的；因为如此一来，善良的人们沦为鱼肉，而强梁们悍然刀俎。正如霍布斯所说，人类不是蜜蜂。人类会不倦地追逐荣誉和尊严，失去了这些便会滋生仇隙、嫉妒甚至战争。“没有宝剑捍卫的约定只是一纸空文，无力确保人类的安危。”以致最终霍布斯不得不走向这样的悖论：自然法不可能存在于精心设计的社会组织结构之外，不能脱离国家而存在。[1]自然法只有借助暴力和权力认可的理性才能确立。

我再次强调霍布斯在论述过程中的政治特征。国家终结了自然状态，但没有改变人类的天性。人们同意放弃武力（除非是自我防卫），将其所有的力量集中于统治者，并由统治者来保证其生活及生存。霍布斯在关于国家形成的定义中，再次显现出现代性的一面。从根本上构成国家，而不仅是原始秩序的普遍分化的，是公共权威在社会结构上从整体社会中的分离，还是制裁性力量威慑在社会功能上的保留（军事独裁）？

> 要建立对外能够用以抵御外辱、防止相互伤害，并保证生命财产安全，对内能够发展产业、繁荣农业，并以此保证衣食无忧的公共权力的唯一方式，就是将所有人的权力和力量交付一个人，或者一个团体，将所有人的意志和多样的声音变成一个意志。这也就是说，指定一个人或者一个团体，来担负所有人；每个人都承认授权那个将要代表自己的人，去行动，或命令他人做出行动，保证和平以及公共安全；因此所有人的意志都服从于这个人的意志，所有人的判断都服从于这个人的判断。（Part I，Chapter 17）

但是莫斯消解战争的方式具有历史价值：他修正了经典

〔1〕霍布斯的悖论在于："自然法"不能在"自然"中存在，却要在有组织的社会中确立，谈何自然！——译者注

契约理论[1]所依据的，从混乱到国家、从野蛮到文明的简单过程。莫斯在文中展现了一系列原始社会的一般形态，这些社会不仅具有一定的稳定性，而且不用威慑来保证秩序。但莫斯也不敢单纯以理性来解释这一点。也许他的解释也只是一种后见之明，在看到由礼物所带来的和平后，他才想到这种原始智慧。因为原始社会关于礼物的理性，和莫斯先前对于 *hau* 的论述完全相反。[2]霍布斯的悖论在于要在人为之中实现自然（理性）；而莫斯的悖论在于理性披着非理性的外衣。交换是理性的胜利，但是如果没有体现赠予者的精神（*hau*），就不会有回礼。

最后再来谈谈《礼物》的命运。莫斯以降，人类学在对待交换的时候变得更加理性，其部分原因是人类学与现代经济学的交流和融合。互惠是纯粹的交换契约，大部分带着世俗的企图，在互惠过程中，双方或许怀着各种居心，小心计算，避免自己利益受损。（参见 Firth，1967）在这一点上，莫斯和《资本论》第一章中的马克思很像：二者的说法更加倾向于万物有灵论，这么讲并无不敬。四分之一个玉米可以交换多少钢铁？到底是什么使明显不同的东西等值起来？确切来讲，对于马克

---

〔1〕霍布斯认为原始社会类似家长式酋邦，但他唯独没有想象原始社会，能像家长式酋邦一样发展为国家。这一点在《利维坦》对国家的论述中表现得比较明显，但在《自然法的要素》和《论公民》相似篇章中定义得更加确切。他在《论公民》中写道："一个**父亲**拥有了**儿子和奴隶**，他借助父系裁判权便能成为文明人，他们就是**家庭**。如果这个家庭中的孩子不断出生、奴隶不断增加，同时也没有战争带来的死亡威胁，就会不断扩张成为一个**世袭王国**。在起源和制度形式上，这种世袭王国不同于由暴力所形成的制度性独裁；但是在形成的过程中，它依然有相似的规则，而且统治者的权力也别无二致，所以没有必要将他们分而论之。"（*English Works*，ed.Molesworth，1839，vol. 2，pp. 121-122）

〔2〕相反的论述：莫斯先前以为人们出于对 *hau* 的报复恐惧而选择礼物，而现在又认为礼物是人们的理性选择，因此两者是相反的。——译者注

思，问题应该是，**这些物品**中的什么东西使其等价成立？——而不是什么使这些不同物品实现了交换？同样，对于莫斯而言，“这些物品中的什么力量使互惠互利得以进行？”相同的回答，内在属性：或者是 *hau*，或者是社会必要劳动时间。而“万物有灵论”显然不是与之有关的合适属性。设想一下，莫斯只是关注到物品交换过程中，物是人的一部分，而没有像马克思一样，关注人具有（像物一样？）的属性，那是因为他们各自从交换过程中，分别看到了一种确定的交换形式和生产的异化：原始互惠中赠予者的神秘异化，商品生产中人类社会劳动的异化。（参见 Godelier，1966，p.143）因此，他们不为大部分“经济人类学”所知的共同价值，在于他们将交换视为一种历史的产物，而不是一种由人类本性所带来的自然现象。

莫斯认为，氏族之间的全面给予中，物有时是人，而人有时是物。氏族不但没有理性，而且用临床神经学术语稍显夸张地说：他们对待人，就像对待物一样；人们混淆了自身和外部世界。但即使撇开交换理性，英美人类学界中很大一部分人，对莫斯提出交换理论中明显的人的商品化，似乎有着本能的排斥。

盎格鲁—撒克逊学界与法国学界最初对“全面给予”观念表现出的反应，有如天渊之别。一边是莫斯谴责了现代社会，**不人性**而且抽象地区分了现实生活和人类传统观念，号召回归远古时代人与物之间的关系，而另一边盎格鲁—撒克逊学界却在为其祖先，终于从人与物卑微的熔融之中分离出来，而拍手相庆。尤其是欢呼女人从物品中的解放。当列维－斯特劳斯将“全面给予”汇入婚姻交换的宏大体系之中时，一批有趣的英、美民族学家立即否认了这个想法，拒绝接受“像商品一样对待女人”。

我虽不想对此妄下定论，也不对这些提法多做品评，但我猜想英美学界对此所做的不以为然之举，或许出自民族中心主义。他们头脑中的经济似乎就是超然独立的，只有生产和消费，除此以外，若是从道德关系构成的社会角度来分析经济，便显得黯然失色。因为他们之前就已预设世界上其他社会都和我们的社会一样，表现出经济和社会的分化，经济关系是一回事儿，而社会关系（亲属关系）则是另一回事儿，那么在提起社会群体对女人的交换时，他们对婚姻活动所包含的不道德感，以及人们在婚姻交换过程所做的厌恶感，便油然而生。但是，他们的这个结论在原始经济和婚姻制度的研究上，都漏了“全面给予”这重要的一课。

原始秩序无所不包。社会和经济之间绝无清晰的划分。婚姻并不是将商业运作应用于社会关系，而是因为这二者从一开始就永远无法区分开来。我们必须以同样的方式来思考现在区分的亲属关系：将“父亲”这个词从核心家庭的小范围中取出，“延伸”至父亲的兄弟，这样我们就身处一个宽泛的亲属分类之中，就不会再有世系的划分。我们可以将其推广至经济，身处一个普同的社会组织当中，试想所有的亲属关系只是“外人”眼中的分类，为其分门别类徒增无益。

关于《礼物》，我最后还想到一个与此相关，但更加具体的论据。莫斯在文章的结尾，用两个美拉尼西亚的例子，有力地概括了他的论点，这两个例子展现了村落以及个人之间不绝如缕的关系：这两个原始群体永远笼罩在战争一触即发的阴云下，却仍以节庆和交换安抚彼此。这个主题后来在列维－斯特劳斯的论述中再次强调。“这种联系，”他写道，“绵绵不绝，在其两边的是敌对关系，以及相互间给予供给和回报。交换是和平解决的战争，战争是交易失败的结果。”（1969，p.67；参见 1943，p.136）但我认为，《礼物》中所暗含的这一观点，甚至比绵绵不断的交换关系范围更广。《礼物》在指出分散社会内在的脆弱性，以及解体的必然性之后，将战争和交换这两种典型的状态，从社会生活的边缘转到了中心位置，从偶然的插曲变成了生活的常态。这里的最重要意义在于莫斯的礼物观念回归了人类天性，之后他认为，原始社会一直抗争着每个人反对每个人的战争，永远都在寻求着和平契约。也就是说，所有的交换，在物质层面上都承担着相互调解的政治重任。或者如布须曼人所说，“最糟糕的事情就是不赠予礼物。即使人们不喜欢彼此，但如果一个人给了另一个人礼物，而另一个人就必须还礼，这样的行为就会带来和平。我们送出我们的所有，这就是我们的共处方式”。（Marshall，1961，p.245）

从这个角度理解，所有基本的经济学原理几乎都是人类学的，这也包括下一章的核心：所有的交换，都表现出社会交往的某些方面，在考虑交换物质层面的同时，也不能忽略它们的社会层面。

第五章　关于原始交换的社会学

在任何自诩为人类学的讨论中，“暂时地概括”无疑是句多余的话。因此，介绍下面的研究时，更需要倍加小心。本研究虽是通过对民族志材料的讨论概括而来——其中许多都配以泰勒式风格的“说明材料”——但都没有经过严格的检验。如果这些结论无法经受推演，那么它们就算不上理论贡献，或许只能矫饰为民族志。不管怎样，下面我们会看到一些关于原始社会中物品交换的讨论，这些交换活动与人们的生活方式、物质条件和社会关系相互关联，紧密地结合在一起。

物品流动与社会关系

在我们的观念中，原始部落的经济组织是“没有经济需要的”（noneconomic），或认为他们的经济目的是“外在的”

(exogenous)。[1]物品交易通常只是一系列连续社会关系中一段简短的插曲。社会关系影响物品交易的方式：物品的流动是社会规范的一部分，并受到社会规范的限制。“我们无法将努尔人的经济关系与努尔人本身区别对待，因为经济关系组成了努尔人直接社会关系中的一部分，”埃文斯－普里查德写道：“……努尔人之间总有各种各样的社会关系，而他们的经济关系，如果我们可以这么讲的话，必须遵从这种一般行为模式。”(1940，pp. 90-91)此话确实真知灼见。(参见White，1959，pp.242-245)

而物品流动与社会关系之间的联系便是互惠。特定的社会

[1] 为了方便分析，我把“经济”当作资源分配型社会(即“社会文化系统”)的过程。没有一种社会关系、社会体制或一整套社会制度本身就是“经济的”。只要是对资源分配型社会的分配过程产生影响，任何一种制度，比如家庭或世系群，都可以被视作一种经济环境，并且被当作经济过程的一部分。这样的制度也会运行于，甚至参与政治过程，因此也可以当作一种政治环境。这种看待经济或政治的方式——或者是宗教、教育和任何其他文化过程——由原始文化的本质所决定。这样我们就不会把“经济”或“政府”认为是社会的不同方面，它们仅仅是社会群体或社会关系的多种功能，我们把这些功能区分为经济、政治，诸如此类。

因此，经济本身就是事物的一个方面，这一点可能是我们通常接受的。而强调经济是**社会**资源分配的过程，可能就没有那么容易被人接受。因为这一观点并不关注个人如何进行交换：“经济”并没有被定义成用有限的手段实现各种收益(物质收益或其他)。“经济”只为满足人们的生活需要，它是**文化的组成**，而非**一种实现利益的人类活动**，它是社会的物质化过程，而不是满足个人行为需求的过程。我们的目的不是为了分析企业家，而是为了比较文化。我们不评论历史上具体的经济观点(Business Outlook)。鉴于最近《美国人类学家》杂志上颇受争议的情况，本文采用的标准更近于道尔顿(Dalton，1961；参见Sahlins，1962)，而不是柏林(Burling，1962)或勒克莱尔(LeClair，1962)的观点。本文同样采用了马林诺斯基教授和全世界家庭妇女一致肯定的团结(solidarity)一词。弗斯教授并不赞成马林诺斯基在经济人类学上的观点，他认为：“这算不上经济学术语，而差不多是家庭妇女的用词。”(Firth，1957，p. 220)这个术语在本文中也同样背离了正统的经济学。坦率地说，这个术语固然庸俗，不过在亲属关系的经济研究中，家庭妇女观点也有可取之处。

关系可能限制既定的物品流动，但特定的交易——“借助同样的等价物”——会建立一种具体的社会关系。如果说朋友创造了礼物，那么礼物也制造着朋友。很大一部分原始交换，都具有后一种工具性功能，远远超过现代社会的交易活动：物品的流动承诺或开启了社会关系。原始的人们因此脱离了霍布斯式的混乱。因为原始社会被表述为一种缺乏公共与统治力量的状况：人们以及（特别是）群体面对彼此时，不仅带有明显的目的，而且可能为了这些目的蠢蠢欲动，跃跃欲试。原始社会中权力是分散的，法律是松弛的，社会契约尚未起草，国家还未出现。所以让群体之间达成和平相处，并不是偶然的活动，而是社会内部的连续过程。社会群体必须“达成协议”——这个短语显然包含了双方之间对物品交换的满足。[1]

即使仅就实践方面来说，原始社会中的交换与现代工业社会中的经济流动法则也不尽相同。交易在整个经济中所处的位置也不一样：在原始条件下，交易与生产以有机的方式结合在一起，两者的关系更为分离，更为松散。典型的情况就是原始条件下的交易，和现代的交换相比，很少通过生产获得，更多

〔1〕经济被定义成（物质）资源分配型社会的过程，但这个定义与经济是人们为满足需要而进行的活动这一观点背道而驰。原始社会中社交性交换这伟大一幕，强调了前者的作用。有时社交性交换对建立和平确实非常关键，以至于物品交换的种类和数量都要精确相同：通过这种象征方式，人们捐弃了彼此的嫌恶。仅仅从礼仪的观点看来，这一交换是在浪费时间和工效。有人会说，人们是为了追求价值、社会价值的最大化，但这样还是忽略了交换过程的决定因素；也未能说明在不同历史活动中产生不同实际结果的原因；同样错误地认为决定市场经济化的首要因素，从金钱换成了文化；而且这也是老生常谈。交换过程的目的，的确不是为了满足人们的物质供应，也不取决于人类物质需要的满足。但它决定了社会的资源分配：即使这个过程没有增加半点社会消耗品储备，但是它维持了社会关系与结构。不用多想，它在这个范围中的意义就是“经济学的”。（参见 Sahlins，1969）

的是将整个社会中的物品加以再分配。我们对此存在偏见，认为这种原始经济中食物的交换占据了统治地位，这种经济中日复一日的产出并不取决于大量的技术分化，也不取决于复杂的劳动分工。对这种家庭生产模式也存在偏见：家户式生产单位、以性别和年龄为主的劳动分工、视家庭需要进行生产、家庭群体对目标资源的直接获取。还有一种偏见认为，在这种经济模式的社会秩序中，社会控制权与生产资料的使用权相生相伴，个人头衔的变动或从资源所得的特权都非常有限。最后一种偏见是，采用这种经济类型的社会主要遵从亲属关系的法则。上述这些原始经济的特点已经陈述清楚，这些特点在具体个案中，其实都受到外界条件的限制。我们说明这些特点，就是为接下去要细细分析的“分配”一词提供一个导向。有必要再重申一下，“原始”是指缺乏政治国家的文化，其应用的范围只涉及未经文明国家所规训的经济和社会关系。

概而言之，民族志记录中一系列的经济交换，可以被分作两种类型。[1]首先，两个群体之间的“双向”运动，就是我们所熟知的“互惠”（A⇄B）。其次，中心化运动：遵照指令，群体成员共同收集，并在群体内重新分派：

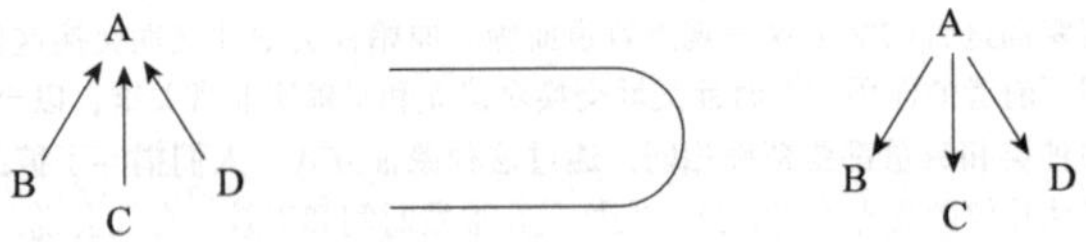

〔1〕对最近关于原始分配的讨论比较熟悉的读者就会意识到，我在这方面受惠于波拉尼（1944，1957，1959），但我也背离了波拉尼的术语，以及他整合原则的三重结构。我同样很高兴地认同弗斯的话：“事实上，每个研究原始经济的后辈学者都会心怀感激地为马林诺斯基奠基的大厦添砖加瓦。”（Firth，1959，p. 174）

这就是“汇集”或“再分配”。更概括地说，这两种类型是合二为一的。**因为汇集是一种互惠的组织，互惠的系统**——其中的核心，就是酋长统治下大范围再分配的起源。但这种高度概括的理解，仅仅认为产品的汇集是互惠的第一步；这使我们在分析的时候可以将这两种交换区别开来。

这两种交换所属的社会组织截然不同。诚然，互惠和汇集会出现于同一个社会环境中——比如，近亲们会将他们的资源汇集于共同生活的家户中，其中每个人也会与他人分享物品——但严格的社会汇集和互惠关系则迥然不同。汇集在社会交往中是一种**内部**的关系，是一个群体的收集行为。互惠是一种**两者间**的关系，是两个群体间的行动与反馈。因此汇集关系到整个社会群体，用波拉尼的术语来说就是“中心化”；而互惠则是社会生活中的两重性和“对称性”。汇集规定了一个物品汇总与流出的社会中心，并且也规定了人们（或亚群体）相互联系合作的社会边界。但互惠规定了双方具有两种不同社会经济利益。互惠能建立稳固的关系，物品流动使人们确立了互相帮助或彼此间的利益，但这无法避免双方在利益上的对立。

思考一下马林诺斯基和弗斯，格拉克曼、理查兹和波拉尼所做出的理论贡献之后，我们似乎还不能自信地宣称，我们已经非常了解和汇集有关的物质和社会关系。同样，我们已经发现，汇集是和“集体主义”“中心主义”有关的物质层面。原始社会的汇集包括，食物的合作生产、等级与酋长地位、集体的政治与仪式行为等内容。让我们简短地回顾一下：

各种最日常的再分配活动，就是每个家庭汇集食物的过程。食物收集过程的主旨，就是要将共同努力的产品汇集起来，尤其是合作必须符合劳动分工。这样的规则不仅适用于家户生产，也适用于更高等级的合作，以及更大的群体，这些群体还需要获取其他资源——比如，北美平原上水牛的围猎，或波利尼西亚礁湖中的捕鱼。通过一些规定——比如按照对部落群体的特殊贡献，会给予贡献者一些特殊份额——汇集分配原则在复杂家户和简单家户中是一样的："通过集体收集的物品，又通过全体成员分配了出去。"

酋长的地位和要求人们进行生产的权力，与慷慨施予的义务随时联系在一起。把这些权力与义务结合起来的活动就是再分配：

> 我认为我们将会发现经济和政治间的关系是同一类型的，这是全球通行的。酋长每时每刻都在扮演银行家的角色，收集食物，保存之、保护之，然后为整个部落的利益而使用之。他的功能就是今天公共金融系统与国库机构的原型。倘若剥夺了酋长的特权与经济收益，那么除了整个部落，还有谁会损失更大？（Malinowski，1937，pp. 232-233）

这种"为整个部落的利益"包括各种模式：资助宗教仪式、社交大会或战争；支付手工制品的制作、贸易、技术器具以及公共和宗教设施的建设；各种地方产品的再分配；在（部分或全部）社会出现物资短缺时，提供款待和援助。说白了，酋长之流的统治者进行再分配，是为了两种目的，但在任何现有的案例中，这两种目的都不是单独存在的。从物质层面上讲，它实际在物资协调上的功能——再分配——维系了群体或保持了群体的发展。同时，另一方面，再分配也具有社会协调的功能：

从社会层面上讲，再分配作为彼此沟通，以及次级成员臣服中心统治者的仪式，维系了合作体系本身。但是，再分配的实际收益是很关键的，不论实际收益是什么，酋长对产品的汇集激发了团结与集体主义精神，建构了社会结构，规训了社会秩序与社会行为组织的集中化。

> ……每个参与 αηα（由蒂科皮亚酋长举办的宴会）的人，都要求参加各种活动，这些活动远远超出参与者个人，以及家庭的意愿，也划定了整个社区的边界。这样一个宴会将酋长和他们的族人凑到了一起，而这些人在其他时候可是彼此诋毁、中伤的敌对者，但他们集合于宴会之中，展现出表面的友好……此外，这些故意的表现有利于某种更广泛的社会目的，参与活动的每个人或几乎每个人，有意无意地推动了这些社会目的。比如，出席 αηα 或参与经济奉献，实际上有助于蒂科皮亚权力体系的维持。

所以，我们可以就此勾勒出关于再分配的功能理论。但这种功能理论的中心内容现在需要进一步发展，只有通过比较各种情况或研究产生的机制，我们才能具体说明。然而，关于互惠的经济人类学并不在此之列。有一个理由可能是，现在流行的观点，将互惠视作一种平等的、无条件的、一对一的交换。但是互惠通常并不仅是一种物品的转换。事实上，如果我们透过平等交换的研究，就会发现互惠与社会关系，以及物质环境之间存在着相互关系。

互惠是一系列的交换，是一种连续的模式。这种说法在物品交易这样狭义的范围中是完全正确的——相对于更宽泛的、关于交换的社会准则，或道德规范而言。在交换领域的一端是免费提供的帮助，这种帮助来自日常生活中的亲属、朋友、邻里关系，马林诺斯基将其称为“纯馈赠”（pure gift），这是一纸无须偿还的契约，没人计较也不必在意。在交换领域的另一端，有着自利的一面，只有遵照“以一报一”（*lex talionis*）的原则提供相称、对等的回馈，否则会收获阴谋与武力的回报，这就是古德纳（Gouldner）提出的“消极互惠”。在交换领域的两端，从道德意义上说，显然分别是积极与消极的。这两极之间的部分也不仅是物品交换平衡的递增或递减，其中还有社会关系的成分。互惠的两端之间还存在社会距离：

> 你可以向陌生人放高利贷；但你不能向你的兄弟放债。（《圣经·申命记》xxiii，21）

> 土著（斯瓦伊人）的道德家主张邻里间应当友好，相互信任，而远方的人则是危险，不值得赤诚相待的。例如，土著尤其看重与邻人的坦诚，而与陌生人交易则信奉一锤子买卖。（Oliver，1955，p.82）

> 赚别人的便宜，比如说那些远方的群体，特别是被当作外人的群体，这并不违背当地所使用与熟知的道德准则。（Veblen，1915，p.46）

> 无奸不商。故而地区间的贸易为人不齿，而部落内的交易则令（卡帕库）商人名利双收。（Pospisil，1958，p.127）

互惠的结构

互惠可能纯粹是仪式上的，但这种互惠只是为了顾及回馈的时限性、平等性，类似物质交换与机械交换。于是我们就可以按照多样的“变量”，比如群体间亲属关系的距离和交换的关联，继续分类，将互惠的相关亚类型加以对应。这种分类说明方式的价值就在于它的“科学性”，或者是看似科学。这种方式的缺陷在于，它只解释了其中的象征意味，而没有探究其中的真实情况。我们要意识到，仪式类型远非我们最初将每一种互惠类型区分开来的标准。对回馈的期求这一特点，或许能说明交换的精髓在于人们在交换过程中的无私或自私，非个人化与个人情感。任何外在仪式上的分类传递了这样的含义：这种互惠既是仪式的，又符合机械结构。（对道德品质的关注把交换关系预设成各种社会“变量”，从这个意义上说，这些变量随之在逻辑上与各种可能的交换联系在了一起，这种认识没有受到质疑。使得这种分类看起来还行得通。）

但实际上，在任何原始社会中，互惠的种类多种多样，更不用说在原始世界里，各种互惠自成一体。“反之亦然的活动”（Vice-versa movements）会包括对未加工食物的分享和回赠、非正式的款待、隆重的婚姻交换、借贷与还贷、对特殊或仪式服务的补偿、缔结和平协议时信物的交换、非个人的交涉，以及诸如此类。许多民族志试图根据研究的不同重点，对这些互惠的种类加以区分，著名的有道格拉斯·奥利弗对斯瓦伊人交换的图解。（1955，pp.229-231；参见 Price，1962，p.37f；Spencer，1959，p.194f；Marshall，1961，及其他）在

《原始社会的犯罪与习俗》(*Crime and Custom*)一书中，马林诺斯基提到互惠时泛泛无章；然而，在《西太平洋的航海者》(*Argonauts*)中，他有所发展，按照等值与对称，他将特罗布里恩德群岛的交换分为多种类型。(Malinowski，1922，pp.176-194)他从回馈的直接性这个敏锐的角度，揭示了互惠中包含的**连续性**：

> 我有意说到交换、赠礼与回礼，而不是实物交易或贸易，因为尽管交换过程中存在着纯粹和简单的实物交易，但在实物交易和单纯的赠礼之间，还存在着许多转变和变化，所以不能在贸易和礼物的交换间画上连线……为了正确处理这些事实，有必要对所有的支付和赠礼形式做一个全面的考察。在考察中发现，其中最极端的这个案例就是纯馈赠，这种赠予无须任何回报。(转自Firth，1957，pp.221-222)然后，通过对传统赠礼和支付形式的观察，可以发现，这些形式部分或有条件地存在物品回馈，彼此连续，接着就产生了交换模式，在交换模式中多少存在严格的对等，最终形成了实物的交易。(Malinowski，1922，p.176)

马林诺斯基的观点可以跳出特罗布里恩德群岛，广泛地应用到原始社会的互惠交换中。他的观点建立在“反之亦然”的交换本质上，所以理论上，提出一种连续的互惠似乎是可行的，而且这存在于民族志的经验案例中。物品回馈的规则，其实就是交换的“偿还性”(sidedness)，虽然刺耳但很关键。这些规则存在非常客观的标准，诸如容忍交换过程中物品的不对等，对回礼延宕给予充裕的时间：物品从一方传至另一方的最初阶段，多少需要回以物质上的报偿，在相应的时间里以各种方式完成互惠也包括在内。（也见 Firth，1957，pp.220-221）换句话说，交换的核心从与其他群体无私的交往，转变成自身利益的追逐。所以可以说，除了从时限性和物质平等性等方面来研究"偿还性"外，还可从实际标准加以研究：物品最初的转换是自愿的、非自愿的、规定的、商定的；回礼大部分是赠予的、索取的，或催讨的；交换可否还价，数目是否可计算，等等。

各种互惠通常使用的范围，由其两个端点和中点决定：

慷慨互惠（generalized reciprocity），人人有份的极端

$(A \rightleftarrows B)$ [1]

"慷慨互惠"可以认为是利他的交换过程，这个过程谨守着惠及他人的路径，如果可能或者必要的话，他人也会报以回馈。理想类型就是马林诺斯基的"纯馈赠"。其他民族志中的表述方式有"分享""款待""送礼""帮助"与"慷慨"。社会化色彩稍弱，但还属于这一端的是"亲属的例份"（kinship dues）、"酋长的例份"（chiefly dues）以及"贵族的义务"（*noblesse oblige*）。普莱斯提出这种"弱互惠"（week reciprocity）类型的理由，是因为这种类型淡化了互惠的义务。（Price，1962）

---

〔1〕自从本文初版以来，列维－斯特劳斯的"慷慨交换"（échange généralisé）概念，要比我们的"慷慨互惠"更为流行。唯一的不同是两者所指并非同种互惠（两者的共同点还是很多的）。此外，学友与论者还指出，"慷慨互惠"还有各种可能，比如"非限制性互惠"（indefinite reciprocity）等。打碎术语间的壁垒或许势在必行；不过此时，我且姑妄用之。

在这一端，比如说近亲间自愿的食物分享——我们可以用给孩童哺乳这个例子想一下其中的逻辑——看不见对直接物质回馈的期求。即使有期望也是含蓄的。交换过程中的物质方面被社会性所压制：对人情的计算不能公开，一般都被忽略。这种形式的给予，即使面对"亲人"，也不是毫不计较的义务。但这类人情不受时间、数量或质量所限：对互惠的期求是可有可无的。人们对互惠时间和价值的计算，不仅受到赠予物的限定，也要取决于对方的需要与恰当的时间，也同样要考虑接受者的负担和进行的时间。接受物品之时，就是接受者必须或可能履行一项漫长义务之日。回报可能因之迅速抵达，但也可能永远不会兑现。有人甚至终生无法惠及自身或他人。一个慷慨互惠准确而实用的标志，就是持之以恒的单向流动。回赠之不及，不会导致物品赠予者停止馈赠：物品单向流动绵长持久，惠及穷苦大众。

等价互惠（balanced reciprocity），互惠体系的中点

$(A \rightleftarrows B)$

"等价互惠"，指的是直接交换。这种互惠精确等值，习惯上对收到的物品追求对等回馈，回礼毫不延迟。这种完全等价的互惠中，同样种类、同一数量的物品在同一时间交换，这不仅是构想，而是民族志记录中物质交换的过程（例如 Reay，1959，pp.95f）、朋友间的盟约（Hogbin，1939，p.79；Loeb，1926，p.204；Williamson，1912，p.183）。"等价互惠"可能更适应规定的回馈过程，这种过程规定在有限与狭窄的时段里，要提供价值或用途对称的回礼。许许多多民族志中标以"礼物的交换""支付形式"，以及大量称为"买卖"，夹入"原始货币"的题目，都属于等价互惠的类型。

等价互惠比起慷慨互惠要少一些“个人色彩”。从现代社会的角度出发，等价互惠“更为经济”。互惠的群体间以明确的经济和社会目的面对彼此。交换过程的物质目的至少和社会目的一样重要：交换物或多或少都被计算，因为给予的物品必须在短期内回复。所以对等价互惠实际上的考量发现，等价互惠无法接受物品的单向流动；在有限的时间内，未能实现等价的互惠，人们之间的关系便随之瓦解。由普遍的社会关系来维系的物品流动，显然是慷慨互惠运行的主要方式；但在等价交换的主要过程中，社会关系随物品流动的变化而变化。

消极互惠（negative reciprocity），非社会化的极端

（$A \rightleftarrows B$）

“消极互惠”是种只进不出的企图，包括攫取物品的几种形式，它的交换过程就是为了赚取实际利益。代表性的民族志术语包括“论价”或“物物交换”，“投机”“诈骗”“行窃”和其他各种夺取方式。

消极互惠是最个人化的交换。从我们的观点来看，它打着“物物交换”的幌子，“最为经济”。参与者面对彼此，各有所图，只为从他人的出价中赚得最大利益。交换过程中提出交易一方，或双方的主要目的，就是为了增加额外的收益。这种互惠中最社会化，也最倾向于等价的模式之一，就是在“情况许可”之下进行的讨价还价。由此可见，消极互惠的范围从各种程度的滑头、使诈、偷窃和强取，一直到精心策划的骑马打劫。当然，“互惠”也是有条件的，只是为了个人利益。所以物品流动再次变为单向，消极互惠还集中了对报偿和利益的贪求。

从孩童哺乳到北美大平原印第安人的骑马打劫扯了半天。

或许可以这么说，关于互惠的分类也是又长又宽。而民族志记录中全部“反之亦然的运动”，的确可以根据彼此的不同来加以区分。不过，还是应该重申，实际生活中的交换经常不是循规蹈矩的，不会直接遵照此处概括的极端和中点。问题是，我们是否可以根据具体的社会或经济状况，把互惠放到这些规定的位置，区分慷慨、等价或消极互惠？我想是可以的。

互惠与亲属关系的距离

社会距离的跨度，相当于受交换模式约束的两个交换群体间的距离。之前提到的亲属关系距离，与互惠模式颇为相关。慷慨互惠倾向于近亲，消极互惠与亲属关系的距离成正比。

分类的理由几乎是三段论的。这几种互惠类型从免费的赠礼到诈骗，相当于社会关系的范围，从损己利人到损人利己。把泰勒的格言“人亲其亲”（kindred goes with kindness）作为小前提，“这两个‘亲’字的本意都以令人欣悦的方式道出了社会生活的主旨”。这说明近亲之间近于分享，契合慷慨互惠，而对远人与非亲属则是对等交换或诈取。只要关系没有完全破裂，等价在很大比例上成为亲属关系距离的尺度，因为距离的存在，使得人们不会患得患失，也不会倾向于为自身牟利。对于非亲属——“他人”，甚至连“人”都不是——半点帮助都不会给予：其中的表现恰是“人不为己，天诛地灭”（devil take the hindmost）。

所有这些在我们的社会似乎也极其适用，但在原始社会中显得更为重要。因为亲属关系在原始社会中也更为重要。首先，亲属关系是大多数群体和社会关系的组织原则与信条。即使“非亲属”的分类也大抵由此而来，就像与其相反的亲属关系一样，非亲属也是社会分类中合理的一部分——没有关系也是一种关系。这个观点确实成立，绝非诡辩。在我们的社会中，“非亲属”指的是受到认可的特定身份关系：医生—病人、警察—市民、雇主—雇员、同学、邻居、职场同事。但对原始人们来说，“非亲属”的意思就是群体（或部落）的反面；经常就是“敌人”或“陌生人”的同义词。同样，经济关系也成为亲属间互惠的反面：其他的制度标准在经济关系中都不起作用。

然而，亲属关系距离还有不同的方面。亲属关系的组成有着许多形式，对某些人来说“亲近”的关系，对其他人而言却并非如此。交换视（当地计算的）宗支亲疏而定，也就是说视个人之间亲缘状况而定。或者也会以世系分裂的距离为准绳，也就是与祖先群体的位置而定。（有人会质疑，这两种计算亲属关系距离的方式，为何与互惠在更亲密群体间进行的原则不符，不过这也要视实际情况而定。）为了建立一种普遍模式，我们需要关注社会群体在规定亲属关系时的效力。亲属关系不仅是社会群体的组成，社会群体也影响着亲属关系，所以亲属关系距离的尺度和交换模式在空间上并存，相互影响。

据我观察，或是兄弟共居，或是叔侄同堂，亲人们在一个屋檐下同居要多过分家立灶的情况。只要哪里存在物品借用、寻求帮助、履行义务或是承担责任的问题时，哪里就能见到这样的情景。［Malinowski，1915，p.532；参考了梅鲁人（Mailu）的生活］

> 人类（对斯瓦伊人来说）包括了亲戚和陌生人。亲戚通常由血缘和婚姻纽带联系在一起；亲戚中的大多数比邻而居，住在附近的人们都是亲戚……亲戚之间进行的交换应该是毫无商业目的的——只有最近的亲戚间才会完完全全的分享（例如，眼前讨论的“物品汇集”）、无须回馈的赠予、遗赠，或者和远亲之间的借贷……除了有些非常疏远的亲戚，那些生活在远方的人就不是亲戚而只能是敌人。他们大多数的习俗都不适合斯瓦伊人，但他们有些物品和技术还是令人向往的。和他们的交往只限于买卖——利用刁难和欺诈，只为从交易过程中获取越多的利益。（Oliver，1955，pp.454-455）

这是一种可以分析互惠关系的模式：部落民的亲属距离可以从一系列越建越向内的亲族房屋格局中看到，互惠关系接着就能从这些居所位置的特点中找到。互相帮助的近亲们在空间上比邻而居：对于住在家户、营帐、堡子、村庄的人们，少不了彼此关爱，因为人们之间的交往充满内聚力，少不了和平的团结。但关爱之心受限于亲属关系距离，不出居住空间之外，所以在和外村落居民交易时稍逊于同村居民间的宽宏大量，而部落之间的交易更次之。

从这个观点看来，亲族共居的类型涵盖了参与成员不断扩展的各个区域：本地的世系，可能还有村庄、亚族、部落，其他部落——具体扩展路线的走势多种多样。这种结构是一种社会整合的多层等级体制，但其抽象本质和地面居住格局表现的则是一系列同心圆。每一个圆环所概括的社会关系——家户关系、世系关系等——都有明确的地位，而这以外就是由其他亲属关系组织所区分的所属区域——比如说，非本地氏族或本族成员——每个区域内部的关系，都比与其他区域的关系来得密切，也更具排他性。那么区域间进行的互惠，在比例上则更倾向于等价与盈利之间。每个区域内，都有某种特点的互惠模式占据主导：慷慨互惠控制着极小的领域，在更大的范围就无法运行；等价互惠是中间区域的特征；诈取出现在更外层的区域。简言之，普遍的互惠模式，建立在社会不同区域重叠的平面上，组成了连续的互惠过程。该模式参见图 5.1。

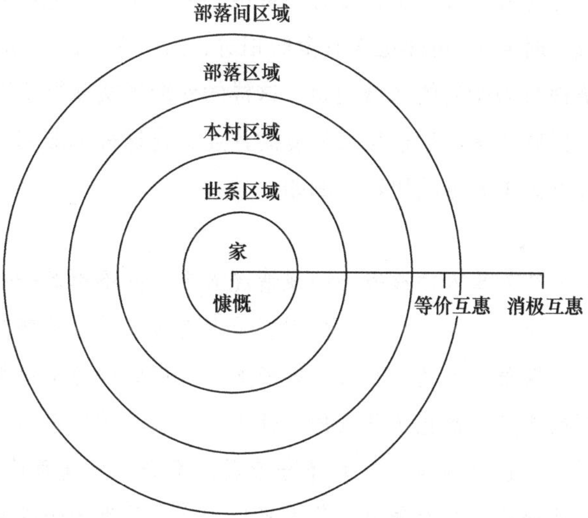

图 5.1　互惠与亲属居住区域

这个平面并非仅有区域范围和互惠变化两种关系，还需要插入第三种关系——道德。“在我们常识之外，”弗斯写道，“经济关系实际建立在道德基础上。”（1951，p.144）当然，这也是人们看待道德的方式——“虽然斯瓦伊人用不同的词语来表达‘慷慨’‘合作’‘道德’（这就是守规矩）和‘友好’，但我相信他们把这些视作非常接近的方面，因为它们的共同点都是美德……”（Oliver，1955，p.78）还可以比较一下原始社会与我们的社会中互惠的区别，原始社会中的互惠按照每个社会区域的道德标准进行。原始社会道德标准具有相对、视具体情况而定的特点，道德不是绝对而普遍的。在某个部落群体内部，占有别人的物品或妻子是种犯罪（“盗窃罪”“通奸罪”），但也可能不受谴责，甚至还会受到追随者的尊敬——如果是对外人这么做时。把原始道德和犹太—基督教传统的绝对标准加以比较可能有点夸张了：没有一种道德体系是完全绝对的（特别是战争时期），可能也没有全然相对、因时而变的道德标准。但道德视行为所处的区域而定，这样的标准确实盛行于原始社会中，民族学家已通过反反复复的评述，将这种标准和我们自身的标准做了充分的比较。例如：

> 纳瓦霍人的道德……视情况而定，并不绝对……说谎也不全错，要分场合。规则视情况而各异。与外部落贸易时，欺骗在道德上是可以接受的。人们的行为本身并不多好或多坏。乱伦（从人的天性上说，也是种视情形而定的罪行）或许是唯一一种不分情况，都会受到谴责的罪恶。与外部落成员交易时，使用巫技，完全正确……那里几乎看不到绝对的观念。在纳瓦霍原住民生活的环境中，没有必要让他们按绝对道德来生活……而在一个庞大而复杂的社会中，比如现代美国社会，人们交往、商贸以及其他交易都发生在素未谋面的人们之间，所以绝对道德标准具有功能上的必要，优于那些具体情境中只有两三个人直接参

与的道德标准。（Kluckhohn，1959，p.434）

我们研究的这个结构至少由三部分构成：社会、道德和经济。互惠与道德受限于社会区域的结构——这个结构就是亲属—部落关系。

但这个结构是完全假设了各种因素后的表述。我们可以设想各种情境，在每一场景的规则中，社会—道德的互惠关系都会改变。外部区域的交易关系异常脆弱。（我们一般可以把“外部区域”理解为“部落间区域”，也就是原始群体眼中的异族区域；实际上这也可以界定为道德缺席的地方，或是族人通常期望异族却步的区域。）这一区域的交易过程可能由威逼利诱来实现，这种欺诈行为用多布人[1]（Dobu）最接近的拟声词来表示，就是*wabuwabu*。虽然，为了获得急需物品，诉诸武力占有似乎是唯一也是最为便利的手段，但和平共处至少也是一项备选方案。

在这些非暴力的较量中，*wabuwabu* 的倾向无疑保留了下来；它成为社会区域划分的组的一部分。如果社会可以容忍欺诈行为——倘若双方都坚持自己的利益，各不相让——那么这种情形的结果就是锱铢必较。我们随之发现 *gimwali* 是交换市场中的美德，它是特罗布里恩德群岛不同村庄居民，或特罗布里恩德群岛民与其他部族间非个人（非伙伴）的物品交换。但 *gimwali* 还是限于特定条件，岛屿造成的社会隔离防止了由危险冲突引发的经济摩擦。在一般的个案中，其实是不能讨价还价的，只在涉及利益交换时，针对对方的不同计策才会实施。尽管存在社会区域

〔1〕多布人：巴布亚新几内亚西北部多布岛原住居民，属于美拉尼西亚社会之一。——译者注

距离，但交易还是公平的，回礼（*utu*）也是对等的：为了共同的利益，*wabuwabu* 和 *gimwali* 的使用都受到节制。

通过特殊而微妙的交往方式，利益交换的过程中，*wabuwabu* 和 *gimwali* 的使用受到了制约。这种方式有时看起来过于荒谬，以致民族学家会觉得好像土著在玩"游戏"，但土著的做法显然维持了重要的经济联系，防止社会从根本上分裂。[比较一下 White（1959）和 Fortune（1932）对库拉的讨论。] 无声交易（silent trade）是个非常著名的例子——它摒除任何彼此接触，保证了交换双方良好的关系。方法中最常见的是"合伙经营关系"（trade-partnerships）和"贸易伙伴关系"（trade-friendships）。各种方法中重要的一点是，社会本身压制了消极互惠的发生。欺诈在交换过程中受到禁止，社会秩序组成并参与了等价交换，而交换反过来确保了社会秩序。（"合伙经营关系"通常出自同一社会等级或姻亲，能将外在经济交换过程融入稳固的社会关系中。跨群体，跨部落关系套用了原本属于部落内部的身份关系。这样互惠关系就会导向慷慨互惠的一边，而不是 *wabuwabu* 的方向。在纯互惠的表述中，允许互惠的延迟：直接回礼的确令人不悦。只有在其他用实物回馈的接待场合中，主人才能进行贸易物品的正式交换。对于主人来说，赠予超过对方物品价值的情况并不罕见：这样既款待了旅途中的交换伙伴，有益彼此的关系，又增加了自身的信誉。看得更远一点，这种不对等的交换方式维系了贸易伙伴关系，迫使对方再续前缘。）

简言之，部落间共存的状况，改变了假设模式的条件。外层区域中发生的社会关系，要比该区域原先认为的社会关系复杂得多。这个区域中的交换关系现在变成一种范围更小的合作伙伴关系，交换在这里变得有序而对等。互惠之轴倾向了等价互惠一边。

如我所说，本文现在讨论的内容已经超出了民族志材料的对话。似乎有必要在讨论中加进一些民族志的注释。附录A提供了与本节主题“互惠与亲属关系的距离”相关的材料。当然，我这不是要用材料加以证明——其中确有某些异例，或者看似例外——而是借此解释或说明。此外，由于本文的思路是我在思考过程中逐渐形成的，其中许多篇幅和章节是为其他场合的讨论而作，所以本文引用的与互惠相关的民族志材料多有偏颇。（我希望此番致歉足够诚恳，也希望附录A中的民族志条目可以有益他人。）

且不说这些条目对于阐明互惠与亲属关系距离之间所谓联系有多大价值，我还是要告诉读者，这些条目对于当前的观点具有哪些局限性。简单说来，互惠视社会距离而定——这样的说明固然冠冕堂皇——但它既不能最终解释交易如何发生，也不能详细说明交换实际发生的时间。互惠与社会距离之间形成一种系统关系，但这并不能说明两者关系发生作用的时间和程度。我认为这在体系外部存在一种制约系统关系的力量。最后我发现，系统关系处于更宽泛的文化结构，并且适应它所处的文化环境。透过这种更宽阔的视野，我们可以划定一条重要的区域分界线，以及附录条目中的亲属关系的类别，也可以划定在不同区域中的互惠方式。比如近亲之间即使会分享食物，但这也不会随之产生交换过程。整个（适应文化—环境的）社会背景会把普遍共享（intensive sharing）视作一种反常，普遍共享暗含了这样的意味：紧随奢侈而至的就是部落社会的瓦解。请允许我从弗雷德里克·巴特（Fredrik Barth）对南部波斯游牧部落出色的生态人类学研究中完整地引用一段话。这段话为我们在解释过程中必须面对的阻碍，提供了更为深邃的思考。这个例子详细地说明了普遍共享被消解的情况：

> 游牧人口的稳定，取决于草场、畜养动物数量和部落人数之间持久的平衡。草场上所使用的畜牧技术，为这块土地所能放牧的动物数量设定了上限；而游牧生活提供的生产、消费方式，又为支撑一个家户生活所需的牲口数目确立了下限。这种双重平衡限定概括了在游牧经济中，建立人口平衡是尤为困难的：人口数量必须对畜群与草场间的失衡做出迅速反应。在农业，或狩猎采集人口中，原始的马尔萨斯式人口控制是行之有效的。随着人口增长，饥饿与死亡率上升，直到人口回复到平衡状态。当草原游牧成为一种主导或唯一的生活方式，如果按照这种人口模式，游牧人口将**不会**刻意控制人口，而会选择逐水草而居。理由很简单，因为游牧人选择的生产资本并不是土地，而是牲畜——换言之，**食物**。只有在游牧者的食物数量没有受到外来压力的情况下，游牧经济才能继续。只有在饥饿与死亡率上升**之前**进行有效的人口干预，游牧人口才可以保持一个稳定的数量。为了适应这种状况，首先需要畜群私有化模式的出现，然后每个家户都有所属的个体经济模式。通过这些模式，人口就消解于经济活动之中，经济因素可以起到不同的作用，经济活动可以消化一些人口（例如，通过定居），而不用影响到其他成员。不过，如果游牧组织与政治生活相关，并且放牧权涉及经济义务和生存压力，那么这种模式就不克敷用。（Barth，1961，p.124）

现在谈一下互惠在具体个案中的影响，这里还要考虑一些东西——人们可能是吝啬的。我们还没有谈到交换关系的过程，也没有谈到自私自利这种更重要的驱动力。原始经济中有一些自相矛盾之处：自利欲望的宣泄与社会习俗中崇高的道德追求，两者无法兼容。马林诺斯基很久以前就注意到这点，而弗斯（1926）早先在一篇关于毛利人谚语的文章中，巧妙地为这个矛盾的解决带来了光明，他发现支配物品分享的道德和狭窄的经济利益之间，存在着微妙的相互关系。他提到一种只满足家户需要的家庭生产模式，这种模式广泛存在，即使家庭内部有经济方面的目的，但是生产模式还是会将产出控制在相对较低的水平。这种生产模式因而无法使自身发展成普遍的经济实体。如果说分享是种道德上的要求，那么如果富人有位穷亲戚，任凭分享再好再高尚，想必他也不会施以援手。倘若帮助他人无利可图，即使亲属关系这样的社会契约也非牢不可破。通常的社会—道德义务追求经济道路，增加了嫉妒、仇富和未来经济损失的风险，所以原始生活的社会气氛还是使得人们因循故态。但是就我们的观察发现，社会固有道德约束体系，也并非每人听之从之。何况还有 biša-baša 时期，“尤其在仲冬时节，家户就会藏好食物，即使亲属也不例外”。（Price，1962，p.47）

biša-baša 时期对不少民族来说是种普遍的状况，在本文中非常容易理解。众所周知，西里奥诺人[1]（Siriono）的生活方式既不好战，又非常小气。非常有意思的是，西里奥诺

---

〔1〕 西里奥诺人：南美印第安人一支，生活在玻利维亚东部贝尼省东部和北部热带密林。使用图皮语，生计类型以农、猎及采集为主。——译者注

人制定了原始经济交换的准则。这些准则规定，比如，猎人不能食用自己捕获的猎物，只能分食他人的猎获。但事实上除食物以外，要和别人分享的还很多，“分食的过程难免让人产生某些怀疑和误解；人们总是觉得自己被利用了”，所以“人们抓获的猎物越大就越不高兴”。（Holmberg，1950，p.62；参见 pp.36，38-39）。但西里奥诺人的原始社会照样运行。他们的想法只是有些极端，认为其他地方实行的分配方式通常并不完美，社会结构之下的慷慨分享并不能应对艰苦生活的考验。但在另一方面，西里奥诺人是一群居无定所，丧失文化的人们。他们的文化框架，从交换的规则到酋长制度，以及克劳式（Crow）亲属称谓，都是对他们目前不幸状况的嘲讽。[1]

互惠与亲属关系的等级

我们现在已经明白——通过附录 A 中的说明材料可以清楚地看到——在几种情况之下，任何实际的交换都会涉及物品流动。亲属关系距离虽然很重要，但不是绝对的条件。关于亲属关系的等级，亲属的财产和需求，物品的类型是食物还是其他耐用物品，以及其他“因素”都需要加以讨论。在表述与解释的过程中，把这些因素分离并逐个考虑，不失为一种有效的

〔1〕不幸状况的嘲讽：西里奥诺人强调自身社会组织方式优于旁人，而事实上，半游牧的西里奥诺人在政府的强制定居及疾病困扰下，人口锐减，“文化丧失”，只能证明他们的“文化框架”并无半点优势。——译者注

策略。下面我们来讨论一下互惠与亲属关系之间的关联。附带说明一下：关于亲属关系的距离或等级与互惠的共变关系可以分开讨论，甚至从某种意义上说，可以选择那些只有单一因素在发生作用的个案分别证明——保持“其他因素不变”——但讨论实际上并不是要把它们分开。进一步研究中的重要步骤是要弄清，在完整的过程中各种“变量”的作用。本文至多也只能说清这个过程的开头。

亲属关系等级的不同和亲属关系距离一样，都表示了不同的经济关系。纵轴是交换等级之轴——亲属关系等级——就像亲属关系距离这条横轴一样，会影响到交换过程的模式。等级从某种层面上讲就是特权，就像领主对领地妇女的初夜权（*droit du seigneur*）一样，有特权就有其责任，即**贵族的义务**。上等人和下等人都有权利和义务，都有各自的要求，而实际上，封建关系与亲属关系等级相比，还算不上经济平等。在真实的历史环境中，贵族履行的义务几乎完全抵不上初夜权。在原始社会中，虽然社会存在不平等，但在经济组织上更多是平等的。实际上，上等人只有通过超然慷慨才能保证或维系自身的地位：物质优势是掌握在下等人手中的。用家长和孩子的关系，比拟亲属关系等级及其经济伦理的基本模式，可能有些过头。但不管怎样，家长制的确是原始酋长制通常的隐喻。酋长一般都具有更高的血统。所以酋长是部民的“父亲”，部民是酋长的“孩子”这个说法非常合适，而他们之间的经济往来虽然没有改善，但有影响。

亲属等级和从属关系之间的经济权利是相辅相成的。上有所好，下有所投，反之亦然——人们时常需要面对“更难以预测的世界”，这足以使土著将习惯上交给酋长的贡赋，和本地银行的信贷作用联系起来。（参见 Ivens，1927，p.32）那么这个用以表述亲属关系等级之间经济联系的词，就是“互惠”。此外，这里的互惠正好可以划作“慷慨互惠”。虽然不像近亲间的相助一样令人感动，但亲属间的交换还是致力于互惠关系的延续。或许在酋长的催促和要求下，物品**屈服**于酋长的权威，但是随着人们**谦卑地请求**，物品也会从酋长那儿流回部民手中。人们请求的基本理由就是帮助和需要，所以回馈的想法相应地变得不甚确定。互惠需要等待一个需要回馈的理由，它不必等价于最初的赠予，物品的流动可以发生在最初赠礼之后很久，可以有利于甲方或乙方。

互惠被利用于亲属关系等级的各种原则。在世代等级（generation-ranking）中，年长者是享有特权的等级，这在狩猎采集者中具有重要意义，不仅在他们的家庭生活中，而且营地生活都是如此，慷慨互惠就是年长者和年幼者之间相应建立的主要交换原则。（参见 Radcliffe-Brown，1984，pp.42-43）特罗布里恩德群岛民给这种适用于一般世系群内部不同等级间的经济伦理关系起了个名字——*pokala*。这种伦理的规则就是“亚族的年轻成员应该为他们的长辈提供礼物和服务，而长辈们也应该向年轻人给予帮助或物质奖励以作回报”。（Powell，1960，p.126）即使等级关系一边只是辈分较高的年轻人，另一边是位高权重的大佬——也可以说是酋长——这种伦理关系照用不误。拿波利尼西亚的酋长来说，他们是大权在握的统治者：一方面他们依靠各种交给酋长的贡赋生活；另一方面，我们已经看到，他们对帐下的人民或许也肩负着更大的责任。原始政治的“经济基础”可能就是酋长的慷慨赠予——栽下的是高尚的道德行为，收获的是人们的感激之情。或者看得更远一些，全部政治秩序的维系，都离不开关键的物品流动；随着社会等级制度起伏的每一件礼物，不仅意味着身份的关系，而且这些慷慨赠予的礼物无须直接回赠，激发的是部民的忠诚。

在建立等级秩序的社会中，既成的社会结构推行了慷慨互惠，而在运作的过程中，交换过程也对等级体系产生了影响。然而，在大型社会中，等级与领导权大部分都已经是现成的；而在原始社会中，互惠作为一种“启动机制”（starting mechanism），或多或少地参与了社会等级本身的**建构**。互惠与社会等级之间的联系，在这种模式中的第一种运用是“贵族就意味着慷慨”，第二种运用则是“慷慨就意味着高贵”。在前一种情况中主体的等级结构影响了经济关系；后一种情况里互惠影响了社会等级关系。[亲属关系距离的情况中也有类似的对应。款待经常表示社会交往——这在后面会谈到。约翰·泰纳（John Tanner）是一个“印第安化的白人（feral Whites）”，他在印第安人中长大成人，他遇到的一则趣闻和这点颇有关系：他回忆起一个穆斯科格人（Muskogean）家庭曾经从饥饿中拯救了他的奥吉布韦[1]（Ojibway）家庭，他提到如果他的任何一个家庭成员遇到任何一个穆斯科格家庭的成员，“他就称对方为‘兄弟’，并像兄弟一样待他”。（Tanner，1956，p.24）]

“启动机制”这个术语是古德纳提出的。关于互惠如何被视作一种启动机制，他解释道：

[1] 穆斯科格人和奥吉布韦人：都是北美印第安人一支，前者生活在亚拉巴马州，后者生活在墨西哥州北部，亦作奥吉布瓦人（Ojibwa）。——译者注

> ……社会互动最初从互惠开始，在某个部落群体发展出一整套有具体分化的，对应身份义务的习俗前，互惠是最基本的交往。……虽然关于社会互动起源的问题很容易陷入形而上学的泥沼，实际上，许多具体的社会体系（或许“社会关系和社会群体”太富于倾向性了）确实具有明确目的的开端。婚姻从来没有纯洁过。……同样，合作、党派、社会群体以及社会群体的所有行为都能找到它们的开端。……人们不断以新的方式共存和组织起来，这也为他们带来建立新社会体系的可能。这些可能是如何实现的？……虽然乍看之下，这有点不像功能主义者的观点，不过一旦放到功能主义者手里，他可能会想，这种机制把转瞬即逝的交往转变成巩固的社会体系，这种机制从某种程度上说是制度化的，或者就是通行于任何社会的模式。这时他就会想到“启动机制”了。所以我觉得，互惠规则提供了许多启动机制中的一种。（Gouldner，1960，pp.176-177）

经济不平等状况是豪爽大方、慷慨互惠的重要背景，也是社会等级和领导关系建立的启动机制。还没有报答的礼物首先“在人们之间创造了一些联系”：它产生了连续而固定的关系——至少在互惠的义务偿清前都不会终止。其次，受赠者笼罩在“欠债的阴影下”，回馈的义务使他束缚在与赠礼者的关系当中。受惠者对施惠者保持了一种恭顺、谨慎与有义务的位置关系。“互惠的规则，”古德纳说道，“产生了两种相互间最低限度的要求：（1）人们要帮助给过他们帮助的人，以及（2）人们不能伤害给过他们帮助的人。”（1960，p.171）从新几内亚高地，到北美皮奥里亚草原（prairies of Peoria），这两种要求都同样令人信服——“礼物［在加胡卡－加玛人[1]（Gahuka-Gama）中］必须回赠。礼物由债务组成，在其被偿还之前，个人之间的关系都处在一种不平衡的状态中。债权人在负债者面前颇具威势，负债者必须谨小慎微，否则将会招致讥讽。”（Read，1959，p.429）慷慨之人自然好评如潮，豪爽大方通常被视作领袖身份的启动机制，**因为这为他带来了追随者**。“家中富且豪，自有人投靠”，邓尼（Denig）这样描写了志向远大的阿西尼波因人[2]（Assiniboin），“他们的这条原则无往不利”。（Denig，1928—1929，p.525）

除了高度组织的酋邦和简单的狩猎采集社会，还有许多生活在中间社会的部落民，他们中的重要首领虽然不享有职位和头衔，但已是声望卓著，赋予特权，号令盟邦。他们是“名垂史册”的人，被看作“大人物”，或“重要的人”“牛人”，他们凌驾于普通百姓之上，从者云集，威加四方。美拉尼西亚人的“大人物”就是眼前一例。北美大平原印第安人的“首领”亦然。从者慕之，盛名属之，皆因慷慨卓然——即使不出自悲悯之心，也是豪爽之举。慷慨互惠就多少被当作了一种社会等级的启动机制。

于是，慷慨互惠就以不同的方式参与了社会等级秩序的建构。而我们已经描述了酋长制经济在其他交换领域的特征，比如再分配（即大规模汇集）。恰在此刻，进化论者就要发

〔1〕加胡卡－加玛人：巴布亚新几内亚东北部，中央山脉北坡戈罗卡（Goroka）地区原住居民。——译者注

〔2〕阿西尼波因人：北美平原印第安人一支，为杰出的水牛猎手，逐水牛而生，有太阳舞等宗教仪式。——译者注

难：“一种经济方式什么时候就变成另一种了，从互惠就跑到再分配去了？”然而，这个问题本身就出自误解。酋长再分配与亲属等级间的互惠，并无原则上的不同。而且，酋长的再分配更是基于互惠原则，甚至是该原则下的高度组织模式。酋长再分配是亲属等级互惠中集中化的正式组织，是一种全社会范围内，大规模物品的征收，也是首领的义务。在真实的原住民生活世界中，是看不到再分配方式这样肢解的“形象”的。它呈现出一种物品集中化或类似的过程。非常明智之举是我们对比两者的特征——等级互惠与再分配体系——这取决于两种物品集中过程中形式的不同，这样就可以解决进化论者的问题了。

互惠行为中的大人物模式是非常集中化的，而酋长模式是非常去中心化的。它们的区分很微小，但可能很重要。在以斯瓦伊人经济（Oliver，1955）为代表的美拉尼西亚大人物经济中心化，和以努特卡人（Nootka）经济（Drucker，1951）为代表的北美西北海岸酋邦经济中心化之间，几乎是相同的。每个个案中的首领（或多或少）通过当地追随者整合了经济活动：他的行为就像物品互惠流动的中转站一样，这些物品来自他本身与其他类似的社会群体。他与追随者的经济关系也是如此：首领是居于中心的物品接受者，也是恩惠的施予者。两个个案微弱的区别是：努特卡人的首领是世系（家族）的正式持有者，他的追随者来自盟邦，他的经济中心地位归因于酋长的税收权以及酋长的义务。所以物品集中化成为经济结构的一部分。在斯瓦伊人中，这些都是个人成就。人们的追随来自首领个人的成就——是慷慨施予的结果——首领地位也是个人的成就，整个经济结构会随着重要大人物的离去而分崩离析。现在我觉得大多数人会将非洲西北海岸居民放在“再分配经济”之下；而把斯瓦伊人放在同样的位置至少将招来反对。这暗示互惠政治组织的建立，被认为是具有明确步骤的。当行政机构和政治群体确立了亲属关系等级中的互惠，并通过习俗责任自成一体，那它就具有了特殊的性质。这种特殊的性质就该被恰当地称作酋长制互惠。

还有必要再谈一下酋长制再分配进一步的差异，它在集中化过程中的差异。在某些民族志个案中，最少提到的就是从地方首领那里进出的物品流动。属民们各自在不同场合向酋长交纳贡奉，也经常单独收到酋长的好处。虽然总有大量的物品在酋长手中出入——比如说在酋长的仪式活动中——酋长与部民之间主要的物品流动都碎化成单独的、小型的交换过程：这边给酋长送了个礼，酋长拿去那边助人为乐去了。所以除开特殊的场合，酋长一直在倒手小物件。这就是太平洋海岛上小型酋邦的常态——比如，就在蒂科皮亚岛上莫奥拉（Sahlins，1962）——或许在桃花源中的酋邦都似如此。另一方面，大量食物的存放和多多少少的分配都令酋长感到自豪，同时他也为了部民的利益不得擅动手边的大量库存。这时个人追随和贵族义务就不再那么重要了。此外，如果酋长制再分配的社会范围扩大了——酋邦扩大、分化和自主化——我们就会看到接近典型的古代仓库经济。

附录B为等级与互惠之间的关系，提供了说明性的民族志材料。（参见B.4.2条，引自Malo，以及B.5.2条，引自Bartram，关于各种范围的仓库经济。）

互惠与财富

按照他们［尤卡吉尔人[1]（Yukaghir）］的想法，“一个储备了食物的人，必须和那些没有储备的人们分享食物”。（Jochelson，1926，p.43）

> 分享或类似的习惯，在一个常患不足的社会，是非常容易理解的，贫困与匮乏使人变得慷慨，只有这样才能保证每个成员抵御饥馑。今天我从他那获得了帮助，而或许明天他也需要帮助。（Evans-Pritchard，1940，p.85）

之前提到关于等级与互惠观念之一，是通过等级差异或区分等级的尝试，把交换的范围扩大，超出习俗上的交换范围。社会团体之间财富上的差异，通常都和社会等级差异有关，也会产生相同的结果。

如果某人很穷，他朋友很富，那么，这两人做买卖时就要克制一下求财之心——至少如果他们还想做朋友，或者还想长相知的话，就只能这样。如果没有一些富人义务（*richesse oblige*），就有对富人具体的限制。

也就是说，从事物品交换的人们之间需要有些社会约定，人们财富的多寡之分使得交换过程变得更为利他（慷慨），而不是反过来那样。富裕程度——敛财能力——的不同会降低等

〔1〕尤卡吉尔人：极地西伯利亚冻原及灌丛带居民，依赖麋鹿和野生驯鹿的季节性迁移为生。——译者注

价交易中的社会意义。为了交易的平等，贫穷的一方可以回赠低价的物品，因为富裕一方并不介意。财富的鸿沟越大，那么，富裕的一方更应帮助贫穷一方，就是为了维持一定的社会交往。进一步推论，当富裕一方在生活必需品，特别是救急物品供应过多，而贫穷一方供应不足时，双方的交易就会更倾向于不计回报的交换。可以找到的例子就是有饭吃的人会把食物分给没饭吃的人。人们一方面要求回礼酬金，而另一方面，就算身无分文也会把饥饿的陌生人当作——兄弟！——来招待。

“兄弟”很重要。“在一个常患不足的社会中”，贫困与匮乏使人变得慷慨，这个意思易于理解，行之有效。然而，这在亲属社会和亲属道德中更为盛行，也更好理解。对于经济科学来说，这种经济全部的活动，都由物品匮乏和不同的物品积累组成，这早已不是秘密。但这种社会中的生活方式并不像努尔人那样局限与不确定，也不像亲属社会那么困苦。就是这样的环境使得财富积累令人嫌恶，无人愿为，无以为继。而且即使富人不愿这样，他们通常也会迫于这样或那样的方式交出财富：

> 为了不引起其他人的嫉妒，布须曼人住得多远都可以，为此几乎没有一个布须曼人的活动区域时常被其他部落成员的地盘所环绕。即使某人无比渴望一把精美的小刀，他也不在乎能拥有得太久，因为这样他就会成为旁人羡慕的对象；当他坐在那里擦拭小刀锋刃的时候，耳边就会传来族人低低的声音：“看他在那儿擦着小刀那么得意，而我们什么都没有。”很快就会有人向他索取小刀，因为每个人都想拥有它，于是他就把小刀送人。他们的文化一

贯要求他们相互分享，从来没有一个布须曼人不愿与其他部落成员分享物品、食物或水，因为一旦离开了相互间的合作，布须曼人将无法生存于卡拉哈里沙漠的干旱与饥荒之中。

像布须曼人这样的食物采集者为防范饮食无着的窘境，最好的方法就是把均分某人的食物变成一种合理的行为。这里存在的技术条件是，许多家户日复一日地忙碌，也无法遇获食物所需。在当地群体中确立长期的分享制度，就可以克服食物短缺的困境。我想这就能最好地解释禁止猎人食用捕获猎物这一禁忌，或者大型猎物要在全部落分食这种没那么苛刻但更普遍的禁令——“尤卡吉尔人俗话说，猎人打猎众人切”。（Jochelson，1926，p.124）另一种确保食物分享制度的方式，虽说算不上一种制度，就是将食物分享赋予沉重的道德价值。捎带一句，如果真是这样，那么食物分享就不仅发生在饥年，而更有可能发生在丰年。慷慨互惠发生的“高峰”，就是果实成熟的时节，这时人们都能展现慷慨的美德：

他们收集了大约三百磅［特斯（tsi）坚果］。……当人们把能找到的果实捡拾一空，每个口袋都是鼓鼓的时候，他们就说准备好要去纳马（Nama）部落了，但当找来了吉普车，开始要装袋的时候，他们就专注于送礼收礼，已经开始相互赠送特斯坚果作为礼物，为此他们忙得不亦乐乎。布须曼人深感收受礼物的重要，或许为了巩固彼此的关系，或许为了增进和加强彼此的依赖；因为除非手边食物丰足，不然是不会抓住时机这么干的。布须曼人

> 总是把大量出现的食物当作礼物来交换，这些就是捕获羚羊的肉，特斯坚果，曼杰提栗子，这种坚果在成熟季节大量散落在曼杰提树下。当我们等在吉普车边上时，迪凯（Dikai）给了她妈一大袋子特斯坚果。她妈把另一袋给了高菲特（Gao Feet）的第一个老婆，而高菲特给了迪凯一袋。后来，接着几天，特斯坚果再次分派，这次数量少了一些，小堆小袋地送，小袋之后，送的就是一小撮烤熟的特斯果，这样人们收到就能吃了……（Thomas，1959，pp.214-215）

当然，财富的不同与互惠之间的关系，离不开等级和亲属关系距离的作用。实际的情况更为复杂。例如，财富的多寡可能迫使双方的互惠在比例上反过来，原先互惠是按照亲属关系距离进行的。群体内部的贫穷更能激发怜悯之心。（反过来，对患难之人的帮助建立了极为稳固的情谊——本着“雪中送炭……”的原则。）另一方面，远亲和外人在物质上的困乏，则很少甚至一点也不会让富裕的一方大发善心。还好不是穷人要承担赠礼的义务，否则对他们来讲真的要不堪重负了。

通过观察经常可以发现，只要有支出——不管哪个民族——任何财富都很难积累下来。实际上，积攒财富的目的就是为了把它花销出去。所以，例如，巴奈特（Barnett）笔下西北海岸印第安人认为“除非为了马上分发出去，不然真的想不出借贷或其他积攒东西的理由”。（1938，p.353）原始社会的基本活动，使得其中的物品流动倾向于从积累变为不足。因而，“通常说来，在努尔人的村庄里没有人会饿肚子，除非所有人都没饭吃”。（Evans-Pritchard，1951，p.132）但正如前面的观点提到的，这也是有条件限制的。给缺乏者分发物品倾向于从最需要的到不甚急需的，从本群体的再到外群体的。

假设分享是根据需要而来的，即使分享也受到群体的限制，还是可以进一步得出推论，推断出在一般食物匮乏时期的经济行为。在食物紧缺的时节，不计回报交换的例子会超过平均数，特别是在更狭窄的社会范围。人们的生存此时取决于，社会团结与经济合作这双重活动。（参见附录 C，例见 C.1.3）社会与经济之间的结合想必可以达到最大：家户之间普通的互惠关系暂时停止，让位于紧急时期的物资汇集。等级结构或许也会发生变动，或者参与到物资汇集的管理，或者从某种意义上说，酋长保存的食物现在拿出来投入分配。

对于食物紧缺的反应有很多“参考因素”：它取决于社会结构采用的对策，以及食物短缺的时间和程度。因为 biša-baša 时期中各种自利的力量倍增，人们趋向更多地考虑家户的利益，在困难面前，人们也更大幅度地关心近亲而不是远亲。可能每一个原始社会都有其分享的底线，或者至少也有限度。每个成员都应知道，合作有时会随着灾难的加剧而瓦解，巧取豪夺遂成为社会的法则。互相帮助逐渐缩减到家庭的范围，甚至这个底线或许也会突破，荡然无存，显露出人类残忍的天性，但也是最人性的自私一面。此外，在同样的状况下，人们施舍的范围缩小，而“消极互惠”的范围则渐渐扩大。平时相互帮助的人们经过了灾难之初，此时对待他人的困境漠然视之，若是还没有落井下石、趁火打劫、明火执仗已经万幸。换句话说，整个互惠的范围结构都已改变，变得内敛而排他：分享活动控制在群体最内部的范围，其他人都可以让他们生死由命去了。

这段论述中所内含的，是对现有个案中普遍互惠范围体系的分析方案。普遍的互惠结构以亲属社会关系为特征，以及生产过程中常见的压力为参考，这种压力来自食物收集、生产过程中产量的区别，所获的多寡，但这就成了我们现在关注的特殊状态。在这部分的说明材料中我们随处可见两种预计的反应，这两种反应通过大量分享和少量分享降低了食物供应。我们可以大致确定两种控制因素，一种是社会结构，另一种是食物严重短缺。

最后评论一下本节主题“互惠与财富”。一个组织完整的社会，不仅在经济威胁面前，而且比如在当前的危险，外在政治—经济压力面前，都会变得紧张团结。说明材料中两则关于土著战争群体经济活动的条目，正好与当前的部分有关（附录C：C.1.10与C.2.5）。这两则条目说明了在打仗的准备阶段，关于拥有者和缺乏者之间的分享（慷慨互惠），表现得异常的强烈。（类似的是，现代战争的经历，展示了从昔日兵营中的掷骰子，到今日的分享关系，或者前线中士兵分抽香烟，都是交换活动的漫长历史。）某人同情之心突然爆发，里面包含了所谓社会性、分享精神和财富的悬殊。慷慨互惠不仅是一种单一交换活动，与日益严重的经济一体化保持一致，也增强了经济一体化，并且给所有人增加了在非经济灾难面前幸存的机会。

与该节论述有关的民族志资料可以在附录C找到。

互惠与食物

交换物品的性质，对交换过程的性质似乎有一种特殊的影响。每天要吃的食物不能像其他东西一样想送就送。从社会意义上说，它们和别的东西非常不同。食物是生命的源泉，生活的必需，它是母亲以外，健康与家庭普遍的象征。和其他物品相比，人们更乐于或更需要与人分享食物；对于树皮布与珠串，人们更愿意把它们当作等价交换的礼物。在大多数社会环境中，是看不到因为食物而产生直接、对等的回赠的：这对赠送者和回赠者来说，这样的想法都是不应该的。从这个特点出发，食物的传递随之产生了一些特殊属性。

食物交易本来就是老生常谈，但它作为社会关系微妙的晴雨表，食物因此成为社会交往启动、维系或终结机制的工具：

> 食物是亲戚间有权共享的东西，而反过来，亲戚就是那些为你提供食物，或吃光你食物的人。（Richards，1939，p.200）

> 食物的分享［在库马人[1]（Kuma）中］是利益的象征。……食物永远不会和敌人分享……食物不与陌生人分享，因为他们是潜在的敌人。人们与血亲和姻亲共食的时候，会说自己是在和氏族成员共餐。然而，一般情况下，只有同一个亚族的成员才有确定的权力，分享彼此的食物……如果两人或两个亚族分支的成员发生严重而持久的争端，那么他们两人和他们的后代都不会使用对方的篝火……姻亲们在婚礼上聚首的时候，虽然新娘的嫁妆、猪肉和贵重物品强调了两个氏族各自的认同，但人们还是参加了婚庆，在婚礼上一起分食着蔬菜，随意而不引人注目，就像和亚族内部的同伴共享食物一样。这种方式表达了他们共同的利益，将两个群体结合在一起。他们此刻

〔1〕库马人：苏丹西部达尔富尔地区游牧部落之一。——译者注

> 象征性地融为一个群体，和所有的姻亲一样，成为了“兄弟”。（Reay，1959，pp.90-92）

飨人以食粮，款待又高尚，才是好亲党。正如乔切森（Jochelson）所说，“赠人一饭，化敌为友；施人一餐，称睦外酋”（1926，p.125），尤卡吉尔人的处世之道深得儒家真传。但是，这还隐含了一个消极的补充性原则，与外人的交往中，关系亲密的时候不赠予食物，关系冻结的时候也不接受食物。为了保护最近的亲属免遭他人毒害，怀疑每个人的多布综合征（Dobuan syndrome of suspicion）就是一种策略，其在人们食物分享和共同生活的社会范围中就明确地表述为“非亲朋好友，不共饮食，不共烟叶”。（Fortune，1932，p.170；不与外人共同生活的规则，参见 pp.74-75；Malinowski，1915，p.545）最后一个原则是，朋友和亲属之间，不以物品交换食物，即使要换也不是直接的。只有和外人的交往中，才能用食物来交换。[看一眼，小说家笔下，寥寥数笔，就把一个人物塑造成了一个大混蛋：“他提着装满食物的篮子来到空荡荡的房间，一声不吭地和老板全家一起吃饭，分文不给——他一点都不明白，为什么他把吃的分给老板家人的时候，他们假装不情愿；吃的也是花钱买来的；他们还以为自己在餐馆里呢，你可别不承认，吃的也是要花钱买的。”—— 麦金利·肯特（Mackinlay Kantor）][1]

---

〔1〕麦金利·肯特，1956 年普利策奖得主。作者未注明引文出处，引文部分或许是想说明，这位与老板一家共餐的人，没有按照与外人分享食物的规则，所以成了一个不受欢迎的“大混蛋”。——译者注

食物交换的这些工具性原则似乎并不因人而异。当然，在不同的个案中，这些原则的适用程度，适用的方面仍有差别。多布综合征患者们排斥村落之间的互访和款待，无疑也有他们自己充分的理由。另外，他们只是从经济往来到政治对策上，禁止村落互访和对来访者的款待。细看一下这些禁止的方面，我们就不会囿于眼前的观点：他们还是期待与来访者进行社会交往的，招待他人还是一种通用的做法。而多布综合征也绝非普遍。一般来说，“野蛮人为自己能招待陌生人而感到骄傲”。（Harmon，1957，p.43）

结果，食物在慷慨交换中的范围，有时要比其他物品在这种交换中的范围来得宽泛。这种超越亲属距离所限区域的趋势，在贸易伙伴或者任何远方男性亲属，前来参加礼物交换活动并接受款待的时候，表现得最为夸张（参见附录 A 中的例子）。在这些时刻，原本持久平缓的贸易关系，就会被不期而至的豪气大张所取代——或甚至暗暗奉行**一锤子买卖**——这种豪爽之举提供了彼此之间的食宿照料。但这样以后，藏匿其中暗潮涌动的 *wabuwabu*，还是会被慷慨好客营造的氛围抵消，在这种气氛中，礼物和贸易物品的直接交换可以平等地实现。

通过慷慨互惠，频频将食物送出的这种趋势，有其内在的逻辑。就像在富人与穷人，或上等人与下等人之间的交换中，食物更容易被当作一种附赠品，因为他们之间似乎只需维持现有的社会关系。一般人之间食物的分享需要遍及更远的亲属，就像慷慨互惠通常超越亲属距离区域的极限。（附录可以让我们回想起之前一节中提到的，慷慨大方总是和食物的处置联系在一起。）

食物唯一起到的社交作用就是被分送出去，然后经过一段时间礼数上适当的间隔，通过食物款待或援助这样相当的社交方式反馈回来。这里暗示的不仅是说食物的交换相当宽松或有缺陷，而是说在交换过程中，对食物与其他物品的交易存在特别的限制。比如在某些美拉尼西亚和加利福尼亚部落中，有人注意到有趣的道德戒律，禁止在使用原始货币的部落中出售食物。这里等价的交易就像磨坊的转动，进去的是粮食，出来的还是粮食。货币替代品多多少少作为一般等价物，可以交换各种物品，但不包括粮食。在通行货币的广阔社会领域中，生活必需品却被排除在货币交易之外，食物也只是分享而很少出售。食物具有太丰富的社会价值——最终是因为它具有太多的使用价值——所以不再赋予其交换价值。

> 食物不鬻。按照波莫印第安人（Pomo）的规矩，食物“用处太大”，所以只能分发，不可卖钱。只有像篮子、饭碗和弓箭这样的生产资料，才能借用和出售。[Gifford，1926，p.329；参见 Kroeber，1925，p.40，在尤罗克人（Yurok）当中——也有这样的规定]

> [对于托洛瓦-土土特尼人[1]（Tolowa-Tututni）来说]食物只可食，不得售。（Durcker，1937，p.241；参见 DuBois，1936，pp.50-51）

---

〔1〕波莫人、尤罗克人和托洛瓦-土土特尼人：都是北起阿拉斯加南部至加州西北部，北美西北海岸印第安人的各支，大都依赖捕捞鲑鱼和采集海洋动物为生。——译者注

[莱苏人[1](Lesu)]从来不售芋头、香蕉、椰子这些粮食储备，这些是作为友好的表示，用来分给亲戚、朋友和路过村庄的陌生人的东西。(Powdermaker,1933,p.195)

同样，食物在阿拉斯加爱斯基摩人中也是排除于对等贸易之外的——“把食物用于交易的想法是受到谴责的——即使贸易伙伴间交换高级食品，也会被当作礼物的互换，和主要的贸易区分开来”。(Spencer，1959，pp.204-205)

一般的食物似乎处于一种单独的“交换圈”，和具体货物的长期交换有所区别。(参见 Firth，1950；Bohannan，1955；Bohannan 与 Dalton，1962，“交换领域”)从道德和社会交往上都该如此。在大范围的社会关系中，食物换物品（food-for-goods）这样直接的等价交换过程（兑换）将会破坏社会的团结。和其他物品相比，食物具有特殊的分类体系，比如“财富”就表达了社会不平等，而食物则没有，它避免了价值上无谓的比较——正如撒利希人[2](Salish)当中：

食物不被划入“财富”(比如篮子、贝饰、独木舟等)。它也不被当作财富……“神圣的食物”，一个西米阿姆族（Semiahmoo）语言报告人这样称呼它。他认为，食物应被随意地赠予，不应被拒绝。食物显然不能和财产任意交换。一个急需食物的人可能拿出钱财，向群体中其

〔1〕莱苏人：巴布亚新几内亚东南部，新爱尔兰岛原住居民，属美拉尼西亚社会。——译者注

〔2〕撒利希人：加拿大温哥华岛印第安原住民之一，西米阿姆族亦为撒利希人一支。——译者注

他家户购买，但食物通常不能用于出售。（Suttles，1960，p.301；Vayda，1961）

但是在关于食物的道德中，必须马上加入一项重要的限定条件。这些食物与非食物的分野是由社会所划定的。食物—财富兑换过程中的道德具有社会区域范围：在社会界限外缘的某一点，交换圈出现，道德消融。[这一点上，在博汉南（Bohannan）和道尔顿（Dalton）说来，食物换物品活动开始“运行”。]在群体或部落内部食物不能换钱和其他东西，而在这些社会范围之外，并无不可，这非但不是出于被迫，而是必然与选择。撒利希人习俗上的确把食物——“神圣的食物”——拿给其他撒利希村庄的姻亲，换回财富。（Suttles，1960）同样，波莫人的确从其他群体那里——至少是用珠串——“买回”橡子、鱼和其他生活必需品。（Kroeber，125，p.260；Loeb，1926，pp.192-193）食物圈和财富圈的区分视情况所定。在群体内部这是两个单独的体系，受到群体内部关系的分隔；它们各行其是，因为一旦提出必须回赠生活必需品的要求，那么这将与群体内部主导的亲属关系原则相违背。而群体之外，在跨群体、跨部落的范围，随着社会距离的疏远，食物圈便无法再独善其身。

（再提一句，通常来说，食物馈赠与出工出力不可分割。反过来说，在原始社会中，主人在找人耕地、盖房或参加其他家庭劳动时，习惯上的回报就是一顿大餐。“工资”在多数时候根本不在考虑之中。为其他亲戚和朋友提供伙食，占了家庭经济极大的一块。与其把这些看作资本主义的萌芽，不如把它当作和资本主义相反的原则来理解更好：这些参加生产劳动的人，只是要求劳有所获。）

关于等价互惠

我们已经看过慷慨互惠扮演的各种角色，它具有工具性，最明显的就是在社会等级差异的建构中，作为启动机制；同时也在沟通不同群体人们之间交往时，作为款待的形式。等价互惠也具有工具性，但特别是作为一种正式的社会契约。等价互惠是和平与结盟活动首选的媒介，它是群体间从各立山头到共建目标这一转变真实的象征。倾族而动是等价互惠最夸张的一面，但也可能是最典型的形式，不过个人之间通过交换建立的契约为数不少。

这里有必要重提莫斯的格言："在这些原始、古代的社会中，非和即战，别无他择……两族相遇，要么各走各的，要么由于误会或挑衅，兵戎相见；再或者坐地和谈。"和谈关系应是平等的，因为这些部落可以被视作"不同的人"。这种关系太过脆弱，以至于无法依靠彼此的物品不足，长期维系互惠的关系——"印第安人注意到了这些"。（Goldschmidt，1951，p.338）他们注意到许多东西。高斯密（Goldschmidt）研究的农拉基印第安人（Nomlaki）实际上为莫斯的原则提供了完整的注释和解读，可以参阅一下：

> 敌人相见，必要相互喊话。如果住处还算和睦，他们便稍稍接近，展出各自的物品。一个人在中间扔了样东西，另一边的人就会再扔一样出来换，并把前一个人交换的东西拿回去。他们一直交换，直到一方把东西换完。还有东西换的一边就开始取笑没东西的一边，开始自

吹自擂……这样的交换发生在边界地方。（Goldschmidt，1951，p.338）

等价互惠愿意回馈那些已经获得的赠礼。这一点的效用似乎在它的社会契约上。等价互惠表现出惊人的对等，或至少接近平等，其中的原因显而易见，就是上面提到的各方的利益，所以可以放弃一些敌对的意图，减少一些冷漠，增进一些相互关系。物质上的对等打破了原来隔阂的情境，标志着一种新的状态。不容否认，这个交换过程最后充满了功利主义的意味，而且它可能就是这个样子——通过这种生活必需品公平的交换，这个过程的社会效果或许也进一步加强了。但不管有什么功利价值，这个交换过程总还有种“道德”追求，诚如拉德克利夫-布朗（Radcliffe-Brown）提到安达曼人（Andaman）的交换过程：“提供了一种友好的感觉……除非做到这点，不然交换所追求的目的就失去了。”

人们通过等价互惠，建立了许多契约关系，下面就是最常见的几种。

正式朋友关系或亲属关系

个人之间稳定的契约关系，有时表现为结拜兄弟，有时表现为朋友关系。结盟之后，需要交换信物加以确认，这就是契约关系的物质凭证，但不管怎样，这个过程是平等的，交换拉近了彼此的距离。（例如，Pospisil，1958，pp.86-87；Seligman，1910，pp.69-70）联盟关系建立起来之后，两者的交往随着时间会变得更为密切，以后的交换会沿着这个趋势，变得更为复杂，也更广泛。

合作伙伴关系的建立

有人会把各种互惠性质的宴会或娱乐招待划入建立合作伙伴关系这一类别，这些活动发生在友好的本地人群和群体之间，包括那些新几内亚高地部落间蔬菜堆积（vegetable-heap）的展示，或是萨摩亚或新西兰村际间的社交宴会。

建立和平

这些就是通过交换解决争端，结束争执、世仇和战争。个人与部落群体之间的敌对通过交换得以平息。"'只要旧账还清'，阿贝兰人[1]（Abelam）争端双方谈判一经达成，'便无半句废话'。"（Kaberry，1941—1942，p.341）这就是通行的原则。

有的研究者可能希望把杀人后的补偿金、通奸的赔偿，其他各种形式的伤害补偿，以及战争结束后占有物的相互交还都归入这一类别。它们都符合公平交易这一通行原则。[R. F. 斯宾塞提供了一个有趣的爱斯基摩人的例子：当丈夫收到拐走妻子的人给他的赔偿金时，两个男人间的关系"不得不"变得友好，斯宾塞写道，"因为他们从理论上说完成了一桩买卖"。（1959，p.81）也见 Denig，1928—1929，p.404；Powdermaker，1933，p.197；Williamson，1912，p.183；Deacon，1934，p.226；Kroeber，1925，p.252；Loeb，1926，pp.204-205；Hogbin，1939，pp.79，91-92 等]

---

〔1〕阿贝兰人：巴布亚新几内亚东塞皮克省原住居民。——译者注

婚姻联盟

结婚补偿作为一种社会契约，显然是一种交换的典型。我只想就这些交换过程中的互惠特征，对已有的人类学讨论提出一点点小小的归纳，这可能也有些冗赘。

不过有时我们的确会忽略这点，把婚姻交换作为一种极其对等的补偿。结婚的过程，以及随之而来的未来姻亲间的交换，通常不是完全平等的。首先，最常见的是地位的不平等：妇女换锄头或牲畜，*toga* 换 *oloa*，鱼换猪。这种交换缺乏一些周期性的转变，或者共同的价值标准，从某种程度上说似乎无法对等；这一过程既不平等也不绝对，一点也不对称。不管怎样，即使在交换婚姻的情况中，一方或另一方还是会被认为是占了便宜，至少当时是这样的。缺乏精确的对等，就是婚姻交换的本质。

不平等的利益维系着婚姻联盟，完全的等价无法实现。婚姻联盟中的人们——以及/还有民族志作者——或许时刻都在耽于积虑姻亲间的利益平等。从循环或统计学的模式上讲，婚姻中的得失或许会被结盟的过程所敉平。或在整个政治经济活动中，获得至少物品上的对等，通过一系列等级世系，聘金的向上流动（相对于妇女的向下流动），随着自上而下的再分配过程返还给了娶亲者。（参见 Leach，1951）通过婚姻交换而结合的两个群体，从某种社会意义来说，或许永远都不是平等的，这非常关键。考虑到交换的物品具有不同的特性，所以很难考量两边究竟有没有“互不相欠”。因为这是一种社会利益。交换的完全或明确对称为婚姻联盟这一观点带来了一些不便：完全对称就没有了人情债，也就阻隔了人们交往的机会。如果双方都各不“相欠”，那么这两者的关联就相对脆弱。但若是双方的人情没有算清，那么两者的关系就随着"感恩之荫"而维持，而且还会有进一步联络的机会，也许就要还更多的人情债。

此外，更重要的是，这种不同物品间不对称的交换，使得联姻保持了互补关系。联姻群体之间的联系并不总是门当户对的群体之间半对半的伙伴关系，这种联系或许连经常都说不上。一个群体给出了一个女人，另一个群体得到了她；在妻族提供妇女的基础上，父系制群体的宗祧至少暂时得以延续。妇女的转换过程存在差别：两个群体的社会关系互补而不对称。同样，在世系等级体系中，妇女的提供或许就是服从—统治关系的具体表现。在这些个案中，妇女转换过程的不同特点，标志着联姻中权利与义务的互补。不对称的补偿金，确保了互补性的结盟关系再次获得完美的平衡，而对称或一次还清的补偿则不克敷用。

某种信手拈来的观点提出，互惠是一种完全直接一对一的交换，等价的互惠，或近似平等。那么，给这段讨论稍稍地提出一些异议并无不妥：在原始社会的主导运行规则中，即使把直接实用性目的，以及工具性交换过程考虑在内，等价互惠也非交换的主流形式。甚至对于等价互惠的稳定性也应受到质疑。因为等价互惠会倾向于自身利益的结算。一方面，相对远距离的群体通过一系列高尚的公平交易，建立起了信用与信心，实际上拉近了彼此的社会距离，增加了未来更多慷慨交易的机会——就像最初血亲交换建立的"信用率"一样。另一方面，言而无信的行为会导致交往中断——比如回馈不及使得贸易伙伴关系破碎——即使这种行为没有在回馈的时候使诈耍赖。我们是否可以把等价互惠的本质总结为脆弱难继？或者可以说需要特殊条件才能延续？

不管怎么说，互惠在社会关系中的形象，绝大多数时候还是倾向于慷慨互惠。在简单一些的狩猎群体中，近亲之间不计回报的帮助蔚然成风；在新石器时代的酋邦中，这种帮助由亲属等级义务予以补充。尽管如此，等价交换在一些社会类型中，即使没有占据完全主导，也还是获得了不同寻常的地位。这些社会看中利益，不仅强调等价互惠，而且还要从中获益。

这些使人马上联想到了亚洲东南山区腹地社会众所周知的“劳动力交换”（labor exchange）。该地区人们的经济活动，以及社会结构与原始社会的主导运行规则有所不同，必然导致了一种独特的价值体系。人类学家描述过的伊班人（Freeman，1955，1960）、陆地达雅克人（Geddes，1954，1957；参见Provinse，1937）以及拉棉人（Izikowitz，1951）都属于这一类型——一些菲律宾人可能也是这样，但我还不确定在下面要分析的菲律宾人身上体现的程度是多少。

那么，这些社会的特殊性不仅在于它们不同寻常的内部经济特征，而且在于特殊的外部关系——在完全原始的环境中显得突兀。由于小型市场贸易的运行——也可能是政治统治的结果（比如拉棉人）——这些位于山区腹地的社会，变为更成熟的经济中心。从高级经济中心的视角来看，这些偏僻的地区成为稻米和其他货物的次级来源。（参见VanLeur，1955，特别是pp.101f，对亚洲东南山区腹地粮食供应的经济重要性，提出了一些启示。）从山区腹地的视角来看，跨文化关系的重要方面就在于生产资料、稻米的外销，换取现金、铁器以及提升威望的物品，后者中很多都价格不菲。这就意味着——鄙人的研究从未涉足该地区，谨对前辈学者致以诚挚敬意——亚洲东南山区腹地特殊的社会—经济特征，是与该地区对家户生产剩余产品特别的处理方式相一致的。稻米外销所包含的意义，不仅是社会内部禁止分食，或是与跨社会交易交换条件的要求相对应起来，而实际上与原始再分配中的一般特征都背道而驰。

市场的参与提出了一个最小的关键要求：社会内部关系允许家户囤积稻米，否则外界交换中的货源供应就无法实现。这一规约在面对有限而不确定的稻米生产时，必须广泛执行。丰收的家户无须救济歉收的家户；如果群体内部鼓励共产平等，那么与外界的贸易关系就无法轻易维系。

这在山区腹地部落社会的经济与政体方面产生了相应结果，可以包括：（1）不同的家户，由于有效劳动力人数与生产率的不同，生产的外销物品数量也不同。生产物品数量的变动范围，以家庭消费需求的上限下限为标准。然而，把这些产品按照人们的需要分食掉，是不会产生贸易的。与此相反（2）村落或部落内部分享产品的需求降低，而且（3）家户之间互惠关系的原则用劳动力服务相应计算，对等交换。正如格迪斯提到陆地达雅克人："……除了收取等价回报的商业活动，家户之外的合作少之又少。"（1954，p.34）当然，等价的劳动交换保持了拥有更多成年劳力家庭的生产优势（物品积累的能力）。猎物以及家庭仪式献祭中的大型家畜，或许是仅有的习俗上用于慷慨互惠的物品。这些东西在群体中广泛分配（参见 Izikowitz，1951），有一部分是被猎手分食，但这种肉类的分享对家庭间关系的建立并没有决定作用，因为家庭间的分享早已随着物品的外销而不复。（4）即使家户的共同生活也会受到严格的监督，为了积攒交换物品这一目的，每个成员的口粮接受严格的统计，因此社会交往会低于一般原始社会中共同生活的家户。（例如，比较

Izikowitz, 1951, pp.301-302 与 Firth, 1936, pp.112-116 的区别。）（5）随着市场对产品的吸取，物品的分享受到限制，对社会产生影响，导致了社会结构的分散化与细碎化。世系或其他类似固定的大规模合作体系，和家户产品的外流互不相容，也与面对其他家户时的自利表现不相适应。于是就可以理解，当地缺少大家族存在的原因。小家庭本身的固定关系，取代了各种个人间变化的亲属纽带，成为家户间联系的唯一中心。这些扩大的亲属纽带从经济上说，是非常脆弱的：

> 一个家户并非独特的个体，而是一个只关心自身生意的单位。它必须这么做，因为它与其他家户没有正式的联系，这些联系由习俗获得，可以使其获得某些必要的支持。事实上，正因为缺乏这些结构关系，这些社会被塑造成了现在的组织模式。在主要的经济活动中，与他人的合作主要是依靠契约关系，而不是建立在亲属关系上……这种状况的结果，使得人们在群体中与他人的联系变得更宽泛，但情感上变得冷漠，社会关系上变得淡薄，这也是桩挺悲哀的事情。（Geddes，1954，p.42）

（6）声望显然随着外来物品的多寡而升降——中国瓷器、铜锣等——这些物品是用稻米或工作与外面交换来的。部落大人物获得声望，显然不必依靠对手下慷慨襄助这样的行为。外来物品在部落内部扮演着庆典展品，以及婚嫁聘礼这样的角色——于是这些外来物就主要具有了财富的职能，并具备支付能力，于是大人物就不再靠分发它们来获得声望。［“虽然财富给了他慷慨赠予的能力，但财富不会让人成为酋长。虽然财富可以让一个达雅克人去放债，但很少让他变得贪婪。”（Geddes，1954，p.50）］没人有义务对别人大加恩惠。没人招募随从。结果他们没有强大的首领，事实可能要归功于社会的分散化，最后导致土地使用的紧张。（参见 Izikowitz，1951）

在这些亚洲东南部的社会中，等价互惠的出现主要和当地的特殊情况有关。但当地民族的这些具体情况，与眼下讨论的部落经济背景并无必然联系。就像格迪斯用陆地达雅克人的例子来反对“原始共产主义”，用这些材料来谈论原始经济的问题，似乎同样不切题。或许这些人最适合划于农民阶层——虽然“农民”和“原始人”一样，经常不幸地被贴上“经济人类学”的标签，但只要我们认为它属于一种特殊的经济类型，不管正统经济学对其弃之如敝屣，它都有分析的价值。

然而，上面的例子提到社会关系受经济活动的影响，强调了等价互惠在原始社会中的意义。原始货币作为交换媒介，或多或少遵循固定的交换率证明了这一点。货币的产生对维持交换等价起到了特殊的作用。了解货币的影响范围，以及它在经济与社会方面的共同作用，都是很有价值的。

我们还没有对“原始货币”提出一个正式的定义，这也算不上是种冒险，因为这个问题接近比较经济学中典型的两难状况。一方面，任何能“当钱来用”的东西——就我们所知金钱的用途有支付、交换、度量等——都可以当作“钱”。如果是这样，那么每个社会都可能产生出各自的原始货币，因为许多物品种类都经常打上标记，充作某种支付方式。用作支付方式的物品是相对稳定的，因而看起来更能作为价格参照的标准：具有最小的使用价值，并能替代交换物品的价值。正如弗斯所说，研究的方向不是解答“什么是原始货币”，而是“把这些物品划入原始货币范畴的作用是什么？”（1959，p.39）就我所理解，他具体认为原始货币具有交换媒介的功能，的确是有实际作用的。[“我本人的观点认为把一种物品当作货币，这样物品必须是一种可以被广泛接受的类型，可以替代一件物体或一次服务，而且也能替代其他物体，因而可以当作一种价值标准。”（Firth，1959，pp.38-39）]

“货币”所指的就是原始社会中，符号价值大于使用价值，并能作为交换手段的物品。原始货币的交换价值限于某些物品类型——一般包括土地和劳动力——并且仅适用于具有某种关系的社会群体之间。原始货币的主要用途是物品间接转换的桥梁（C—M—C′），而不是盈利的目的（M—C—M′）。这些限制条件，确定了“原始货币”的范畴。如果大家都同意这些观点，那么原始货币在原生态环境下更极端的表现形式，就不是民族志中广泛存在的情景，而只限于某些地区：特别是西部和中部美拉尼西亚群岛、加利福尼亚原住民、南美热带雨林中的某些地方。（货币也可能在非洲的原生态环境中发展出来，但恕我才疏学浅，难以从远古文明和古代“跨国”贸易中勾画出原始货币的发展脉络。）

这也就是说，原始货币与历史形成的具体原始经济类型相互联系，在这种经济中，等价交换显著发生在社会区域的外围。这不是一个简单狩猎文化中的现象——我也可以说，这是一种游群文化。原始货币也不是更高级酋邦社会的特征，在更高级的酋邦社会中，财富符号当然还是会被用于少量物品的交换。这些提到的地区——美拉尼西亚、加利福尼亚、南美热带雨林——都生活（或曾经生活）着中等类型的社会，这些社会被称作“部落”（Sahlins，1961；Service，1962）或“类似部落”及“半部落”（segmented tribe）。（Oberg，1955）他们与游群社会体系的区别，不仅是因为他们更多的定居生活——定居生活经常和新石器时代，而非旧石器时代的生产方式联系在一起——而主要是因为当地群体的组成，是更大、更复杂的部落组织。部落社会在当地的一些聚落，通过亲属关系和彼此相通的社会制度，以氏族的形式联系在一起。而相对较小的聚落则拥有自治与自我管理，这个特点反过来将部落和酋长领地区分开来。后者中的一些部分，按照等级原则和酋邦与亚酋邦（subchieftainship）的结构，被整合到更大的政治组织中，成为其中的组成和分支。所以部落的模式是纯粹各自为政的，而酋邦则是金字塔形的。

很明显，这个按照进化论分类的社会—文化类型并不严谨。我希望这不会产生问题，因为这个分类的提出，只是为直接比较使用原始货币各地区的结构特征。之前的讨论中所给出的各种特征，明确显示等价互惠在各种社会—文化类型的发生率不尽相同。等价交换在部落社会中所起到的作用要大于游群社会，部分是因为部落社会中手工制品和人工服务的输出，在社会经济中占有更大的比例。食物生产所占比重相对减少，虽然它仍然是部落经济生产的决定性部分。耐用品的交换有所增长，因为比起食物交换，它更可能保证等价交换。但更重要的是，群体外围交换比例，也就是与更远距离人们进行交易的发生率，在部落社会中要比游群社会高出相当的一截。我们可以参考一下，部落中边界范围更确定的分层部分，那些区域的范围界限在社会结构中更为明确，这些区域在交换比例上明显不同，这样就可以理解社会区域和交换活动的关系。

部落的几个生活分层相对稳定，组成也较固定。合作性的政治整合是部落分层的特征，正如在易变的狩猎游群和游群组织中，这种政治整合的阙如。部落分层结构也更为扩大，可能包括在政治分层内的内部世系群、政治分化的阶层（有时是分层的下级群体），以及部落中的外来者群体。而在游群组织中，部落内部和跨部落区域的发展，具体发生在社会结构的外围。这里就是交换活动比例增长的区域，不论这些交换活动是工具性的、建立和平的，或仅仅为了追求利益。那么，交换增加的区域就是等价互惠的社会区域。

进一步比较可以发现，酋邦通过把比邻的当地群体包括到政治联盟中，将外部关系转变为内部关系，消融并扩大了外围区域。同时，由于交换关系的“内在化”与中心化，等价互惠的发生率急速下滑。随着酋邦范围内物品的获得更为普遍，等价交换因此下降。尽管事实上，特罗布里恩德群岛上的酋邦是一群使用货币的海上部落，但在岛上没有出现原始货币，而从部落制的加利福尼亚往北，直到加拿大保留原始酋邦制的不列颠哥伦比亚省，贝珠在交换中的使用渐远渐罕，这些都表示原始货币在酋邦中可能的状况。

关于原始货币的假设——以严谨的态度提出了恰当的解释——认为：原始货币出现在社会区域的外围，它的出现伴随着等价互惠的反常发生。它可能促进了更平等的交换活动。推动原始货币出现的环境更可能是被称作“部落”的原始社会阶段，而不可能在游群和酋邦中发展而来。但有一个限制条件需要立即说明。并不是所有的部落都提供了货币出现的环境，当然也不是所有的部落都适用原始货币，它的适用范围这里已经讲清楚了。与外界交换的趋势只有在某些部落中才能达到峰值。其他部落都保持了相对的内在取向。

首先，在地区和部落间共同生活的情况下，外界区域的交换得到加强。具体部落在同一地区的生态状况，决定了各个家庭和群体的贸易关系，这可能是原始货币出现的必要条件。这样的状况就是加利福尼亚与美拉尼西亚社会的特征——我并不准备讨论南美的情况——但这并不是其他共同生活状态的部落特征，其他部落间（或地区间）的交换范围相对较为狭窄。或许就是环境的重要性，使得延时的交换需要信物的保证，因此在交易未及时完成的过程中，等价物被注入了价值。比如，相互依存的群体间难免会出现一时银契未能两清的情况——就像居住在海岸和内陆的人们之间，内陆的物品不会总是恰好遇到相当的渔获来交换。这时双方接受流通物就成了当务之急——所以说贝珠此时可以换鱼，而彼时可以换来橡子。（参见 Vayda，1954；Loeb，1926）在美拉尼西亚可以见到的大人物领导体制，也有这种延时等价交换的功能在起作用。部落中的大人物控制着由权力积攒的物品，包括粮食、生猪，或其他的东西，这些物品通常具有难以大量长期保存的特点。但同时，他们也缺乏高效的手段来积累这些维系统治基础的物品，收集用于大量赠送物品的过程不但漫长，而且在技术上困难重重。这种两难困境通过货币的运作得以解决：把财富转变为符号货币，用贷款和交易计算货币的配置，这样物品的大量聚集得以实现，而实物财富的积累被抛弃，财富最终变成了形式。

余 想

很难用点睛之笔为本文作一小结。本文没有引人入胜的结构——它的主旨一贯到底。总结之词无须赘言。

不过一点玩味值得一提。本文对经济学做了一番讨论，认为原始社会的“经济化”主要是我们一厢情愿强加上去的！经济活动的原则还要另谋他想。从这个意义上说，本文对原始经济的研究提出了一种与正统经济学相反的思路，经济活动的产生并不限于原先所认为人类对欲望之追求。我很期待这种异端邪说会对我们的经济学产生影响，这或许是件有趣的事情。

附录A　互惠与亲属关系距离部分的注释

A. 1. 0　狩猎—采集者——一般说来，该群体中的互惠范围，通常不像新石器时代的人们那样界限分明，随着个人间亲属关系距离的不同，互惠表现出不同的类型。慷慨互惠常包含向某些亲属提供食物的具体责任（亲属义务），而不是纯粹利他的援助。在对待食物和耐用品的方式上有明显的差别。

A. 1. 1　布须曼人——从我们的角度看，昆人的生活缺乏慷慨，或者说不与“胸怀异心的人”（far-hearted）进行互惠交换——“胸怀异心的人”这个词用得不错。

L. 马歇尔关于昆人交换活动的论文（1961），明确提出三种互惠在昆人中的社会—物质分界点：（1）在营地中可以一起吃肉的近亲，这种分享常常是种约定俗成的义务；（2）营地中关系较远的亲属和其他布须曼人，与他们之间经济关系的特点是，在耐用品“赠予”中更为对等，而肉类的交换近似“赠予”；（3）和班图人进行的“贸易”。马歇尔的材料非常丰富，指出了不同的社会原因和奖励机制如何决定了具体的交换过程。大型猎物带到营地要分几波。首先，猎物被猎人带到狩猎聚会上，并且按照射中猎物的箭进行分配。“第二次分配的模式（这里我们谈到严格意义上的互惠），就是近亲之间的分配。某些义务是受到文化迫力驱使的。我们知道，一个男人此时的首要义务，就是要给他妻子的父母送肉。他必须尽自己所能，把最好的部分给他们，同时还要尽到其他重要责任，给自己的父母、配偶和孩子分出一份（注：这些人各起炉灶，烹食肉类）。此时他为自己留了一份，然后再从这份中拿一部分给他的兄弟姐妹、他妻子的兄弟姐妹，如果他们都在场的话，以及其他的在场的亲属、姻亲、朋友，可能这之后自己分得的数量已经很小了。每一个收到肉的人在另一波分享中，再次给予他（她）的父母、配偶的父母、配偶、子女、兄弟姐妹及其他人。给别人的肉可以是煮过的，而且量很少。来访者都会分到肉，不管他们是不是近亲或姻亲。”（Marshall，1961，p.238）在近亲范围以外分给别人的肉是一种个人感情的表示，这时人们考虑到友谊，回报以往的恩惠，或其他想到的原因。但这种给予肯定更平衡：“在后面几波分享中，当首要的分配和对主要亲属的义务都履行过之后，从自己的份额中分给别人的肉就有礼物馈赠的性质。昆人社会这时要求，一个人应该按照他曾经得到的数量相应地慷慨回赠，而他最后留给自己的绝不比别人多，同时收到肉的人必须在将来某个时刻给予回礼。”（p.239）马歇尔用“礼物赠予”专指耐用物品的交换；这个重要的过程也发生在昆人的不同游群间。人们不该拒绝这样的礼物，也不能忘了回报。多数礼物赠予是工具性的，主要具有社交作用。就算是问别人要一样东西，人们也会说这是人们之间“友爱的举动”。这意味着，“他仍然爱着我，所以他才问我要东西”。马歇尔简洁地补充道：“我想，这至少在人们之间形成了某种东西。”（p.245）“礼物赠予”在形式和社会区域上都不同于“贸易”。“在互赠（礼物）中，人们不必送还相同的物品，但应该是价值相当的某样东西。收到礼物到交换礼物的时间间隔从几星期到几年不等。礼节要求人们不可仓促失体。赠予不能看似贸易。”（p.244）贸易的机制不拘一格。然而“谈判”必不可少，它的意思就是讨价还价。社会区域在任何情况下都是很清晰的：“昆人不和自己人做贸易，他们认为这一过程有辱尊严，且以其令人相嫌而唯恐避之不及。然而，他们和住在布须曼—班图边界的班图人进行贸易……和班图人的贸易会发生争执。班图人大胆，主动，明确地要求他们想要的，很容易吓住那些布须曼人。几个昆人报道人说他们如果能避免的话，他们尽量不与西尔人（Hereo）贸易，因为虽然茨瓦纳人（Tswana）做生意很精，但西尔人更甚。”（p.242）

托马斯（Thomas，1959，pp.22，50，214-215）和夏帕拉（Schapara，1930，pp.98-101，148）指出，

布须曼宿营者与游群间存在紧密的慷慨互惠——尤其是食物的分享。然而，夏帕拉也指出，游群间交换的特征就是“物物交换”。[1930，p.146；参见托马斯记载的趣闻：一男一女分属不同的群体，女人的父亲未经要求就送给那个男人的父亲一件礼物，这就成了一桩麻烦事儿。(1959，pp.240-242)]

据悉，布须曼人不知偷盗为何物。(Marshall，1961，pp.245-246；Thomas，1959，p.206) 然而夏帕拉表示那里确实存在盗窃。

A. 1. 2　刚果俾格米人——互惠结构通常看来非常类似布须曼人，包括与“黑人”进行的非个人化的交换。(Putnam，1953，p.322；Schebesta，1933，p.42；Turnbull，1962) 狩猎所获，尤其是大型猎物，在营地内以亲属关系距离为基础进行分配——普特南 (Putnam) 指出，先是家庭成员分享，然后是“家庭群体”得到相应的份额。(1953，p.332，参见 Schebesta，1933，pp.68，124，244)

A. 1. 3　瓦肖印第安人 (Washo) ——“分享在瓦肖人社会的每层社会组织中都得以实现。分享随着亲属距离和居住距离的增加而减少。”(Price，1962，p.37) 很难说“贸易”从哪里开端，“礼物赠予”从哪里开始，不过，“在贸易中，回馈及时，而礼物交换常常需要一段时间间隔。贸易往往是竞争性的，社会关系越淡薄，贸易越多。贸易包括明码标价，而社会关系在交易过程中位居次席”。(p.49)

A. 1. 4　塞芒人（Semangs）[1]——互惠的分野出现在“家庭群体”（游群）的边界：“每个家庭从他已经烹制准备好的食物中拿出一部分给其他家庭。如果一个家庭在某天的收获异常丰富，他们就慷慨地分给所有亲属家庭，即便这使他们所剩无几。但如果营地中还有其他不属于该群体的家庭，他们不参与分配，或在分配中只分得极少的东西。”（Schebesta，日期不详，p.84）

A. 1. 5　安达曼人——拉德克利夫－布朗（1948）在文中提到在当地群体中存在更高层的慷慨互惠，特别是在年轻一代和年老一代之间的食物交易和交换上（参见pp.42-43），以及不同游群间，人们的互惠形式更加对等，尤其是耐用物品方面。礼物交换是游群间会面的主旨，交换就是互换地方特产。在这一方面，“需要很多技巧以避免某人因其所得与其所付不抵而引起不快”。（p.43；参见pp.83-84；Man，日期不详，p.120）

A. 1. 6　澳洲原住民——有一些制度上强制的亲属义务，也有和营地中亲属分享食物与其他物品的规定步骤。（见Elkin，1954，pp.110-111；Meggitt，1962，pp.118，120，131，139等；Warner，1937，pp.63，70，92-95；Spencer与Gillen，1927，p.490）

游群内部有分享食物的规定义务。（Radcliffe-Brown，1930—1931，p.438；Spencer与Gillen，1927，pp.37-39）

---

〔1〕塞芒人：马来半岛民族之一，生计类型以狩猎采集为主。——译者注

伊尔－伊龙特人似乎与布须曼人（见上）的交换结构相似。夏普（Sharp）写到，互惠随不同的亲属义务而变化，在近亲之间最紧密的范围内倾向慷慨互惠，之外则倾向等价。给亲属范围之外的赠予就被称作“强制交换……但也有不合规则的给予，虽然只是在一个相对狭小的社会圈子里，这样的交换动机似乎主要是情感性的，并可能被认为是利他的；这会使人们产生为了给予而获取财物的愿望”。（Sharp，1934—1935，pp.37-38）

救助与密切亲属关系的联系：麦基特（Meggitt）观察过沃尔比人（Walbri），“……一个男人拥有几把矛，会自愿地将它们分给别人；但是如果他只有一把矛，他的儿子或父亲不应向他索要。如果被要求，他通常会把这样物品送给一个事实上的或亲密的父亲或儿子，但他拒绝疏远的‘父亲们’和‘儿子们’”。（Meggitt，1962，p.120）

众所周知，对等互惠是游群间和部落间贸易的特征，虽然具体形式不同，但都经常受到贸易伙伴的影响，这些贸易伙伴都被归为亲属之列。（参见，例如Sharp，1952，pp.76-77；Warner，1937，pp.95，145）

A. 1. 7 爱斯基摩人——比尔开－斯密（Birket-Smith）将营地内高程度的慷慨互惠与“相依的情谊”联系在一起。这种关系主要和食物，特别是冬季捕获大型动物有关。（Birket-Smith，1959，p.146；Spencer，1959，pp.150，153，170；Boas，1884—1885，p.562；

Rink，1875，p.27）

总之，R. F. 斯宾塞对阿拉斯加北部爱斯基摩人的研究表明，在亲属、贸易伙伴，以及非亲属也非贸易伙伴之间的互惠存在显著的差别。这些不同之处涉及耐用物品，尤其是贸易物品。营地中的非亲属如果食物短缺，他们应该被给予一些食物，但贸易物品除和外人（他们不是贸易伙伴）交换外，也和营地中的非亲属交换，它是一种非个人化的竞标交易（这使人想起巴西印第安人的“贸易游戏”）。贸易伙伴关系——根据拟亲属或世交之友——在沿海居民与内陆居民之间形成；交换物品是地方特产。贸易伙伴交易不时讨价还价，但确实尽力使自己获益，然而倘若交换中没有平等（或接近于平等），伙伴关系就会瓦解。斯宾塞清楚地区分了贸易关系和亲属间的慷慨互惠。因此亲属无须介入贸易伙伴关系，他说，“亲属总会相互帮助，其中的主旨就是食物分享与提供住处”。（Spencer，1959，pp.65-66）同样：“一个人不会与其兄弟结成贸易伙伴关系，原因是人们无论何时都能确保从其近亲属处获得救济和帮助。”（p.170）

A. 1. 8　肖肖尼人——当一个家庭没有许多东西可供分享时，比如只有一些种子或一些小动物时，食物的分享就只面向近亲和邻居。（Steward，1938，pp.74，231，240，253）肖肖尼村庄里应该还有一种高程度的慷慨互惠，因为斯图尔德把它与“村民间高程度（亲属）关系”联系在一起。（p.239）

A. 1. 9　北通古斯人（山中猎人）——许多分享是氏族内的，

但食物分享最常发生在一个氏族中少数几个一起游牧的家庭中。（Shirokogoroff，1929，pp.195，200，307）根据史禄国（Shirokogoroff）的观点，通古斯人赠礼是不需回报的，而通古斯人厌恶满洲人觊觎他的牲口（p.99）；然而他也写到，送给客人的礼物（远超出一般的热情好客）应得回礼。（p.133）驯鹿只在氏族外出售；在氏族内部，是作为礼物和帮助赠予的。（pp.35-36）

A. 2. 0　太平洋岛民——互惠的区域体系，尤其是在美拉尼西亚，常常更清晰、确定。在波利尼西亚，酋长掌管所有互惠，或由再分配制度替代一般的互惠。

A. 2. 1　伽瓦人（Gawa，布萨马人）——霍格宾将伙伴关系建立的跨部落航海贸易，和无联系的人们建立的内陆贸易进行比较，认为后一种交换："交换双方看来有点害羞，然而还是在村庄外面结束了他们的交易。（注：从伽瓦人村庄中象征性地排除了非个人化的交换。）人们认为商业应该在人们居住地之外进行，最好是沿着道路或沙滩（在布萨马，土著拥有的商店距离最近的居住点有五十码）。布萨马人总结这种情形道：航海者相互赠送礼物，但就要求山里人给予合适的回报。区别的本质在于，海岸居民互为亲属，但海岸居民很少有山村的亲戚，以致大多数必需的交易都发生在比较陌生的人之间（霍格宾在其他报告中提到丛林贸易常常是最近才有的）。海边的迁移和通婚使每一个海滨原住民在另一些海岸村庄里都有亲属，特别是那些附近的村庄。当通过海路贸易时，土著只同这些人交换。亲属关系和争价不可相提并论，所有的物品都是发乎情感，免费赠送。人们对价值避而不谈，而且赠礼者竭力表达，他从没想过回礼。然而在后来某个时候，时机正好，人们会不经意地提示他期待什么回礼，或陶罐，或席子，或篮子，或食物……大多数访客回去带的东西和他来时带的至少等价。确实，亲属关系越密切，主人越慷慨，有些人的回报更为丰厚。而细数下来，报偿相抵。……（这段叙述接着举了几个例子，并指出回报不等将导致伙伴关系的终结。下面，将前面所述与村落内部的互惠做一对比。）当一个布萨马人从本村居民那里得来一个网兜，这近来已经实现，他总是会给予那个人两倍于给北方海岸远亲（比如贸易伙伴）的东西，这点非常重要。‘你会觉得有愧，’那人解释道，‘对待你熟悉的人像对待商人（贸易伙伴）一样。’”（Hogbin，1951，pp.83-86）直系亲属距离互惠的差异也值得一提：“收到近亲的礼物（猪），通常要求在将来某个场合，回报一只同样大小的动物，但即使在礼物最初赠送和后来回礼时，都没有钱经手。关系疏远的亲属之间也有回礼的义务，但这种情况下，每只猪须得以完全的市场价格偿付。交易与早先的做法一样，只是过去用狗牙来偿付。购买者群体的成员现在会给他几先令的帮助，正如他们先前常给他一两串狗牙一样。”（p.124）

A. 2. 2 库马人——慷慨互惠存在于像“亚 - 亚氏族”（sub-subclan）这样的小型直系群体中——“对它的成员来

说，是仓储库和劳动力来源”（Reay,1959,p.29）——以及亚族。（p.70）氏族间的区域特征是对等互惠和“普遍要求必须回馈”。（p.47；也见pp.55，86-89，126）在外部区域，对等互惠适用于贸易伙伴之间，但如果没有伙伴关系，交易过程会倾向于消极互惠。“在库马人的贸易中，有两种不同的形式：通过贸易伙伴的制度化交易，以及沿贸易路线的偶遇交易。在前一种情况下，一个人满足于遵循规定的价格……但在后一种情况下，他竭力讨价还价，锱铢必较。‘贸易在一起’（trading partner）这个词的重要意义是作为动词形式，‘吃在一起’（I together I-eat）…… 事实上他好像被拉入一个氏族成员和姻亲的‘内群体’，这个群体中的成员不该为自己的私利而剥削他人。”（pp.106-107，110）热情款待与伙伴间贸易物品的平等互惠为伴，而“为了获得物质利益剥削一个伙伴就会失去他”。（p.109）非伙伴关系的交换几乎是最近才发展起来的。

A. 2. 3 布干维尔岛布因平原居民（Buin Plain）——斯瓦伊人互惠的区域差别在之前的引文中已经明确指出了。这里还可以提到另外几个方面。首先，极端慷慨互惠对应极为密切的亲属关系：近亲之间的礼物赠送远超过了一般对分享的期求（正如奥利弗把“分享”定义为本文所谓的“汇集”），所以不能完全化约为对回馈有意识的期待。父亲给儿子一些美味食物，可能被解释为他理性地期待年老时能得到儿子的照顾，但我深信一些赠礼，比如，父子之间的赠礼并不包含对回馈的期望。（Oliver，1955，p.230）有生产效益的货物一般会带来多得多的回报（“利息”），但不会来自近亲。（p.229）远亲和贸易伙伴之间的交换是*ootu*，它的特征是近似的等值，但它和需要贝币的“出售”（如手工制品的售出）有所不同，区别在于*ootu*中还有利息支付的可能。（pp.230-231）在伙伴交易中，给予超出收入的交换比率是可信的，这样也许从长远看才能获得平衡。（见pp.297，299，307，350-351，367-368）

斯瓦伊人在布因平原的邻居［显然是特雷人（Terei）］，以他们经济区域上的差异给特恩瓦尔德留下了深刻印象，他认为该地存在三种“不同的经济：（1）家庭内部的（汇集）管理……（2）近亲间的个人互助和酋长统治下定居点成员家庭间的互助；（3）不同群体或社会阶层间，通过个人贸易所展现的群体间相互关系”。（Thurnwald，1934—1935，p.124）

A. 2. 4　卡帕库人——卡帕库人经济中根据本地和外地的不同，在互惠上的差异已经在（前面的）引文中提到。同样值得注意的是，亲属关系和朋友关系降低了卡帕库人贝币交易中约定俗成的交换比率。（Pospisil，1958，p.122）不恰当的经济学术语使卡帕库人的数据变得很模糊。例如，所谓“人情债”（loans），是慷慨的交易——接受物品但不必马上偿付（p.78；也见p.130）——但这些人情债的社会背景和程度都不清楚。

A. 2. 5 马福卢人[1]（Mafulu）——除了民族志作者不承认是仪式活动的生猪交换外，“通常只有不同群体的成员才热衷交换和贸易，同一群体的成员则不然”。（Williamson，1912，p.232）

A. 2. 6 马努斯人——马努斯人之间的姻亲交换，一般发生在同村或不同村中，与长期往来的贸易朋友和市场交换相比，他们的区别在于长期的信用。（Mead，1937，p.218）贸易朋友间的交换，多少是等价的，但反过来和内地乌西艾（Usiai）丛林居民更非个人化的“市场”交易相比，还是大为不同。贸易友谊发展于远方的部落，有的是基于久远的亲缘纽带。贸易信用与热情款待也及于贸易朋友，但市场交换是直接的：乌西艾人被视作狡猾乖戾，“他们的眼睛只盯着利益，他们的商业道德无法让人恭维”。（Mead，1930，p.118；也见 Mead，1934，pp.307-308）

A. 2. 7 钦布人——亚氏族成员关系的特点是相互帮助和分享。一个人可以在无论何时向亚氏族同胞寻求帮助；他可以让亚氏族成员的任意一个妻子或女儿给他一点食物，当她有食物的时候……然而只有最出色的人才能指望从氏族外的人那里得到这样的帮助。（Brown 与 Brookfield，1959—1960，p.59；关于“最出色的人”的例外情况，比较参考附录 B“互惠与亲属关系等级部分的注释”。）氏族间的猪只交换和其他交换在外部区域力求获得平衡，就像在新几内亚高地

〔1〕 马福卢人：不列颠新几内亚马福卢山区居民之一。——译者注

其他地方一样。（参考比较，例如，Bulmer，1960，pp.9-10）

A. 2. 8 布卡海峡居民[1]（Buka Passage）——群体内部互惠的总量与外部贸易相比非常有限，但一些迹象表明，和外部区域砍价后等价互惠相比，群体内部还存在一些慷慨互惠。在柯塔奇（Kurtatchi）村庄，自己的同性兄弟姐妹对槟榔或椰子的要求是理所当然的，无须偿付，尽管这些被要求者可能会拒绝他的要求；除了近亲可以免费拿走某人的椰子，否则，不给就别想拿走。（Blackwood，1935，pp.452，454；比较 p.439f 的贸易部分）。

A. 2. 9 莱苏人——“免费礼物”（慷慨互惠）特别提供给亲戚和朋友，尤其是某类亲属。这些礼物是食物和槟榔子。在村庄和偶族之间，有各种等价交换。（Powdermaker，1933，pp.195-203）

A. 2. 10 多布人——众所周知，多布人的经济信任和慷慨的区域很狭窄，只包括 *susu* 和家户。在此之外偷窃成为可能。村际间姻亲的交换基本上是等价的，其他的村民帮助发起交换的 *susu* 履行他的义务。（Fortune，1932）

A. 2. 11 特罗布里恩德岛民——马林诺斯基描述的连续互惠群体和亲属关系区域只有部分相关；亲属等级因素（比较如下）和姻亲义务也显然参与了互惠。“纯馈赠”是

〔1〕布卡海峡：为布卡岛与布干维尔岛之间水道，布卡海峡居民，即为布卡岛民。——译者注

家庭关系的特征（Malinowski，1922，pp.177-178）；“约定俗成的偿付，不规则的回付，及非严格等值”包括了 *urigubu* 和对亲属葬礼仪式的捐赠（p.180）；“回报经济形式上等值的礼物”（或差不多接近等值）包括了村庄之间互访的赠礼，“朋友”之间的交换（明显这些就是针对村外人或只限于村外人），以及库拉伙伴之间重要物品的“次级”贸易（pp.184-185）；“可延期支付的仪式性交易”（没有讨价还价）是库拉伙伴，以及内陆沿海伙伴间蔬菜—鱼类交换（*wasi*）的特点（pp.187-189；参见 p.42）；“纯粹而简单的贸易”，包含讨价还价，主要发生在“生产区”成员与基里怀纳岛（Kiriwina）其他村庄之间的非库拉伙伴交换。（pp.189-190）最后一种是 *gimwali*，它的特征也是没有伙伴关系的蔬菜—鱼类交换，以及，伴随库拉跨海交换的，同样没有伙伴关系。

A. 2. 12 蒂科皮亚人——近亲和邻居在经济上享有优先权（例如 Firth，1936，p.399；1950，p.203），但也期望他们能以不同的方式提供经济援助（例如 Firth，1936，p.116；1950，p.292）。等价交易的需要随着亲属距离的增加而增强——因此“强迫的交换”（民族志上也称为“强迫的礼物”）就是更远区域的交换过程：“当有人想得到一个榨椰子的磨子时……社会分类的重要性就显示出来了。如果他知道某个近亲多出一个磨子，他就会去要来无须客套。‘你给我一个磨子吧；反正你有两个嘛。’据说那个亲属基于亲属之情会‘欣然地’把磨子给了他。那个亲戚迟早也会来索要他喜欢的某样东西，还可以免费拿走。这种自由获取的途径只存在于一个小型亲属群体成员之间，有赖于人们对互惠原则的共识。如果某人打算向一个不是自己亲属的人，即蒂科皮亚人所说的一个‘不同的人’索要某物，那么他会煮好食物，装满一个大篮子，用一张常见的树皮布或毯子盖上。带着这些东西，他就去找物主索要物件。他一般不会被拒绝。”（Firth，1950，p.316）

A. 2. 13 毛利人——大部分的内部流通，这里尤其是村落中的物品循环，集中于酋长手中——这种流通并不苛刻，只是按照酋长应得的贡赋，以及贵族的义务来征收。（参见 Firth，1959）虽然对声望的追求使人们更加慷慨，但是外部交换（村际，部落间）包括了更多直接等价的互换。（参见 Firth，1959，pp.335-337，403-409，422-423）毛利人谚语“冬天的亲眷儿，秋天的儿”；暗示“在耕耘时有大量工作要做的时候，他是我的远亲，要按劳取酬，但在收获完毕，有充足的食物可吃时，他就自称是我的儿子，张口要食”。（Firth，1926，p.251）

A. 3. 0 以下为杂项。

A. 3. 1 皮拉加人[1]（Pilagá）——这里我谨慎地引用亨利（Henry）关于皮拉加村庄食物分享著名的研究。我们看到的是一群分裂后重新定居的人们。同样，在亨利调查期间，大部分男人离开了居住地，在甘蔗种植园

〔1〕皮拉加人：南美印第安人一支，生活在阿根廷境内。——译者注

工作。而且，此时正值皮拉加人的“饥馑之年”。“因此，我们讨论的这个经济系统中，大量劳动人口离开，生活陷入匮乏，社会运转处于低潮。”（Henry，1951，p.193）（在这样悲惨的景况下，紧迫的食物分享与下面提出的假设相一致，假设互惠与需要间存在一定联系。）我设想，此时皮拉加人的食物分享，即使不是所有，慷慨互惠也占了大部分，人们分配自己手边的大量存货，提供援助以及诸如此类。这一设想和亨利提供的例子相一致，并且同他记录的个人收支失衡情况相符。据亨利报道，此时还发生了和其他群体的贸易，但在这项研究中略过。这项研究对当前讨论的主要价值在于，它说明了食物分享受社会距离影响所发生的概率。在亲属居住范围中关系最密切的人之间，分享食物的义务是最高的。“同一家户（在一个村落中由多个分居的家庭组成的群体）的成员结成非常紧密的关系；但同一家户成员中又以近亲的关系最为密切。这体现在食物分享上，那些关系最密切的人最经常分享食物。”（p.188）具体个案分析支持这一结论。（在个案中，分享者之间的联系和密切的关系恰好以另一种方式表现出来——一个妇女与男子分享几乎所有的食物，这个男人是她想嫁的，并且最终嫁给了他。）“到目前为止回顾的个案涉及家户（村落的一部分）内部的分配，可以这样总结：问题的答案：**哪个人或家庭是人们或家庭平时给予最多的呢**？这个问题只能通过对个人和家庭行为的定量分析才能回答。分析之后发现四个要点：（1）皮拉加人把他大部分产品都分给他自己家户的成员。（2）他并不平等分给所有人。（3）各种因素会阻止他平等地分给所有人：（a）世系差别；（b）人们在家户内、外不同的义务；（c）居住的稳定性；（d）依赖性需要；（e）婚姻期待；（f）对萨满的畏惧和（g）特别的食物禁忌。（4）当共居关系和密切的世系关系结合时，家庭间互换产品的比率是最高的。”（p.207）下面的图表[1]说明了食物分享与各个社会区域的关联性。（摘自 Henry 文中表 4，p.210）关于该村的另一部分，亨利没有大量的记录——因为他们经常在森林里游荡——没有显示出同样的趋势（也见表 4）。在 14 号家户一边，第二列其他家户和第一列本家户分享比值是 4∶3——与其他家户的分享要多于“家户”内部分享。但 14 号家户一边的村落范围和其他家户不同（表格上面的 28 号家户），因为 14 号家户一边的家庭“和村落另一边的 28 号家户相比整合得更加紧密（比如说，紧密联系在一起），因此，在 28 号家户这边，大部分采用**分配**形式，将产品从生产者转移到需求者手中，而村落中 14 号家户一边采用**共同生活**形式。因此，村落中 14 号家户一边的人们分配给同一家户成员的比例……似乎要低一些，而他们分配给村落中其他家户（部分）的比例看起来要高一些”。（p.211；Henry 强调的部分）既然亨利把同一“家户”

〔1〕图表：作者原书省略了亨利原文中表格下半“14 号家户”部分，但 A.3.1 多次提到 14 号家户情况，所以根据原引文重新加入 14 号家户部分。——译者注

下不同家庭间的食物分享划入不同家户的分享，那么这表面的例外就完全可以忽略了。

家庭	家庭间食物分享的百分比		
	村落中本家户部分	村落中其他家户部分	外村人
	1. 村落中28号家户一边		
28号	72	18	10
7号	93	0	7
20号	81	16	3
15号	55	34	11
	2. 村落中14号家户一边		
23号	31	48	21
32号	25	34	41
31号	30	44	26
2号	50	40	10

A. 3. 2 努尔人——在小型努尔地方群体（村庄的核心）和牧牛营地中存在密切的食物分享、款待，以及其他慷慨互惠。（Evans-Pritchard，1940，pp.21，84-85，91，183；1951，pp.2，131-132；Howell，1954，p.201）除去聘礼和血仇偿付（作为平衡的补偿），部落内部（村庄外）没有多少交换。努尔人特别要把自己的内部互惠和与阿拉伯人的贸易区别开来，认为后一种交换中存在直接性（短暂性）。（Evans-Pritchard，1956，pp.223f）努尔人和邻近部落，尤其和丁卡人之间，保持着臭名昭著的剥削关系，主要就是通过暴力掠夺战利品和土地。

A. 3. 3 北卡韦朗多（North Kavirondo）的班图人——邻近群

体间相处随意、热情好客。等价互惠主要是和手工艺人交换耐用物品，但是交换价格最有利于相邻的同氏族成员，对于别居的同氏族成员价格稍高一些，对陌生人最贵。（Wagner，1956，pp.161-162）

A. 3. 4 楚克奇人（Chukchee）——楚克奇人营地内部有一定程度的慷慨帮助。（参引 Sahlins，1960）盗取其他营地的畜群颇为平常。（Bogoras，1904—1909，p.49）海岸楚克奇人和牧鹿楚克奇人之间的土著贸易，以及一些跨越白令海峡的贸易：很明显这些贸易基本上是等价的；有些是无声贸易，所有贸易进行的时候都带着极大的不信任。（Bogoras，1904—1909，pp.53，95-96）

A. 3. 5 提夫人——至少对外部和内部（“市场”）空间有清晰的划分。“市场”由几种不同的礼物加以区别：礼物暗示“由其联系的双方关系是一种永久的情谊，是‘市场’所没有的，因此——尽管礼物在很长的一段时间里是要回赠的——对礼物公开的算计、攀比、勒索，实是公然的恶行”。（Bohannan，1955，p.60）“市场”是竞争与剥削的：“事实上，某种亲戚关系的存在，会让‘好买卖’失败：人们不喜欢卖给亲属，因为向亲属出价，不能像和陌生人那样漫天要价，否则就是人品有亏。”（p.60）

A. 3. 6 本巴人——有一种类似波利尼西亚的集中互惠体系（酋长再分配制），这一体系是更大经济结构的主要组成；部落间交换非常有限。（Richards，1939，p.221f）亲属类型不同，对近亲的责任也不同。（pp.188f）除了对来访亲属、酋长，现在还有陌生人的热情招待外，分享食物基本上是较小亲属圈的特征——但在匮乏时期这个圈子显然要大一些。（pp.108-109，136f，178-182，186，202-203）引进的货币在内部交换中不怎么使用，但当“人们从亲属那里以较低价格买进一些东西时，他们通常会在交易过程中增加一些服务”。（p.220）“……我常常看到妇女得知某位老年亲戚要来时，把一罐啤酒，藏到朋友的谷仓里。用一罐啤酒打发客人，却不去招待他，让他坐在炉边的地上喝啤酒，是难以想象的侮辱，但可以直接说：‘哎呀，他伯，我们穷得叮当响。……啥也没得吃啦。’近亲来的时候就不会这样，只会在某类较疏远的亲戚，或是家庭里有名的‘乞丐’到来时才会这样做。”（p.202）

附录B　互惠与亲属关系等级部分的注释

B. 0. 0　这些材料都与亲属关系等级互惠有关，材料所涉都是酋长制再分配互惠的简单形式。

B. 1. 0　狩猎—采集民族

B. 1. 1　布须曼人——“布须曼人都不希望与众不同，而游群的头人（*Toma*）更甚；他几乎一无所有，即使有千金也想尽快散尽。他的社交策略就是通过保持自身贫穷，换来尊重和民众的拥护。”（Thomas，1959，p.183）“我们确实听到民众议论……头人希望通过馈赠展现其慷慨的一面，因为他的地位决定了他不同于常人，他期望获得尊重而不是嫉妒。有人评价这就是头人总是很穷的原因。”（Marshall，1961，p.244）

B. 1. 2　安达曼人——“慷慨大方被安达曼岛民视为最高美德之一，大多数岛民坚持这一传统。”拉德克利夫－布朗写道。（1948，p.43）他注意到那些不劳而食的人尊严尽失，曼（Man）则评论慷慨的人是值得尊敬的。（Man，日期不详，p.41）互惠受到辈分关系明显的影响。虽然年长者有时是食物的赠予者——但偶尔在集体分享猎物时——相对年轻人还是有特权的："拒绝他人的请求可是不礼貌的举动。因此如果有人向某人要求他所有的东西，他都会马上照办。如果两人辈分相同，他人就要回报相同价值的东西。但是如果是一个年长的已婚者和一个年轻的单身汉或未婚青年，年轻人照理就不可以有所要求。如果长者向青年人做出要求，年轻人必须满足其要求且不求回报。"（Radcliffe-Brown，1948，pp.42-43）

B. 1. 3　爱斯基摩人——阿拉斯加北部爱斯基摩人的鲸船首领或猎鹿首领表面慷慨的少量施舍，可以提升其影响力和声望。（Spencer，1959，pp.144，152f，210f，335-336，351）慷慨的人才伟大。（pp.154-155，157）小气是可悲的。（p.164）

B. 1. 4　克里尔印第安人（Carrier）——一个大人物被皮货商奚落后，向后者宣称自己是个优秀的首领："我在捕海狸的季节，捉来海狸；用海狸肉宴请我的亲戚。我通常会宴请整个印第安人村落；有时也邀请远方的客人来一起享受我的胜利果实。"（Harmon，1957，pp.143-144；参见 pp.253-254）

B. 2. 0　美拉尼西亚人——我也曾在别的地方，对西美拉尼西亚社会大人物首领经济，做过广泛的调查。（Sahlins，1963）慷慨互惠在这儿是建立社会等级的决定性"启动机制"。然后是对个人的私人帮助，以及大范围的施舍，通常是猪和水果等食物，在部落中建立（卓著）声望。他慷慨凭借的资本最初来自其家族积极的近亲们：他依靠亲属间义务，敛聚物品，并在近亲中施以慷慨互惠原则。也许是娶了多个妻子，使他通常在早期就扩大了家户。一个首领事业的开端，是他能将其他人和其他家庭聚拢在自己的集团，在亲友有难的时候拉他们一把，就能把他们的产品置于自己的掌控，实现自己的野心。然而，他也不可能向这些亲属索求太多：物质恩惠不断，以防人心涣散、发展变慢。

下面多数案例都属大人物经济体系。然而包括的案例不尽相同：在酋邦或原型酋邦中，不同社会等级之间的慷慨互惠，显然都是以再分配的形式出现的。

B. 2. 1 斯瓦伊人——奥利弗（1955）的研究对西美拉尼西亚的大人物经济做了最深入的剖析。他详尽描述了影响力和声望是如何通过慷慨互惠发展起来的。在当地的慷慨互惠中也有对利益追求这些表面特点。值得关注的是等级在贝币交易中对约定平衡价格的影响："成为首领的绝好之处在于能以便宜的价格买到东西［当首领（*mumi*）花 30 个单位的 *mauai* 去买头猪来设宴，猪贩会觉得给他低于价值 40*mauai* 的猪都是丢脸的］。另一方面，首领在贸易上具有优势的同时通常要履行**贵族义务**。"（p.342）因此，"最值得称道的是，首领不仅在正常贸易和亲属往来中，对物对人都表现出（物质上的）慷慨，更要对与其没有义务关系的人显示出大方，这也是对逝去的伟大首领的仿效。"（p.456；参见 pp.378，407，429-430）

特恩瓦尔德写到，在布因平原居民那里，大人

物赐予跟随者的 *mamoko*“是仁慈宽大的表现，并无义务的要求。朋友之间的礼物也用这个名字。超出已定价格的付出也称为 *mamoko*。*Tokokai* 是跟随者（*kitere*）奉献给首领（*umira*）的额外付出，是为保证他的物品和愿望在其他时候可以收到贝币（*abuta*）的凭证。*Ddkai* 指的是平等地位的人们之间，和解或赔偿的支付”。（Thurnwald，1934—1935，p.135）该地区由等级差异导致的各种互惠关系已经非常清楚了。

B. 2. 2 伽瓦人（布萨马人）——布萨马人的会所（clubhouse）领袖，尤其是杰出的村落首领，是西美拉尼西亚典型的大人物。霍格宾写道：“一个人慷慨越久，欠他人情的人越多。当人们地位相当，就没有任何问题——穷人互赠小礼品，富人相互慷慨给予。但是如果等级不同，富人就得默认不可能获得回报。穷人们出于对地位的强烈认同，以尊重和顺从表示出谦卑……给予者与接受者的关系构成了领导体系的基础。”（Hogbin，1951，p.122）这些首领是“一群啃骨头嚼酸橙的人，把最好的肉给别人，自己留下杂碎，将槟榔和辣椒分给众人享用，自己不留一片叶子。这些都和传奇色彩的首领故事有关，尽管这些人‘猪多得数不清，园圃大得看不到边际’，但他们只为散尽千金”。（p.123；参见 pp.118f）会所领袖可不想让自己变成那样。辛勤与劳动——“他的双手从未离开土地，额头总是大汗淋漓”（p.131）——到头一场空。村庄大人物可是野心十足。“首领们为获得声望，创造所有借口，向大家派发食物。”（p.139）小气意味

着低等级，占他人小便宜“最终陷于社会等级的最底层……”（p.126）

B. 2. 3　考卡岛民[1]［Kaoka，（*Guadalacanal*）］——盛行大人物经济。（Hogbin，1933—1934；1937—1938）“声望……提升，靠的不是为个人目的而敛聚财富，为的是遍散浮财。在人们一生中的每个重要时刻——结婚、出生、死亡，甚至是建一座新房子或独木舟——都有盛宴为之欢庆，宴会越多，款待他人的食物就越多，声望也随之增长。群体中的首领就是那些给予他人最多的人。”（Hogbin，1937—1938，p.290）

B. 2. 4　卡帕库人——被民族志作者称为新几内亚高地的资本家。然而，他们的大人物经济模式是一种普通（甘薯）园圃经济的变形。卡帕库大人物们（*tonowi*，慷慨的富人）所提出的“债务”和“信誉”，不是一般意义上的人情债（见上文，A.2.4）；他们通过慷慨来提高地位。（Pospisil，1958，p.129）“社会将这些理想化的人视为最慷慨的个体，他通过财富的施舍养活了很多人。慷慨是文化中最高的价值，是在政治、法律生活中赢得追随者的必要条件。”（p.57）如果大人物施舍的资金没有到位，那意味着地位的下降（p.59）；如果他索要过度，可能面临平等的诉求——“‘……你不应是唯一的富人，我们本是一样的，因此你与我们平等’……这是帕尼埃人（Paniai）杀死Madi吝啬的首领Mote Juwopija的理由。”（p.80；参

〔1〕考卡人：所罗门群岛之一，考卡岛原住民。——译者注

见 pp.108-110）财富是远远不够的："……一个自私的人聚敛钱财而不去施舍，无论他的财富如何之多，他的言论和决策也不会被重视。人们相信，富裕的正当途径是将财富与穷人一起分享，这是赢得穷人支持的有效手段。"（pp.79-80）大人物因此能以更便宜的价格买到东西。（p.122）具有讽刺意味的是，一个大人物总结，慷慨互惠带来等级的提升。"'我是个头人，'他说道，'不是因为人们爱戴我，而是因为我还是债主，他们必须敬畏我。'"（p.95）

B. 2. 5　新几内亚高地居民——大人物经济模式通常在高地的各个世系中都有出现。"库马人的'大人物'或'有权势的人'……掌握着巨大的财富，一定意义上他们就是企业家，他们通过仪式展现财富，决定是否给予他人施舍，从而控制氏族间财产的流动。他们的声望在举办仪式过程中得到增长……他们的目的不仅是为了更富有，也不只是想要成为如假包换的富人：让大家都知道自己很富。此外，只有当一个人对财富表现出无所谓的态度时，才能实现他的野心。"（Reay, 1959, p.96；见 pp.110-111, 130）在美拉尼西亚人的推论中，大人物也常会变成"垃圾人物"。"如果一个人没有足够的食物分发给朋友或亲戚，他将成为一无是处的'垃圾人物'，没人会满足他的个人要求。"（p.23）

布尔玛（Bulmer）简明地描述了另一个新几内亚高地（Kyaka）的个案，在这个个案中，慷慨互惠起到社会分层的作用："首领的支持者与首领通常有着相互的义务，比如在支付聘礼时接受首领的援助，或接受类似的帮助等。这些帮助规定了他们进行 Moka（氏族间生猪交换）时，要通过首领。”（Bulmer，1960，p.9）

B. 2. 6　莱苏人——“富人出五个 *tsera* 购买一头猪，而穷人只需四个 *tsera*。付得越多，他就获得越多的声望。每个人都知道他是个有钱人。另一方面，如果卖猪的人在可以获得五个 *tsera* 的情况下，以四个 *tsera* 卖了这头猪，那么他也获得了声誉。”（Powdermaker，1933，p.201）

B. 2. 7　北马莱塔岛民［To'ambaita（N. Malaita）］——这是对大人物统治的另一个很好的表述，与其他讨论过的基本方面保持一致。（Hogbin，1939，pp.61f；1943—1944，pp.258f）

B. 2. 8　马努斯人——马努斯人具有——或曾在“古代”——“大人物”经济形式。（Mead，1934；1937a）他们的世系被划分为两个等级，*lapan*（高级）和 *lau*（低级）。按照米德所描述，等级不具备政治重要性，但是对经济层面很有作用。“在 *lapan* 和 *lau* 等级之间有一种相互期望的帮助，与封建关系有些类似——*lapan* 满足 *lau* 的经济需求，而 *lau* 为 *lapan* 工作。”（Mead，1934，pp.335-336）

关于大人物经济体系的另一个讨论参阅萨林斯 1963 年的著作。其他卓著的研究有阿拉佩什人（Mead，1937a；1938；1947），阿贝兰人（Kabeery，1940—1941；1941—1942）和汤古人（Tangu）（Burridge，

1960）。迪肯（Deacon）有个普遍的解释："对于所有人来说，玛拉库兰岛民（Malekulan）对财富的态度犹如资产阶级的贪婪，然而对债务人的慷慨和照顾又被视为美德……吝啬是声望的大忌；慷慨能带来名声、荣耀和影响力。"（Deacon，1934，p.200）

B. 2. 9 萨阿人——慷慨互惠原则存在于小规模再分配体系中。"好酋长和部民相互依赖，人们拥戴慷慨设宴的首领，这也是给（酋长）Wate'ou'ou 称号的原因……'他拥有直航独木舟'，是因为他对举行宴会很在行。"（Ivens，1927，p.255）"在公共集市后满载而归是酋长敛财的方式，就是多拉迪（Doraadi）所谓的'panga'，酋长作为村庄'银行'，为宴会、血亲复仇的支出提供支持。部民在公众场合的捐献，使 Sa'a 酋长变得富有。"（p.32）"首领和巫师无须返还部民的礼物。"（p.8）"首领被称为 *kuluhie hanue*，即救援者，在人们遭遇危机时挺身而出，表示挺身而出的词 *kulu* 在合成词 *manikulu'e* 中出现，该词意为荣耀，与宴会和酋长有关。"（p.129，参见 pp.145，147-148，160f，221f）

B. 2. 10 特罗布里恩德岛民——按照等级的慷慨互惠就是再分配。潜在的伦理是酋长和部民间的互惠帮助。马林诺斯基有关酋长制经济义务的很多描述都提到了身份地位意味着慷慨。比如："……拥有即伟大……财富是社会等级和个人美德不可分割的组成。但是最重要的一点是拥有的同时也给予……拥有财富的人势必需要与人分享，分配给他人，他是财富的保管人和施与者。等级越高，义务越重……因此权势的同义词就是财富，财富也意味着施与。吝啬确是最受鄙视的恶习，在当地人的道德观念看来，慷慨是美德的本质。”（1922，p.97）同样：“虽不是所有案例，但是大部分情况下，施舍展现给予者高人一等的尊贵地位。对接受者来说，是一种对酋长的臣服，也可视为亲属关系或姻亲关系。”（p.175）“**酋长和普通人之间的关系**——臣民们献给酋长的贡品和服务，首领也不时赐予小礼物，并在重要时刻帮助部落成员，这就是首领与部民关系的重要特点。”（p.193）特罗布里恩德的酋长们想给自己偷偷留下点槟榔子却困难重重，这成为人类学著作开篇中的逸事。（Malinowski，1922，p.97）

B. 3. 0 北美大平原印第安人——大平原印第安人的酋长在地方上相当于美拉尼西亚的大人物。两者的大人物经济模式也差不多；只是文化特点有所不同。慷慨互惠在这里也是领导权的重要启动机制之一。军功是成为领袖的重要因素，但决定影响力更多的是在马匹、食物分配、扶贫济弱这类事情中奠定起来的。酋长的扈从往往是一群无主见的随人，酋长因此背负着照顾他们的责任，也因此获得经济回报。马匹的财富是成为游群酋长的必要条件：丢弃慷慨意味着失去影响力。

B. 3. 1 阿西尼波因人——“游群的酋长是所有成员名义上的父亲，他称呼所有人为孩子”（Denig，1928—1929，p.431）“首领必须散尽千金来保持他的影响力，因此他往往是部落中最穷的。但是他决定了部落中财富在他的亲属和富人间的流动，在任何他需要财富的时刻都可以动用他们的资产。”（p.449；参见 pp.432，525，547-548，563；对阿西尼波因人人慷慨捐赠因素的推测，见 pp.475，514-515）

B. 3. 2　坎萨－奥萨格印第安人（Kansa-Osage）——“酋长和酋长候选者获得公共声望的代价就是毫不利己、两袖清风。无论何时，他们卓越的成就在于保持贫穷，对于追随者的慷慨磊落、有求必应，让他博得美名，在部落中不存私帑，让他引以为傲。”（Hunter，1823，p.317）

B. 3. 3　大平原克里族印第安人（Plain Cree）——“成为首领不是件易事。看看现在的酋长。他必须对穷人富有同情心。其他人有任何困难，他应竭尽所能来帮助他们。如果其他人对他有所请求，他必须实现他们的要求，不露一丝难色。”（Mandelbaum，1940，p.222；参见 pp. 195，205，221f，270-271）

B. 3. 4　黑脚印第安人（Blackfoot）——从本质上讲，也是大人物模式。（Ewers，1955，pp. 140-141，161f，188-189，192-193，240f）

B. 3. 5　科曼奇印第安人（Comanche）——亦然。（Wallace 和 Hoebel，1952，pp.36，131，209f，240）

B. 4. 0　波利尼西亚人——我曾经做过波利尼西亚酋长制经济的研究。（Sahlins，1958；1963）该地区的交换模式是产品再分配，以慷慨互惠为原则。这里所指的重点是慷慨互惠原则。

B. 4. 1　毛利人——弗斯对毛利人经济的精彩描述，让我们了解了波利尼西亚的等级互惠。我摘录了较长的两段：

"一个酋长的特权来自他对财富的任意支配，任意施舍，尤其是食物。这反过来也保证了更大收益，以展现慷慨，因为他的追随者和亲属将向他贡献上等的礼物……除了向陌生人和造访者大方施与以外，酋长对他的部下也相当慷慨。这是他对部下忠心和礼物的回馈，确保了他们之间的同盟。毛利人的支付模式就是礼物馈赠。酋长和部民间保持长期的互惠。酋长扮演资本家的角色，只要在必要的时候，就会推动某些'公众事业'的开展。正由于酋长将聚集的财富最终进行分配，民众因此有动力投身于部落的重要事务中。他就像财富流动的渠道，将财富聚集的目的就是重新分配。"（Firth，1959a，p.133）"随着酋长等级和继承地位在部落中的提高，礼物的……质量和数量随之增加，接着是声望的提升。但是这种关系不是单方面的。如果一个酋长的财富绝大多数依赖于他的声望、影响力和部民的认可，那么反过来他就要始终对部民保持慷慨豁达的态度。人们的企求不绝于耳。他的奴隶、亲信靠他养活，部民们的需求要得到满足，一大群的亲戚——毛利人的亲属关系极其复杂——要求他为微不足道的服务做出回馈，这种偶尔的小费，是他们的忠诚得到肯定的标志。当其他部落的人们给酋长献上食物，他为了声誉，必须拿出相当多的一部分赐予他的民众。他所获得的礼物都要求等值或超值回报……而且好客的要求是永无终止的。要举行盛大的活动以接待来访的酋长和他的随从……此外，部落中其他有地位的人若要举办庆生仪式、丧礼或婚礼，酋长必须倾其所有来资助，同时，偶尔的宴会也大大消耗了酋长的粮食储备。为了应付如此种种，他似乎需要各种公共储备，以应有时之需。那么，如果回顾酋长对财富的使用情况，他的各种食物储备其实对应各种债务。在收入和支出之间自有平衡。通常而言，虽然回馈与再分配体系使大量财富经酋长之手出入，但他终究不是巨大财富的占有者。”（pp.297-298；参见 pp.130f，164，294f，345-346）

B. 4. 2 夏威夷人——酋长可以支配下层（makaainana）民众的劳力，资源和产品，甚至控制巫师，并且享受某些额外津贴。酋邦的范围通常覆盖整个大岛，拥有收集—分配的充分权利。“国王们（例如，各个岛屿最高的酋长）修建仓库存放食物、鱼、树皮衣（tapas）、男人的兜裆布（malos）、女人的裙子（pa-us）和其他的东西。这些仓库是由酋长的管家（Kalaimoku）设计的，目的是为使部民感到满足，从而不会推翻国王。这些建筑就像诱捕条纹刺尾鱼的筐子。条纹刺尾鱼认为筐子中有什么好东西，因此就围着它打转。同理，人们认为仓库中粮食充盈，也就更加爱戴他们的国王。就像耗子从不离开锅台……只要人们认为仓库中有粮食，就不会抛弃他们的国王。”（Malo，1951，p.195）然而，最高层的酋长体制趋向于——尽管顾问有相当明智的建议——对下级酋长和部民的压迫，马洛（Malo）认为，“许多国王被部民赶下台，是因为他们对民权（makaainana）的压制”。（p.195；参见 pp.58，61；Fornander，1880，pp.76，

88，100-101，200-202，227-228，270-271）

B.4.3 汤加人——马林拿（Mariner）对酋长菲瑙（Finau）的经济伦理做了精彩的本土化叙述。马林拿对金钱价值的解释："菲瑙认为这个解释不能令他满意；他仍认为人们赋予金钱价值的同时，金钱却既不能也不会在任何（实际）用途上起到作用，而人们的所做岂非愚蠢。'如果，'他说道，'它（金钱）由钢铁制成，把这些钢铁变成刀具、斧凿，或许不乏用途；而如今，我却不见一丝价值。''如果一个人，'他又说道，'收获了富余的薯蓣，则可拿来换取猪肉或黑布（gnotoo）。金钱固然简单、便利，也不会像食物一样变质，但人们如果因此而囤积金钱，而不是像酋长本该做的那样与人分享，这样只会使人们变得自私；然而，如果一个人最重要的财富是食物，就像一切本该如此，食物是人们最有用也是最需要的，因为食物易于变质而无法囤积，所以他有义务与他人交换一些有用的东西，或无私地与他的邻人、下级酋长及随从分享。'他总结说：'我现在非常了解是什么使欧洲人（Papalangis）变得如此自私——是金钱！'"（Mariner，1827，pp.213-214）

物品还有相反的向上流动："向高级酋长贡奉礼物是非常普遍和频繁的。高级酋长通常向国王贡奉一个礼物，一头公猪或半个月一次薯蓣。同时，这些高级酋长再从下属那儿获得贡奉，这种自下而上的贡奉持续几个层级，直到最下层的普通民众。"（p. 210；参见 Gifford，1929）

B. 4. 4 塔希提人——从达夫群岛的传教士记录中发现，塔希提人的宗教首领汉阿玛尼玛尼就如同菲瑙心中的理想偶像："Manne Manne 非常急迫地为他的船只索要帆、绳索、锚等，然而这些都是我们无法提供的，尽管船长已经将自己宝贝的羽毛帽子和其他很多东西给了他，他依然很不满足；说道：'有人说你想见 Manne Manne，现在我来了，你却一毛不拔。'"传教士还记录了一个相似的场景：他说，"你们教给我许多话（parow）和向上帝（Eatora）做的祷告，却从没给我们斧子、刀子、剪子或衣服"。每当他拿到这些东西，马上分给他的朋友和追随者；因此尽管他收到数不清的礼物，但是没一件可以拿出来炫耀，他仅有的是一顶光秃秃的帽子，一条马裤和一条旧的黑外套，他在上面插满了红羽毛。他挥霍的理由就是，若不如此就不可能成为国王，甚至连酋长都当不上。"（达夫传教士记录，1799，pp.224-225）塔希提的酋长们会计算储存物品的多寡，尤其是他有多大的能力从下层民众中收集食物，这样的记录在达夫群岛游记以及早些的报告中不可胜数。（比如，Rodgriguez，1919）他们有着与夏威夷一样的观念——"你的家户不能被人指责藏匿食物。不能让你的名字和私藏食物或物品扯上干系。阿瑞伊人（Arii）的手永远是干净的；这决定着你的声誉。"（Handy，1930，p.41）——塔希提的酋长们显然还是"侵吞了太多的公帑"。（也见 Davies，1961，p.87，注 1）

B. 4. 5 蒂科皮亚人——礼物从底层流向上层，但是酋长们履行慷慨义务的时候，至少也该像他收礼的时候那么痛快。慷慨实际上是酋长的特权，受到他人的觊觎："酋长们被视为一大堆食物最合适的管理者，他们能将最有价值的物品存放在自己家中……但是这些积攒起来的食物最终要用之于民。物品聚集的目的，就是为相应的再度分配。但这样的人会受到 fia pasak 酋长家族的指责，说他'企图炫耀'，并且家族成员会监督他，保证他没有企图僭越他们的特权。按照蒂科皮亚岛的历史，这些人很可能乘机攫取他的财产或杀死他。"（Firth，1950，p.243）简而言之，蒂科皮亚的酋长不能容忍这种现象的发生。但这并不通行整个波利尼西亚。比如在马克萨斯群岛，通过"聚集和分配财富"，促成礼物的向上流动是可能的。（Linton，1939，pp.150，153，156-157；Handy，1923，pp.36-37，48，53）（有关蒂科皮亚酋长和部民之间互惠的其他方面请参阅 Firth，1936，pp.382-383，401-403；1950，pp.34，58，109f，172，188，190，191，196，212f，321）

B. 5. 0 以下为杂项。

B. 5. 1 北美西北海岸印第安人——慷慨互惠在北美西北海岸印第安人的政治经济活动中无处不见，也出现于酋长间的夸富宴，以及酋长之间，酋长和各自的部民之中。努特卡人就是典型的一个例子。酋长有着各式各样的责任：第一个在大马哈鱼围捕中捕到鱼、第一个采摘蓝莓、捕到最多的鱼，诸如此类（比如 Drucker，1951，pp. 56-57，172，255，272，及他页）。

反过来，“每当首领获得很多食物，他就设宴款待部民”。（p.370； 参阅 Suttles，1960，pp.299-300；Barnett，1938；Codere，日期不详）

托洛瓦－土土特尼人的政治经济与北部的大致相同，只是它的缩小版本。德鲁克（Drucker）形容酋长—部民的关系是“共生”的——“共生关系是富人和他亲党之间关系的本质。据说有些酋长从不工作；他的追随者为他渔猎。作为回报，酋长宴请宾客，将食物与民众分享。他为年轻的小伙子买来新娘，或至少为别人支付大部分聘礼；同时也由他决定随从的姐妹或女儿出嫁所要的聘礼数。也许最重要的一点是，他有义务偿还手下人犯错的赔款，拯救他们并为他们复仇……别人给他手下的赔偿中，也由他收下最大份额。”（Drucker，1937，p.245；加利福尼亚类似的等级互惠请参阅 Kroeber，1925，pp.3，40，42，55；Goldschmidt，1951，pp.324-325，365，413；Loeb，1926，pp.238-239）

B. 5. 2 希腊人——这是酋长制再分配的典型案例，18 世纪晚期 W. 巴坦（W. Bartarm）的记叙中谈到，希腊人也基本采用慷慨互惠的原则：“当宴会的准备工作结束，粮食全部成熟，整个城镇聚集起来，每个人将（公共田）地里的果实摘下，献给执政官，再放到他的仓库中；这些捐献都成为他个人的财产。在他们打粮食前，庄园内立起一座巨大的粮库或谷仓，它被称为国王的粮库；每个家庭都可以取走或投入一些粮食，这由他（其实指的是“他们”）的能力和意愿而定，不过他也可以选择不献不取，这些似乎是交给首领（*mico*）的奉献或税款，但实际上另有目的，比如说，它是一种公共财产，来自许多自愿的捐献，每个人都自由平等地享有使用权，当个人的粮食消耗殆尽，周围村庄饥荒时，或为流浪者、旅行者提供食宿接济，而这笔财产还可以支持远征或解救国家于危难；这笔财富最终是由国王或首领决定如何使用；有能力为贫困者带去慰藉和福音被认为是高贵的品德。”（Bartram，1958，p.326；参见 Swanton，1928，pp.277-278）

B. 5. 3 克钦人（Kachin）——“理论上，上层接受下层的贡奉。然而这种经济利益不是永恒的。这些接受礼物的人因此背负了贡奉者的债（*hka*）……矛盾的是，虽然上层等级的人享受献礼……但他无时无刻不被要求回报更多。否则他就会背上骂名，面临下台的境地。”（Leach，1954，p.163）

B. 5. 4 本巴人——展现了典型的再分配经济模式，酋长和部民间存在慷慨互惠。“……熟食的再分配是权威和名望的表现……接受赠予，使得人们有义务向酋长回报敬意、服务和慷慨回馈。”（Richards，1939，p.135）最重要的就是分配过程，并且“对酋长来说，非常有必要在检查员的监督下，进行土地和部落物品的交易。但这不是全部。在大多数的非洲部落中，食物的再分配，是酋长最重要的一项职责，因为这决定了他对村庄和财产的权威，在本巴人的意识中，食物能否成功供给与整个村庄的福祉密切相关……整个

kamitembo 机制（部落神圣的炉灶和谷仓）向我展现了权威和物品分配权的紧密联系，这就是部落组织凭借的本质。酋长拥有食物并接受贡奉，同时也应部民的各种需求分配熟食。这些特性都通过 *kamitembo* 房子表现出来”。（pp.148，150）“我从未听过一个酋长向别人炫耀他的谷仓，但是却经常听到炫耀自己获得多少食物的贡奉，并将这些供奉分发下去。实际上，这些酋长重视贡奉给他的食物多少，远远胜于关心自己谷仓的增长量，因为这些食物才是他不断分送的源泉。本巴人说道：‘我们会不停摇树，直到它掉下果实。’也就是说，我们不停地唠叨，直到酋长分我们一杯羹。如果酋长晒了肉干，打算储存起来用于最后的分配，他的随从会席地而坐，眼巴巴地望着他，不停议论这些肉干，直到酋长被迫分给他们一些，但是不定期来自其他村庄的供给，才是他们持续的鲜肉来源。”（p.214）“人们始终希望他们的统治者建更大的谷仓。在我看来这给他们带来了安全感——肯定地感觉到有充足的食物，并意识到是在为一个强势而成功的人工作……此外，人们饿了就有权利向首领寻求帮助。虽然这种请求不常见，但是，从某种意义上说，耕作土地和充实谷仓的劳力付出（umulasa），被认为是民众所有。人们可以从公共田地中窃取食物，却不能从自己妻子们那儿获得丁点儿。我有时听到当地老人骄傲地称‘我们的’谷仓，并补充说‘我们把谷仓装得满满当当’。因此部民认为酋长有超自然的能力，能救民于饥馑，所以人们用食物回报酋长的工

作……和他领导人们实现经济成就。酋长获得充足的食物供给，保证部落的运转，比如说有足够的劳动力来修建道路，最后也是最重要的一点就是收获了名望。”（p.261；参见 pp.138，169，178-180，194，215，221，244f，275，361-362）

B. 5. 5 皮拉加人——慷慨不是社会等级的启动机制，却维持了社会等级。在亨利的表格中（1951，pp.194，197，214），酋长给予他人（给的人也最多）更多的物品。亨利在评论中谈道：“至今……未发现其他任何家庭，能超过或与他（比如，酋长）家庭的贡献相当。实际上，第 28 号（酋长）本人就贡献了平均收入的 35%，就是每个家庭的食物。皮拉加社会中，酋长及其家庭的角色就是帮助他人。因此酋长和他的家庭就是村落**团结的因素**。这也是人们称呼酋长为父亲，同时酋长将全村成员称为孩子的原因……酋长的地位除了带来‘声望’，也是种负担。所有部民都是他要负责的孩子（*kokotepi*）。因此，首领 *salyaranik* 这个词，就表示了一个重量级人物。”（pp. 214-215）

附录 C　互惠与财富部分的注释

C. 0. 0　互惠与财富——下面注释中涉及的大多数社会，在其他文章中都提到过。引文准备着重说明的是，财富的不同与慷慨（慷慨互惠）之间的联系。食物是通常的共享物，这点很重要。下面的案例中指出，社会等级不同的群体根据不同的需要进行共享——这些群体本应适用等价互惠——并且特别强调这一社会区域中的利益。

C. 1. 0　狩猎—采集者

C. 1. 1　安达曼人——“如上述，所有的食物都是私有财产，谁获取，谁拥有。但按照当地的风俗，人们认为拥有食物的人应该与那些缺乏的人分享……这种风俗使得食物在整个营地内，事实上都是平均分配的……”（Radcliffe-Brown，1948，p.43）

C. 1. 2　布须曼人——“包括蔬菜、猎物和水在内的食物都是私有财产，谁获取，谁拥有。但按照当地的风俗，人们认为拥有食物的人应该与那些缺乏的人分享……这种风俗使得食物在整个营地内，事实上都是平均分配的……”（Schapera，1930，p.148）比较一下最后两段引文。面对伟大的自然法则时，人类会产生谦卑的敬畏感，这是人类学中一笔宝贵的财富。其实省略掉的部分引文，表明了分配方式上的些许区别。一位年长的已婚安达曼人在为家庭留足食物之后，就要将剩下的拿出来与人分享；年轻人则将自己的猪交给年长者进行分配。（另见 Radcliffe-Brown，1849，pp.37-38；Man，日期不详，pp.129，143 注释 6）

虽然懒惰或没能力的安达曼人很可能或者肯定不能给别人回报，但他们也会分到食物。（Radcliffe-Brown，1948，p.50；Man，日期不详，p.25）懒惰的布须曼猎手在群体内会遭人排斥；除了近亲外，有残疾的人会被所有人抛弃。（Thomas，1959，pp.157，246；另见 Marshall，1961，关于布须曼人食物共享的论述）

C. 1. 3 爱斯基摩人——在匮乏的冬日里，常常有人向阿拉斯加的海豹猎人索要肉食，而他们也很少拒绝别人。（Spencer，1959，pp.59，148-149）“在缺乏食物的时候，挨饿的反而可能是有所斩获的猎手和他们的家人，因为他们会倾其所有地与人共享。”（p.164）值得注意的是，这些有收获的人有义务帮助同营地中的非亲属：“慷慨是最基本的美德，没有人能承受吝啬的恶名。因此群体中的任何人，不管来自内陆还是沿海，都可以向富人求助，这样的请求从来不被拒绝。这也可能意味着在困难时期，富人有义务维持整个群体的生存。在这儿也是如此，分享扩大到了非亲属的范围。”（p. 153；这些非亲属或许会在其他时候参与到等价交换中，就像在“竞价游戏”一样，参见A.1.7）富人的慷慨使懒人占了便宜，因为即使他们有所存储，也没有必要与人分享。（pp.164-165；另见pp.345-351，156-157；在散财活动中，穷人往往会有物质收益）

在爱斯基摩人中，尽管小猎物不列入共享的范围，但大猎物一般都是“公共财产”；而狩猎者在任何情况下都应请全营地的人吃饭。（Rink，1875，pp.28f；Birket-Smith，1959，p.146；另见Boas，1884—1885，pp.562，574，582；Weyer，1932，pp.184-186）

R. F. 斯宾塞曾提到，关于阿拉斯加爱斯基摩人对20世纪30年代经济大萧条的反应，这一时期经济总体匮乏，理解其中的经济行为，这是一件很有意思的事。“在困乏时期，群体内部的认同意识比繁荣时代更为增强了。按照习俗，参与捕猎的人都有义务把他们的猎获——海狮、海象、驯鹿或其他的猎物——与群体中没有收获的人分享。但由于共享的规则也适用于非亲属，于是这一时期的经济环境，使得原住民家庭系统形成一种合作机制。家庭之间一起劳作，为了群体的整体利益共同努力。在经济困难时期，原始社会结构的回归似乎促成了家庭系统的形成，这在后来也有着持续的影响。但或许不难看出，随着新财富增加，群体中非亲属间的合作机制也逐渐趋于崩溃。”（Spencer，1959，pp.361-362）

C. 1. 4 澳洲原住民——当地的群体或友邻部落，在需要帮助的时候可以造访邻近的瓦尔比利（Walbiri）地区。即使主人自身供应也堪艰难，客人同样受到欢迎。但双方的经济关系在一定程度上是等价的。食物匮乏的群体，“往往通过事实上的亲属纽带，寻求帮助，如此恳切的请求，很少能被拒绝。接受帮助的人当时或事后会回馈一些礼物，如武器、头绳、赭石等类似物品，来表达他们的感激之情，而且同样重要的是，这样做可以使自己摆脱羞愧和尴尬的处境”。（Meggitt，1962，p.52）在青黄不接的时节，阿蓝塔地区的每个人共享所有的物品，不分辈分、性别或者亲疏尊卑。（Spencer 与 Gillen，1972 I，pp.38-39，490）

C. 1. 5 吕宋岛小黑人（Luzon Negritos）——共享大量食物；只要有好的收获，人们就会邀请邻居一起享用，直到吃光猎物。（Vanoverbergh，1925，p.4090）

C. 1. 6 纳斯匹克印第安人（Naskapi）——如上所述。（例如 Leacock，1954，p.33）

C. 1. 7 刚果俾格米人——捕猎者往往难以拒绝——鉴于公众舆论——与营内其他人共享自己的猎物。（Putnam，1953，p.333）至少大型猎物会在扩大家庭内分享；蔬菜则不是这样分配的，但如果有人缺乏的话，其他人也会“伸出援手”。（Schebesta，1933，pp. 68，125，244）

C. 1. 8 西肖肖尼人——营地内分享大型猎物的习俗本质上相同，少数家庭按需供应。（Steward，1938，pp.60，

74，231，253；也参见 pp.27-28 帮助那些靠传统捕猎，难以维持生计的家庭）

C. 1. 9 北通古斯人（山中猎人）——按照当地的 nimadif 风俗，狩猎的收获归于整个氏族——“换言之，猎物不属于猎手而属于氏族部落”。（Shirokogoroff，1929，p.195）人们都心甘情愿地帮助同氏族需要帮助的人。（p.200）在鹿瘟流行之后，驯鹿被分给氏族里的穷人，因此没有家庭有超过 60 只的驯鹿。（p.296）

C. 1. 10 北奇帕维安和考帕印第安人（Northern Chipewayan and Copper Indians）——在准备打击爱斯基摩人的时候，塞缪尔·赫恩（Samuel Hearne）发现他的集体中有一种高涨的“无私友谊”：“从来没有谁像现在的我们一样，如此广泛地重视利益的互惠，因为何时何地，别人有的，就是我的；如果说一个北方印第安人曾被正直的友谊所感染，这种友谊只有在这里的人们身上，才体现得最为充分。任何可能公用的财产都成为公有，任何人如有类似物品，都会赠予他人，或借给那些没有以及需要的人，并以此为荣。”（Hearne，1958，p.98）

C. 2. 0 北美大平原印第安人——在许多北方部落中，良种水牛数量不多，而且人们拥有的数量也不平均。然而，没有马匹的人，却并没有因此受到食物不足的困扰；因为肉类会以各种方式分给缺乏的人。例如：

C. 2. 1 阿西尼波因人——邓尼指出，在一个大型营地中，那些缺少马匹的人，包括一些年老体弱的人都可以跟着去打猎，狩猎结束后他们可以按需索取猎物，只要把兽皮和优质的肉留给猎手即可。他们一般都能得到自己需要的分量。（Denig，1928—1929，p.456；参见 p.532）当食物匮乏的时候，人们会窥探别人的膳食，如果发现有更好的食物，便在就餐的时候造访主人，因为“即便是最后一点儿食物，印第安人也会分给客人一份，否则他们是不会自己享用的”。（p.509；参见 p.515）成功归来的猎手受到长者称赞时，会倍感惊宠，于是（“经常地”）当即将自己的全部猎物都拿出来分给别人。（pp.547-548）

C. 2. 2 黑脚印第安人——缺少马匹的人可以向富人借马——因此富人就有了更多的追随者——如果牲畜遭到不幸而大量减少，就更需要富人的援助。（Ewers，1955，pp.140-141）如果向别人借了匹马打猎，事后要把猎物身上最好的肉给马的主人，以示酬谢。但这也显然取决于主人提供的马匹数目。（pp.161-162）如果借不到的话，这些没有马匹的人就只能依靠“富人”的施舍，而且通常只得到一些瘦肉。（pp.162-163，参照 pp.240-241）有个例子关于一位断肢的英雄猎手，后来游群里的人给了他房子，一些马匹和食物。（p.213）谁在突袭中获得马匹，理应与运气不佳的同伴分享成果，但这里常常存在争议。（p.188；对比平原奥吉布韦人在狩猎前的慷慨，C.2.5。）注意，财富不均时慷慨交换是如何进行的：在部落间的贸易中，富有的人要比一般人付出更高昂的价格；比如说一般的人只需要用两匹马就可换来一件衬衫和一套绑腿，但富人要用 3 到 9 匹马来换同样的东西。（p.218）另外，也有人常常将马匹分给那些处于困境中的人，以使自己“声名鹊起”。穷人有可能占富人的便宜，因为他们为了得到马匹，只给富人小小的礼物，有时甚至只是纯粹的高声赞扬而已。（p.255）于是尤厄斯（Ewers）对穷人和富人之间的经济关系总结道：“富人觉得慷慨是自己应尽的义务。人们都认为他们应该借给穷人马匹，以便他们打猎、换场，并需要不时捐赠出来一些。在部落间的贸易中，他们应该比那些不富有的印第安人出更高的价钱。如果一个富人有政治野心的话，他就应该慷慨地赠送别人礼物，这点尤为重要，因为这样他就能拥有更多的支持者，以便在竞选时获得更多支持。”（p.242）

在普遍困乏时期，人们的应对措施就是加强共享。这在物资缺乏的冬季十分常见：“此时，那些在头年秋季就大量囤积物资的人，就必须将食物拿出来与贫困的人共享。”（Ewers，1955，p.167）游群中高级别的酋长也参与其中：猎手都要将他们的袋子交给游群首领，首领再将它们平均分配给每一个家庭。如果所获猎物越来越丰富，这个“初级食物分配方式”将不复采用，此时酋长也不再担任分配的主要角色。（pp.167-168）

C. 2. 3 大平原克里族印第安人——生活富裕的人同样要把肉拿出来与没有马匹狩猎的人共享，而且要在某些场合散发自己的马匹——同时他们从穷人那里得到的回赠不是肉，而是精神上的忠诚（Mandelbaum，1940，p.195），此外还有在平原地区发现的其他与财富差别相关的慷慨行为。[pp.204，221，222，270-271；也可在 Wallace 和 Hoebel，1952，p.75 关于科曼奇印第安人的叙述中见到，Coues 关于曼丹人（Mandan，村落印第安人）的报告，1897，p.337。]

C. 2. 4 坎萨印第安人——某位猎手写到，如果相约交换贸易的一方，因为健康或运气欠佳未能履行义务，没有人会向他催债，而基于彼此信任的友好关系也不会终止。但如果因为懒惰而没有履行义务，就会被认为人品有问题，受到朋友们的嫌弃——但这类人并不多。（Hunter，1823，p.295）其次，"……受尊敬的人不会陷入贫乏或任何不好的际遇中，同群体中的成员会避免此类情况发生。照这样来看，他们都非常慷慨；甚至有奢侈之嫌；时常以自己丰厚的财富接济朋友，应允他们的需求"。（p.296）

慷慨互惠在困乏时期明显增多。"只要是物资缺乏的时候，人们都会以互惠的方式互相借出东西，甚或是与别人共享自己的存储，直到大家的积累都消耗殆尽。我所指的是品质优秀、愿意分享的人。如果是相反的情况，这些人的需求只会得到漠然对待；尽管他们的家人可能参与了共享，但这毕竟不同于平常的紧急事件。"（p.258）

C. 2. 5 大平原奥吉布韦印第安人——泰纳和他穷困潦倒的奥吉布韦家庭到了一个奥吉布韦人和渥太华印第安人（Ottawa）的营地；营地首领都聚集起来商量如何应对困境，大家纷纷主动要求为泰纳的群体打猎；泰纳的 FaBrWi 却对他们很吝啬，她丈夫因此打了她。

（Tanner，1956，pp.30-34）与此类似的事情是某奥吉布韦家庭坚持泰纳一家回赠他们银质和其他贵重的器皿，因为冬季他们曾给泰纳一家送过肉。这样交换的行为使泰纳很震惊，觉得他们有些卑鄙，因为他自己的群体甚至不能果腹——“以前在印第安人中我没遇到过这样的事情。通常他们都与前来求助的人共享自己所有的食物”。

当奥吉布韦营地处于传染病流行和总体匮乏时期，泰纳和另外一名猎手捕获了一只熊。“这只熊的肉，”他写道，“我们不能品尝哪怕一口。我们得把它带回家，平均分配给每个家庭。”（p.95）还有一次，一个印第安人猎杀了两只驼鹿，他试图和泰纳一起偷偷分享猎物，而不让其他人知道。而泰纳作为一个更为正直的人，拒绝分赃，自己出去打猎了。他最后捕到四只熊，并把它们分给了饥饿的人。（p.163）

要去打仗的时候，印第安人特殊的经济行为：如果参与战事一方的某人缺少鹿皮鞋或弹药，他就会带一件所缺物品在营帐附近走动，让有充足物资的人看见；此时不需要任何人的提醒，后者通常都会应允前者的需求。或者这一方的头人，会挨个从每个人手里收集某人缺少的东西。（p.129）

C. 3. 0 以下为杂项。

C. 3. 1 努尔人——参见正文中关于这一内容的引文：“亲属之间都要互相协助，并且当某人有剩余的好东西时，他必须与邻居共享。所以努尔人都没有剩余产品。”（Evans-Pritchard，1940，p.183）富裕者和贫穷者间慷慨互惠的特征，尤其是在干旱季节以及资源普遍缺乏的时候，近亲和邻居间的互惠。（pp.21，25，84-85，90-92；1951，p.132；Howell，1954，pp.16，185-186）

C. 3. 2 魁克儒人［上欣古河居民（upper Xingú）］——从人们对主要作物木薯和玉米的不同处理，可以明显看出人们的共享与供应行为之间的关系。魁克儒人家户都是自给自足的，他们之间很少分享产品，特别很少分享玉米，因为玉米是高产作物。但当卡内罗待在那里的时候，村子里只有5个人种植玉米，他们的收获也拿出来供整个群体共享了。

C. 3. 3 楚克奇人——楚克奇人“对需要帮助的人”是相当慷慨的，尽管在人类学中，他们似乎得到了相反的名声。（Bogoras，1904—1909，p.47）他们的接济对象包括一些盟友，如贫穷的拉穆特（Lamut）家庭，拉穆特人从富有的楚克奇人那儿得到生活资料，无须任何付出，另外，楚克奇人也会屠宰自己的牲畜，不计回报地救济饥荒中的俄罗斯人。（p.47）适逢秋季的年度屠宰，他们将大约三分之一的麋鹿都赠送给了客人，如果对方是穷人的话，更无须回赠；如果是友邻，也可能当场交换屠宰的牲畜。（p.375）如果当年的牲畜极度不足，友邻也可能提供援助，但这不一定与馈赠有关。（p.628）烟叶在楚克奇人看来是很贵重的，但即便是烟叶缺乏，人们也不会吝啬；“……最后一斗烟也会均分或由大伙儿轮流抽完。”（pp.549，615f，624，636-638）

C. 3. 4　加利福尼亚 - 俄勒冈印第安人（California-Oregon）——我们在前面提到过，托洛瓦 - 土土特尼人的富人向同族的穷人提供援助。（Drucker，1937）穷人依赖于富人的慷慨。“在村里，有储备的和没有储备的人共享食物。”（DuBois，1936，p.51）克鲁伯写到，在尤罗克人那儿，食物用于买卖，“但没有富人会觉得买卖食物有何不妥”（1925，p. 40），在这个例子里的食物互换还是廉价的，而并不是指等价（销售）。克鲁伯也提到，尤罗克人互赠一些小礼物，因为“礼物很明显是富人的奢侈品”。（p.42；参见 p.34 关于有所斩获的渔民对鱼的慷慨分配）在帕特温（Patwin）印第安家庭中，类似肉类和鱼类等大量收获的食物，都会送到头人那里，然后分配给最需要食物的家庭；另外，他们也有可能请求富有的邻居给自己食物。（McKern，1922，p.245）

C. 3. 5　太平洋岛民——只要存在美拉尼西亚大人物体制的地方，贫富人群之间的物品交换，就会出现主导性的慷慨互惠。

达夫群岛的传教士们将塔希提人的慷慨，特别是**富人的义务**描绘得极度美好，不管怎么说都有过誉之嫌，使得难以对其进行充分分析：“所有的人都友善慷慨，即使对犯错误的人也是如此；如果别人不断恳求他们的话，他们几乎从不拒绝。他们之间的赠礼甚至到了挥霍无度的地步。贫穷从不使人自惭形秽；为富不仁才是最大的耻辱，会遭到大家的指责。如果有人表现出贪婪而又不思悔改，在必要的时候不肯分享自己的积蓄时，他的邻居就会顷刻毁坏他所有的产业，使他沦为最穷的人，让他居无片瓦。人们把不要的衣服给他，也不会被骂 peere，peere 即吝啬的意思。”（1799，p.334）

弗斯关于毛利人按需共享的讨论更为准确：“在食物匮乏的时候……人们并不循规蹈矩，囤积劳动所得，而是在整个村子里共享产品。”（Firth，1959，p.162）同样的现象也存在于新西兰丛林，以及苏丹大草原上，正如“如果村子里的人们分得充沛的食物，就不会有某个家庭挨饿或缺少食物了”。（p.290）

波利尼西亚环礁上粮食贫乏的保留地是由集体管理的，将这些地方的发展与人们如何应对普遍的物资匮乏联系在一起是件有趣的事。集体产品是按一定周期由群体汇集起来使用。（例如 Beaglehole，E. and P.，1938；Hogbin，1934；MacGregor，1937）然而弗斯和斯比利斯对蒂科皮亚人的再研究，恐怕是关于原始社会应对漫长而严重的食物匮乏时期，最为综合的报告。这种反应延续了很久：随着食物运输的减少，盗窃增加，家户之间的食物共享出现萎缩。随后消极互惠增多，慷慨互换的范围缩小，这些现象明显增长，并随着危机的加剧而增多。虽然这里无法对弗斯和斯比利斯二人所做的分析给出评价，但节选弗斯对饥荒时期互换行为的总结至少是有所裨益的：“一般说来，可以认为，……在饥荒的紧张局势下，人们道德水准下降了，但仪礼之举仍有所保留。在食物最为匮乏的时候，平常的食物供应模式也没有改变……

但说到热情好客时，在饥荒期间所有的礼仪**形式上**虽然保留，**实质**却发生了彻底的改变。实际上食物再也不与客人分享。其次，烹饪之后，食物就……被藏起来——更有甚者将食物锁起来……在这种情况下，虽然待客之道没有发生太大的变化，但亲属关系受到了影响。受邀请的亲戚受到一般客人的待遇；主人并不与他们共享食物……在许多时候，如果房子里放着食物，家里就会有一个人留下来看守食物。据斯比利斯所说，比起陌生的盗贼，此时留守者反而更怕不请自来的亲戚，因为人们理应欢迎亲戚的到来，并允许他们拿走任何看重的东西。在闹饥荒的紧张局势下，考虑到亲属利益，大的亲属群体在消费食物方面各自为政，而单独的家户也出现了更加团结的现象。（这里指的是基本家庭，但一般都包括其他亲属。）即便在饥荒最严重的时候，基本家庭内部仍然实行完全的食物共享。食物最缺乏的地区，核心部分的凝聚力也最强——值得注意的是，不同群体的供应有着较大的区别，这取决于该群体的规模和他们土地的产出。但从某一方面来说，在一般汇集供应的过程中，特别是在食物——尽管不足——却不是极度缺乏的情况下，可以看出亲属关系确实得到了加强。关系亲密的家户将‘炉灶（tau umu）合在一起’，每个家庭都将自己存储的食物拿出来，在一个炉灶中烹饪，然后共同享用……蒂科皮亚人在饥荒时期会避免对亲属的慷慨互惠和无尽的责任，但他们不会拒绝已经许诺的规定职责。饥荒加强了基本家庭的团结，但也增强了其他个

人之间的亲属关系……”（Firth，1959，pp.83-84）

C. 3. 6 本巴人——不同食物的慷慨互惠行为经常发生，包括在饥荒的时节里。因此，“如果谁的庄稼遭受突如其来的灾害袭击，或者原本的种植就不够自己所需，村子里的亲戚就有可能提供帮助，给他谷物，或者邀请他一起用餐。但如果整个村子都遭此一劫，比如蝗灾或者野象袭击，这时此人就会和他的家人一起迁到食物相对充足的地区，与当地亲戚住在一起……这样热情好客的现象在饥荒时节十分常见，许多家庭在领地内四处迁徙为‘讨口饭吃’……或者‘逃荒’……因此，亲属间应尽的义务产生了一种特定的食物分配方式。这种分配方式在村庄里和周围邻区都普遍存在，但在内部经济更个人化的现代社会中却无法实行”。（Richards，1939，pp.108-109）“在（一位本巴妇女的）经济环境中，当地的生活方式促成了食物而不是其他产品互惠性共享。也使得个人的职责延伸到了她的家庭范围之外。所以很显然，一位本巴妇女所有的粮食，不会比她逃难的亲戚多多少。她只能平分这些粮食，在近期的蝗灾中，有些村民的园圃幸免于难，但他们却抱怨说自己不会真的比其他受灾的人好过，因为‘同村的人都来和我们住在一起，或者问我们要小米’。”（pp.201-202）

C. 3. 7 皮拉加人——从亨利所绘的表1（1951，p.194）中可以看出，研究中所有不生产的人——据回忆，那是一段供应十分缺乏的时期——所获得的食物来源，要比他们赠送过的对象多。在这些案例中的“消极”一方——老人、盲人和妇女等——从－3到－15不等，8位被列为无产出的人在表现出消极平衡的人中占了超过一半。这与皮拉加人的总体趋势是相反的："从皮拉加人的总表来看，人们赠予的对象明显要比回赠的对象多。但加上这些没有收入的皮拉加人，情况便是相反的。"（pp.195-197）无产出者的消极互惠在交易过程中表现为负收益。（p.196）表3中，在获赠的食物量和赠予的食物量大致相同的情况下，有10人被列为无产出，其中8人的收入都超过了支出；6人被列为非常或特别的高产出，有4人的支出大于收入，还有一位的出入是持平的。（p.201）我引用这些数字的目的在于说明，从总体来看，有食物的人都把食物拿出来与缺乏的人共享。

第六章　交换价值与原始贸易中的社会交往

人类学的经济学以自身领域内的经验研究，从原始经济和农民经济两方面，堂而皇之地提出了一种关于价值的理论。在许多原始社会中，我们都发现“交换区域”的存在，“交换区域”按照人们不同的亲缘等级秩序标准，规定了物品的不同价格。这显然不同于传统意义上的交换价值理论。物品的不同价值更直接地取决于它们在交换过程中所处的社会区域，物品在不同区域内的价格不一；而在每个区域内的交换过程（“转移”）中，决定物品交换价值比率的因素尚不明了。（参见 Firth，1965；Bohannan 与 Dalton，1962；Salisbury，1962）所以我们的理论研究的是非营利交换（nonexchange）中的价值，或者说是非营利的交换价值，这种理论不适用于现行的商业原则，和以市场为依托的经济状况不相吻合。不过，人类学的经济学要完善其关于价值的理论，显然也得利用以前的交换价值理论，否则它就得在两者的交集上抛弃经济活动中常用的供给、需求和均衡价格等概念。

本章从人类学角度出发，试图以人类学本位对交换领域做一番探索。但把它称作“石器时代经济学”还是有些冒险——何况我们更多讨论的是新石器时代晚期。不过，这把来自人类学的智慧之剑锋利无比，恰能切入原始经济的本质，更能从重构的经验材料中斩出一条光明之路。[1]

要了解交换价值的真实情况并不容易。原始贸易缺乏价格固定的市场，虽然有人承认原始贸易中的“供应”与“需求”和当前的定义相比（那就是说，价格随市场中产品数量而波动）相差不远，但这确实经常让正统经济学的供求理论感到无所适从。然而，同样的情况，比如原始经济普遍存在的“互惠”，也让人类学难以解答。实际上，最令人困惑之处是我们很少质问交换比率的意义是什么。

但另一方面，我们很少真正碰到物品交换比率确定的“互惠”。交换比率的不确定性是原始交换的特征。同样的物品在不同的交易过程中，会表现出不同的交换比率——这种情况在平常的交易中，在日常礼物馈赠与相互帮助时，在亲属群体与亲族间的经济活动中，表现得尤为明显。人们用来交换同一物品的东西五花八门，相同的时间、地点和经济情况下价格也会各式各样。换言之，通行的市场规则在这儿显得力不从心，而

---

〔1〕我不想在这里提出一种普遍的价值理论。我主要关注的是交换价值。当提到A物品的交换价值时，我的意思是它可以用已有的其他物品（B、C等）的数量来代替——正如那句著名的联句，“物之所值 / 维其所适”（The value of a thing/ Is just as much as it will bring）。对于我们要讨论的这种历史上的经济学，还需要了解这里所说的“交换价值”是否类似李嘉图 - 马克思主义者（Ricardian-Marxist）所说的“价值”，这种价值指的是包含于产品之中的平均社会劳动。因为不同的区域中的物品具有不同的相对价格，要不是为了适应交换区域这个模糊的概念，“相对价值”这种说法也许比“交换价值”更容易让人接受；所以在允许的情况下，我会用前者来替代“交换价值”。至于“价格”这个词，这里专指能够用金钱来表示的交换价值。

我们也不应求全责备。

我们不能用互惠的多变性来解决这个难题，不过讨价还价解释了由于不同交易之间缺乏内在联系，使交易双方最终化约为一种单纯的买卖关系，所以价格就会多变。虽然讨价还价在理论上可以解释原始交换价格的不确定性，但要将这个解释放诸整个原始贸易，还是有些不堪重负。对于大多数原始社会的成员来说，讨价还价几乎不为人所知；在有些地方，这听起来几乎就像陌生人之间的偶遇。

[虽然到头来只是证明我对经济学极其无知，但容我异想天开一下，假设一种极端情况，暂不考虑理论上是否可行或有局限，假设虚拟的个案中，正式的商业机制似乎可以运行于原始经济：在被围困的城市里，对食物的需求会随市场变动出现变化的趋势；晚市中鱼类供应过多，最后贱价甩卖——更别提母亲哺乳作为一种“投资”(enterprise capital)所具有的增长价值(Goodfellow，1939)；或者是用劳役还是金钱赔偿损失这样的老生常谈。在极端的理论状况下，原始社会的人们似乎可以构建一种自己的经济模式，而现代社会的常规模式在这里并不适用。]

实际上，原始经济似乎毫无章法可循。我们确实无法从民族志记录的交换记录中，推导出一个可供参考的标准交换比率。(参见Driberg，1962，p.94；Harding，1967；Pospisil，1963；Price，1962，p.25；Sahlins，1962)民族志作者会总结说，原始人群并没有给他们的物品设下固定的价格。即使他们能够拿出一张等价表——借助难以令人信服的方法——也会发现实际的交换完全背离这些标准，因为在社会内部，亲属关系距离、社会等级、亲属间财富的多寡都有效地影响着交换价格的起伏，然而，最为接近标准价格的情况，却出现在社会边界区域，因为这里的交易发生在不同群体或不同部落成员之间。亲属间财富的差距是个非常重要的因素：互惠倾向于平衡不同社会区域间的财富差异。那么，我们对于交换价值的分析将从上一章《关于原始交换的社会学》留下的问题开始。

在第五章中，我们最后讨论了物品交换的社会机制。这里简要回顾一下：原始部落的贸易情况表现为一系列同心圆，首先是紧密的家族与村落内部交换，进而延伸至更广阔、更分散的地区和部落同盟间交换，最后堕入了跨部落贸易的未知世界。这就是整个部落的社会分区和与之匹配的道德标准，具体的道义原则与人们在该区域中所追求的利益相互契合。交换行为遵守道德规范，并受其约束。所以，最内部区域的互惠慷慨而大方：回赠的礼物随意随性，回馈的时间和回礼数量视最初赠礼者日后的需要而定，并且回礼者只需量力而行；所以在这种情境下，物品的流动在相当长时间内可能都是去多回少，甚至只是单向的流动。而一旦脱离开这个无所谓回馈的内部区域，我们就会发现，在外部区域中社会关系淡漠，人们之间只能维持当面结账与等价交换。为了长期的贸易，在社会关系的保护下出现了“贸易伙伴”机制，使贸易甚至可以延伸到部落之间。因此在各种互惠模式的内部经济之外，存在着这样一个区域，这个区域可大可小，但它遵循着约定俗成的价格和实际的等价交换模式。那么，这个区域就是交换比率的研究所要探讨的重点。

我们已经习惯去外部市场中寻找货币的起源，出于同样的理由，我们也应该从外部区域的交换过程中去找寻原始价值的理论。不仅是因为等价交换出现在外部区域，还因为内部交易的经济活动往往错综复杂、无迹可寻，原因是在内部区域中，物品的“转换”不受收礼必回的道德约束，与社会距离无关。在社会群体内部，物品在成员之间相互分配，在外部区域则是等价交换。我们还应特别注意外部区域的贸易伙伴和亲缘部落间贸易，因为这两种贸易关系规定了经济平等和相应的交换比率。因此，下文将集中探究伙伴贸易，并且出于实际考虑，我会从太平洋地区著名的土著贸易中，选取一些经验案例加以探讨。

三种贸易体系

现在我们要分析三种地区交换网络，它们由三种不同的结构与环境模式所组成：斐查兹海峡、新几内亚的休昂（Huon）海湾体系，以及澳洲的北昆士兰跨部落贸易链。在每个个案的交换比率中都可以发现某种供 / 求关系的运行。而这种供 / 求关系影响的存在，使得贸易体系更难理解。因为市场竞争给予供应和需求决定交换价值的力量，而市场竞争只存在于经济学理论中，在目下的讨论中则完全缺席。

图 6.1 展示了昆士兰交换网络的本质（根据夏普提供的简单描述绘制而成，1952）。在结构上，这是一个简单的贸易链，连接了从约克角海岸往南大约 400 英里沿线一个又一个游群。每个群体只限于与其比邻部落的接触，因此没有与沿线更远游群的直接接触。贸易按照礼物交换的模式进行，由彼此间互为兄弟的老人们执行。虽然夏普对伊尔 - 伊龙特人在整个贸易链中的矛—斧交换提供了不多的细节，但是这已经足以为交换过

程中的供 / 求影响提供足够的信息。在地区网络中，按照简单的原则，如果物品（A）对另一物品（B）的交换比率与 A 物品来源的距离成比例，那么有理由推测随着供应下降，也可能是需求增长，A 物品的相对价值就与其“实际”成本和稀缺性成正比。沿着昆士兰贸易链，矛—斧交换比率的不同，反映了这一原则的双向运行。在靠近矛产地的伊尔－伊龙特地区，必须用 12 支矛来换一把斧头；从这里向南 150 英里，这里比较靠近斧产地，兑换率就降至 1∶1；到了极南地界，（显然）就变成一矛换“数”斧。该地区矛—斧交易中的供应和需求，显然符合正统的经济学理论。

A．贸易群体

A（刺矛的来源）	
B 伊尔-伊龙特（靠近矛产地）	↑ 150英里 ↓
C	↑ “更南方” ↓
D	
E（石斧）	

B．各地交换比率

在 B 伊尔-伊龙特	12 矛=1 斧
C	1 矛=1 斧
D	1 矛 = “数”斧（据推测）

图 6.1　昆士兰贸易链（根据 Sharp 所作，1952）

斐查兹海峡的贸易体系也受到同样的影响，但出于不同的组织方式（图 6.2）。以锡西亚（Siassi）群岛居民的航行为中心，斐查兹海峡的交换网络只是美拉尼西亚业已存在的几个相似贸易圈之一，这些贸易圈都受到类似腓尼基这样中间人的纵横捭阖。在他们的区域内，马莱塔岛的兰加兰加人

A. 锡西亚贸易区域

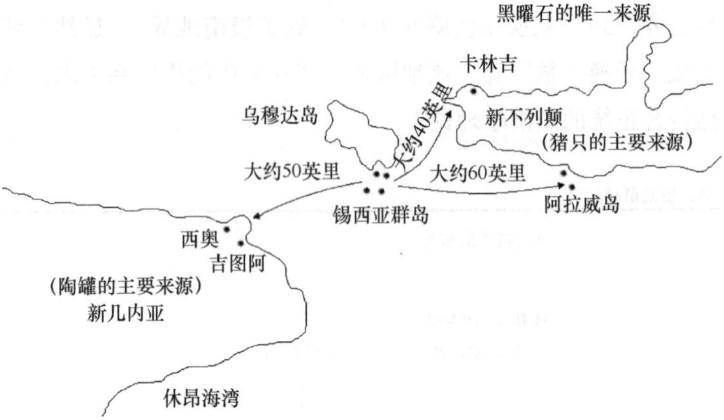

B. 锡西亚中间商在各地交易的比率

自锡西亚始 ——→ 以锡西亚终

（1）1 头猪 ——→ 5—10 袋西米（在乌穆达岛）——→ 50—100 个陶罐（在西奥—吉图阿）——→ 5—10 头猪（新不列颠）

（2）1 头猪 ——→ 50 磅赭石（在乌穆达岛）——→ 50 个陶罐（在西奥—吉图阿）——→ 5 头猪（新不列颠）

（3）12 个椰子 ——→ 3 个陶罐（在西奥—吉图阿）——→ 1 块黑曜石（卡林吉）——→ 10 个陶罐（西奥）——→ 1 头猪（新不列颠）

（4）20—40 个椰子 ——→ 10 个陶罐（在西奥—吉图阿）——→ 1 条狗（新不列颠）——→ 1 头猪（新几内亚）

图 6.2　在锡西亚贸易者的中介收入

（Langalanga）、塔米岛（Tami）居民、新不列颠的阿拉威人（Arawa）、阿德米勒尔提群岛的马努斯人和新几内亚的比利比利人（Bilibili）之间的往来组成了一个相同的贸易圈。这种贸易圈在该地区的适应值得稍加评论。

这些贸易群体即使处于中心位置，物质生活也很有限，他们通常住在潟湖中央的吊脚楼上，既无一垄耕地，也无存放海产的盛器，甚至制造独木舟的木头、织渔网的线也没有。他们连生产和交易的技术手段都靠外界输入，更不用说他们用于贸易的货物了。而这些贸易者却代表了这一地区最富裕的人群。虽然锡西亚人控制的区域只是乌穆达地区（Umboi，包括了被称为乌穆达的大岛）的三百分之一，但是他们的人口却占了该地区的四分之一。（Harding，1967，p.119）〔1〕锡西亚人的成功来自从周边村庄和岛屿贸易的抽成，虽然周围的人们更占地利之便，但出于物质和婚姻需要的原因，他们还是倾向与锡西亚人贸易。锡西亚人定期用鱼和附近乌穆达岛上的村庄交换根块作物；他们对于斐查兹地区的许多人来说，还是唯一的陶器提供者，他们从北部新几内亚的少数制陶地区运入陶器。同样，他们也控制着从北部新不列颠原产地运来的黑曜石销售。但同样重要的是，锡西亚人也遵照习惯，为他们的贸易伙伴提供罕见的物品、稀缺的资源，作为嫁妆和声望的象征——诸如卷曲的野猪牙、狗牙和木碗。一个住在新几内亚、新不列颠或乌穆达的男人如果不事先和临近的锡西亚人做些贸易，不管是直接的还是间接的，他都是没法娶亲的。那么，锡西亚人贸易事业的

〔1〕“马努斯人……位于这个群岛所有部落中最不利的位置，尽管如此，他们却是最富裕，生活水平也是最高的。”（Mead，1937，p.212）

全部结果，就是以当地环境为基础，建立了一个贸易体系：居于中心位置的群体通过航线，把周边的社会连成一个贸易圈，虽然这个群体本身得天独厚，但它热衷于借助圈内财富流动，平衡周围较富裕的社会。

这种环境模式造成的结果，决定了交换过程中的某些方式。尽管人们进行贸易的不同范围时有重合，但是例如锡西亚人这样的群体，还是在自己的区域内几乎垄断着物品的运输。当地完全不存在“竞争”：周边几个遥远的村落，彼此间没有直接的交往。[马努斯人为了不接触他人的生活，禁止拥有或操纵航海独木舟。(参见 Mead，1961，p.210)] 彼此相隔的社会间缺乏沟通，为资本带来了可能，为了增加交换中的盈利，传统时代的锡西亚人总是乐于为他们运输物品的起源编织神奇的传说：

> ……烧制的陶罐来自（新几内亚）主岛上三个隔得很远的地区。(乌穆达岛和附近的岛屿，以及新不列颠）群岛都没有陶器制作，那里的人们通过锡西亚人（更早先是塔米人）获得陶罐，群岛上的居民以前甚至都不知道这些黏土罐是人工制品。更有甚者，他们认为这些都是海外方物。虽然不清楚是不是非陶制品产地的人们最先提出了这种信仰。但是，锡西亚人发扬并维持了这种信仰，使得尽人皆知。在他们的故事中，陶罐是深海蛤蜊的贝壳。(新几内亚的）西奥人特地潜水获取这种蛤蜊，大啖蛤肉之后，把空“壳”售予锡西亚人。这种诳语是否提升了陶罐的售价，已经在陶罐的海外贸易中获得证实。(Harding，1967，pp.139-140)

根据我的理解（通过短期访问），锡西亚人在这些传说中没有突出陶罐的稀缺性，而是更直接地夸大了物品的来之不易，在当地的原则就是“一分货”值“一分价钱”。最高明的商业手段与最单纯的劳动价值理论叠加在了一起。斐查兹海峡交换网络中约定俗成的伙伴关系，也是一种贸易伙伴关系（*pren*，N—M），在一定程度上，它减少了昆士兰体系中贸易亲属关系（trade-kinship）的社会交往。诚然，锡西亚人按照物价标准，和他们的交易伙伴进行交换。但由于锡西亚人的中介人地位安全无虞，对他们的“朋友”无可取代，所以他们的定价就无须悉心考虑，只要交易允许，大可漫天要价。当地的交换价值不仅随供/求关系而变化——按照与产地的实际距离远近而定（Harding，1967，p.42 各处）——而且垄断性的不义之财更添额外收入。正如交易结果所示（图 6.2），锡西亚人通过来来往往的航行，原则上可以用 1 打椰子换来 1 头猪，再把 1 头猪换成 5 打椰子。真乃神奇的原始魔术之旅——显然又是对原住民贸易成功的商业解释。[1]

---

〔1〕马努斯人贸易体系中当地的需求通过另类的方式表现出来。在马努斯人与巴罗宛（Balowan）的交易过程中，马努斯人用 1 袋西米就能从巴罗宛换来 10 个水鸟蛋，因为西米在巴罗宛是稀罕之物；但马努斯人同样的 1 袋西米用贝币来算，就只值 3 个水鸟蛋。（很清楚，不管什么地方，只要马努斯人改变了这几样等价物，他们就能大赚一票。）同样，在马努斯人与乌西艾岛居民每天的贸易中：马努斯的 1 条鱼 = 乌西艾的 10 个芋头或 40 个槟榔；反过来马努斯的 1 杯酸橙 = 乌西艾的 4 个芋头或 80 个槟榔。米德谈道：“食槟榔之愈切，思槟榔之愈甚，使得海洋居民（马努斯人）转向陆地居民提供酸橙。”（Mead，1930，p.130）那也就是说，当乌西艾人想要酸橙的时候，他们就得用槟榔来换，因为马努斯人知道酸橙比鱼能换更多的槟榔；如果乌西艾人想要鱼，他们就只能用芋头来换了。关于马努斯人在贸易中的劳动力优势，以及他们在贸易网络的不同区域中通过供/求关系的不同变化获得物品增值，参见 Schwartz，1963，pp.75，78。

分析完这种经济策略，看来供求变化还没有出现在休昂海湾的贸易体系中，因为在这一区域，当地生产的物品，通过地区网络以统一的价格销售。（Hogbin，1951）尽管如此，经过简单的分析，还是会发现供应和需求关系再一次发挥了作用。

休昂海湾的半封闭海岸网络，从环境条件上再一次整合了气质各异的社会（图 6.3）。然而，通过互惠航行，贸易有效地进行：一个村落中的人们访问驻地南北方向的村庄，反过来，其他地方的贸易伙伴也会顺着海岸回访，但是人们通常是按照就近原则，不会长途跋涉。贸易伙伴都是亲属，他们的家庭因早先的通婚而联系在一起；他们的贸易因而就是一种社交性的礼物交换，按照传统的兑换率等价交易。其中一些兑换率见表 6.1 所示。

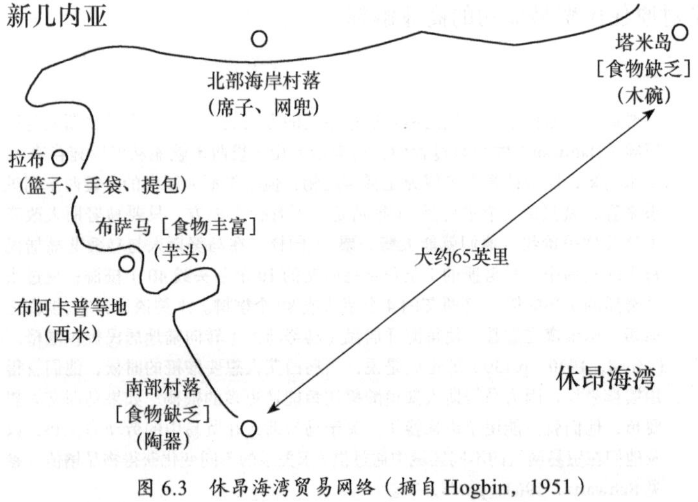

图 6.3 休昂海湾贸易网络（摘自 Hogbin，1951）

表 6.1　休昂海湾贸易网络中约定俗成的贸易价格
（数据辑自 Hogbin，1951，pp.81-95）

1. 布萨马	
买入	布萨马要付出
1 个大陶罐	=大约 150 磅芋头或 60 磅西米
24—30 个大陶罐	=1 艘小型独木舟
1 个小陶罐	=大约 50 磅芋头或 20 磅西米
1 条席子	=1 个小陶罐
3 条席子	=1 个大陶罐（或 2 先令）*
4 个手袋	=1 个小陶罐（或 1 先令 2 个）
1 个篮子	=2 个大木碗（或 1 镑）
1 个木碗（一般尺寸）	=10—12 先令（大木碗要更多的钱）
2. 北方海岸村落	
买入	北方海岸村落要付出
1 个大陶罐	=4 个网兜或 3 条席子（或 6—8 先令）
1 个小陶罐	=1 条席子（或 2 先令）
4 个手袋	=1 条席子（或 1 先令 2 条）
1 个篮子	=10 条席子（或 1 镑）
1 个木碗	=多少食物，数量不清
3. 拉布	
买入	拉布要付出
2 个大陶罐	=1 个编制的篮子（或 6—8 先令）
1 个小陶罐	=4 条席子（或 2 先令）
1 个网兜	=3 条席子（或 2 先令）
1 个木碗	=10—12 先令
4. 制陶村落	
买入	制陶村落要付出
150 磅芋头或 60 磅西米	=1 个大陶罐
50 磅芋头或 60 磅西米	=1 个小陶罐
4 个网兜	=1 个大陶罐
1 条席子	=1 个小陶罐

续表

4. 制陶村落	
买入	制陶村落要付出
3 条席子	=1 个大陶罐
4 个手袋	=1 个小陶罐
1 个篮子	=2 个大陶罐
1 个木碗	=8 先令
1 艘小型独木舟	=24—30 个陶罐

* 霍格宾在该地进行研究的这段时间内发现，货币除了用于木碗的交换，其在贸易中的使用非常罕见。

霍格宾把当地贸易体系内器物和食物生产的分化，归因于资源分配上的天然差异。一个单独的村庄或一片首尾相望的村落有其资源上的实际限制。由于航行的范围有限，居于中心位置的社会在具体产品的运输上，起到了中间人的作用，他们负责把产品运到海湾的最远端。比如布萨马人，通过对他们贸易活动的研究发现，他们把北方海岸制造的席子、木碗和其他物品运往南面，把南方村庄生产的陶罐输往北面。

和其他新几内亚的贸易网络一样，休昂海湾的交换体系也不是完全封闭的。每个海岸村落都有与之生意往来的内陆村庄。此外，塔米岛的居民也是长途航海者，他们的贸易网络包括在锡西亚人的贸易范围内，保持着与休昂海湾北部地区的联系；塔米人在传统时代，把产自新不列颠的黑曜石贩运到海湾地区。（海湾南部村落的制陶者，同样把他们制作的产品销售到更南方，虽然我们对该贸易知之甚少。）这里提出了一个问题：既然这样，为什么要把休昂海湾看成是个独立的“体系”？这儿有一个双重证明。首先，在物质方面，海湾中的若干村庄显然构成了一个有机的社会，绝大多数本地生产的物品都在他们自己的范围中内部消化。其次，从社会组织的层面来说，这种模式确定的亲属间交易，明显具有相同的交换比率，这似乎只局限于海湾地区。[1]

休昂海湾的贸易网络，为那些轻视原始贸易活动（或“经济”）重要性的人，提供了改弦更张的机会。没有贸易，每个村落的生活都将不复存在。在海湾向南，农业种植受到自然的限制，西米和芋头只有从布阿卡普（Buakap）和布萨马地区获得（图 6.3 与表 6.1）。“离开贸易，南方人们（陶器制造者）的生活在他们当前的环境下的确难以为继。”（Hogbin，1951，p.94）同样，东北面塔米岛民的可用之土也虞不足：“（他们的）许多食物也靠外界输入。”（p.82）结果，对布萨马这样的富饶地区来说，食物粜出成了当地生产的重要部分：“每月超过 5 吨”的芋头从当地运出，主要输往南面的四个村落；而布萨马人自己每月消费 28 吨（人们直接食用）。按照布萨马流行的小康饮食标准（p.69），粜出的芋头可以养活其他群体 84 个人口。（海湾地区村落平均人口是 200—300；布萨马的人口超过 600，颇为庞大。）那么从整个地区来看，休昂海湾所呈现的环境模式与斐查兹海峡截然相反：在这里，周边的社会自然条件恶劣，而位于中心的社会得天独厚，财富从后者向前者的流动，是该地区生活获得平衡的方式。

按照这种推测，财富流动的方向，可以从物品在中心到外围的不同比价中获知。比如，布萨马的芋头对南部地区陶器的交换比率是，50 磅芋头换 1 个小陶罐，或 150 磅换 1 个大陶罐。根据我个人对整个地区足够的了解，我觉得这个比率按照

〔1〕 但我无意证明这些论断；如果它们最终证明无效，那么下文中的某些假设就需要加以修正。

必要劳动时间来说，对陶罐生产是非常划算的。霍格宾似乎也持相同观点。（p.85）在这一点上，道格拉斯·奥利弗观察了南方的布干维尔岛，那里一个“中等大小”的陶罐所值的贝币才相当于51磅的芋头，这51磅芋头“所需要的劳动力远非这个陶罐可以比拟”。（1949，p.94）就劳动力而言，布萨马与制陶村落的贸易更优惠。从普遍的比价来看，较贫穷的社会为了自己的生存，占用了较富裕社会更多的生产劳动。

尽管如此，这种剥削还是被粉饰以虚伪的劳动价值平等。虽然糊弄不了谁，但是这种幻术还是给交易活动蒙上了一层平等性。制陶者夸大了他们产品中的（劳动）价值，而布萨马人只是抱怨了它们的使用价值：

> 尽管礼仪上禁止争执，但当我随着一些布萨马人，去南面进行一次贸易之旅，我还是很高兴地发现制陶者（*Buso*）一直都在夸大陶罐制作中的人工。“我们夜以继日地做陶罐，”一个男人反反复复地向我们叨念，“淘黏土比淘金还难。害得我腰酸背痛！搞不好，辛苦到最后，不小心罐子就裂了。”我们这边的（布萨马）成员礼貌地低声砍价，但最后谈判还是会向眼前这些低质的陶罐妥协。他们克制着自己保持常态，没有责怪任何人，但这里现在充满愤愤之气。（Hogbin，1951，p.85）

如前所述，交换比率在整个海湾高度一致。比如，在任何传统上交易席子、“手袋”和/或陶罐的村落中，1条席子＝4个手袋＝1个小陶罐。这些比率不参考距离产地的距离：不管在南部制陶的村落，还是在海岸北部编席子的村庄，一个小陶罐都值一条席子。霍格宾证实，位于中心位置的中介人没有从外围物品的交易中获益。布萨马人把南部的陶罐卖到北方，或把北部的席子卖到南方都没获得“好处”。（Hogbin, 1951, p.83）

在斐查兹和昆士兰贸易体系中发现的供求关系，显示交换价格随着产地的距离变化而变化，这一简单的原则不适于休昂海湾。但另一方面，休昂海湾“市场”的情况不同。从环境条件上说，它没有什么不完备之处。至少从趋势上看，一个无所求的社会，要强过靠某样货物过活的商家，所以那些企图索取中介费的人，可要担心中介地位之不保。因此，布萨马人不取中介费用实出理性：“每个社群都需要别人生产的物品，土著坦率地承认他们牺牲经济收益，只为安居交换圈中。”（p.83）所有这些，的确让交换价格游离于供 / 求关系的影响之外。这使得供 / 求关系表现在贸易网络的更高层面，对整个贸易网络产生影响。这里提出了一个问题，用一件物品表示另一物品的相对价格，这是否反映了该物品在整个海湾地区供 / 求关系的总量。

布萨马人的个案对统一交换比率，恰好就是一个突出的例外，它对最基本的商业原则和常识都似乎是种挑战。布萨马人花 10—12 先令向塔米岛居民买碗，然后把它们交给南部的村庄，换来价值 8 先令的陶罐。[1] 为了解释这一点，布萨马人认为南方的制陶者：“他们生活在食不果腹中。此外我们自己需要使用陶罐，还要靠它来换席子和其他东西。”（Hogbin, 1951，p.92）那么，从布萨马人所生产的芋头的角度来看，关

---

〔1〕 特别是现金已经替代了猪獠牙在塔米木碗贸易中的传统地位，这和欧洲货币取代了木碗在分斯奇哈费（Finschhafen）地区聘礼中的位置是一致的。

于陶罐的解释包含了一层有趣的含义。布萨马人显然在和南方人的贸易中吃了亏，因为在整个海湾中对芋头的需求有限，尤其是在北部盛产各种手工制品的村落。芋头的“市场”实际上仅限于南部的制陶者。[在霍格宾的交换表格（表6.1）中，芋头只在对南方的贸易中有标注；而在谈到对北方的贸易时，芋头就消失了。] 但如果布萨马人的芋头缺乏可交换性，那么只在南方制造的陶罐就变成无处不在的等价交换物。这些陶罐就不仅是消费品，更成了布萨马人贸易中的通货，没有这些陶罐，布萨马人就和北方断绝了来往，所以他们愿意为陶罐付出高昂的劳动成本。因此，典型商业运作在这个环境中发挥了作用：布萨马芋头的相对价值通过南方的陶罐来表示，这种相对价值在整个休昂海湾地区，代表了每一种物品各自所需的价格。[1]

这可以说得更抽象一些。假设有三个村子，*A* 村、*B* 村和 *C* 村，每个村子生产一种具体的物品，分别是 *x*、*y* 和 *z*，它们之间构成一个贸易链，*A* 村和 *B* 村交换，*B* 村和 *C* 村交换。那

---

〔1〕贝尔肖（Belshaw）报告过南部马辛地区（Massim）的一种贸易体系，和休昂海湾交换价格的状况存在明显的相似之处。（1955，pp.28-29，81-82）不过，他提到某样物品的交换比率——槟榔子、陶罐和烟叶——在当地确实根据需要而变化。我不太同意他的观点，虽然这些物品都是用先令来标价，但和该报告中的交换比价表（pp.82-83）结合来看的话，这似乎是表示这些互为衡器的物品，反映了整个南部马辛地区的供应和需要，而不是说每个地方的交换价格都不一样（特别是在现代先令交易中）。整个地区的供 / 求总量，决定了一种具体物品对另一种物品供 / 求关系的影响，但不管一个地方的交换比率是多少，另一个地方也会维持相同的比率。报告中的比价表实际认为，约定俗成的交换比率是非常一致的：比如，在许多地方（Tubetube、Bwasilake、Milne Bay），一个陶罐可以换一“串”或一“捆”槟榔子，而在苏德斯特（Sudest），两支香烟可以换一“串”槟榔，在苏莫莱（Sumarai），可以用一个陶罐换两支香烟。（pp.81-82）

就可以认为，A 村和 B 村交换 x 和 y：

村子：A　　B　　C

物品：x　　y　　z

假设没有一种物品极度丰富，B 村提供 y 来交换 x 的数量，部分取决于 C 村对 y 和 x 的偏好。如果 C 村对 x 的需求远大于对 y 的需求，那么 B 村就会用更多的 y 从 A 村获得 x，这样看来，B 村就会最终获得 z。反过来，如果 C 村对 y 的需求远大于 x，那么 B 村就会在与 A 村的交换中有意控制 y 的数量。因此任何两个村落之间产品的交换比率，体现了整个交换体系中所有村落的需求。

下面我要插叙一段长篇大论。虽然分析到此，我们已经了解到休昂海湾的交换价值实际上还是反映了市场的普遍影响，大可就此打住，但是我还是要把这个问题再行深究，继续深入问题的内部与本质，从中不仅能发现本文所坚持的观点，而且可以进一步了解这个交换体系存在的环境条件、结构缺陷和历史沉淀。

布萨马的例子在上面的分析中，起到了关键的作用，在没有塔米木碗的交换网络中，布萨马人满足于自身的中心位置，并以这种方式促进了陶器自南向北的流动。但贸易互动不会只产生一种交换，这样的结果本身都不可思议。三个村落的模式只是为了方便理解，而且这也不能充分概括最后促成木碗销售的所有因素。在交换过程的背后，还有一整套初级的交换，通过这些交换，塔米木碗在海湾中一站站地传递，有效地开启了当地更大规模的产品再分配。为了说明再分配的过程，以及从中产生的物质压力，只有不惜深入，再作冯妇。

现在需要一种四村落模式。为了方便地回到讨论场景中，我们可以保留原先的三个村落（A 村、B 村和 C 村），把 B 村当作布萨马，那么 A 村就是制陶者，并加入第四个村子，用 T 代表塔米，用 t（木碗）代表它的产品。虽然这不是重点，但也可以假设每个群体输出的物品都是所有其他群体大量需求的；而且，比较接近事实的是，每个群体只和直接接壤的一个或几个村落进行交换。交换过程的实际情况是，塔米木碗（t）从贸易链的这头传到另一头，因此也决定了全部群体产品的再分配也是按照这一走向。

为了把布萨马人对塔米木碗远近闻名的销售过程解释得很清楚，超过之前对他们和制陶者（A）贸易的解释，这次的交换过程要在三个村落——B 村（布萨马）、C 村和 T 村（塔米）——间展开。在最初的交易中，T 村和 C 村交换了各自的产品 t 和 z，而 B 村和 C 村也交换了它们的产品 y 和 z。先别管交易中的数量问题，在第一回合过后，物品的种类可以表示为如下的分配图：

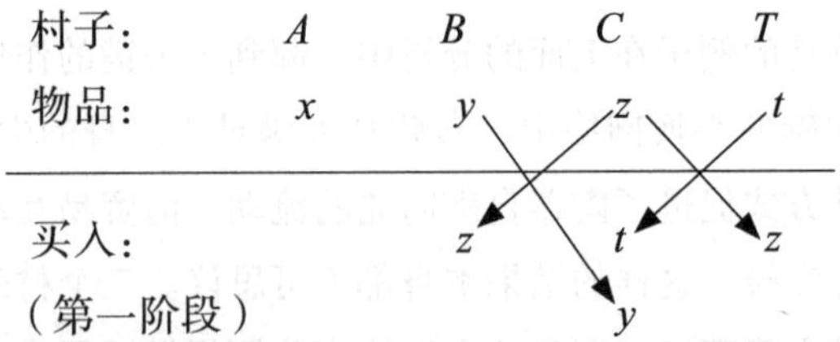

第二回合，准备把一定数量的 t，就是木碗，拿到 B 群体（把 y 运到 T）就已经出现某些困难了——这些状况是交换体系内部压力积聚的必然结果，并非无法克服。但在眼下的状况中，确实少有选择。因为 C 村已经生产了 z，所以 C 村不可能从 B 村接受 z 来交换 t；因而 B 村只能再次向 C 村提供 y 来

获得 *t*，但在和 *C* 村交易的过程中 *B* 村只能获得部分的 *t*。同样，*T* 村向 *C* 村提供更多的 *t*，以便获得 *y*。这样，三个村子的交换链就完成了：物品从一端（*A* 村还排除在外）跑到了另一端。

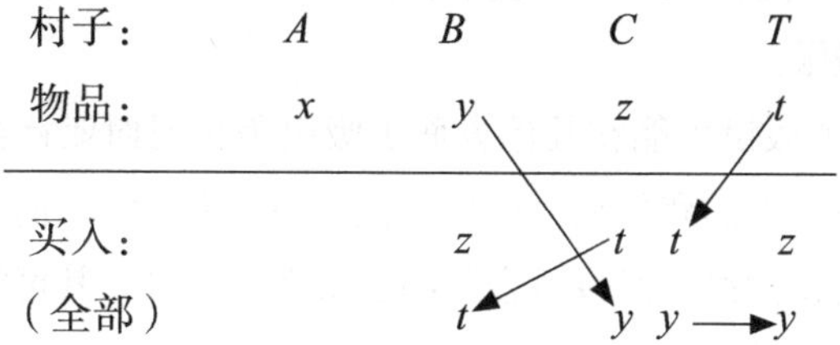

完成——但也还没有结束。在这个节骨眼儿上，*B*（布萨马）发现自己在物品生产和买入的分配过程中变得非常尴尬，它进一步贸易的可能性大大地下降了。*B*（布萨马）发现自己已经没有下家需要的东西可以拿到交易圈中来了，*C* 村和 *T* 村所拥有的 *y* 在数量上可能已经很接近 *B* 村了。因此，*A* 村的制陶者就是布萨马重要的策略。布萨马如果想要继续参加交换网络，现在就需要暂时离开一下，与 *A* 村开始一段贸易，其实也就是说，整个贸易体系依靠其自身的扩张得以延续。在策略运行的开始，*A* 村的陶器对于 *B* 村来说就不仅具有使用价值，而且是其唯一具有可交换性，能与 *C* 村……*T* 村交换物品的筹码。*B* 村与 *A* 村的交易过程，使得来自 *A* 村的陶器体现与肩负着重任，要为 *B* 村换尽贸易体系中所有其他物品。所以，交换比率对 *B*（布萨马）的物品就不太有利，其损失的就是劳动“成本”。

我们是否能从一段未知的历史中得出一个抽象的模式？休昂海湾的贸易体系一开始只由几个群体组成，它很快就走上了扩张之路，通过贸易空间范围的扩大，增加了贸易圈中的产品。在最初的贸易阶段，各个群体，特别是外围群体的交易位置不断改变，因为它们不得不为新货物的加入而寻求更大的空间。贸易网络只需通过互惠范围的扩大，利用新的，或者更恰当的说法是，能提供外来物品的新加盟者，就能拓展自身的极限。

（这个假设可能在其他方面更吸引美拉尼西亚社会的研究者。面对扩大的贸易链，比如库拉交易，人类学家们马上就会高度亢奋，大谈“区域整合”的复杂性，并且为其可能出现的原因绞尽脑汁。其实这个动态贸易边界的意义，恰在于它能一点一点扩大贸易圈——美拉尼西亚社会就是这种动态状况的力行者——也使之成为有机的复合体。）

但这样运行的边界扩大，最终会侵蚀到其自身的界限。圈外群体的加入，势必会对原来圈内边沿村落造成相当大的损失。这些外围的村庄在与圈外群体的接触过程中，要把本地区的需求传递给后者，这种需求来自当地产品再分配体系的组织方式，但这会给外围村庄带来劳动成本的极大不利。于是，贸易链的扩展确立了一条地缘划分的界线。贸易链在物品丰富的区域完全可以得到延续，而一旦在边缘环境地带出现裂缝，它的优势就不复存在。边缘地带的群体可能对有利于他们的贸易关系高兴得太早，而他们本身将无法负担贸易进一步扩大的代价。并不是说他们现在成为贸易网络的外围输出者，他们就不能获得任何贸易的好处。只是说贸易体系有其组织方式，在这种组织方式中，物品相互间的流动受到交换规则和交换比率共同的控制，使得贸易网络存在天然的边界。越出边界的物品就需要遵循其他的交换模式与交换比率，意味着他们进入了另一交换体系。[1]

从抽象的演绎重新回到现实。休昂海湾的环境结构已经和理论规定的别无二致了：相对富裕的村落住在中间位置，相对贫穷的村落住在贸易链的两端，通过贸易活动，物价标准和所需物品从贸易中心向边缘地区延伸。插叙完。

现在我们把三种已经介绍过的大洋洲贸易体系小结一下，三种贸易体系中，每种体系中的供应和需求都有交换价值与之对应——至少我们也能通过贸易圈中实际的物品再分配过程，推导出相应的供应和需求关系。其实也类似通常的贸易。

从时间上看交换比率的变化

另外，到现在为止，我们所了解的材料主要都是从空间角度来说的，下面我们可以从时间角度对美拉尼西亚具体贸易地点的观察来加以补充。交换比率在时间范围中的变换也遵循同样的金科玉律——只有一点变化：交换比率在短时期内保持稳定，即使供应和需求发生重大变化，也不受影响，但在较长时期中则会调整。

例如，季节性的供应变动，一般不会受贸易活动的影响。萨莉斯伯瑞（Salisbury）认为只有保持稳定的价格，否则托莱地区［Tolai（新不列颠）］的内陆—沿海交换就不能继续：

---

〔1〕因此休昂海湾的物品正好通过塔米地区进入锡西亚地区——新不列颠地区，但可能是以不同的贸易方式，因为塔米岛民在该地区的一些地方扮演着中间人的角色，非常类似锡西亚人，他们可能也具有某些网络优势。

> 从内陆到沿海，或反方向的交换中可以赚到的贝币（*tabu*）是很少的。这和人们在不同时节看到的情况有所抵触，在不同的时期，要么是所有的沿海居民把贝币都用来买了芋头，一个 *tabu* 都不剩了，要么是所有的内陆居民为了仪式，把所有钱都用来买了鱼，却剩下大量芋头。如果按照当时的供求比率变动，价格变化的幅度会很大，也无法预测。就在这样一种背景下，人们非常期待一种稳定的等价，就像“传统”价格在很长一段时间内提供了一种等价交换。（Salisbury，1966，p.117n）

然而，在相当长的时间里，托莱地区“传统的”等价的确发生着变化。在1880年，食物的交换比率只是1961年的50%至70%。抛开持续增长的贝币储备不谈，这一变化的动力还没完全弄清。但我们已经清楚地了解，在美拉尼西亚的其他地方，交换比率在长时段中变动的原因，是由于欧洲人输入当地贸易体系的货物增多，导致物品（甚至是贝币）供应增长所引起的。通过对卡帕库人的观察，我们发现这里存在两种有争议的趋势，一种是约定的交换比率在短期内变化迟缓[1]——尽管卡帕

---

〔1〕我们谈到在供求不平衡的情况下，原始贸易在短时段内变化缓慢，但要考虑到我们参考的是约定俗成的交换比率，而且这种约定俗成的交换比率还有讨价还价的余地。个人之间的交易活动类型多样，从跳楼甩卖到大赚一票，但个体的行为不足以代表供应和需求的整体情况，也不能看出交换比率在每个交易过程中的显著差异。用L. 马歇尔的话说，符合交换比率的买卖是有的，就是正好符合的买卖不多。（1961，pp.791-793）除非有更多人加入买卖，需方和供方都有竞争者加入，否则这种交换的讨价还价不会形成“市场原则”，也不会像竞争模式那样影响价格。有民族志材料提到，某些原始社会讨价还价的时候，对供求变化的反应比我们的市场都还敏感，这一点存疑。不管怎么说，我们现在谈的是短时段内交换比率的稳定，这些价格波动的例子不在讨论之列。

库人并不以其公平交易而闻名——而另一种是从长期来看变化较大的趋势：

> 然而，总的来说，价格变化的原因在于，虽然供求水平暂时性的不平衡非常罕见……［但是］稳定的供应增长，导致实际价格的稳步下降。这种持久的状况还是会对约定俗成的价格产生影响，这可以从实际支出中发现。因此，在 1945 年之前，内陆居民只有在沿海居民那买到铁斧，习惯上的价格是一把斧头值 10Km。随着白人到来，斧头的直接销售上升，原先的价格下降了一半。这一过程仍在持续，到 1956 年，一把斧头的实际价格降至 5Km 以下。（Pospisil，1958，pp.122-123；参见 Dubbeldam，1964）

到 1959 年时，一把斧头就只值两个单位的土著货币（2Km）。（Pospisil，1963，p.310）而且，卡帕库人的例子很与众不同，因为经济活动包括很大讨价还价的空间，一次交易和另一次交易的交换比率可能会有极大的变化，而且从长时段发展趋势来看，交易往来也能转向等价互惠的层面。（参见 Pospisil，1963，pp.310-311）

比起澳洲新几内亚高地，这个个案要简单多了，在新几内亚高地，大多数的贸易都在特殊的贸易伙伴之间，按照标准的交换比率进行。自从欧洲人在贸易圈中投入了大量的贝币后，该地的货币已经大量贬值。（Gitlow，1947，p.22；Meggitt，1957—1958，p.189；Salisbury，1962，pp.116-117）在美拉尼西亚以外，也发现同样的过程：马匹在北美大平原的跨部落贸易中变化的交换价格，归因于马匹供应情况的变化。（Ewers，

1955，pp.217f）

这种供应和需求受外界因素敏感变化的例子多种多样。而更多的例子只会让任何主流交换价值理论更加难以应付。让这些理论手忙脚乱一下很有意思也很重要，虽然我没有替这些理论局限开脱，但我觉得在本文中提出这些问题，已经是一个成功了。本文重申了原始贸易中交换价格反映供求关系，其实这并没有解释什么。也比较了供应和需求机制在原始贸易中的运行，反驳了过去认为决定市场价格的供求关系并不存在于原始贸易中的观念。还有，交换比率在原始贸易中不受供应和需求关系应有的影响，这些都使得原始贸易变得更为神秘莫测。

原始人的社会组织与市场贸易

通过卖方与买方，供应与需求在自我调节的市场中有效地展开竞争，使价格维持均势。这种对称又对立的双重竞争关系，就是市场理论运行的社会组织。脱开这种社会组织，就无法从价格中理解供应和需求之间的关系——即使提到这种社会组织，也只是存在于微观经济学的课本上。在经济学理论的完美理论个案中，所有的交易都是相互联系的。所有涉及的交易方，互通有无，仿佛对市场了然于胸，就好像买家总要防止自己付出更多（如果必要和可能的话），卖家要防止自己开价太低。在供大于求的情况下，卖家通过降价招徕有限的顾客；但是，即使更多的买家被降价所吸引，还是有某些卖家由于不堪降价压力而退出竞争，直到达到某个价格，市场的供求平衡重新建立。在相反的情况下，买家竞相出价，直到能承受价格的买方与物品数量相当。“需方”之间在与供方的较量中显然没有稳固的关系，反之亦然。这和不同部落群体间的贸易截然相反，在部落社会中亲属和友好群体会站在一起，反对商业模式所需的竞争关系——特别是在面对外来经济活动之时。虽然原始社会的交易也不能大意；但在部落社会关系和内部的道德规约下，部落间的贸易不像商战火拼的竞技场——因为没人可以在自己的营地中争名夺利。

在经济学家的图表中，供应曲线和需求曲线的偏离，预示了某种此消彼长的结构。但原始贸易的传统做法却非常不同。没有人可以为了利益不顾一切，为了得到陌生人带来的洋货而对自己人不利。贸易一旦开始，实际上通常已经决定了就是和外来群体之间的交换关系。交换过程发生在一对具体的交易对象之间，两者的关系可以一直延续下去。[1]那些在伙伴间进行的交易，彼此间的关系事先已经确定：社会关系而非价格将“买方”与“卖方”联系在一起。

一个缺乏贸易往来的人，出多少钱都买不到他想要的东西。[2]就我所知，按照各自贸易伙伴之间的习俗，还没有发现

---

〔1〕或者是群体之间的贸易活动在各自的酋长安排下举行，然后由酋长在各自的群体内再行分配，比如某些波莫印第安部落（Loeb，1926，pp.192-193），或马克萨斯群岛的贸易。（Linton，1937，p.147）关于群体之间的合作伙伴关系，见下。

〔2〕奥利弗提供了一个斯瓦伊人的例子，在没有贸易伙伴关系的情况下——即使来自同一个族群的人们也会遇到——进行贸易的困难：“买头猪也不是那么简单的事。猪主人开始对自己的猪儿们心生怜爱，常有难以割舍之情。想要买猪的人不能仅是让人知道他很有诚意，然后就待在家里坐等生意上门。……有人观察到这样一个场景，一个买主在最终确定交易前，连着 9 天，天天去见潜在的卖家：所有这些就是为了一头值 20 个单位 *mauai* 的（小）猪！那么，毫无疑问，借助小猪的买卖，使得这些制度性的交易发展得更为顺利。其中一种贸易伙伴（taowu）关系已经描述过了。”（Oliver，1955，p.350）

过在贸易群体内部出现竞价争购的情况；一经发现，立即禁止。[1]砍价也是一样，只有在关系疏远的个人间才能进行，并不适用所有的人。一方面，文献记录中最接近自由市场贸易（open-market）的是拍卖，某些爱斯基摩和澳洲土著的材料中证实，只有在需求一方的群体中才允许竞拍（Spencer，1959，p.206；Aiston，1936—1937，pp.376-377）；[2]另一方面，珀斯比西举了一个卡帕库人为了和其他卖家竞争可能的买家，于是降低猪价的例子——但非常有意思的是，这个人想要偷偷摸摸地完成交易。（1958，p.123）在竞争过程中，供应和需求共同调整着价格，这种双方相互影响的竞争就是商业模式的本质，但这种竞争通常不会出现在原始交换的过程中，即使有所例外也只是半惹尘埃。

在买方和卖方之间，总是存在隐蔽的交换比率的竞争。我只能说我还不能从现有的描述中将其原委解释清楚。[3]此外，

---

〔1〕“……（在新几内亚东北部的西奥人中）偷走或试图诱走别人的贸易伙伴，乃是弥天大罪。过去，人们会想要杀掉他被拐走的贸易伙伴和那个拐走他的人。”（Harding，1967，pp.166-167）下面的例子，也提到了在贸易中竞争之乏术：“一个因慷慨而受人尊敬的孔巴人（Komba，内陆部落）抱怨，那些西奥（贸易）伙伴，有意对他无礼。他觉得非常反感：‘他们想让我去造访（也就是交易）他们，但我只是一个人，怎么能和所有人交易。莫非他们想要我把手、脚都切下来平分给他们不成？’”（p.168）

〔2〕拍卖价格比率也和交易比率一样不确定，这并不表示拍卖能获得供求均衡。埃斯顿（Aiston）记录了澳洲土著对具有迷幻作用的蓟草的拍卖：“固有的价值在买卖时毫无定数；很像是用一大袋蓟草就换了一个飞回棒，但这一袋蓟草也可能换回半打飞回棒，也可能是面盾牌，一个*pirra*；这都取决于买家和卖家都想要什么；有时卖家没什么能卖了，就拿只袋子出来给他的群体换点食物。”（1936—1937，pp.376-377）

〔3〕或者说，至少我还不能解释任何隐显的价格竞争。只有一种形式的贸易可能允许竞争——在美拉尼西亚的所谓“市场”或“市场会晤”。布莱克伍德（Blackwood）提供了许多这样的例子（1935），“市场会晤”可以恰当地当作不

怀疑道德在约定俗成的交换比率中所起的作用也非明智之举，因为在利益至上的交易过程中，道德是公平性和持续性可数的保证之一。更重要的是，在价格比率约定俗成的地方，这些地方的贸易通常在伙伴之间进行，有多种方法竞争贸易伙伴，由此避免了低价出货或是赔本买卖造成的物质损失：一种选择就是，在一般的贸易中，获得更多的贸易对象；另一种选择是，当时先多付给贸易伙伴，事后再来清算，迫使他在一段适当的时间内有所回馈，否则就有丧失尊严、失去伙伴关系之虞，所以这样也就使得贸易过程遵从了标准的交换比率。毫无疑问，在与外界进行贸易的时候的确会产生竞争。它常常左右着跨部落的声望体系。但这不会发展成为价格操控，产品分化或其他

（接上页）同群体之间的贸易伙伴关系，群体中的成员预先安排时间，在传统地点会面，和对方成员自由交换任何摆放出来的物品。贸易按照约定俗成的方式，公认对等的交换比率，交换各地传统的物品，没有讨价还价——几乎没有废话。布莱克伍德确实见到一个女人想要拿她的一担东西去换比习俗规定多的东西——例如，想要讨价还价——但她还是被阻止了。（1935，p.440）但交易者还会选择交换的对象，也会检查提供的物品；虽然不是说贪图小利，但是同一边的女人们在所售物品的数量与质量上和“标准”尺度间总有出入。（参见Blackwood，1935，p.443，“各种各样的尺寸”一节）

其他比这个例子更普遍的隐晦的竞争，本文还要做进一步讨论。

此外，在贸易中还有两种更例外的情况，我们已经将其解释成类似商业竞争。一种就是确定范围的经济（卡帕库人），包括有价出售和对等互惠两个区域，这两个区域大致上因人而异，在社会关系允许的尺度内，人们把物品保留到回报更多的那个区域来交换。或者，另一种比如休昂海湾，那里两个或更多的村子提供相同的物品，对于其他群体的买家来说，他们有更多的选择。在两个个案中，类似市场化的影响，本该给不同区域或不同群体一致的交换比率。但这个解释没有解决关键的问题。有价出售区域中的浮动交换率，是如何变为平等交换伙伴关系中的习惯交换率，以及在后一个个案中，供应/需求方面的影响是如何实现的？以及，部落群体中出现类似贸易网络中的竞争，这些都使得我们更难理解，相对价值是如何适应供应和需求的问题。因为交换活动还是以习惯的交换率发生在习俗承认的伙伴之间。

等等。竞争的基本策略，就是增加外界贸易伙伴，或者是增进与现有伙伴间的贸易活动。

美拉尼西亚社会中没有对“市场”一词适当的叫法。这很像所有古代社会中，那里也没有类似的说法。博汉南和道尔顿（1962）错误地在原始社会中使用了“市场原则”一词，即使只是稍带了一笔。他们误解了交换过程中的两个特征，这种交换过程就如特罗布里恩德群岛非伙伴关系交易中的*gimwali*。其一，是他们把市场解读成一种竞争类型，而市场的本质成了一种买方和卖方之间明显的冲突。[1]其二，他们把市场解读成一种孤立发生的、非个人的、竞争性的交换过程，而没有考虑这些交换背后全部的社会组织。说到他们的这个错误，就要提到波拉尼经常坚持的观点（1959），交换过程应该被理解成**社会整合**的类型，而不仅是（简单的）交换类型。“互惠”“再分配”以及市场交换在这位大师的论述中，不仅是作为经济过程的形式，而是作为经济组织的模式。在市场中可以找到有限的交换形式，诸如出售和（偶尔的）讨价还价，也会在一些原始社会中遇到。但在原始社会的买方和卖方之间缺乏对称和相互的竞争，使之无法整合成市场体系。除非发展到像特罗布里恩德群岛的交易活动这样整合起来（不是传统的模式），否则它

〔1〕有意思的是，马克思也驳斥了蒲鲁东同样的错误：“蒲鲁东先生并不满足于从需求和供给的关系中去掉了我们说过的要素。他使抽象达到极端，把一切生产者化为一个唯一的生产者，把一切消费化为一个唯一的消费者，然后使这两个虚构的人物相互斗争。但在现实的世界里情况并不是这样。供给者之间的竞争和需求者之间的竞争构成购买者和出卖者之间斗争的必然要素，而交换价值就是这个斗争的产物。”［Marx，1968（1847），pp.53-54］（原引文为法文，译文参考徐坚译，《哲学的贫困》，北京：人民出版社，1962年，第32页。——译者注）

就无法孕育出市场原则或周边市场。而所谓市场，充满竞争，价格垄断的市场，则完全不存在于原始社会之中。

但另一方面，如果美拉尼西亚的贸易并不是通过价格变化缓解供求压力的典型模式，那么如何解释该地区交换价格的敏感波动，还真是留下了一个难解之谜。

原始交换价格的理论

我觉得这个谜题难有破解之道。一般的经济学理论早已意识到，寄希望于片面、缺陷的理论解释实属可笑，人类学的经济学对此也纯然无助。不过我倒能贡献一种原始价格理论。好比正统经济学传统中有一种“分期付款制”（never-never）；而这与某些贸易活动的处理方式正好一致，这就为约定俗成的价格按供应/需求变动找到了理由。这一想法专门讨论的是伙伴关系的贸易活动。它的本质是贸易过程中的交换比率由社会交往的经验所决定，说得再明白一点，就是两个相对陌生的人在交易的时候，合乎经济利益标准的社交手段决定了交换比率。在一系列互惠性质的交换中，表现出一种不平衡，先是一方得利，接着是另一方，这种轮流获益也能建立一种均等的交换比率，还会优于公开的价格竞争。同时，“慷慨”这一指导原则，也会让双方认同的交换比率表现出一些类似供求平衡的利益均势。

我们要知道，原始社会或部落之间的贸易，是一种最需要小心，最有可能搞砸的活动。人类学报告记录了贸然进入异族领地贸易，要冒着生命威胁与受人猜疑的风险，要随机应变，既要易人以货，也要遇人以搏。“敌视关系和给予互惠关系之间，”列维－斯特劳斯写道，“这种联系绵绵不绝。交换是和平解决的战争，战争是交易失败的结果。”（1969，p.67）[1]如果原始社会通过礼物的交换和氏族的结合，成功地把战争状态变为内部和解（见第四章），那么只要把外部的关系变为氏族和部落间的关系，就可以消弭战争。部落外的环境完全就是霍布斯式的弱肉强食，不但缺乏“令所有人都保持敬畏的强权”，也没有使人和平相处的亲属关系。此外，在贸易活动中所要面对的，是利益的攫取；而如我们所见，货物可能是最迫切的需求。当人们遇到那些想要“空麻袋背米”的家伙时，根本不可能做太平生意。缺乏强权统治者这样的外在保证，和平只有以其他方式确保：通过和外族人建立社会关系——就像，贸易伙伴关系或贸易亲属关系——就交易本身来讲是最有意义的。经济上的交换比率就是社会交往的策略。“社会关系中有很大一块要处理人们所关心内容，”正如拉德克利夫－布朗谈到安达曼人的跨群落交换时说，“这样才能避免不愉快的发生，如果一个人认为他付出的多，收到的少，就会不爽……”（1948，p.42）人们之间应该相互妥协。所以交换比率对人们的和平相处功莫大焉。

跨部落的交换活动没有对交朋友的“道德目的”给出一个简单的答案。但不管交朋友的意图是什么，它是如何促成和平相处的，至少这不会与人交恶。就我们已知的各种交换过程来说，每一种交换过程必有其社交策略：人们的行为中包含了社

〔1〕“贸易的时候，印第安人是不会把弓和箭同时卖给外人的。”（Goldschmidt，1951，p.336）

交的因素，价格的高低暗示了与他人共享生活的愿望，一时的付出就是将来的回报。当回报来临时，互惠获得了精确的平衡，但以一还一并非最恰当和理智的做法。滴水之恩，涌泉相报，才是为人高明之处，对于所获之物慷慨回赠，他人自然毫无怨言。拉德克利夫－布朗提到了部落群体之间具有慷慨回赠的趋势：

> （两个不同的安达曼人群落之间）交换的目的，就是为了在两个有关的人之间建立一种友善的感情，如果没有实现这一目的，交换就是失败的。**交际和示好表现在很多地方**。没有人可以拒绝给他的礼物。**每个男人和女人都想要慷慨给予别人更好的回礼**。这像是一种友好的较劲，看谁能回赠最多有价值的礼物。（Radcliffe-Brown，1948，p.84；粗体为作者所加）

贸易的经济外交手段就是“额外的”回赠。这经常就是“一种建立交往的途径”：主人给来访的朋友大堆礼物，这就是最初的赠礼，这份“献礼”（solicitory gift）是友谊的象征，继续交往的愿望，这当然更是互惠的企望。随着时间流逝，双方互惠平衡，或者好上加好，但眼下最关键的是，先要做些不求回报的好事。说实话这有点危险，因为极度的慷慨要避免赔了夫人又折兵的窘境，“如果一个人认为他付出的多，收到的少，就会不爽”，这就是说如果眼巴巴地瞅着回礼，难免让人心烦。同时，慷慨的益处也受到规约的保护：他已经可以“坐等其成”了；所以赠礼者完全有权利期待下次他成为贸易伙伴的外人和客人时，受到同等的礼遇。阿尔文·古德纳提出了最

大胆的想法认为，其实是这些稍稍的不平等维系了人们之间的关系。（Gouldner，1960，p.175）

经历短暂的不平等后，慷慨的回馈从收礼的一方又返回了献礼一方，这对安达曼人并不特别，而且在美拉尼西亚更是平常。下面是休昂海湾亲属贸易对应的形式：

> 亲属关系的纽带，和赤裸裸的交易无法相提并论，所有的物品都是免费的礼物，发乎真情。谈价钱是伤感情的，赠礼者尽其所能给人留下好印象，惦记回礼是万万不该的……大多数的来访者……都没有空手而归，至少手里的东西和他们来时的价值相当。实际上，越是近亲的群落，主人越是慷慨，有些人回去的时候比来时拿的多了好多。不过，这笔账要小心记着，以后总要还清的。（Hogbin，1951，p.84）

或者还有，马辛地区的库拉交易：

> 来访者赠以*pari*，给予礼物，主人回以*tolo'i*，馈以告别礼物，礼物按照等级……或高或低与之相称……当地人有一条规矩（马林诺斯基的意思似乎是“定则”这个词），因为*tolo'i*总是在数量和价值上胜过*pari*，所以为了有时间献出一份更大的礼物，来访者在逗留期间先被授予一些小礼物。当然，如果*pari*中包括了高价的礼物，比如说石刀或一把很棒的酸橙木勺，这样的献礼总会按照严格的对等形式予以回礼。剩下一般的礼物则自由加价回

赠。（Malinowski，1922，p.362）[1]

那么，试想一下，这种加价互惠的做法，实际就是休昂海湾贸易方式的特点。贸易伙伴在一系列的贸易过程中，轮流展现慷慨，可以推测这一定有一种物品交换的平等价值率在起作用。其中一方按照约定的程序，以非常精准的交换价格进行交换。

表 6.2 提供了一个简单的证明：两件物品——矛和斧，在两位伙伴 *X* 和 *Y* 间展开，这一系列互惠访问，始自 *X* 最初在访问中向 *Y* 赠送礼物。第一轮访问之后，*Y* 回赠的 2 把斧头觉得要比 *X* 的 3 支长矛贵。在第二轮访问结束的时候，*Y* 拿 2 把斧头去访问欠了人情的 *X*，而 *X* 用 6 支长矛回赠，又让 *Y* 欠了人情，这表示 9 支长矛的价值超过 4 把斧头。两种物品的比价是 7—8 支长矛相当于 4 把斧头，或者用数字来表示，约分以后一般是 2∶1。当然没有必要再加倍礼物。在第二次交换过后，*Y* 还欠着大约一支长矛。下一次 *X* 再拿 1—3 支长矛，而 *Y* 回赠 1—3（或者更好是 2—3）把斧头，于是斧矛两清。也要注意到，交换的比率是每个部落自己定下的，每个群体对物品流动的信誉度和欠人情的理解各有不同，如果对此产生任何严重的误解，那么伙伴关系就此破裂——这就需要再次规定交换比率，因为贸易必须继续。

---

〔1〕参见 Malinowski，1922，p.188，关于特罗布里恩德群岛不同村落的贸易伙伴间，鱼—甘薯交换中的不对等。其他贸易伙伴间加量互惠的例子也见 Oliver，1955，pp.229，546；Spencer，1959，p.169；参见 Goldschmidt，1951，p.335。

表 6.2　有利于对方的互惠中确立的交换价格

	伙伴 *X* 提供		伙伴 *Y* 提供
第一回合（*X* 作为访问者）	3 矛	→ ←	2 斧
	（∴ 3 矛<2 斧）		
第二回合（*Y* 作为访问者）	6 矛	→ ←	2 斧
	（∴ 9 矛>4 斧）		
	但如果 3 矛<2 斧，6 矛<4 斧 ∴ 7—8 矛=4 斧；或大约 2∶1		
第三回合（*X* 作为访问者）	1—3 矛	→ ←	1—3 斧

试想一下，这次贸易上的回报可能被部落的同伴所参考（或许是引以为戒），这些对平等交易的理解有可能成为行情。与贸易回报的参考最相似的，是我所解释的群体内在竞争。可以假设，此次交易所得的信息，因此成为了下次与其他部落贸易伙伴交易的参考。然而，这样的可能参考很难说清，或者说同伴贸易的信息究竟能派上多大用处——许多个案中，与外来伙伴进行交易的过程是私人的，甚至是隐秘的。（Harding，1967）

之前的例子只是一个简单的模式，设想了互惠访问的开端，然后是标准的互惠过程。可以想象，不同的贸易活动会有其他计算交换价格的方法。比如，如果在简单模式中，*X* 是一个航海贸易者，总是在造访贸易对象，如果每次 *Y* 都是同样的礼节性慷慨，那么实际的交换比率可能就对 *X* 的长矛非常有利，这样对 *Y* 来说就要被迫反复宽宏为怀。实际上，如果 *X* 始终赠予 3 支长矛，而 *Y* 始终回以 2 把斧头，相同的交换比率在 X 开始首次赠礼后会维持 4 个回合，即使这样，在第二阶段中期交换率可以算作接近 2∶1（表 6.3）。这个交易最终发展成 3∶2 这样约定俗成的交换比率。不管怎么说，这对航海群体来说都有明显的好处——然而他们必须承担所有的运输，所以超出互惠访问交换比率的所得还是和“供应成本”持平。

表 6.3　交换比率的确立：以单向访问为例

	X 提供	Y 提供	X 所欠明细
第一回合	3 矛 → ← （∴ 3 矛＜2 斧）	2 斧	（－？矛）
第二回合	3 矛 → （∴ 6 矛＞2 斧 ∴ 4—5 矛≡ 2 斧） ← （∴ 6 矛＜4 斧 ∴ 2 矛≡ 1 斧）	2 斧	（－2 矛）
第三回合	3 矛 → ←	2 斧	（+2 矛） （－3 矛）
第四回合	3 矛 → ← （∴ 3 矛＝2 斧？）	2 斧	（0 矛） （－4 矛）

第二个例子中确定的交换比率，只是许多可能的比值之一。即使在单向的航海贸易中，礼仪性的赠礼与回赠都可能要比假设的复杂许多（比如，Barton，1910）。我举前面这个例子只是要说，不同的交换形式产生了不同的交换比率。

不管互惠的方式有多复杂，最后总会达成共识，不管我们分析得有多精妙，我们还是要准确地明白，互惠背后是经济因素起着作用。不然，慷慨互惠所产生的交换比率，如何能反映物品流动大致的供应和需求？所有这些都取决于“慷慨”这条资本原则（capital principle）的意义和实践。但其中的意义还不为民族志所知，这也是我们的理论最大的缺陷。我们只知道这些有限的情况，这些老生常谈也令人生厌：决定某样物品参与交换的，首先是其劳动价值，也就是生产该物品所需的实际劳动，而对于那些接受物品的人来说，首要考虑的是其使用价值。从休昂海湾和锡西亚人的贸易中我们已经知道很多，该地区物品提供者夸大了生产所需的劳动，而物品购买者则压低其价格——两者都想把贸易推向对自己有利的一边（具体见前文）。从对利益不倦的追求来看，我们需要反过来想一想“慷慨”可能表达的含义。假设有利对方的互惠有其必要，那么交易的各方就该思考，除了收到的物品价值之外，自己所给出的物品对于对方相应的用处，除了自己生产所付出的劳动外，对方又付出了多少。“慷慨”让使用价值对应使用价值，劳动对应劳动。

假如是这样的话，“慷慨”给对方的交换价格施加了同样的压力，使对方也需慷慨，就像对市场价格的影响一样。原则上说，好东西就值好钱。同样原则，如果物品确有大用处，就要慷慨回报，这好像是说，欲求千里马，需用千金价。[1]因此，为了补偿生产者的努力和接受者的使用性，人们相互妥协之后，交换比率所反映的基本情况也就与经济学家的供应、需求曲线再度吻合。双方都会考虑生产中的实际困难、自然稀缺性、物品的社会用途，以及替代的可能性，这对双方都会产

---

〔1〕进一步说，在经验案例中，劳动价值之间可以有差异，只要使用性相当即可。（参见 Godelier，1969）“需求”与“需求”应该相当，对一个群体来说或许应该物有所值——尽管如我们所见，一般的等价交换，还是充满了对他人的虚与委蛇和夸大其词。这种价值差异最可能来自同一群体的不同组织，或者不同群体间的物品贸易，比如生产物品换取食物的过程，尤其是手工制品用于聘礼支付。少量物品（手工制品）具有较高的社会用途，所以要用大量低等物品才能与之相当。这就是较穷地区（比如锡西亚）能“剥削”较富地区的重要秘密。

生普遍的影响。原始贸易中的礼仪制度，在很多方面与市场竞争相反，却能殊途同归。另一方面，两者从一开始就有相似之处：两种体系首先都要满足贸易者的物质需求，不同点在于，市场竞争中每个人都独自面对自我的欲望，而在原始贸易中，每个人都要照顾贸易伙伴的期求。原始贸易中约定俗成的交换比率，是一种满足交往需要的“价格”，然而也是一种彼此相安的价格，这种交换比率应该接近正常的市场价格。纵然机制相异，特点却如此相近，可谓异曲同工。

交换比率的稳定与波动

至少，我们暂时得出了如下的结论：我们所熟知的物品“供应”和“需求”概念，也同样存在于美拉尼西亚的贸易过程中，并且包含于当地对物品交易的观念之中。然而，交换比率又为何对短期的供求变化无动于衷呢？

我们已经提到关于交换比率短期稳定性的一些原因。首先，约定俗成的价格具有道德力量，这可以从其所具有的功能看到，在部落间关系淡薄，和平贸易一直受到威胁的地方，约定的价格是该地区贸易集市进行下去的条件。尽管每个地方的道德标准很容易为一己之私而改变，但要改动约定的价格却通常没有那么简单。其次，当求大于供，不利于需求方的局面（成为交换比率中的普遍现象）出现时，伙伴交易降低了“卖方价格”，或增加了分量，提供了更具吸引力的选择：人们更希望找到新的贸易伙伴，维持原先的交换比率；或也会付上一大笔，让现有的贸易伙伴惭愧一下，迫使对方在之后回馈时也加足分量，因此再次捍卫了通常的价格。最后这点可不是我臆想出来的。可以参考一下布萨马人增加猪只供应的手段：

> 发生在1947年早些时候的一次交易活动，让我了解了土著做买卖的方式和我们有何不同。和北部的聚落相比，萨拉马瓦（Salamaua）地区更罹战火，而北部地区大部分都还留着自家的猪。日本人被击败之后，航海交易又恢复过来，一个来自布卡瓦（Bukawa）的人想要带一头小母猪给一个叫博亚（Boya）的布萨马亲戚。这头小猪大约值2镑，但当地的做法更愿意接受陶罐而不是钱。比较合理的价格是10个陶罐，但博亚只能给出5个，所以他和亲戚们说，谁能帮他一把，报酬就是一只小猪崽。亲戚们接受了这个请求，他们交出了22个陶罐，一共就是27个，全都给了带猪过来的人。他私下给我交底，这真让他大吃一惊。而此番慷慨并非看起来那么荒唐：博亚给这个访客那么多陶罐，是逼他下次要尽义务，再带一头猪过来。（Hogbin，1951，pp.84-85）

博亚计策的成功，全赖贸易关系的社会特点。伙伴关系不仅是贸易中的特权，也要履行互惠的义务。尤其是，伙伴关系可以理解成，义务**接受**也要义务**回报**。有些人可能最终收了一大堆某种东西，他既不需要，也不会想要去买，关键是他根本不用去买。贸易伙伴被要求接受一些对他没用的东西；于是，他不得不去回报——毫无“经济”理性可言。芒特哈根（Mt. Hagen）的罗斯（Ross）神父似乎对其中所包含的思想伦理并不欣赏：

> 传教士告诉笔者，那些来和他做贸易的土著一贫如洗，他们来到传教点，拿来的东西一点物质价值都没有，对传教士来说一点用处都别提。土著想要拿这些东西来换他们需要的。在他拒绝之后，土著告诉他这一举动不当，因为按照他们的看法，他是他们的朋友，应该接受这件百无一用的东西，这样就能在他们需要的时候给予这些帮助了。他们这样告诉他："你买我们的东西，我们把猪卖给你，让小孩替你工作。所以你就该买下这件你说你用不着的东西，你拒绝买它就是你的不对了。"（Gitlow，1947，p.68）[1]

按照相同的原则，来自西奥（新几内亚东北部）上方高地的人们，迫使他们住在海岸边的伙伴不能不进行贸易：

> 当然，西奥人经常接受他们当时不需要的物品。但我问起一个西奥男人，为什么他有四张弓（大多数男人才一张左右），他回答："如果一个丛林来的（贸易）朋友拿了张弓过来，你总得帮助他吧。"（Harding，1967，pp.109-110）

---

〔1〕误解来自文化和经济两方面，这显然与种族和信仰无关："……努尔人认为和一个阿拉伯商人做买卖，和我们从商店买东西是不一样的。他们认为交换过程是和情感体验有关的，他们没有我们关于价格和金钱的观念。对他们来说，做买卖就是你给了商人一些东西，那么他就有义务来帮你。同时你让他帮忙从他店里给你需要的东西，而他必须给你，因为他已经收过你的礼物，他和你建立了互惠的关系。因此，*kok* 一词就有了'买'或'卖'的含义。这两种行为表达了互惠这样一种简单的关系。当阿拉伯商人把这个过程想成另一个样时，误会就产生了。从努尔人的角度看这件事，交易中所牵涉的是人与人之间的关系，而不是物与物之间的。重要的是来'买东西'的商人，而不是货物……"（Evans-Pritchard，1956，pp.223-224）

最后，还有一个让人震惊的例子，是马林诺斯基在描述特罗布里恩德群岛不同群体之间鱼—甘薯交换（*wasi*）时附在后面的。马林诺斯基写到，尽管在平常时候，渔民们可以自己支配时间，去潜水获得更有利润的珍珠，但只要到了这一天，内陆的甘薯种植者坚持要他们住在海边的伙伴按照义务接受甘薯，而他们周期性的到来就是要迫使后者提供鱼类。金钱为习俗所屈服，伙伴关系主宰了土著交换的比率：

> 近来，当渔民从珍珠所得10倍、20倍于*wasi*所获，于是交换的规约，成了一项沉重的负担。珍珠诚然如此诱人，白人商人催促又急，渔民们却从未爽约一次*wasi*，每当收到贸易开始的礼物，第一个风平浪静的日出，忘了珍珠，只有捞捕，这最瞩目的一例，是土著的执着。（Malinowski，1922，p.188n）

贸易伙伴关系维持了交换价格的稳定，要解释其经济重要性，就要把它放到更广泛、更显著的位置上。原始贸易中的伙伴关系，和市场价格机制具有功能上的相似之处。当供求关系出现不平衡时，来自贸易伙伴关系的压力要比交换比率更能解决问题。供求关系在市场中受到价格变化的影响，而在原始贸易中，交换过程的社会性，也就是伙伴关系吸收了经济压力。交换比率岿然不动——尽管某一交易过程的交换比率会暂时受到影响。原始贸易与商业价格机制的可比性，不在于其约定的交换比率；而在于约定的交换关系。

交换价值因此实现了短时段内的稳定一致。而交换比率和伙伴关系在承受相同的供求压力时，后者表现得更为脆弱。假设习惯的交换比率和实际支配的物品数量长期不等，和 / 或数量无法对应——原因可能是获取某种所需物品的条件出现新变化。那么伙伴贸易约定俗成的交换率在重复吸收、化解新变化的过程中，产生了物质上的压力。除非供求关系的不平衡得以逆转，否则为了坚持交换关系的稳定，贸易伙伴就必须毫无怨言，长期忍受超量支付。不然，伙伴间固有的关系，随着物质压力日积月累，终会不堪重负。就算贸易伙伴有拖延反馈的可能，主动交易方也可以谴责贸易伙伴，迫其履行接受物品的义务，所以交易总是按照主动方所希望的数量进行。从这个方面看来，原始社会中，人们对生产和交换所抱的热情，甚至超过了竞争性的市场。

那就是说，在某一价格上，供应量超过或低于需求量时，伙伴贸易中所受的影响要大于类似的市场平衡机制。或者可以这么说，当可以用来交换的生猪数量暂时少于交换所需头数时，交换比率是 1 头生猪＝ 5 只陶罐；这对养猪者更不利：他们不得不以同样的交换比率交出更多的生猪，直到所有的陶罐都被换完。在开放市场上，需要用于交换的生猪将不会那么多，这样更有利于养猪者。

简单地说，如果现行的交换比率和拥有的物品始终不等，伙伴贸易就会发现自身的局限，因为平等的贸易机制总该让供应符合需求，并且持之以恒。从社会关系的层面看，伙伴贸易变得缺乏理性：一个群体的经济发展只是占用了另一群体的劳动。伙伴之间怨艾丛生，不平衡的局面难以为继，没有一个社会可以容忍绵绵不断的贸易失衡。从个人的层面看，理性缺乏更多地表现在无用之物越攒越多，这比生产成本血本无归更为实在。当一个人拥有了 5 张弓，也许是 10 张，或是 20 张时，他就开始怀疑是否真的有必要储藏这些东西，这些似乎是他的贸易伙伴不想要的。但人们不愿或不再接受他们的贸易义务时，会发生什么呢？如果我们知道答案，我们就能揭开美拉尼西亚贸易活动中最后的秘密：交换价值如果不在短期内变化，那就会在长时期内按照供应/需求进行调整。要解决这个问题，最显而易见的方法就是比较不同时期的交换比率。但是如何比较呢？

通过对贸易活动的重新定位，以及对贸易伙伴关系的重新考察，我们一方面了解到，当贸易伙伴中的一方不乐意互惠时所出现的情况。最终的结局就是伙伴关系的瓦解。人们可以有一段时间延期回馈，但如果延宕太久，或最后没能完成适当的回馈，那么贸易关系宣告破裂。而且，在这个时候，随着交易量的锐减，贸易的压力由此陡增。另一方面，我们也了解（或者我们假设）在伙伴贸易过程中，交换价值是由率先交易方设立的，比如率先交易方通过有利于对方的互惠开始了交易，这样的交换价格体现了当时供求关系的综合状况。因此，若想要调和交换价值和供求关系长期的不一致，方法在于终结原先的伙伴关系，开启新一轮协商。或许，连贸易网络也要从地区和族群上重新调整。但不管怎样，这是一个崭新的开始，传统的社交策略，从有利于对方的互惠开始，新的贸易伙伴就此结成，交换价值与供求关系再次步调一致。

即使只是假设，这个模式还是符合一些事实的，比如说与白人接触之前美拉尼西亚的贸易网络，那时的社会组织普遍处于通货紧缩的状况。原住民的贸易在很长一段时间里，并没有类似商业竞争的利益之争。虽然欧洲人输入了过量的斧头、贝壳，或者生猪，也突然给这里带来了和平。在殖民时代，美拉尼西亚范围内可以安全通行的地区扩大了，部落群体的边界延伸了。重要的贸易网络重组，以及贸易往来扩大都变得可能。贸易比率也重新得到估算：比如整个休昂海湾海岸—内陆贸易网络最近变得更为开放，和传统的航海时代相比，对供应/需求关系的变化也显然更为敏感。（Hogbin，1951，p.86；参见Harding，1967）

这就牵涉最后一个观点：在原先和现在不同组织模式的贸易体系中，交换比率取决于贸易关系的社会性质，所以它对供应/需求变化的反映程度有所不同。贸易伙伴关系的确切属性就变得非常重要：根据社会关系的亲疏，决定允许回馈延期的长短——比如，贸易亲属就比贸易朋友获得更长的时间间隔。占主导性的社会关系决定经济关系的稳定系数，于是整个体系反映出供应/需求关系的某些变化。不论原先和现在的贸易体系，习惯上私下或公开的部分仍然照旧；在新的贸易体系中，（说不定）又和原先的贸易伙伴偷偷搭上关系。而新的贸易体系接纳新成员的尺度又有多宽呢？先不说打通原先贸易体系之外村落或群体有多难，伙伴关系可能都是从传统继承的，所以没有联系，连打交道的门儿也没有，或许也只有越信任的群体，他们的交换价值也可能越容易被考虑。简言之，贸易体系的可变性，取决于贸易关系所处的社会结构。

如果上面所概括的过程足以准确地描述交换价值在长时段的变化，虽然不甚完美，那么高度概括之后，这还是类似商业竞争。当然两者之间差异迥然。在原始贸易中，没有独立的个人或企业根据买方和卖方之间对等的竞争制定价格，这不是原始贸易实现经济平衡的路径。原始贸易一开始禁止双方群体的竞争，通过固定的制度结构，在这种结构中每个群体拥有不同的物品，使人们必须慷慨相待，随后剔除对交换无所谓的群体，最终讨论出一个类似“价格”的东西。抽象地理解这些，就能看到原始贸易与市场贸易的相似之处——原始贸易是市场贸易在时空范围的延长，在现实中，从一个族群的贸易伙伴关系变为另一个族群也许需要数十年。那么把原始贸易体系当作一种整体来考虑，就会发现它把具体的个人放入了贸易关系中，而那些价格比率也恰当地反映了获得物品的难易程度和物品的实际用途。

那么原始贸易与市场贸易其余的相似性有什么理论价值呢？难道说看到原始贸易也具有资本主义经济方式的倾向，那这些就是它对普通经济学的意义了？肯定有人不会心悦诚服，因为资本主义并不是人类历史上与生俱来的经济方式，而人类社会更普遍的经济方式也不是资本主义。美拉尼西亚的贸易方式恰好可以总结这些问题：原始交换价值的理论是必要的，或许也是可行的——不消说，它伴随人类走过了整个石器时代。

参考书目

Aiston, G.

1936—37. "The Aboriginal Narcotic Pitcheri," *Oceania* 7:372-77.

Allan, William

1949. *Studies in African Land Usage in Northern Rhodesia*. Rhodes-Livingstone Papers, No.15.

1965. *The African Husbandman*. Edinburgh: Oliver and Boyd.

Althusser, Louis

1966. *Pour Marx*. Paris: Maspero.

Althusser, Louis, Jacques Ranciere, et al.

1966. *Lire le Capital*. 2 vols. Paris: Maspero.

Anonymous

n.d. *Apercu d'historie et d'économie: Vol.1, Formations précapitaliestes*. Moscow: Editions du Progrès.

Awad, Mohamed

1962. "Nomadism in the Arab Lands of the Middle East," in

The Problems of the Arid Zone, Proceedings of the Paris Symposium, UNESCO.

Barnett, H.G.

1938. "The Nature of the Potlatch," *American Anthropologist* 40: 349-58.

Barth, Fredrik

1961. *Nomads of South Persia*. London: Allen and Unwin, for Oslo University Press.

Barton, F.R.

1910. "Motu-Kotia Papuan Gulf Expedition (Hiri)," in C.G. Seligman (ed.), *The Melanesians of British New Guinea*. Cambridge: At the University Press.

Bartram, William

1958. *The Travels of William Bartram*. Edited by Francis Harper. New Haven, Conn.: Yale University Press (first published 1791).

Basedow, Herbert

1925. *The Australian Aboriginal*. Adelaide, Australia: Preece.

Beaglehole, Ernest, and P. Beaglehole

1938. *Ethnology of Pukapuka*. Bernice P. Bishop Museum Bulletin No. 150.

Belshaw, Cyril

1955. *In Search of Wealth*. American Anthropological Association Memoir No. 80.

Bennett, Wendell C.

1931. *Archeology of Kauai*. Bernice P. Bishop Museum Bulletin No. 80.

Best, Elsdon

1900—01. "Spiritual Concepts of the Maori," *Journal of the Polynesian Society* 9:173-99; 10:1-20.

1909. "Maori Forest Lore...Part III," *Transactions of the New Zealand Institute* 42:433-81.

1922. *Spiritual and Mental Concepts of the Maori*. Dominion Museum Monographs No. 2.

1924. *The Maori*.2 vols. Memoirs of the Polynesian Society No.5.

1925a. *Tuhoe: The Children of the Mist*. Memoirs of the Polynesian Society No. 6.

1925b. *Maori Agriculture*. Dominion Museum Bulletin No. 9.

1942. *Forest Lore of the Maori*. Dominion Museum Bulletin No. 14.

Biard, le Père Pierre

1897. "Relation of New France, of its Lands, Nature of the Country, and of its Inhabitants...," in R.G. Thwaites (ed.), *The Jesuit Relations and Allied Documents*, Vol. 3. Cleveland: Burrows. (First French edition, 1616.)

Birket-Smith, Kaj

1959. *The Eskimos*. 2nd Ed. London: Methuen.

Blackwood, Beatrice

1935. *Both Sides of Buka Passage*. Oxford: At the Clarendon Press.

Bleak, D. F.

1928. *The Naron*. Cambridge: At the University Press.

Boas, Franz

1884—85. "The Central Eskimo," *Smithsonian Institution, Bureau*

of American Ethnology, Anthropological Reports 6:399-699.
1940. *Race, Language and Culture*. New York: Free Press.
Boeke, J. H.
1953. *Economics and Economic Policy of Dual Societies*. New York: Institute of Pacific Relations.
Bogoras, W.
1904—19. *The Chukchee*. American Museum of Natural History Memoirs No.11 (2-4).
Bohannan, Paul
1954. *Tiv Farm and Settlement*. Colonial Research Studies No. 15. London: H.M. Stationery Office.
1955. "Some Principles of Exchange and Investment Among the Tiv," *American Anthropologist* 57: 60-70.
Bohannan, Paul, and Laura Bohannan
1968. *Tiv Economy*. Evanston: Northwestern University Press.
Bohannan, Paul, and George Dalton (eds.)
1962. *Markets in Africa*. Evanston: Northwestern University Press.
Bonwick, James
1870. *Daily Life and Origin of the Tasmanians*. London: Low and Merston.
Boukharine, N.
1967. *La Théorie du matérialism historique*. Paris: Editions Anthropos (First Russian edition, 1921).
Braidwood, Robert J.
1952. *The Near East and the Foundations for Civilization*. Eugene: Oregon State System of Higher Education.

1957. *Prehistoric Men*. 3rd ed. Chicago Natural History Museum Popular Series, Anthropology, Number 37.

Braidwood, Robert J., and Gordon R. Willey (eds.)

1962. *Courses Toward Urban Life*. Chicago: Aldine.

Brown, Paula, and H. C. Brookfield

1959—60. "Chimbu Land and Society," *Oceania* 30:1-75.

1963. *Struggle for Land*. Melbourne: Oxford University Press.

Bücher, Carl

1907. *Industrial Evolution*. New York: Holt.

Bulmer, Ralph

1960—61. "Political Aspects of the Moka Ceremonial Exchange System Among the Kyaka People of the Western Highlands of New Guinea," *Oceania* 31:1-13.

Burling, Robbins

1962. "Maximization Theories and the Study of Economic Anthropology," *American Anthropologist* 64:802-21.

Burridge, Kenelm

1960. *Mambu: A Melanesian Millenium*. London: Methuen.

Carneiro, Robert L.

1957. Subsistence and Social Structure: An Ecological Study of the Kuikuru Indians, Ph.D. dissertation, University of Michigan. Ann Arbor, Michigan: University Microfilms.

1960. "Slash-and-Burn Agriculture: A Closer Look at its Implications for Settlement Patterns," in A.F.C. Wallace (ed.), *Men and Cultures*. Philadelphia: University of Pennsylvania Press.

1968. "Slash-and-Burn Cultivation Among the Kuikuru and its Implications for Cultural Development in the Amazon Basin," in Y. Cohen (ed.), *Man in Adaptation: The Cultural Present*. Chicago: Aldine (Reprinted from *Anthropologica* Supplement No. 2, 1961).

Cazaneuve, Jean

1968. *Sociologie de Marcel Mauss*. Paris: Presses Universitaires de France.

Chayanov, A.V.

1966. *The Theory of Peasant Economy*. Homewood, Ill.: Richard D. Irwin for the American Economic Association.

Chowning, Ann and Ward Goodenough

1965—66. "Lakalai Political Organization," *Anthropological Forum* 1:412-73.

Clark, Colin, and Margaret Haswell

1964. *The Economics of Subsistence Agriculture*. London: MacMillan.

Clark, Graham

1953. *From Savagery to Civilization*. New York: Schuman.

Clark, W.T.

1938. "Manners, Customs, and Beliefs of the Northern Bega," *Sudan Notes and Records* 21:1-29.

Codere, Helen

(n.d.) *Fighting with Property*. American Ethnological Society Monograph 18. New York: Augustine.

1968. "Money-Exchange Systems and a Theory of Money,"

Man, (n.s.) 3:557-77.

Colson, Elizabeth

1960. *Social Organization of the Gwembe Tonga*. Manchester: At the University Press for the Rhodes-Livingstone Institute.

Conklin, Harold C.

1957. *Hanunóo Agriculture*. Rome: Food and Agriculture Organization of the United Nations.

1959. "Population-Land Balance under Systems of Tropical Forest Agriculture," *Proceedings of the Ninth Pacific Science Congress* 7:63.

1961. "The Study of Shifting Cultivation," *Current Anthropology* 2:27-61.

Cook, Scott

1966. "The Obsolete 'Anti-Market' Mentality: A Critique of the Substantive Approach to Economic Anthropology," *American Anthropologist* 63:1-25.

Coues, Elliot (ed.)

1897. *The Manuscript Journals of Alexander Henry and of David Thompson, 1799—1814*. 2 vols. New York: Harper.

Curr, E.M.

1965. *Recollections of Squatting in Victoria, then Called the Port Phillip District, from 1841—1851*. (First edition, 1883) Melbourne: At the University Press.

Dalton, George

1961. "Economic Theory and Primitive Society," *American Anthropologist* 63:1-25.

Davies, John

1961. *The History of the Tahitian Mission 1799—1830*. Edited by C.W. Newbury. Cambridge: At the University Press.

Deacon, A. Bernard

1934. *Malekula: A Vanishing People in the New Hebrides*. London: Routledge.

Denig, Edwin T.

1928—29. "Indian Tribes of the Upper Missouri," *Smithsonian Institution Bureau of American Ethnology, Annual Report* 46: 395-628.

deSchlippe, Pierre

1956. *Shifting Cultivation in Africa*. London: Routledge and Kegan Paul.

Douglas, Mary

1962. "Lele Economy as Compared with the Bushong," in G. Dalton and P. Bohannan (eds.), *Markets in Africa*. Evanston: Northwestern University Press.

1963. *The Lele of Kasai*. London: Oxford University Press.

Driberg, J. H.

1923. *The Lango*. London: Fisher, Unwin.

Drucker, Philip

1937. "The Tolowa and their Southwest Oregon Kin," *University of California Publications in American Archaeology and Ethnology* 36:221-300.

1939. "Rank, Wealth, and Kinship in Northwest Coast Society," *American Anthropologist* 41:55-65.

1951. *The Northern and Central Nootkan Tribes*. Smithsonian Institution Bureau of American Ethnology Bulletin 144. Washington, D.C.: U.S. Government Printing Office.

Dubbledam, L.F.B.

1964. "The Devaluation of the Kapauku-Cowrie as a Factor of Social Disintegration," in James Watson (ed.), *New Guinea: The Central Highlands. American Anthropologist 66*, Special Publication.

DuBois, Cora

1936. "The Wealth Concept as an Integrative Factor in Tolowa-Tututni Culture," in *Essays Presented to A.L.Kroeber.* Berkeley: University of California Press.

Duff Missionaries

1799. *A Missionary Voyage to the Southern Pacific Ocean Performed in the Years 1796, 1797,1798 in the Ship Duff*...[*etc*.] London: T. Chapman.

Elkin, A.P.

1952—53. "Delayed Exchange in Wabag Sub-District, Central Highlands of New Guinea," *Oceania* 23:161-201.

1954. *The Australian Aborigines*. 3rd Ed. Sydney: Angus and Robertson.

Engels, Frederick

1966. *Anti-Dühring*. New York: International Publishers. (New World Paperbacks; first German edition 1878.)

Evans-Pritchard, E.E.

1940. *The Nuer*. Oxford: At the Clarendon Press.

1951. *Kinship and Marriage Among the Nuer*. Oxford: At the Clarendon Press.

1956. *Nuer Religion*. Oxford: At the Clarendon Press.

Ewers, John C.

1955. *The Horse in Blackfoot Indian Culture*. Smithsonian Institution Bureau of American Ethnology, Bulletin No. 159. Washingon, D.C.: U.S. Government Printing Office.

Eyre, Edward John

1845. *Journals of Expeditions of Discovery into Central Australia, and Overland from Adelaide to King George's Sound, In the Years 1849—41*. 2 vols. London: Boone.

Firth, Raymond

1926. "Proverbs in Native Life, with Special Reference to Those of the Maori," *Folklore* 37:134-53; 245-70.

1936. *We, the Tikopia*. London: Allen and Unwin.

1951. *Elements of Social Organization*. London: Watts.

1959a. *Economics of the New Zealand Maori*. 2nd Ed.Wellington: R.E.Owen, Government Printer.

1959b. *Social Change in Tikopia*. New York: Macmillan.

1965. *Primitive Polynesian Economy*. 2nd ed. London: Routledge and Kegan Paul.

1967. "Themes in Economic Anthropology: A General Comment," in R. Firth (ed.), *Themes in Economic Anthropology*. London: Tavistock, ASA Monograph 6.

Firth, Raymond (ed.)

1957. *Man and Culture: An Evaluation of the Work of Bronislaw*

Malinowski. London: Routledge and Kegan Paul.

Forde, C. Daryll

1946. "Native Economies of Nigeria," in M.F.Perham (ed.), *The Economics of a Tropical Dependency*. London: Faber and Faber.

1963. *Habitat, Economy and Society*. 8th ed. London: Methuen.

1964. *Yakö Studies*. London: Oxford University Press.

Fornander, Abraham

1878—85. *An Account of the Polynesian Race*. 3 vols. London: Trübner

Fortune, Reo

1932. *Sorcerers of Dobu*. New York: Dutton.

Freeman, J.D.

1955. *Iban Agriculture*. Colonial Research Studies No. 18. London: H.M.Stationery Office.

Geddes, W.R.

1954. *The Land Dayaks of Sarawak*. Colonial Research Studies No.14. London: H.M. Stationery Office.

1957. *Nine Dayak Nights*. Melbourne: Oxford University Press.

Gifford, E.W.

1926. "Clear Lake Pomo Society," *University of California Publications in American Archaeology and Ethnology* 18:287-390.

1929. *Tongan Society*. Bernice P. Bishop Museum Bulletin No. 61.

Gitlow, Abraham L.

1947. *Economics of the Mount Hagen Tribes*. American Ethnological

Society Monographs No.12.

Gluckman, Max

1943. *Essays on Lozi Land and Royal Property*. Rhodes-Livingstone Papers, No. 10.

Godelier, Maurice

1966. *Rationalité et irrationalité en économie*. Paris: Maspero.

1969. "La 'monnaie de sel' des Baruya de Nouvelle-Guinée," *L'Homme* 9 (2): 5-37.

Goldschmidt, Walter

1951. "Nomlaki Ethography," *University of California Publications in American Archaeology and Ethnology* 42:303-443.

Goodfellow, D.M.

1939. *Principles of Economic Sociology*. London: Routledge and Sons.

Gorz, Andre

1967. *Le socialisme difficile*. Paris: Seuil.

Gouldner, Alvin

1960. "The Norm of Reciprocity: A Preliminary Statement," *American Sociological Review* 25:161-78.

Grey, Sir George

1841. *Journals of Two Expeditions of Discovery in North-West and Western Australia, During the Years 1837, 38 and 39*....2 vols. London: Boone.

Grinnell, George Bird

1923. *The Cheyenne Indians*. New Haven, Conn.: Yale University Press.

Guillard, J.

1958. "Essai de mesure de l'activité d'un paysan Africain: le Toupouri," *L' Agronomie Tropicale* 13:415-28.

Gusinde, Martin

1961. *The Yamana*. 5 vols. New Haven, Conn.: Human Relations Area Files. (German edition 1931.)

Handy, E.S.Craighill

1923. *The Native Culture in the Marquesas*. Bernice P. Bishop Museum Bulletin No. 9.

1930. *History and Culture in the Society Islands*. Bernice P. Bishop Museum Bulletin No. 79.

1932. *Houses, Boats, and Fishing in the Society Islands*. Bernice P. Bishop Museum Bulletin No. 90.

1940. *The Hawaiin Planter*. Bernice P. Bishop Museum Bulletin No. 161.

Harding, Thomas G.

1967. *Voyagers of the Vitiaz Strait*. The American Ethnological Society Monograph 44. Seattle: University of Washington Press.

Harmon, Daniel Williams

1957. *Sixteen Years in the Indian Country: The Journal of Daniel Williams Harmon, 1800—1816*. Edited by W. K. Lamb. Toronoto: Macmillan.

Harris, Marvin

1968. *The Rise of Anthropological Theory*. New York: Thomas Y. Crowell.

Haury, Emil W.

1962. "The Greater American Southwest," in J. Braidwood and G.R.Willey (eds.), *Courses toward Urban Life*. Chicago: Aldine.

Hearne, Samuel

1958. *A Journey from Prince of Wales' Fort in Hudson's Bay to the Northern Ocean, 1769, 1770, 1771, 1772*. Edited by R. Glover. Toronto: Macmillan.

Henry, Jules

1951. "The Economics of Pilagá Food Distribution," *American Anthropologist* 53:187-219.

Herskovits, Melville J.

1952. *Economic Anthropology*. New York: Knopf.

Hiatt, L.

1965. *Kinship and Conflict*. Canberra: Australian National University.

Hodgkinson, Clement

1845. *Australia, from Port Macquarie to Moreton Bay, with Descriptions of the Natives*. London: Boone.

Hoebel, E. Adamson

1958. *Man in the Primitive World*. 2nd Ed. New York: McGraw-Hill.

Hogbin, H. Ian

1933—34. "Culture Change in the Solomon Islands: Report of Field Work in Guadalcanal and Malaita," *Oceania* 4:233-67.

1934. *Law and Order in Polynesia*, New York: Harcourt, Brace.

1934—35a. "Native Culture of Wogeo: Report of Field Work

in New Guinea," *Oceania* 5:308-37.

1934—35b. "Trading Expeditions in Northern New Guinea," *Oceania* 5:375-407.

1937—38. "Social Advancement in Guadalcanal, Solomon Islands," *Oceania* 8:289-305.

1938—39. "Tillage and Collection: A New Guinea Economy," *Oceania* 9: 127-51.

1939. *Experiments in Civilization*. London: Routledge.

1943—44. "Native Councils and Native Courts in the Solomon Islands," *Oceania* 14:258-83.

1951. *Transformation Scene: The Changing Culture of a New Guinea Village*. London: Routledge and Kegan Paul.

Holmberg, Allan R.

1950. *Nomads of the Long Bow*. Smithsonian Institution, Institute of Social Anthropology, Publication No. 10. Washington, D.C.: U.S. Government Printing Office.

Howell, P.P.

1954. *A Manual of Nuer Law*. London: Oxford University Press.

Hunter, John D.

1823. *Memoirs of a Captivity Among the Indians of North America*. London: Longmans.

Ivens, W.G.

1927. *Melanesians of the Southeast Solomon Islands*. London: Kegan, Paul, Trench, Trübner.

Izikowitz, Karl Gustave

1951. *Lamet: Hill Peasants in French Indochina*. Etnologiska

Studier 17. Göteborg: Etnologiska Museet.

Jochelson, Waldermar

1926. "The Yukaghir and the Yukaghirzed Tungus," *American Museum of Natural History Memoirs* 13:1-469.

Johansen, J. Prytz

1954. *The Maori and His Religion*. Copenhagen: Musksgaard.

Kaberry, Phyllis M.

1940—41. "The Abelam Tribe, Sepik District, New Guinea: A Preliminary Report," *Oceania* 11:233-58, 345-67.

1941—42. "Law and Political Organization in the Abelam Tribe, New Guinea" *Oceania* 12:79-95, 205-25, 331-63.

Kelly, Raymond C.

1968. "Demographic Pressure and Descent Group Structure in the New Guinea Highlands," *Oceania* 39:36-63.

Kluckhohn, Clyde

1959. "The Philosophy of the Navaho Indians," in M.H.Fried (ed.), *Readings in Anthropology*, vol. 2. New York: Crowell.

Kroeber, A.L.

1925. *Handbook of the Indians of California*. Smithsonian Institution Bureau of American Ethnology Bulletin 78. Washington, D.C.: U.S. Government Printing Office.

Lafargue, Paul

1909. *The Right to be Lazy*. Chicago: Kerr. (First French edition 1883.)

Landtman, Gunnar

1927. *The Kiwai Papuans of British New Guinea*. London:

Macmillan.

Leach, E. R.

1951. "The Structural Implications of Matrilateral Cross Cousin Marriage," *Journal of the Royal Anthropological Institute* 81:23-55.

1954. *The Political Systems of Highland Burma*. London: Bell.

Leacock, Eleanor

1954. *The Montagnais "Hunting Territory" and the Fur Trade*. American Anthropological Association Memoir No.78.

LeClair, Edward E., Jr.

1962. "Economic Theory and Economic Anthropology," *American Anthropologist* 64: 1179-1203.

Lee, Richard

1968. "What Hunters Do for a Living, or, How to Make Out on Scarce Resources," in R. Lee and I. DeVore (eds.), *Man the Hunter*. Chicago: Aldine.

1969. "*!*Kung Bushman Subsistance: An Inpur-Output Analysis," in A. Vayda (ed.), *Environment and Cultural Behavior*. Garden City, N.Y.: Natural History Press.

Lee, Richard B., and Irven DeVore (eds.)

1968. *Man the Hunter*. Chicago: Aldine.

LeJeune, le Père Paul

1897. "Relation of What Occurred in New France in the Year 1634," in R.G.Thwaites (ed.), *The Jesuit Relations and Allied Documents*, Vol. 6. Cleveland: Burrows. (First French edition, 1635.)

Lévi-Strauss, Claude

1943. "Guerre et commerce chez les Indiens de l'Amerique du Sud," *Renaissance* 1:122-39.

1961. *Tristes Tropiques*. New York: Atheneum.

1966. "Introduction à l'oeuvre de Marcel Mauss," in M. Mauss, *Sociologie et anthropologie*. Paris: Presses Universitaires de France.

1969. *The Elementary Structures of Kinship*. London: Eyre and Spottiswoode.

Lewthwaite, Gordon R.

1964. "Man and Land in Early Tahiti: Polynesian Agriculture through European Eyes," *Pacific Viewpoint* 5:11-34.

1966. "Man and the Sea in Early Tahiti: Maritime Economy through European Eyes," *Pacific Viewpoint* 7:28-53.

Linton, Ralph

1939. "Marquesan Culture," in A. Kardiner, *The Individual and His Society*. New York: Columbia University Press.

Loeb, Edwin M.

1926. "Pomo Folkways," *University of California Publications in American Archaeology and Ethnology* 19:149-409.

Lothrup, Samuel K.

1928. *The Indians of Tierra del Fuego*. New York: Museum of the American Indian, Heye Foundation.

Lowie, Robert H.

1938. "Subsistence," in F. Boas (ed.), *General Anthropology*. Boston: Heath.

1946. *An Introduction to Cultural Anthropology*. (2nd ed.) New York: Rinehart.

McArthur, Margaret

1960. "Food Consumption and Dietary Levels of Groups of Aborigines Living on Naturally Occurring Foods," in C.P.Mountford (ed.), *Records of the Australian-American Scientific Expedition to Arnhem Land, Vol. 2: Anthropology and Nutrition*. Melbourne: Melbourne University Press.

McCarthy, Frederick D., and Margaret McArthur

1960. "The Food Quest and the Time Factor in Aboriginal Economic Life," in C.P.Mountford (ed.), *Records of the Australian-American Scientific Expedition to Arnhem Land, Vol.2: Anthropology and Nutrition*. Melbourne: Melbourne University Press.

MaCGregor, Gordon

1937. *Ethnology of the Tokelau Islands*. Bernice P.Bishop Museum Bulletin No. 146.

McKern, W.C.

1922. "Functional Families of the Patwin," *University of California Publications in American Archaeology and Ethnology* 13 (7):236-58.

McNeilly, F.S.

1968. *The Anatomy of Leviathan*. London: Macmillan.

MacPherson, C.B.

1965. "Hobbes's Bourgeois Man," in K.C.Brown (ed.), *Hobbes Studies*. Oxford: Blackwell.

Malinowski, Bronislaw

1915. "The Natives of Mailu," *Transactions of the Royal Society of South Australia* 39:494-706.

1921. "The Primitive Economics of the Trobriand Islanders," *Economic Journal* 31:1-16.

1922. *Argonauts of the Western Pacific*. (3rd imp. 1950.) London: Routledge and Kegan Paul.

1935. *Coral Gardens and Their Magic*. Vol. 1. New York: American Book Co.

1939. "Anthropology as the Basis of Social Science," in Cattel, Cohen, and Travers (eds.), *Human Affairs*. London: Macmillan.

Malo, David

1951. *Hawaiian Antiquities*. Bernice P. Bishop Museum Special Publications No. 2.

Man, Edward Horace

(n.d.) *On the Aboriginal Inhab itants of the Andaman Islands*. (Reprinted form the *Journal of the Toyal Anthropological Institute*.) London: RAI.

Mandel, Ernest

1962. *Traite d'économie marxiste*. 2 vols. Paris: Julliard.

Mandelbaum, David G.

1940. "The Plains Cree," *American Museum of Natural History-Anthropological Papers* 37:155-316.

Mariner, William

1827. *An Account of the Tongan Islands in the South Pacific Ocean*. 3 vols., 3rd ed. Edited by J. Martin. Edinburgh: Constable.

Marshall, Alfred

1961. *Principles of Economics*. 8th ed. London: Macmillan.

Marshall, Lorna

1961. "Sharing, Talking, and Giving: Relief of Social Tensions Among !Kung Bushmen," *Africa* 31:231-49.

Marx, Karl

1967a. *Capital*. 3 vols. (First German editions, 1867, 1893, 1894.) New York: International Publishers.

1967b. *Fondaments de la critique de l'économie politique*. 2 vols. (Manuscripts of 1857—1858, "Grundrisse der Kritik der Politischen okonomie," first published in Moscow, 1939.) Paris: Editions Anthropos.

1968. *Misère de la philosophie*. (First edition, in French, 1847.) Paris: Editions Sociales.

Mathew, John

1910. *Two Representative Tribes of Queensland*. London: Unwin.

Mauss, Marcel

1966. "Essai sur le don: Forme et raison de l'échange dans les sociétés archaiques," in *Sociologie et anthropologie*. (First published 1923—24 in *L'Année Sociologique*.) Paris: Presses Universitaires de France.

1967. *Manuel d'ethnographie*. (First published 1947.) Paris: Payot.

Mead, Margaret

1930. "Melanesian Middlemen," *National History* 30:115-30.

1934. "Kinship in the Admiralty Islands," *American Museum of*

Natural History-Anthropological Papers, 34:181-358.

1937a, "The Manus of the Admiralty Islands," in M. Mead (ed.), *Cooperation and Competition among Primitive Peoples*. New York: McGraw-Hill.

1937b. "The Arapesh of New Guinea," in M. Mead (ed.), *Cooperation and Competition among Primitive Peoples*. New York: McGraw-Hill.

1938. "The Mountain Arapesh I. An Importing Culture," *American Museum of Natural History-Anthropological Papers* 36:139-349.

1947. "The Mountain Arapesh III. Socio-economic Life," *American Museum of Natural History-Anthropological Papers* 40:159-232.

Meggitt, Mervyn

1956—57. "The Valleys of the Upper Wage and Lai Rivers, Western Highlands, New Guinea," *Oceania* 27:90-135.

1957—58. "The Enga of the New Guinea Highlands: Some Preliminary Observations," *Oceania* 28:253-330.

1962. *Desert People*. Sydney: Angus and Robertson.

1964. "Indigenous Forms of Government Among the Australian Aborigines," *Bijdragen tot de Taal-Land-en Volkenkunde* 120: 163-80.

Meillassoux, Claude

1960. "Essai d'interprétation du phénomène économique dans les sociétés traditionelles d'autosubsistence," *Cahiers d'Etudes Africaines* 4:38-67.

1964. *Anthropologie économique des Gouro de Côte d'Ivoire*. Paris: Mouton.

Nadel, S.F.

1942. *A Black Byzantium*. London: Oxford University Press.

Nash, Manning

1967. "'Reply' to reviews of Primitive and Peasant Economic Systems," *Current Anthropology* 8:249-50.

Needham, Rodney

1954. "Siriono and Penan: A Test of Some Hypotheses," *Southwestern Journal of Anthropology*, 10:228-32.

Nilles, John

1950—51. "The Kuman of the Chimbu Region, Central Highlands, New Guinea," *Oceania* 21:25-26.

Oberg, Kalervo

1955. "Types of Social Structure in Lowland South America," *American Anthropologist* 57:472-87.

Oliver, Douglas

1949. *Studies in the Anthropology of Bougainville, Solomon Islands*. Papers of the Peabody Museum of American Archaeology and Ethnology, Harvard University. Vol. 29, 1-4. Cambridge, Mass.: The Museum.

1955. *A Solomon Island Society*. Cambridge, Mass.: Harvard University Press.

Pirenne, Henri

1955. *A History of Europe*. New York: University Books. (Translated from the 8th French ed., 1938.)

Pirie, N.W.

1962. "Future Sources of Food Supply: Scientific Problems," *Journal of the Royal Statistical Society (Series A)* 125:399-417.

Polanyi, Karl

1944. *The Great Transformation*. New York: Rinehart.

1947. "Our Obsolete Market Mentality," *Commentary* 3:109-17.

1957. "The Economy as Instituted Process," in K. Polanyi, C. Arensberg and H. Pearson (eds.), *Trade and Market in the Early Empires*. Glencoe: The Free Press.

1959. "Anthropology and Economic Theory," in M. Fried (ed.), *Readings in Anthropology*. Vol. 2. New York: Crowell.

Pospisil, Leopold

1958. *Kapauku Papuans and Their Law*. Yale University Publications in Anthropology No. 54.

1959—60. "The Kapauku Papuans and Their Kinship Organization," *Oceania* 30:188-205.

1963. *Kapauku Papuan Economy*. Yale University Publications in Anthropology No. 67.

Powdermaker, Hortense

1933. *Life in Lesu*. New York: Norton.

Powell, H.A.

1960. "Competitive Leadership in Trobriand Political Organization," *Journal of the Royal Anthropological Institute* 90:118-45.

Price, John Andrew

1962. *Washo Economy*. Nevada State Museum Anthropological Papers No. 6.

Provinse, John H.

1937. "Cooperative Ricefield Cultivation Among the Siang Dyaks of Borneo," *American Anthropologist* 39:77-102.

Putnam, Patrik

1953. "The Pygmies of the Ituri Forest," in Carelton S. Coon (ed.), *A Reader in General Anthropology*. New York: Holt.

Quimby, George I.

1962. "A Year with a Chippewa Family, 1763—1764," *Ethnohistory* 9:217-39.

Radcliffe-Brown, A. R.

1930—31. "The Social Organisation of Australian Tribes," *Oceania* 1:34-63, 206-56, 322-41, 426-56.

1948. *The Andaman Islanders*. Glencoe: The Free Press. (First edition 1922).

Read, K.E.

1946—47. "Social Organization in the Markham Valley, New Cuinea," *Oceania* 17:93-118.

1949—50. "The Political System of the Ngarawapum," *Oceania* 20:185-223.

1959. "Leadership and Consensus in a New Guinea Society," *American Anthropologist* 61:425-36.

Reay, Marie

1959. *The Kuma*. Carlton: Melbourne University Press.

Redfield, Robert

1953. *The Primitive World and its Transformations*. Ithaca, N.Y.: Cornell University Press.

Richards, Audrey I.

1961. *Land, Labour and Diet in Northern Rhodesia*. 2nd ed. London: Oxford University Press.

Rink, Henry

1875. *Tales and Traditions of the Eskimo*. Edinburgh: Blackwood.

Rivers, W.H.R.

1906. *The Todas*. London: Macmillan.

Robbins, Lionel

1935. *An Essay on the Nature and Singificance of Economic Science*. 2nd ed. London: Macmillan.

Rodriguez, Maximo

1919. "Daily Narrative Kept by the Interpreter Maximo Rodriguez at the Island of Amat, Otherwise Otahiti, in the Year 1774," in B.G. Corney (ed.), *The Quest and Occupation of Tahiti by Emmissaries of Spain...1772—1776*. Vol.3. London: Hakluyt Society.

Rousseau, Jean-Jacques

1964. *Oeuvres complètes*. 4 vols. Paris: Bibliothèque de la Pléiade.

Sahlins, Marshall D.

1958. *Social Stratification in Polynesia*. Monograph of the American Ethnological Society. Seattle: University of Washington Press.

1960. "Political Power and the Economy in Primitive Society," in Dole and Carneiro (eds.), *Essays in the Science of Culture in Honor of Leslie White*. New York: Crowell.

1961. "The Segmentary Lineage: An Organization of Predatory Expansion," *American Anthropologist* 63:322-45.

1962a. "Review of *Sociological Aspects of Economic Growth*" (B.F.Hoselitz), *American Anthropologist* 64:1063-73.

1962b. *Moala: Culture and Nature on a Fijian Island*. Ann Arbor: University of Michigan Press.

1963. "Poor Man, Rich Man, Big-Man, Chief: Political Types in Melanesia and Polynesia," *Comparative Studies in Society and History* 5:285-303.

1969. "Economic Anthropology and Anthropological Economics," *Social Science Information* 8 (5):13-33.

Sahlins, Marshall, and Elman R. Service (eds.)

1960. *Evolution and Culture*. Ann Arbor: University of Michigan Press.

Salisbury, Richard

1962. *From Stone to Steel*. Cambridge: At the University Press.

1966. "Politics and Shell-Money Finance in New Britain," in Marc J. Swartz, Victor W. Turner, and Arthur Tuden (eds.), *Political Anthropology*. Chicago: Aldine.

Schapera, I.

1930. *The Khoisan Peoples of South Africa*. London: Routledge.

Schebesta, Paul

(n.d.) *Among the Forest Dwarfs of Malaya*. London: Hutchinson.

1933. *Among Congo Pygmies*. London: Hutchinson.

Schwartz, Theodore

1963. "Systems of Areal Integration: Some Considerations Based on the Admiralty Islands of Northern Melanesia," *Anthropological Forum* 1:56-97.

Scudder, Thayer

1962. *The Ecology of the Gwembe Tonga*. Manchester: Manchester University Press.

Seligman, C.G.

1910. *The Melanesians of British New Guinea*. Cambridge: At the University Press.

Service, Elman R.

1962. *Primitive Social Organization*. New York: Randon House.

1963. *Profiles in Ethnology*. New York: Harper & Row.

Sharp, Lauriston

1934—35. "Ritual Life and Economics of the Yir-Yiront of Cape York Peninsula," *Oceania* 5:19-42.

1952. "Steel Axes for Stone-Age Australians," *Human Organization* 11:17-22.

1958. "People without Politics," in V. F. Ray (ed.), *Systems of Political Control and Bureaucracy in Human Societies*. American Ethnological Society. Seattle: University of Washington Press.

Shirokogoroff, S.M.

1929. *Social Organization of the Northern Tungus*. Shanghai: Commercial Press.

Smyth, R. Brough

1878. *The Aborigines of Victoria*. 2 vols. Melbourne: Government Printer.

Spencer, Baldwin, and F.J.Gillen

1899. *The Native Tribes of Central Australia*. London: Macmillan.

1927. *The Arunta*. 2 vols. London: Macmillan.

Spencer, Joseph E.

1966. *Shifting Cultivation in Southeastern Asia*. University of California Publications in Geography. Berkeley: University of California Press.

Spencer, Robert F.

1959. *The North Alaskan Eskimo: A Study in Ecology and Society*. Smithsonian Institution Bureau of American Ethnology Bulletin 171. Washington, D.C.: U.S. Government Printing Office.

Stewart, Julian

1938. *Basin-Plateau Aboriginal Sociopolitical Groups*. Smithsonian Institution Bureau of American Ethnology Bulletin 120. Washington, D.C.: U.S. Government Printing Office.

Steward, Julian H., and Louis C. Faron

1959. *Native Peoples of South America*. New York: McGraw-Hill.

Stewart, C.S.

1828. *Journal of a Residence in the Sandwich Islands, during the Years 1823, 1824, and 1825*. New York: Haven.

Suggs, Robert C.

1961. *The Archaeology of Nuku Hiva, Marquesas Islands, French Polynesia*. American Museum of Natural History-Anthropological Papers, 49 (1).

Suttles, Wayne

1960. "Affinal Ties, Subsistence and Prestige Among the Coast Salish," *American Anthropologist* 62: 296-305.

Swanton, John R.

1928. "Social Organization and Social Usages of the Indians of the Creek Confederacy," *Smithsonian Institution Bureau of Ethnology-Annual Report* 42:23-472.

Tanner, John

1956. *A Narrative of the Captivity and Adventures of John Tanner*. Edited by E. James. Minneapolis: Ross & Haines.

Terray, Emmanuel

1969, *Le marxisme devant les sociétés "primitives."* Paris: Maspero.

Thomas, Elizabeth Marshall

1959. *The Harmless People*. New York: Knopf.

Thomson, Donald F.

1949a. *Economic Structure and the Ceremonial Exchange Cycle in Arnhem Land*. Melbourne: Macmillan.

1949b. "Arnhem Land: Explorations Among an Unknown People," *The Geographical Journal* 113:1-8, 114, 54-67.

Thurnwald, Richard

1932. *Economics in Primitive Communities*. London: Oxford.

1934—35. "Pigs and Currency in Buin," *Oceania* 5:119-41.

Titiev, Mischa

1944. *Old Oraibi*. Papers of the Peabody Museum of American Archaeology and Ethnology, Harvard University, vol. 22 (1).

Turnbull, Colin

1962. *The Forest People*. Garden City, N.Y.: Doubleday and the American Museum of Natural History.

1965. *Wayward Servants*. Garden City, N.Y.: Natural History Press.

Turner, Victor

1957. *Schism and Continuity in an African Society*. Manchester: Manchester University Press.

Van der Post, Laurens

1958. *The Lost World of the Kalahari*. New York: Morrow.

VanLeur, J. C.

1955. *Indonesian Trade and Society*. The Hague and Bandung: vanHoeve.

Vanoverbergh, Morice

1925. "Negritoes of Northern Luzon," *Anthropos* 20:148-99, 399-443.

Vayda, A.P.

1954. "Notes on Trade Among the Pomo Indians of California," mimeographed. Columbia University Interdisciplinary Project: Economic Aspects of Institutional Growth.

1961. "A Re-examination of Northwest Coast Economic Systems," *Transactions of the New York Academy of Sciences* (Series 2) 23:618-24.

Veblen, Thorstein

1914. *The Instinct of Workmanship*. New York: Macmillan.

1915. *Imperial Germany and the Industrial Revolution*. New York: Macmillan.

Wagner, Guntar

1956. *The Bantu of North Kavirondo*. 2 vols. London: Oxford University Press for the International African Institute.

Wallace, Ernest, and E.A.Hoebel

1952. *The Comanches, Lords of the South Plains*. Norman: University of Oklahoma Press.

Warner, W. Lloyd

1964. *A Black Civilization* (Harper "Torchback" from the edition of 1958; first edition 1937). New York: Harper & Row.

Weyer, E. M.

1932. *The Eskimos*. New Haven, Conn.: Yale University Press.

White, Leslie A.

1949. *The Science of Culture*. New York: Farrar, Strauss.

1959. *The Evolution of Culture*. New York: McGraw-Hill.

Williams, Herbert

1921. *A Dictionary of the Maori Language*. Auckland, N.Z.: Williams and Northgate.

Williams, William

1892. *A Dictionary of the New Zealand Language*. Auckland, N.Z.: Williams and Northgate.

Williamson, Robert W.

1912. *The Mafulu: Mountain People of British New Guinea*. London: Macmillan.

Woodburn, James

1968. "An Introduction to Hadza Ecology," in R. Lee and I. DeVore (eds.), *Man the Hunter*. Chicago: Aldine.

Woodburn, James (director)

1966. "The Hadza" (film available from the anthropological director, Department of Anthropology, London School of

Economics).

Worsley, Peter M.

1961. "The Utilization of Food Resources by an Australian Aboriginal Tribe," *Acta Ethnographica* 10:153-90.

Worthington, Edgar B.

1961. *The Wild Resources of East and Central Africa*. Colonial Research Studies, London: H. M. Stationery Office.

主要人名、地名、民族译名表

A

W. Allan	阿兰
Althusser	阿尔都塞
Andaman	安达曼人
Assiniboin	阿西尼波因人
Azande	阿赞德人

B

Balibar	巴里巴尔
Bantu	班图人
Fredrik Barth	弗雷德里克·巴特
Bemba	本巴人
Elsdon Best	伊尔斯登·贝斯特
W. Bennett	W. 贝内特
Bruce Biggas	布鲁斯·毕盖斯
Blackwood	布莱克伍德
Bohannan	博汉南

Bougainville	布干维尔岛
Brookfield	布鲁克菲尔德
Bushong	布松人

C

Carneiro	卡内罗
A. V. Chayanov	恰亚诺夫
Chimbu	钦布人
Chukchee	楚克奇人
Chippewa	齐佩瓦人
Condorcet	孔多塞
Conklin	康克林

D

Daliton	达利顿
Dalton	道尔顿
Dayak	达雅克人
Denig	邓尼
Dobu	多布人
Mary Douglas	玛丽·道格拉斯

F

Firth	弗斯
Foucault	福柯
Derek Freeman	德雷克·弗里曼
Freud	弗洛伊德

G

Galbraith 加尔布雷思
Gawa 伽瓦人
Gluckman 格拉克曼
Maurice Godelier 莫里斯·哥德利埃
Gouldner 古德纳
Sir George Grey 乔治·格雷爵士
Remo Guidieri 雷莫·古迪埃里
Gusinde 古辛德

H

Hanunoo 哈鲁喏人
Haswell 哈斯韦尔
Herodotus 希罗多德
Herskovits 赫斯科维茨
Hobbes 霍布斯
Hogbin 霍格宾

I

Iban 伊班人
Izikowitz 伊兹科维茨

J

Jochelson 乔切森
J. Prytz Johansen J. 普瑞特兹·乔汉森

K

Kachin	克钦人
Kalahari	卡拉哈里沙漠
Kamehameha I	卡梅哈梅哈一世
Kapauku	卡帕库人
Kuikuru	魁克儒人
!Kung	昆布须曼人

L

Lamet	拉棉人
Owen Lattimore	欧文·拉铁摩尔
Richard Lee	理查德·李
Lele	乐乐人
LeJeune	勒热纳
Lesu	莱苏人
Lévi-Strauss	列维－斯特劳斯

M

Malinowski	马林诺斯基
L. Marshall	L. 马歇尔
Manus	马努斯人
Marquesas	马克萨斯群岛
Marcel Mauss	马歇尔·莫斯
McArthur	麦克阿瑟
McCarthy	麦卡锡

Montagnais	蒙塔格奈人

N

F. Nadel	纳德尔
Ndembu	恩登布人
Nupe	努佩人

O

Ojibway	奥吉布韦人
Douglas Oliver	道格拉斯·奥利弗
Ona	奥纳人

P

Pilagá	皮拉加人
Karl Polanyi	卡尔·波拉尼
Pomo	波莫人
Pospisil	珀斯比西

R

Radcliffe-Brown	拉德克利夫－布朗
Audrey Richards	奥德丽·理查兹
Rousseau	卢梭

S

Sa’a	萨阿人
de Schlippe	德施里珀

Elman Service	埃尔曼·塞维斯
Shirokogoroff	史禄国
Shoshoni	肖肖尼人
Siriono	西里奥诺人
Siuai	斯瓦伊人
Spillius	斯比利斯
Julian Steward	朱利安·斯图尔德

T

Tahiti	塔希提岛
Tikopian	蒂科皮亚人
Tiv	提夫人
Tolowa-Tututni	托洛瓦－土土特尼人

V

Veblen	凡勃伦

W

Lloyd Warner	劳埃德·沃纳
Leslie White	莱斯利·怀特
Richard Wilk	理查德·威尔克
Eric Wolf	埃里克·沃尔夫

Y

Yahgan	雅甘人
Yir-Yiront	伊尔－伊龙特人

中文版出版说明

几年前我曾建议几位青年学人将人类学大师萨林斯（Marshall Sahlins）教授所著《石器时代经济学》一书翻译出来，鉴于该书对于人类学以至整个社会科学的重要性，我也曾将之列为北京大学西方人类学原著选读课程的核心阅读书目。

好像是好几年前了，萨林斯教授在与我的电子邮件交流中慷慨地许可我们展开翻译工作。2008 年夏秋之交，他应邀访问北京、上海、泉州三地。在泉州期间，他又正式与我签订了翻译、出版授权书。

也是在 2008 年萨林斯访华期间，《石器时代经济学》的译稿大功告成。张经纬翻译了该书第一、五、六章，郑少雄翻译了第二、三章，张帆翻译了第四章，梁永佳翻译了萨林斯 2003 年所写的“新版前言”。译文初稿完成后，张经纬统校了全书，黄向春从学术的角度通读了译稿，并提供了修订意见。

作为热衷于将萨林斯教授有关论著介绍到中国学界的人，我应感谢萨林斯教授，他的授权，使本书的出版成为可能，而这是他对中国人类学界的一项重要支持；我亦应感谢翻译本书的几位青年学人，他们的工作激情，令我感到做此事还有不少意义。

关于《石器时代经济学》的内容及含义，萨林斯教授在其“新版前言”里做了不必在此赘述的说明。读这本书，我感受很多，其中，值得一提的有：在此书中，萨林斯以锐利的眼光重新全面审视了西方人类学的主要民族志与理论遗产，为世界人类学贡献了一部建树极高的原创性学术作品；而与此同时，这一原创性学术作品，又可谓是一部优秀的人类学教科书，它有助于我们贴切而深入地理解人类学的内涵与志趣。

王铭铭

2009 年 4 月 23 日

本书中文版 2009 年由三联书店刊行。此次再版，经由译者校订，改正了少数错讹，并对原书的文献出处、引用等进行了核对。敬希读者留意。

三联书店编辑部

2018 年 7 月